国家出版基金项目
NATIONAL PUBLICATION FOUNDATION

中国社会科学院近代史研究所中华民国史研究室
总编 李 新

中华民国史

人物传

第一卷

李 新　孙思白　朱信泉　赵利栋
　　　　　　　　　　　　　　　　　　主编
严如平　宗志文　熊尚厚　娄献阁

中华书局

出版前言

《中华民国史人物传》是在《民国人物传》十二卷本的基础上,经过修订增补,扩编而成。

《民国人物传》的编撰工作,始于1972年9月。当时,根据周恩来总理的指示和1971年全国出版工作会议的精神,近代史研究所接受了编撰中华民国史的任务,随后,在李新先生的组织和领导下,近代史研究所成立了中华民国史研究组(1978年改称中华民国史研究室),拟订了编写多卷本《中华民国史》和《中华民国大事记》、《中华民国人物志》、《中华民国的政治、经济和文化(专题资料)》的编撰计划。虽然在当时的条件下,学术研究事业面临着种种的困难,但是,负责人物传编撰工作的同志们仍然尽心尽力,在1973年12月编辑完成、由中华书局内部出版发行《中华民国史资料丛稿·人物传》第一辑。此后,我们不断积累研究的成果(至1988年共计出版《中华民国史资料丛稿·人物传》23辑),并以此为基础,于1978年8月由中华书局出版发行《民国人物传》第一卷,成为1949年以后中国大陆公开出版的第一本民国人物传记集,以此为契机,民国史研究事业由起步而发展而繁荣,成为今日中国历史学研究中最具活力的断代史研究领域。

编写《民国人物传》的指导思想和基本原则,大体已如李新先生在本书第一卷出版前言中所列明:1.以马克思主义为指导,充分占有材料,认真进行研究;2.用记叙文,通过具体事实表现传主的生平,不作过多的评论;3.真实可信,事实确实无误,凡有疑问者宁可不写或存疑;4.反映传主的全貌而又有重点与特点,有详有略;5.用白话文,文字力求简练,引文注明出处。上述要求,既反映了学术研究应该遵循的基本原则,又有对于人物传记编写的具体指导,是科学的,实事求是的,尊重学术规律的,并在民国人物传编写的实践过程中,被证明是正确的,发挥了其应有的指导作用。《民国人物传》第一卷及其以后各卷出版时所引起学术界乃至社会各界的广泛关注和好评,也说明了上述原则对于民国人物传编写工作的重要意义。

《民国人物传》的作者,早先主要是民国史研究室的研究人员,随着收录人物的不断增多,作者的队伍也在不断扩大,先后参与其事者有近百人,而在晚近出版的各卷中,邀约的外稿已经占到多数。对于海内外民国史研究专家学者给予本书编撰的热心支持,我们一向心存真诚的感激!正是由于得到各方的大力支持和协作,才使本书得以最终完成,并保证了所撰传稿的学术质量。

《民国人物传》的编辑工作,最初由李新先生和孙思白先生负责主持,他们还担任第一、第二卷的主编,对本书的编辑方针、撰写方法、人物选题、写作文风以至技术处理等等,多有贡献。自1981年第三卷出版时起,宗志文、朱信泉、严如平、熊尚厚、娄献阁等先生接续担任各卷主编,并请李新先生和孙思白先生分别担任第三至六卷的校阅工作。李宗一、耿云志、林印、李静之、陈民、齐福霖等先生也曾参加过部分人物传稿的审订工作。中国社会科学院、近代史研究所历任领导、近代史所科研处和图书馆、海内外不少学术机构和档案图书典藏部门、民国史研究的诸多学者以及其他一些单位(如中国建设银行信托投资公司)与个人,都对《民国人物传》的编写工作予以各种形式的支持,对此我们表示衷心感谢!尤其是对《民国人物传》的撰写和编辑工作作出开创性贡献的李新先生、孙思白先生以及作者和编者中已经故去的前辈学者,更当表示我们发自内心的敬意!

负责出版《民国人物传》的中华书局,从前总编辑李侃先生到书局历任领导以及历史编辑室的编辑诸君,始终如一,无论出版市场和内外环境如何变化,总是为《民国人物传》的出版开绿灯、给方便,倾尽其力,精心编校,功莫大焉!

2005年,《民国人物传》原计划编撰的十二卷由中华书局全部出齐,共收入传主861人,篇幅约380万字。不过,随着民国史研究事业的不断发展,民国史资料的不断开放,民国史研究环境的不断变化,本书也还存在若干的不足之处,诸如有些应收录的人物尚未收录,有些已收录人物的生平经历还有缺失,个别人物的史实还有讹误之处,人物评价可能还不够全面客观,等等。我们本有在全书出齐后进行修订增补的计划,学术界乃至社会各界也有这样的殷切期望,因此,2006年,我们决定对《民国人物传》进行全面的修订和增补,主要工作是:对已出各卷收录的人物传进行修订,补正缺失、错讹之处,修正不妥的评价;对未收录而应收录的人物,尽力增补;统一全书的技术处理,编排收录人物的索引,以利读者的利用;等等。我们认为,应在修订、增补的过程中,尽量利用近些年来新开放的民国史资料,吸收学术界新的研究成果,尽力做到客观求实,反映历史的本来面目,并以此为这次修订、增补工作的基本方针。经过修订和增补,全书更名为《中华民国史人物传》,共收录民国时期的历史人物传记共978篇,计约500万字,征引资料更全面,人物生平更丰富,历史评价更求实,并采用统一的编排方式,全部八卷一次出齐。至此,我们堪可以新版的《中华民国史人物传》告慰于民国史研究事业的诸位开创先进、学界同仁以及广大始终关注并支持民国史研究事业的热心读者。

在本书修订、增补的过程中,已出各卷的人物传作者提供了各自的修订稿,也有许多新的作者加入撰写工作,提供了新收录人物的传稿。原先负责主持人物传编写工作的朱信泉、严如平、宗志文、熊尚厚、娄献阁诸位先生,已经离退休多年,本应安享晚年,但他们克服年高体弱的困难,本着退而不休、善其始终的精神,继续参加修订、增补工作,分工合作,认真负责。此次修订工作得到中国社会科学院及近代史研究所领导一如既往的大力支持,并促成本书列入中国社会科学院重点研究课题。民国史研究室的赵利栋副研究员担任课题主持人,任劳任怨,不计名利,为本书修订、增补的完成作出很大的贡献。全书既有文稿的修订由朱信泉、赵利栋通读审定,新增文稿由赵利栋编辑、审定,全书清样由赵利栋审阅校订。中华书局编辑部历史编辑室诸位先生,对于本书的编辑成稿贡献良多。值此《中华民国史人物传》修订、增补工作完成之际,对于所有曾经为本书撰写、编辑和出版作出贡献的各界人士,我们谨在此致以由衷的谢意!

《中华民国史人物传》的修订、增补工作虽已告成,但是我们深知,囿于我们的研究水平和主客观条件的限制,本书仍然存在着一些不足之处,诸如还有少数应收录的人物,或因其生平资料难觅,或因种种原因难以下笔,只能暂付阙如;少数已经收录的人物传记,也还存在利用史料不够、生平叙述有缺等问题;有些已出人物传的修订,因为原作者已故或其他原因,叙述和评价还存有当年写作时代的痕迹;等等。所有这些不足之处,正是我们今后应当着力改进的方面。我们希望每过若干年,都能对本书进行新一轮的修订和增补,使其不断完善,成为学界研究民国人物和社会各界了解民国人物生平的可靠的、必备的参考著作,并经此而使民国史研究事业生生不息,代有传人。

中国社会科学院近代史研究所中华民国史研究室

2011 年 5 月 28 日

总 目 录

第一卷

A

第二卷

D

F

H

第三卷

H

J

第四卷

L

M

第五卷

N

O

P

第六卷

T

第七卷

X

第八卷

Z

第一卷目录

A

B

C

阿　炳

倪　波　　沈道初　　沈祖方

　　阿炳，道名华彦钧，江苏无锡县人，1892年7月9日（清光绪十八年六月十六日）生①。阿炳是他的乳名，中年双目失明后，大家就称他"瞎子阿炳"。

　　阿炳的父亲华清和，是无锡雷尊殿道观的当家道士。他擅长音乐，鼓、笛、笙、箫，件件皆能。华清和四十三岁时与寡妇陈五妹同居，生下阿炳。阿炳一岁时，母亲忧郁而死，华清和将他寄乳在东亭弟媳妇家抚养。五岁后，华清和便将他带回雷尊殿当小道士。阿炳七至九岁时读了三年私塾。1902年道教江西龙虎山六十三代张天师——张恩溥巡游各地，在无锡时为阿炳题了道名"华彦钧"。

　　阿炳少时常受富家子弟欺侮，唯有音乐是他的安慰和欢乐。他从父学二胡、琵琶等乐器，晨昏寒暑勤学不辍。为了掌握击鼓的软硬功夫，他用铁筷敲打方砖，练习鼓点和板眼。他冬练三九，夏练三伏，每日

---

　　①　关于阿炳的出生日期，有几种说法：（一）1887年8月25日（清光绪十三年七月初七），是解放前发的"身份证"上填的；（二）1892年8月30日（清光绪十八年七月初九），是无锡市公安局清查户口的档案；（三）1893年，见《阿炳曲集·阿炳小传》（文化部文学艺术研究院音乐研究所编，人民音乐出版社1979年版），并见《太湖》1979年第4、5期（记为1893年8月20日）；（四）1898年10月3日（清光绪二十四年八月十八日），是无锡市图书馆许忆和查看了阿炳故居的牌位，并调查访问阿炳的亲戚、邻居、旧友后得出的结论。此据无锡市崇安寺派出所1950年登记户口时保存的户口册。

清晨临风学习吹笛,笛子尾部还挂上一个铁秤砣,以练腕力。由于他勤学苦练,十三岁时已经学会多种乐器,参加拜忏、诵经、奏乐。有一次节日,各殿道士轮流奏乐,恰遇打鼓老道士病倒,阿炳代替,首次演奏成功,被赞誉为"小天师"。十八岁时,他在无锡道教音乐界中已被公认为技艺超群的人才。他不满足于道家音乐,不拘泥于陈规旧套,广泛吸取民歌及民间乐曲之长,为后来创作乐曲打下了坚实的基础。

阿炳二十岁时华清和去世,他继为雷尊殿的当家道士。此时战乱频繁,民不聊生,无锡市民请道士镇宅谢土、祭风降雨等迷信活动亦甚少。阿炳百无聊赖,加上他少年当家无拘无束,便染上吸鸦片等恶习,并成了终身之累。1927年阿炳患眼疾无钱医治,左眼视力模糊,右眼失明。在苦闷中,他彷徨徘徊,向往光明,开始了《二泉映月》的创作。同年3月,无锡工人运动领袖秦起领导全市工人欢迎北伐军,也激励了阿炳,他欣然演奏起"打倒列强!除军阀!"的乐曲。不料轰轰烈烈的大革命很快失败,军阀赖世璜派兵包围了设在崇安寺大雄宝殿的无锡市总工会,秦起壮烈牺牲。阿炳面对这一严酷事实,对反动统治有所认识,从此不肯奉承权贵。后来他左眼也瞎了,成为双目失明的盲人。当雷尊殿中做"法事"时用的"庄严"(装饰用品)变卖完后,阿炳只得身背琵琶、手拉二胡,走街串巷说唱卖艺。他自编唱词,琅琅上口,以人民喜闻乐见的小曲小调,讥笑怒骂现实社会的黑暗。他用无锡的民间曲调唱道:"前门送走老虎后门来了狼,齐燮元赶走卢永祥呀,又来了狗肉将军张宗昌,接着又是孙传芳,走马换将,鸡鸭鱼羊一抢光!""一二八"淞沪抗战后,他经常弹唱《歌颂十九路军》;后来,又经常弹奏《义勇军进行曲》和《松花江上》。他还创作了《寒春风曲》,用音乐告诉人们,严冬寒月过后,风和日丽的春天必然会来临。

阿炳四十岁时,与寡妇董催弟(彩娣)同居,出入相随,互敬互爱。"七七"事变后,上海、无锡先后沦陷,阿炳夫妇一度到东亭老家避难。不久,阿炳赴上海,在昆曲班"仙霓社"担任琴师,弹奏三弦;并在电影《七重天》中担任表演盲人群众角色。阿炳艺术活动的全盛时期,正是中国人民抗击日本帝国主义侵略的年代。这时他创作的《听松》，是一首气魄豪迈、情感充沛的二胡独奏曲，倾吐着不愿当亡国奴的爱国热情。1939年，他的名曲《二泉映月》问世。这是倾诉作者心灵深处感受的一支乐曲，每当万籁俱寂的夜里，这支乐曲发出的悠扬的旋律，给生活于水深火热之中的人们带来几分慰藉。为了歌颂人民抗日，揭露日伪顽敌，阿炳每天上午去茶馆搜集各种新闻，回来构思创作，下午在崇安寺的听松园茶馆前演唱。他的琴艺十分高超，可将琵琶放置在头顶上弹奏，还可以用二胡模仿男女老少说话、叹息和欢笑以及鸡鸣狗叫声。

　　抗战胜利后不久，蒋介石又发动了内战，这使阿炳转喜为怒。他在演唱卖艺中，经常一针见血地揭露国民党统治的腐败与黑暗，因而一再受到迫害。有一次被反动警察殴打，他的二胡被折断，琵琶被摔坏。由于穷困潦倒又屡遭迫害，1947年他肺病发作，卧床吐血，三年没上街卖艺，仅以修理胡琴为生，艰难度日。当时有人劝他到南京、上海的舞厅去演奏，他坚决拒绝，表示宁可饿死也不去。

　　1949年4月无锡解放，阿炳和他的《二泉映月》等乐曲获得新生。1950年暑期，中央音乐学院师生为了发掘、研究和保存民间音乐，专程奔赴无锡为他录制了《二泉映月》、《听松》、《寒春风曲》三首二胡曲和《昭君出塞》、《龙船》、《大浪淘沙》三首琵琶曲。正当他的艺术受到人民重视之际，不幸肺病转剧，医治无效，于1950年12月12日病逝①。

　　据不完全统计，阿炳创作、改编、承袭的乐曲，有二三百首之多②。中央音乐学院中国音乐研究所编印出版有《阿炳曲集》。

---

　　①　阿炳去世日期也有不同记载：据无锡市公安局清查户口档案记为1950年12月12日；据阿炳故居的牌位记为庚寅年十月二十五日午时，即1950年12月4日。此据前记。

　　②　蒋宪基：《我所知道的瞎子阿炳》，《太湖》1978年第5期。

巴　金

张　静

　　巴金,原名李尧棠,字芾甘,"巴金"为笔名,"巴"为纪念留学法国期间结识的一位巴姓同学,"金"取自俄国社会活动家、无政府主义者克鲁泡特金。曾用笔名还有王文慧、欧阳镜蓉、余一、余三等。1904 年 11月 25 日(清光绪三十年十月十九日)出生于四川成都正通顺街的一个士绅大家庭。其父李道河曾任广元知县,辛亥革命前夕辞官还乡。1914 年、1917 年,母亲与父亲相继病故。

　　五四运动爆发,新思潮传入四川,巴金兄弟收集传阅《新青年》、《每周评论》、《新潮》、《星期评论》、《少年中国》、《北京大学学生周刊》等刊物。1920 年,祖父亡故,叔父们闹着分家。同年,巴金入成都外国语专门学校。他广泛阅读外国文学作品,受李石曾所译克鲁泡特金的《告少年》及波兰作家廖·抗夫(Leopold Kampf)的三幕剧《夜未央》影响,开始接受无政府主义思想。在成都学生刊物《半月》上发表文章,讨论无政府主义和时事,并参与该刊编辑,后又参与成立成都无政府主义青年组织"均社",自称安那其主义者。1922 年,与吴先忧等办刊物《平民之声》,并开始在《时事新报》副刊《文学旬刊》发表新诗和散文。

　　1923 年,巴金与三哥李尧林离开四川,赴上海求学,先入南洋中学,年底转入南京东南大学附属高级中学补习班。1925 年中学毕业,到北京投考北京大学,旋因病南归上海。在上海期间,巴金积极参与无政府主义学说的讨论与宣传。他与出生于俄国的无政府主义者高德曼(Emma Goldman)建立了通信联络,并视其为"精神上的母亲"。巴金所译介无政府主义学说中,较为重要的是克鲁泡特金的《面包略取》(1927 年上海自由书店初版,后经修订,更名《面包与自由》,1940 年由上海平明书店出版)。1926 年,巴金等在上海发起创办无政府主义刊物《民众》。

1927 年,巴金赴法国求学。留学期间,巴金大量阅读有关法国大革命历史的著作,与各国无政府主义者广泛联系,并参与了营救被美国法院判处死刑的无政府主义者萨柯和凡宰特(Sacco and Vanzetti)的活动,并翻译克鲁泡特金的《人生哲学:其起源及其发展(上编)》(上海自由书店 1928 年出版)。这一时期,巴金的文学创作亦跨出关键性一步。他以军阀统治下青年革命者的苦闷、反抗和牺牲为主题,写作第一部中篇小说《灭亡》,连载于 1929 年上海《小说月报》第 1 至 4 期,从而在文坛崭露头角。

1928 年底,巴金回到上海,参加上海世界语学会,编辑该会机关刊物《绿光》,继续从事无政府主义的探讨与宣传活动。1929 年,以马拉为笔名,主编无政府主义者所办自由书店的《自由月刊》,并任该书店编辑,筹划出版《克鲁泡特金全集》等书,并翻译、出版了克鲁泡特金的《人生哲学:其起源及其发展(下编)》(自由书店 1929 年出版)和《我底自传》(上海启明书店 1930 年出版)。1930 年,巴金所著《从资本主义到安那其主义》由自由书店出版,阐述其无政府主义主张,次年被国民政府查禁。

1932 年"一二八"事变后,巴金出席上海著作家抗日会成立大会,写出借童话形式呼吁抵抗侵略的《海底梦》。巴金虽一向置身文坛各派别及阵营之外,独立创作,但在 30 年代初期,他与一些左翼作家建立了密切的联系。1933 年,巴金结识鲁迅。虽然巴金以无政府主义者著称,但鲁迅认为他是有热情的有进步思想的作家,引以为友。巴金曾与鲁迅、茅盾等人联署《中国文艺工作者宣言》(1936 年 6 月,巴金还参与了该宣言的起草)、《文艺界同人为团结御侮与言论自由宣言》(1936 年 10 月)。鲁迅病逝后,巴金为治丧办事处成员之一。

　　30年代,巴金的文学创作进入高峰期。他勤奋而多产,其作品多以青年的苦闷、压抑与反抗为主题,笔端蕴含情感,故而在青年学生中尤为风靡。1931年4月至1932年5月,巴金的第一部长篇小说《激流》(即"激流三部曲"之第一部《家》)在上海《时报》陆续连载。小说反映了正在崩坏中的传统大家族制对个体的迫害以及青年一代的反抗。虽然作者再三声明《家》并非自传,但其灵感源自其早年的亲身经历。

　　至抗战爆发前,巴金的主要作品还包括:1932年至1934年的"爱情三部曲"——《雾》、《雨》、《电》,这是他本人喜欢的作品;1933年连载于《东方杂志》的中篇小说《新生》,为《灭亡》的续篇,次年1月,以"鼓吹阶级斗争"被查禁;他还写了反映矿工生活的《砂丁》(1932年)和《萌芽》(1933年,后更名为《雪》),后来巴金承认,这两部作品的题材远离他所熟悉的生活,因而并不成功。

　　1933年9月,巴金到北平,不久与郑振铎、章靳以等人筹办《文学季刊》。1934年10月,巴金又与卞之琳等在北平创办《水星》月刊。1934年11月至1935年8月,巴金赴日本游历,在日期间,曾遭便衣搜查和拘留。回国后,参加吴朗西等新创办的文化生活出版社,任总编辑。巴金为该社主持编辑《文学丛刊》、《译文丛书》、《文化生活丛刊》等丛书。其中,《文学丛刊》标榜"编选谨严,内容充实,印刷精良,定价低廉",每集十六册,至1949年前,共出版十集,收入八十六位作家的作品,其中既有已成名的作家,又不乏文坛新人。1936年6月,巴金与章靳以在上海创办《文季月刊》,12月,被查禁;1937年2月,二人又创办纯创作月刊《文丛》,1939年初停刊。

　　1937年抗战爆发后,巴金辗转于广州、桂林、上海、昆明、重庆、成都、贵阳等地。他继续从事文学出版工作,进行文学创作与翻译,并参与文艺界的抗战救亡活动。

　　淞沪抗战爆发后,巴金与茅盾、冯雪峰等人议定将《文学》、《中流》、《文丛》、《译文》四刊停刊,以四社同人名义,自筹资金合办一个能适应抗战需要的刊物,初定名《呐喊》,两期之后,更名《烽火》,编辑人为茅盾,巴金任发行人。中国军队撤出上海后,《烽火》被迫暂停,1938 年 5 月,由巴金在广州复刊,10 月,广州陷落之际,已排竣的第二十一期毁于轰炸,停刊。

早在 1936 年,巴金即开始为新创刊的《文季月刊》写作《家》的续篇《春》,至 1938 年完成;1939 年至 1940 年,又作"激流三部曲"的最后一部《秋》。1938 年至 1943 年,以青年学生的抗日救亡活动为主题,创作长篇小说《火》第一至三部,亦称"抗战三部曲"。抗战后期起,巴金先后创作了中篇小说《憩园》(1944 年)、《第四病室》(1945 年),长篇小说《寒夜》(1946 年—1947 年)。《憩园》以成都一个公馆前后两任主人的家庭悲剧为内容,反映了旧传统、旧制度的必然没落。《第四病室》描绘了抗战期间大后方一个三等病室里一群病人的病痛被忽视、挣扎和无助,并以之作为当时整个社会的缩影。《寒夜》写一对曾怀有改造社会理想的大学毕业生夫妇,抗战期间在大后方艰难挣扎,最终家破人亡的悲剧。这些作品大都反映善良的小人物、普通人的生活,与其早期作品相比,减少了情感的直接宣泄,更注重对现实生活的平实描绘,文学技巧亦更臻成熟。

巴金是中国现代作家中深受西方文学、尤其是法国和俄国文学影响的一位。在创作之余,他亦从事文学翻译工作。1940 年代,他翻译的文学作品有屠格涅夫的《父与子》(文化生活出版社 1943 年出版)、《处女地》(文化生活出版社 1944 年出版),斯托姆的《迟开的蔷薇》(文化生活出版社 1943 年出版)和王尔德的《快乐王子集》(文化生活出版社 1948 年出版)等。

1946 年 5 月,巴金举家迁回上海。1949 年 6 月,巴金赴北平出席中华全国文学艺术工作者代表大会,当选中华全国文学艺术界联合会全国委员会委员、常务委员。9 月,再赴北京出席全国文联代表大会和第一届政协会议,10 月 1 日,参加中华人民共和国开国大典。1966 年前,巴金历任全国人大代表、全国政协委员、中国作家协会副主席、上海文联主席、作协上海分会主席等职。

1949年8月,文化生活出版社改组,巴金不再担任总编辑。12月,平明出版社成立,以翻译外国文学名著、尤其是俄苏文学作品为主要内容,巴金任董事长和总编辑。1956年该社并入上海新文艺出版社。1953年起,主编《文艺月报》(1959年更名《上海文学》)。1957年,大型文学月刊《收获》创刊,巴金和靳以任主编。

抗美援朝期间,巴金于1952、1953年两度入朝,著散文、通讯合集《生活在英雄们的中间》(人民文学出版社1953年出版),短篇小说集《英雄的故事》(平明出版社1953年出版),散文、通讯合集《保卫和平的人们》(中国青年出版社1954年出版)。至"文革"前,他的主要作品还包括:散文集《大欢乐的日子》(作家出版社1957年出版),散文、小说合集《新声集》(人民文学出版社1959年出版),散文集《友谊集》(作家出版社1959年出版)、《赞歌集》(上海文艺出版社1960年出版)等。

"文命"中,巴金曾被关押。后到奉贤"五七"干校劳动。"文革"结束后,巴金历任全国人大常委,全国政协副主席,中国文联副主席,中国作协副主席、主席等职。2003年,由国务院授予"人民作家"荣誉称号。曾获多种国际荣誉及奖励。

1980年起,巴金倡议建立现代文学资料馆以搜集收藏中国现代文学资料。他捐出自己多年稿费、版税、奖金,以及藏书、书信、手稿等资料。1985年,中国现代文学馆成立,巴金任名誉馆长。

2005年10月17日,巴金病逝于上海。

1949年后,巴金作品在大陆数度结集出版,其中比较重要的包括:1958年至1962年,《巴金文集》十四卷由人民文学出版社出版,主要收录作者1949年前的作品;1982年,十卷本《巴金选集》由四川人民出版社出版;1986年至1993年,人民文学出版社出版《巴金全集》二十六卷,与《巴金文集》相较,增加了作者1949年之后的作品,亦收入了一些早期的文章;1997年,《巴金译文全集》由人民文学出版社出版,共十卷。上述文集,均经作者本人参与整理编校。

主要参考资料

《巴金全集》,人民文学出版社 1986 年至 1993 年版。

唐金海、张晓云主编:《巴金年谱》(上、下卷),四川文艺出版社 1989 年版。

陈丹晨:《巴金全传》,中国青年出版社 2003 年版。

杨义:《中国现代小说史》(第 2 卷),人民文学出版社 1988 年版。

司马长风:《中国新文学史》(上、下册),台北传记文学出版社 1991 年版。

夏志清:《中国现代小说史》,复旦大学出版社 2005 年版。

巴金与二十世纪学术研讨会编:《世纪的良心》,上海文艺出版社 1996 年版。

白 崇 禧

严如平

白崇禧,字剑生、健生,1893 年 3 月 14 日(清光绪十九年正月二十六日)生,回族,广西桂林人。父亲白志书在苏桥圩开永泰林商铺经营粮、油等。白崇禧五岁入塾,勤奋苦读,颇得塾师李任仁青睐,勉以天下为己任。十岁转入会仙小学;十四岁考入广西陆军小学,与李宗仁、黄绍竑同学,未及数月,因染疟疾停学,后改入省立初级师范。辛亥革命爆发,白参加陆军小学组织的北伐学生敢死队北上援鄂。南北停战,白入南京陆军伍生队,半年后入武昌陆军预备学校学习;三年后毕业,被选送至保定陆军军官学校,为第三期步科生,学习两年。

1916 年末,白崇禧从保定军校毕业后返回广西,先在第一师第三团任见习官,后至督军署"模范营"任代理连附,一年后升为上尉连长。1919 年初至左江流域剿匪,力主"剿重于抚",断然枪决了 80 名惯匪,使匪势收敛不少。1921 年,白升任模范团中校团附兼第一营营长。年底,他在一次战斗中折断左腿,赴广州就医休养一年。这时,黄绍竑被沈鸿英委为旅长,驻防梧州,白任上校团长。白受黄之派遣,谒见孙中山,表达决心追随之意,受孙赞许。白连夜赴梧州与黄策划起义。

1923 年 7 月 18 日梧州起义成功,建成"讨贼军",黄为总指挥,白为参谋长。白前往桂平劝说李宗仁共同行动,两支军队乃合并为"定桂讨贼军",共击南宁取得胜利,众推李为总指挥,黄为副总指挥,白为少将参谋长兼前敌总指挥。此后,白与李、黄率部先后扫清了陆荣廷、沈鸿英两部,统一了广西全省;1925 年又在粤方配合下,击溃了唐继尧滇军的进犯。是年秋,成立广西督办公署,李宗仁为督办,白为参谋长,黄为行政长。

广西统一后,白崇禧积极推进两广统一,前往广州磋商获得成功。1926年3月,桂军编为国民革命军第七军,李宗仁任军长,白崇禧任参谋长,黄绍竑为党代表。两广筹谋北伐,白受蒋介石之命赴湘,说动唐生智归附。北伐战启,白被蒋擢升为总司令部行营中将参谋长,亲临前线指挥战事。在攻占南昌、九江之役任追击司令官,大破孙传芳军;继又兼任东路军前敌指挥官,率部由赣入浙,攻克杭州后继续挥师北进。

白崇禧虽然十分敬仰孙中山,但对三民主义并不理解,对"联俄、容共、扶助农工"三大政策尤多怀疑,以后与蒋介石相处甚密,更受其影响而反对共产党和工农运动。其时,蒋介石蓄谋发动"清党"反共事变,于1927年4月2日向白表示"清党"决心;白亦对蒋表示,共产党领导工农运动蓬勃发展,尤其对上海工人第三次武装起义成功"受到了极大的刺激","着实忍耐不住剿共的决心"[①]。8日,白派兵查封了总司令部政治部,逮捕十九名政工人员;9日,以戒严司令身份宣布上海戒严;接着,授意杜月笙等人以"上海工界联合会"和"中华共进会"名义,武装青红帮流氓冒充工人,于12日袭击工人纠察队,制造"内讧"假象,而白立即派出军队以调解为名,收缴工人纠察队枪械。13日,十万工人向白请愿,第二师用机关枪扫射,当场死百余人。

白崇禧为蒋介石"清党"反共效力甚勤,但并没有得到蒋的重赏,颇为悻悻。其时蒋受到武汉方面的声讨,败走的孙传芳军在奉张支持下又图大举南下,白乃与李宗仁等联手乘势逼蒋下野,意欲握柄中枢。但白与李缺乏基础和实力,指挥不了全局,汉方汪精卫等人和沪方西山会议派均不把他们放在眼里。此时孙传芳又乘机渡江南犯,形势危急。白与李急调各军反攻,终于取得龙潭大捷。之后虽然桂系与西山会议派合作在特别委员会中得手,白一时颇为得意,但毕竟敌不过蒋介石的

---

① 白崇禧:《十六年清党运动的回顾》,国民党广西省党务整理委员会印。

固有势力和纵横捭阖的手段。1928年初,蒋复职重新掌握党政军大权后,联合冯玉祥、阎锡山、李宗仁共同进行讨伐奉张的二次北伐,白崇禧任第四集团军前敌总指挥,率领桂军北上,进驻津东。

北伐结束后,蒋介石号召"裁兵"、"编遣",白崇禧想拥兵自重,表示愿率所部十万屯甘肃青海"殖边","为推行兵工政策作示范"①,与蒋发生龃龉。1929年2月桂系驱走鲁涤平,夺取湖南地盘,蒋介石策动唐生智北上,抓回一年前被白崇禧收编的三个军;蒋并布置特务拘白,白化装逃逸,经香港回广西。嗣后桂系在蒋介石的讨伐下全军覆没,白与李宗仁亡命越南西贡(今胡志明市)暂避。不久,白与李回到广西召集旧部,与张发奎联合反蒋,但攻粤失利。1930年5月,白与李策应冯、阎反蒋,率军北上,次第攻占衡阳、长沙、岳阳,直指武汉。此时粤军在衡阳袭击桂军后续队伍,白与李只得回师南下,结果被蒋军歼灭大部。白沮丧之余,仍强硬表示:"广西人是不会投降的!"②竭力劝阻黄绍竑离桂投蒋。接着他率领精兵轻装翻越崇山峻岭,直插南宁,击败并逐走了围城三个多月的滇军,使桂军有了立足之地。

1931年5月,反蒋各派系在广州组成"中国国民党中央执监委员非常会议"和"国民政府",李宗仁、白崇禧与陈济棠释嫌修好合作反蒋。半年后,"非常会议"凭借胡汉民的威望,组成"国民党中央执行委员会西南执行部"和"国民政府西南政务委员会",形成西南半割据局面,广西得以偏安一隅达五年之久。白崇禧协同李宗仁精心治理广西,以恢复元气,为今后之发展建立基地。由于李宗仁大多时间住在广州协调与广东的关系,省内事务多委诸于白。白仿效春秋战国管仲相齐"作内政以寄军令"、"寓兵于农"等做法,依靠民团来建立和强化全省基层政权,贯彻实施其励精图治的政策。他首创自卫、自治、自给("三自"),寓

---

① 《白之精兵主义》,《新广西旬刊》第19期。

② 黄绍竑:《我离开桂系集团的原因和结果》,莫乃群主编:《新桂系纪实》上册(《广西文史资料》第29辑),广西政协文史研究委员会1990年版。

兵于民团、寓将于学校、寓征于募集("三寓"),实行"三位一体"的"一人
三长制"——村(街)长兼任民团后备队队长和国民基础学校校长,乡
(镇)长兼任民团后备队大队长和中心学校校长。他在全省实行军事
化,进行意志、力量、物资的高度集中和统一;还规定公职人员一律穿粗
布灰色制服,男子一律不准蓄发,自己亲作表率,大力革除旧习。当时
舆论称赞广西"政风朴实、简洁,政令贯彻乡村,干部朝气蓬勃,人民安
居乐业,社会井然有序"①。

1936年5月,蒋介石借胡汉民病逝之机,提出取消西南执行部和
西南政委会,李宗仁、白崇禧和陈济棠乃打起"抗日救国"旗号反蒋。蒋
介石一面调兵准备作战,一面派人收买陈济棠部下。结果粤方空军四
十八架飞机飞赴南京投蒋,军长余汉谋亦通电拥蒋。陈济棠难以为继,
离粤出走。蒋即下令白崇禧"立刻出洋考察"、李宗仁调南京任职。白
与李宗仁商讨对策,准备拼死一战。后经各方人士调停,双方罢兵息
争,使这次"两广事变"终于和平解决。白任军事委员会常务委员,并任
广西绥靖副主任、第五路军副总指挥,继续辅佐李宗仁治桂。

1937年7月"卢沟桥事变"后全面抗战开始,白崇禧与李宗仁当即
发出"请缨抗日"通电。蒋介石8月2日电召李、白共商抗日大计。白
不加犹豫,4日即飞南京,旋被任命为军事委员会副参谋总长。1938年
1月兼军训部部长。他在制定抗战的基本战略方针以及许多重大战役
的决策上,都有重要建言,受到蒋的高度重视。在战略防御阶段,他主
张:"在战略上实行'消耗持久战'方针的同时,在战术上应采取游击战
与正规战配合,加强敌后游击,扩大面的占领,争取沦陷区民众扰袭敌
人,使敌局促于点线之占领。"②进入战略相持阶段后,他强调"政治重
于军事,游击战重于正规战",还撰写《游击战纲要》分发各战区及军校。

---

① 《全国瞩目的新广西》,上海《新社会半月刊》,1934年4月。
② 贾廷诗等访问:《白崇禧先生访问记录》上册,第350页,中研院近代史研究
所"口述历史丛书",1984年版。

他在许多重大战役中，亲临前线和阵地，具体协助指挥作战。1938年11月，他任军事委员会委员长桂林行营主任，负责指挥第三、四、七、九诸战区军事。在昆仑关战役中，亲自指挥机械化部队和广西军队奋战日本侵略军，取得重大胜利。1944年11月，白兼中国海军整建委员会主任委员；1945年6月，当选为国民党第六届中央执行委员。

蒋介石对抗战前曾多年反对过自己的白崇禧戒备甚深，并不赋予军事实权。抗战胜利后国民政府改制，白被任命为国防部长，但蒋同时任命陈诚为参谋总长，掌握统率陆海空军实权，而国防部长只是"审定参谋总长所提关于国防需要之军事预算及人员物资之计划"，不能决定任何问题。白受到戏弄，十分恼恨。他对蒋介石发动的全面内战，也曾有过一些建言，但蒋刚愎自用，不予重视，白乃作壁上观。1948年3月，蒋召开"行宪国大"，除自任总统外，副总统人选属意孙科；但李宗仁决意参加副总统竞选，白联络桂系力量，积极为李出谋划策，与蒋介石等人斗智斗勇。在面对蒋之强大压力时，白建议李以退为进，以"弃选"置蒋于被动，进而反守为攻，终于使李赢得竞选的胜利。

李宗仁当上了副总统后，白崇禧被蒋介石调离南京，任华中"剿匪"总司令。1948年11月，淮海决战展开，蒋要白派兵东来增援，遭拒。嗣后白看到美国不想再支持蒋介石，蒋已难以为继，想以桂系取而代之，乃发动"和平运动"逼蒋交权。他对同僚说："老蒋的老本丢得差不多了，我们要老蒋下野，德公（指李宗仁，字德邻）上台，和共产党谈和，以长江为界，长江以北让共产党去搞，长江以南由我们来搞。"①他于12月24日、30日连发"亥敬电"、"亥全电"，提出"和平"主张，逼蒋早日引退。他还请黄绍竑去港找"民革"主席李济深，以此压蒋。1949年1月20日，他在武汉召集桂系要员商议，准备以"呼吁和平"为旗帜，立即与蒋决裂。次日蒋宣布下野，白劝李宗仁："要做就做真皇帝，切不要做

---

① 李任仁：《国民党崩溃前夕的和谈内幕》，广西政协文史资料研究委员会编《广西文史资料选辑》第4辑，1982年重印本。

假皇帝!"①

　　白崇禧一心想与中国共产党"划江分治",让李宗仁和他来统占长江以南半壁河山,所以在李宗仁大造"和谈"声势之时,他整军经武,扩充兵源,竭力加强长江防务;同时四处联络各方,还想分化拉拢蒋介石的部属。中共的和平协定最后修正案打碎了他的美梦,他声言"宁为玉碎,不为瓦全",还说:"以后谁再言和,给我抓起来!"②人民解放军渡江南下,白守不住武汉防线,但他还想凭借手中三十万兵力,依托广西,在西南再圆其梦;蒋介石也拉拢白,在重庆表示了"合作"之意。但是解放军大举南进,势如破竹,白崇禧的几支精锐部队在撤逃中大都被围歼,只有少数遁入越南。白黯然神伤,撤往台湾,后被蒋介石任命为"战略顾问委员会"副主任委员。

　　1966年12月2日,白崇禧因心脏病在台去世。

　　①　广西政协文史资料研究委员会编:《李宗仁回忆录》下册,广西政协文史资料研究委员会1980年版,第930页。
　　②　李任仁:《国民党崩溃前夕的和谈内幕》,《广西文史资料选辑》第4辑。

白　朗

杜春和

白朗，字明心，河南宝丰县大刘庄人，1873年（清同治十二年）出生于一农民家庭，幼时曾读书年余，稍长，在家务农。他家门户单弱，经常受本村地主的欺侮。1908年夏，白朗与一个叫王岐的地主发生口角，互相殴打，事后王家贿通官府，将白朗逮捕入狱。在狱中一年多，白朗受尽了狱吏的敲诈欺侮和非刑拷打，使他对反动的官府、地主积下很深的仇恨①。出狱后，因家产被勒索几尽，本村又无法存身，只好以赶牛车（拉官盐）和开炉场（冶铁）来维持家人生计。由于经常往来各地，对许多劳动群众遭受官府、地主、高利贷者残酷的剥削和压迫，深表同情。他经常尽其所有地帮助别人，因此，群众对他很有好感，遇事都爱找他商量。年轻的人都爱称呼他为"大哥"，有"官大哥"（即公众的大哥）之称。

清朝末年的河南，人民生活异常痛苦。加之1911年夏季，宝丰、鲁山一带又遭受了严重的雹灾，夏粮颗粒无收，而清政府的苛捐杂税有增无减，逼得饥饿的农民纷纷揭竿而起。当辛亥革命武昌起义爆发时，白朗也在宝丰开始组织农民进行反官府的斗争②。

---

① 开封师范学院历史系河南历史研究所白朗起义调查组：《白朗起义调查简记》，《史学月刊》1960年第2期。

② 开封师范学院历史系河南历史研究所白朗起义调查组：《白朗起义调查简记》。

白朗最初只聚集了二三十人,手中使用的是"笨炮"(土铳)和大刀,穿的是破棉袄,所以当时被人称为"笨炮队"或"袄片队"。他们的活动开始不久,清朝覆灭,中华民国成立。袁世凯继任中华民国临时大总统的职位后,人民所受的压迫剥削依然如故,因此,白朗军的斗争矛头便又指向了袁世凯的统治政权。1912 年 4 月,白朗这支小小的队伍,"打劫"了民愤很大的宝丰县卸任回籍的县知事张礼堂的财富,得快枪二十余支。到 5 月下旬,已有"七十余人,快枪三十六支"①,初步站住了脚。接着就和各支农民武装相配合,打得宝丰、鲁山两县的官军不敢出城。河南都督张镇芳看到这种情况,极为焦灼,他指使河南陆军第三旅旅长王毓秀改用"招抚收编"的诡计,诱骗农民队伍就范。在当局许以官职、金钱的引诱下,杜启宾、秦椒红等十多个首领动摇投降,先后去鲁山"受抚",被当局全部杀害②。白朗没有受骗,他率领全队穿过郏县,攻占了禹州的神垕镇。杜启宾等人被害后,他们的部众都纷纷投奔白朗,使白朗这支队伍很快增加到五六百人。

1912 年冬到 1913 年春,白朗率众避开敌人的主力,在舞阳以南的几个县和桐柏山区之间,来往流动,声称"打富济贫",到处号召饥民参加,并攻占许多寨堡,把获得的官绅、地主、富商的粮食、财物,除一部分留充军饷外,其余全部搬到大街上,高喊:"穷人们来拿东西呀!我们是打富济贫的啊!"③因此,他们到处受到穷人们的欢迎。有的还摆上"贺桌",穿上戏装,打上彩脸,唱着戏迎接白朗。半年之内,许多无地农民、失业工人,以及各色贫苦无以为生的人,纷纷加入,白朗军迅速发展到三千余人。

1913 年的夏、秋间,以孙中山为首的革命党人,在发动反袁的"二

---

① 《张镇芳藏札》,1912 年 5 月 22 日王汝桂致王祖同探报。

② 《张镇芳藏札》,1912 年 10 月 24 日张镇芳、雷震春致陆军部电。

③ 开封师范学院历史系河南历史研究所白朗起义调查组:《白朗起义调查简记》;又见《白狼猖獗记》,《时事汇报》1914 年第 5 号。

次革命"之时,感到自己的力量不足,想利用白朗这支农民武装,不断从武汉、南京、上海等地派人到白朗军中来进行联络,并委任白朗以"湘鄂豫三省联军先锋司令"等名义①,有的还以参谋、顾问的身份帮助白朗赞画军务。孙中山曾派一名姓沈的参谋帮助作战②,黄兴也在致白朗的信中要求"占领鄂、豫之间,相机进攻"③,以牵制袁军的南下。白朗接受了孙、黄等人联合反袁的要求,在进行"打富济贫"的同时,又提出过响应"二次革命"的口号④,标志着白朗军的斗争进入到一个新的阶段。

1913 年 6 月,白朗为配合"二次革命",展开了大规模的军事行动,一举攻克唐县县城,打垮守敌近一个团的兵力。7 月又攻克以富庶著称的禹州,先后缴获了大批的武器和财物。他的队伍扩大到六七千人,半用快枪,并有机关枪数挺,大炮数尊,声威大震。同时分兵袭击京汉铁路,使列车停顿,有力地牵制了袁军从河南南下。当时国民党的报纸曾报导:"白狼(朗)已与民军合作,军容甚壮,纪律亦严","足以扶助(河)南省独立,将来不难分兵直捣北京"⑤。这时白朗军的斗争,已像插进袁政府管辖区的一把尖刀,搅动着袁世凯的反动统治。

9 月下旬,当白朗军攻克湖北枣阳时,国民党人的"二次革命"已经失败了。白朗军在五六千敌人的围攻下,坚守枣阳达十天之久,焚烧了教堂,扣押了与起义军为敌的传教士十三人,使中外敌对分子大为震惊。10 月初,白朗军退出枣阳,返回河南。11 月攻克宝丰,白朗回到故乡大刘庄,受到乡亲们的热烈欢迎。

"二次革命"失败后,斗争形势发生了很大变化,袁世凯政府集中大

---

① 《邹永成回忆录》,《近代史资料》1956 年第 3 期。
② 开封师范学院历史系河南历史研究所白朗起义调查组:《白朗起义调查简记》。
③ 《大公报》1913 年 8 月 21 日。
④ 1913 年 7 月 5 日雷震春致陆军部电。
⑤ 《民权报》1913 年 7 月 14 日、16 日;《民立报》1913 年 7 月 31 日。

批兵力"围剿"白朗军,张镇芳叫嚣要"在一个月之内"把白朗军全部消灭。白朗军面对着优势的敌人,要经历更大的战斗考验。正在这时,河南以及邻近地区一些不愿坐等屠戮的革命党人和青年学生纷纷来到白朗军中①,他们向白朗提出"要革命,到南方找孙文"的主张。白朗也愿取得革命党人的合作和接济,遂自号"讨袁军",于12月下旬越过京汉铁路,挥军东征。

1914年1月间,白朗率众万余人,战马千余匹,连克豫东南的光山、潢川、商城等地,并由豫、皖交界的叶家集进入安徽,26日攻下安徽的六安,随后又攻克霍山等地。当白朗军攻克六安时,把衙署、监狱、天主教堂等焚毁,并出示安民,开仓济贫,与六安民众共度春节。由于一路上各地饥民纷纷加入,白朗军大发展,"共有四十个大队,每大队约五百人"②,总计约二万人左右,这是白朗军的最盛时期。

白朗军的纵横驰骋与迅速发展,使得中外敌对势力都非常惊慌,驻华各国公使有出兵代为"剿办"的表示,北京的"国会"和中外一些报纸都对张镇芳镇压白朗军的失败大加指责,逼得袁世凯不得不把张镇芳撤职,改派他的陆军总长段祺瑞兼任豫督,指挥北洋陆军的精锐王占元、王汝贤的两个师,徐占凤、唐天喜的两个旅,以及豫、鄂、皖、苏等省地方军数万人进行四面包围。又令长江舰队"严密防堵",阻截白朗军南下,并出动飞机进行侦察,妄图把白朗军聚歼于"霍山、六安、霍邱之间"③。

但是,段祺瑞的围歼计划落空了。行动快速的白朗军,于2月中旬又由豫、皖交界的叶家集折回河南,并在商城以东的鄢家集等地给王占元两个团的部队以重创,然后突破重围,日夜兼程,经光山、罗山县境,

①　1913年11月30日张镇芳致袁世凯电中说:"黄兴刊刻豫都督印送与白狼,无数青年混入贼中代为筹划。湘人邹永成、豫人刘怀锡等皆在其内,此外,粤人、浙人、闽人尚有数名……"

②　王仲霖:《麻黄支队防匪记》(稿本)卷三。

③　1914年2月22日段祺瑞致袁世凯电。

由信阳以南的柳林附近越过京汉铁路进入湖北。3月8日攻克湖北的商务重镇老河口，打垮守敌一个团，缴获大批枪支弹药，并没收了一批外国企业，如亚细亚煤油公司、美孚洋行等。

白朗军的流动作战，把袁世凯政府搞得手忙脚乱，大丢其脸。袁在给段祺瑞的电文中说："白匪久未平，各国报纸谓政府力弱不足以保治安，殊损威信。"段在回电中承认："劳师糜饷，贻笑中外。"①袁世凯为此枪毙过弃城逃跑的县长，调动了十多万军队，撤换过许多将领，后来又把段祺瑞调回，改任田文烈为河南都督，加派了陆建章、赵倜、张敬尧等师负责督剿。

白朗在攻占老河口后，曾召开过军事会议，讨论下一步行动。他本想由老河口直接进入四川，建立一块根据地，使军队得以休整。但因蜀道险峻，川军已有防备，不利攻取，遂决定西进陕、甘，由西北再相机入川。3月中旬，白朗军由老河口出发，经荆紫关进入陕西境，陕西都督张凤翙赶紧调兵堵截。白朗军出其不意，打得张凤翙大败而逃，躲进西安向袁世凯呼救。白朗军连克商南、商县、山阳等地，并公开电告袁世凯说要攻取西安，要袁世凯作好准备。袁世凯吓得赶忙派遣陆建章为西路"剿匪"督办，率第七师昼夜不停地赶往西安，并纠集中央和地方的各种军队近二十万人，前堵后追，还由北京派飞机四架前往助战。白朗军忽南忽北，使北洋军顾此失彼。不久，白朗军出子午峪攻克鄠县（今户县）、盩厔（今周至），北渡渭水，又连克武功、乾县、麟游、凤翔、陇县等十余县，于4月下旬由固关进入甘肃，攻占通渭、陇西。5月4日击毙秦州（天水）镇总兵马国仁，占领甘南重镇秦州。接着又攻下徽县、成县、武都（阶州），准备南下渡白水江进入四川，但因川边已有重兵戒备，乃转克岷县、临潭（洮州）等地。

在进军西北的过程中，白朗建军号为"中原扶汉军"，有时又用"公民讨贼军"的名义。他在沿途张贴的布告中，斥责袁世凯政府是"神奸

---

① 1914年3月21日袁世凯致段祺瑞电及22日段祺瑞复电。

主政,群凶盈庭","虽托名共和,实厉行专制",声称自己是要"纠合豪
杰,为民请命"①。说到西北来的目的是找寻根据地,扩兵囤粮,"一俟
兵精粮足,便当雄踞北方,席卷东南"②,推翻袁世凯的反动统治,"设立
完美之政府"。几年的流转作战,白朗军声势越来越强大,所过州县,往
往"武则逃避,文则开城迎降"③。同时,随着力量的成长,白朗对部队
的纪律也逐渐严明起来,后期每攻下一地,除对那些敢于顽抗的官绅、
地主给予打击外,对于开城迎降的官绅不再杀戮,并宣称保护正当商人
和外国侨民。有时下令要部队"住在城外",或"封刀入城"④。因此,和
那些淫掠烧杀、残民以逞的官军对比,群众是宁愿欢迎白朗的。就连统
治者也不得不承认,群众"现(视)兵如仇雠,视匪如家人"⑤。有一幅民
间艺人创作的《白狼(朗)过秦川》的版画⑥,描写了白朗跨马杀贼的英
雄形象,据说当时就曾在陕、甘、豫等省广为流传。

　　白朗入川建立根据地的计划,后来没能实现。一方面由于川、甘交
界的白水江水涨,无船可渡,川军又有重兵防堵,不易通过,另一方面当
他们深入甘肃后,部队已过于疲劳,岷、洮地区人烟稀少,粮食短缺,甚
至饮水也很困难,加上时疫流行,又有少数民族地主武装的顽抗,主力
损失日渐严重。这种种原因,就使得全军上下思乡情绪严重起来,在临
潭召开的一次军事会议上,许多重要将领都表示不愿再奋战入川,要求
立即返回豫、鄂。白朗见众志难违,遂决定回师东归。

　　1914 年 5 月下旬,白朗率众退出临潭,经漳县、宁远(武山),6 月上
旬克秦安,接着就由清水长驱进入陕西。一路上虽然有敌人前截后追,

　　①　1914 年 3 月 31 日开封邮政分局邮务总办阿杜能(意大利人)致北京邮政总
局总办柏利(法国人)函中所附中文抄件。

　　②　王士蔼:《白匪陷害陇南见闻录》(稿本)。

　　③　1914 年 5 月 29 日吴中英致参陆两部电。

　　④　慕寿祺撰:《甘宁青史略》正编第二十八卷,兰州俊华印书馆 1936 年版。

　　⑤　1914 年 7 月 14 日北洋政府"统率办事处"致田文烈等电。

　　⑥　王树村:《关于白狼(朗)过秦川的一幅版画》,《文物》1964 年第 10 期。

但由于白朗军发挥了"善走"的特长,一日夜行一百六七十里,把追赶的敌人远远地抛在后面。除在宝鸡、郭杜镇、子午峪等地和拦截的敌人发生过几次战斗外,一路"如入无人之境",通过凤翔、扶风、西安郊外,于6月下旬就到达了陕、豫交界的荆紫关。白朗最初的打算是想回到河南故乡,补充兵力,取得喘息的时间,但不料一入河南境,战士们就纷纷自动离队回家,无法制止,沿途星散,不复成军。就这样,这支历时四年,纵横五省,攻克过五十多个县的农民队伍,终因缺乏坚强的领导,无法克服农民的落后思想,而迅速解体。最后,追随白朗的只剩下百数十人。8月中旬,他们通过敌人的重重封锁,到达宝丰、临汝交界的虎狼爬岭时,遭到数千敌人的包围。白朗当时已身染重病,但仍然和敌军血战两昼夜,最后由于弹尽粮绝,在黑夜突围中壮烈战死。

白 毓 昆

徐辉琪

白毓昆,字雅雨,号铣玉,辛亥革命时期滦州起义烈士。江苏通州(今南通市)人,生于1868年4月17日(清同治七年三月二十五日)。祖父和父亲都是教师,祖父且在当地有一定名望。白童年进塾读书,十八岁补县学生。同年被江苏学政王先谦选拔到江阴南菁书院研读旧学及天文、算学、舆地、史论等。

白毓昆于南菁书院结业后,"绝意仕途"。以后到上海南洋公学师范院和澄衷学堂任教席。随着民族民主革命运动兴起,白逐渐受到革命思想影响,觉得"不可不革命"①。他以"地理学救国"为志愿,专注中国地理学研究,并"以阐发民族观念为主旨",自编教科书,由震东书局公开出版发行。由于白毓昆在地理学研究和教学中力求贯穿革命宗旨,成为当时一个颇负盛名的爱国地理学者。

1908年秋,白毓昆接受天津北洋女子师范、北洋法政学堂聘请,携家到了天津。白毓昆到津后,继续以地理学激发人们的爱国精神。1909年9月27日,他邀约张相文等发起成立"中国地学会",并亲任编辑部长,于次年1月编辑出版《地学杂志》。该杂志通过对祖国地理山川的介绍,隐喻清政府的丧权卖国。又配合边界交涉事件绘制相应地图,揭露帝国主义的侵略阴谋。

同时,白毓昆对清王朝"预备立宪"的欺骗宣传和立宪派的请愿活

---

① 吉乐:《白毓昆》,《中华民报》1913年2月25日。

动不满,开始直接投入革命斗争。1910 年,天津学界准备向清政府发起请愿,他认为是"与虎谋皮",力加劝阻。随后,他结合志士,"谋革命益急"[1]。

1911 年 10 月武昌起义爆发。白毓昆认为京师是"清室的根本",如果"京师不动摇,则南军恐难持久"[2]。因此,积极主张在京津一带发动起义,以加速清王朝的灭亡。他先组织了"红十字会",借以集众演说,进行革命宣传。接着,于 10 月—11 月间同胡宪、凌钺等组成"天津共和会",自任会长,作为密谋起义的"总机关"。在此期间,白毓昆在女会员的掩护下,奔走于北京、张家口之间,参与策划,输送炸弹,并广派会员分赴各地联络民团。"共和会"很快成为活跃在北方的一个重要革命团体。

这时,驻防滦州的清军二十镇七十九标,由于统制张绍曾截留南运军火和通电要求"立宪",被清政府逼迫离职,广大官兵极为愤懑,开始倾向革命。白毓昆立即把争取滦军起义作为"共和会"的主要活动目标,派会员凌钺等前去鼓动。凌等到滦后,"日夜宣传,不稍休息",还专门组织了"敢死队"[3]。

11 月 24 日,湖北军政府全权代表胡鄂公,为组织北方响应起义,来到天津。白毓昆当晚与胡取得联系,次日即偕孙谦声等到胡处讨论滦军"响应革命事"。同时,白还向胡表示了他对汪精卫的愤慨,说汪与杨度组织"国事共济会",就是与袁世凯"相济为奸","以杀我北京革命同志"[4]。随后,积极参加了胡鄂公发动起义的组织活动。12 月 2 日,京津地区各革命团体代表在天津组成总指挥处,他被举为交通部长兼

---

[1] 罗正纬:《滦州革命先烈事略》,《辛亥革命》(六),上海人民出版社 1957 年版,第 367 页。

[2] 罗正纬:《滦州革命先烈事略》,《辛亥革命》(六),第 367 页。

[3] 于树德:《回忆滦州起义与共和会》,《辛亥革命回忆录》(五),中华书局 1963 年版,第 426 页。

[4] 胡鄂公:《辛亥革命北方实录》,中华书局 1948 年版,第 82 页。

滦州指挥之一。14 日，又与胡鄂公作为同盟会代表①，同其他革命团体正式组成"北方革命协会"，宣布"以协助革命军北伐，崇奉孙先生之三民主义"为宗旨②。

由于清政府和袁世凯的疯狂镇压，加之汪精卫又"使人四出阻止"，甚至诬蔑起义群众为"匪类"，革命党人这时在北方的起义、暴动计划迭告失败。白毓昆悲愤交加。为挽救革命，他决意策动滦军迅速起义，遂令其妻、子南归，于 31 日只身到了滦州。

白毓昆在妻、子离津时，把发动滦州起义的"密函"亲手缝入其子内衣，让他面交沪军都督府钮永键。其计划是：革命军即由海道北上袭据山海关，断绝京奉铁路，然后会同滦州义军直捣北京。白到滦后，首先说服军警赞同起义，然后与二十镇七十九标一、二两营管带王金铭、施从云会商，并向下级官佐和士兵反复陈说利害。时王、施已倾向共和。1912 年 1 月 2 日，滦军遂宣布独立，随之成立"北方革命军政府"，举王金铭为大都督，施从云为总司令，白毓昆为参谋长。

滦州起义发生后，袁世凯急调军队前往镇压。白毓昆不顾胡鄂公的阻拦，"必欲与清军一战"。4 日晚，他同王金铭、施从云率军向天津进发。次晨 3 时与清军激战于雷庄。清军伪示停战议和，王、施不听部下劝阻，前往谈判，遂遭杀害。白毓昆带七八人乘间从小道冲出，走到古冶不幸被俘。

白毓昆被捕后，在反动派面前，直言不讳自己是北方革命军参谋长，并慷慨陈词说："吾为国充兵，吾自当为国死，今被逮，吾何讳为！""我死不足惜，惟诸君今为满奴，异日且为外人牛马，痛何如之！"③受刑时，通永镇总兵王怀庆令他跪下，他怒目瞪视，坚不下跪，说："此身可

---

①　关于白毓昆参加同盟会的时间，无文字记载，经多方查证，亦难确定。

②　胡鄂公：《辛亥革命北方实录》，第 82 页。

③　罗正纬：《滦州革命先烈事略》，《辛亥革命》（六），第 368 页。

裂,此膝不可屈,杀则杀之,何迫辱为!"①7日,壮烈牺牲。白毓昆就义前曾赋诗一首,最后四句为:"希望后起者,同气志相连。此身虽死了,主义永流传。"

民国成立后,白毓昆烈士的遗骸归葬家乡狼山,参加葬仪者数千人②。

---

①　罗正纬:《滦州革命先烈事略》,《辛亥革命》(六),第368页。
②　江谦:《南通白烈士墓铭》。

柏 文 蔚

刘敬坤

柏文蔚,字烈武,安徽寿州(今寿县)人,1876 年 6 月 8 日(清光绪二年五月十七日)生。其父柏珉系塾师,柏文蔚随父熟读"六经"及《庄子》、《老子》、《韩非子》、《墨子》诸书,于 1896 年中秀才。后至寿州城内孙家设塾授徒,结识孙家鼐族孙孙毓筠,得与北京维新人士常通信息,遂于寿州城内设阅书报社,陈列《湘学报》、《申报》及《盛世危言》等;并创立天足会,倡导革除妇女缠足陋习。当地守旧士绅诬柏等"吃洋教,谋不轨"①。柏氏族人虑当局将加害于柏,乃集资助其赴省城安庆入安徽大学堂。

1900 年春,留日学生陈独秀、潘赞化等回皖宣传中俄新订密约事,集安庆各学堂学生于安徽大学堂藏书楼演说,柏文蔚放言激烈,大学堂总办对柏等拟加制裁。柏遂退学离校,于 1902 年至南京,与赵声、杨作霖等人联合当地会党,秘密组织强国会。后以事机败露,杨作霖遇难,强国会遂停止活动。柏文蔚返回安庆,入安徽武备学堂练军班为学兵,复秘密组织同学会,散发《扬州十日记》、《嘉定屠城记》等反清书籍。

1903 年 6 月,柏于安徽武备学堂毕业后,拟集合万人配合在押大侠郭其昌,在安庆举行劫狱起事。因谋事不周,为安徽臬司侦知,派员

① 柏文蔚:《柏烈武五十年大事记》,中国人民政治协商会议全国委员会文史资料研究委员会编《纪念柏文蔚先生》,1986 年版,第 6 页。

捕柏,柏黄夜潜往南京匿居承恩寺。翌年春,柏至芜湖,任安徽公学体操教员。1905年,柏文蔚与陈独秀、常恒芳等人以安徽公学为基地成立岳王会。同年9月,柏文蔚应新军第九镇十七协三十三标二营管带赵声邀赴南京,任该营前队队官。不久,赵声升任三十三标标统,柏升任该标第二营管带,即在南京成立岳王会分会,自任会长。

1906年,柏文蔚与赵声、林之夏、林述庆、倪映典等人在南京加入同盟会,岳王分会成员亦均入盟,公推赵声为同盟会长江分会盟主。柏等积极在新军中进行革命宣传,联络士兵及学生。不久,孙毓筠自日本回国,在南京与柏文蔚、赵声联络,谋炸两江总督端方。不幸事败,孙毓筠被捕入狱,赵声走江西,柏文蔚投奔在吉林任军职的同乡胡殿甲。1907年4月柏任吉强军文帮带兼马队总教习。

时日本觊觎延吉日亟,派出间谍以旅行为名至延吉测量地形,绘制地图。柏将此事告知胡殿甲转报清廷外务部。外务部派奉天训练处总办吴禄贞前往调查,吴调柏为参谋,亲往考察延吉边务。9月,柏文蔚奉命赴汉城与韩国交涉延吉领土问题,以五百元高价自韩国户部尚书朴姓之子手中购得《大东舆地全图》。该图标明延吉为清国领土,可为今后交涉之铁证。日警侦知此事,下令搜捕柏文蔚。柏避入清驻汉城领事馆,乘隙登轮赴烟台转奉天,向吴禄贞报告赴汉城经过。此后,柏改任屯田营管带。1910年2月,柏文蔚调任奉天督练公所参谋。他在城内三江旅馆与同志商讨革命方略,联络冯麟阁、蓝天蔚所部官兵;复沿东清铁路至伊尔库茨克、海参崴等地,联络各路绿林豪杰。

武昌起义爆发后,柏文蔚即谋在关外起义响应。时范鸿仙、陈其美连电,促其南下。10月22日柏文蔚抵上海,与黄兴、宋教仁、陈其美紧急会商,决议黄兴与宋教仁赴武汉指挥军事,柏文蔚赴南京策动徐绍桢所部第九镇新军反正。清两江总督张人骏以第九镇新军不稳,下令收缴该镇官兵子弹,并限徐绍桢于月底前率部移驻秣陵关。10月24日,柏文蔚由沪抵宁,随后前往秣陵关镇司令部会见徐绍桢称:"公为都督,余虽作弁目亦愿也;公若仍为统制,则不敢从命。"①徐会其意,同意率部反正。柏随后返沪为第九镇筹集武器弹药。

11月初,上海、苏州、杭州、扬州先后光复。11月7日,驻防镇江的第九镇十八协三十六标三营管带林述庆宣布起义,被推为镇江都督。徐绍桢闻悉后,在尚未得到弹药接济前,即于11月8日提前起义,率部进攻南京,由于力量悬殊致全军大败,余部退往镇江。柏文蔚遂以上海运到的武器装备第九镇残部,编为宁军第一军,自任统制。

为了攻克南京,沪军都督陈其美提议:合组苏浙联军,推徐绍桢为联军总司令,统兵会攻南京。柏文蔚并以大敌当前说服林述庆拥戴徐绍桢。在联军会攻南京时,柏文蔚率宁军先锋两营及学生队由镇江渡江,经六合进攻浦口,以防张勋率部过江北逃。12月2日,南京光复。镇军林述庆率部抢先进驻两江总督公署,并以临时江宁都督名义发布告示。浙军以林述庆独占战果,与林部发生冲突,一时内讧之势岌岌可危。宋教仁、范鸿仙等急至浦口与柏文蔚会商,决议推程德全为江苏都督,任林述庆为北伐军临淮总司令,徐绍桢为卫戍南京司令。柏文蔚以此告知林述庆,勉以大局为重,并诚恳表示:"余可为兄部下,同阵北伐。"②林是其言,纠纷立解。

南京光复为中华民国的创建奠定了基础。其后,柏文蔚所部被编为中华民国第一军。1912年2月3日,中华民国临时政府以袁世凯停止议和,命柏文蔚统率五个军进行北伐。2月7日,柏文蔚率军北上,与张勋的江防军激战后,连克固镇、宿州。南京参谋部此时电柏:"和议复开,停止前进。"柏文蔚为争取在议和中的有利地位,仍昼夜兼程,于11日进占徐州。2月17日柏文蔚遄返南京,18日晨至总统府往谒孙中山,建言北伐军须进至黄河以北。孙中山答称:"大家皆愿讲和,不愿

① 柏文蔚:《柏烈武五十年大事记》,第22页。
② 柏文蔚:《柏烈武五十年大事记》,第29页。

再事兵戎,吾岂能要大家牺牲,为吾人争总统耶?"①柏文蔚力主陆军总长一职"万不让"(予袁世凯),以备"破裂再战"②。

此时安徽政局极为混乱,陆军部命柏文蔚迅速统兵入皖,统一全省。4月26日,北京政府任命柏文蔚署理安徽都督,次日兼署民政长,7月1日正式任安徽都督,9月授为陆军中将。柏文蔚主政安徽,任用革命党人重组领导机构,以陈独秀为都督府秘书长,各司、厅长亦皆为辛亥时期的先进人物;并积极筹设司法及审判机关,制定司法章程。柏在全省严禁鸦片,限期铲除烟苗;对吸食者限期戒除,违者严惩;毅然派员禁烧奸商勾结英人私运的大量鸦片。英国出动兵舰相威胁,要求赔偿烟价,柏严予驳斥。全国各地对柏的禁烟措施纷纷来电支持,孙中山称赞安徽"禁烟办法,实可为各省之模范"③。柏更大力革除陋俗弊习,改庙宇为市场或习艺所,禁止演唱淫秽戏曲,提倡演文明戏;在城乡遍贴布告,禁止幼女缠足,取缔娼寮。柏在省内沿江沿淮兴修圩堤,改革田赋征收办法,并着手修建公路;对于文化教育尤加注意,严令军队不得侵占校舍,不得干预学校事务,使教育经费纳入省财政计划。皖省中小学此时增至三百七十余所。

1913年3月,宋教仁遇刺身亡后,柏文蔚应孙中山、黄兴之召至上海,会商讨袁事宜,但孙、黄二人意见分歧,致党人未能取得一致行动。袁世凯在下令免除江西都督李烈钧与广东都督胡汉民之后,6月30日下令解除柏文蔚安徽都督兼民政长职。7月12日,李烈钧在江西湖口宣布独立后,黄兴迫使程德全宣布江苏独立,并自任江苏讨袁军总司令。柏文蔚受黄兴命任安徽讨袁军总司令,至蚌埠进行军事部署。7月27日,袁世凯下令褫夺柏文蔚中将军衔,任倪嗣冲为安徽都督兼民

① 柏文蔚:《柏烈武五十年大事记》,第34页。
② 柏文蔚:《柏烈武五十年大事记》,第34页。
③ 中国社会科学院近代史研究所中华民国史研究室等编:《孙中山全集》第2卷,中华书局1982年版,第532页。

政长。柏文蔚衔黄兴之命至安庆,被推为安徽都督兼民政长,组编淮上各军迎击倪嗣冲。在袁世凯北军围攻下,黄兴于 7 月 28 日夜出走南京;柏文蔚在安徽也不敌北军,于 8 月 19 日由芜湖率部千余人至南京,被推为江苏都督兼第八师师长。但此时讨袁的大势已去,柏于 25 日夜率卫队离宁赴沪,29 日亡命日本。

1914 年 5 月,孙中山在日本东京筹组中华革命党,指定柏文蔚、陈其美等十五人为筹备委员,并任柏为军务部长。但柏对另行组党持有异议,乃辞去中华革命党军务部长,于 8 月 25 日参加欧事研究会。1915 年 2 月 25 日、5 月 9 日,柏文蔚与李烈钧等五人以欧事研究会的观点,联名发表《致祖国同胞电》与《再致祖国同胞电》。电文所称党人倒袁,会"引外力以颠覆祖国"①,颇受各界舆论的非议;日本朝野人士对此亦态度冷淡。柏遂离日赴南洋,与熊克武、李烈钧等欧事研究会成员成立中华水利促进会。8 月,柏文蔚闻知袁世凯复辟帝制日亟,乃与李烈钧、熊克武、谭人凤等在槟榔屿集会,决议各人分途筹划起义。12 月 25 日,蔡锷、唐继尧、李烈钧等人通电宣布云南独立,举兵讨袁,委托柏文蔚在南洋为护国军筹款。1916 年 2 月 29 日,柏文蔚由南洋返抵上海。6 月 6 日,袁世凯病死,黎元洪继任总统,11 月电召柏文蔚入京,1917 年 1 月 19 日授予威烈将军。

1917 年 10 月,孙中山在广州成立军政府,进行护法战争。柏文蔚响应南下,在安徽、湖南从事护法运动,后至鄂西,被推为靖国军川鄂联军前敌总指挥。1921 年 5 月,孙中山在广州就任非常大总统,任柏文蔚为总统府顾问。1922 年 4 月,孙中山设北伐大本营于韶关,任柏文蔚为长江上游招讨使,策动地方部队接应北伐。

1922 年 9 月 4 日,孙中山在上海约集国民党重要成员五十三人讨论国民党改组问题,柏与会并赞成改组国民党。1923 年 1 月,柏文蔚被孙中山任命为军委会委员,奉命北上与直系代表孙岳及皖系代表吴

---

① 孙彩霞:《柏文蔚传》,淮南政协 1997 年印行,第 40 页。

光新商谈合作事宜。1924年1月,柏文蔚出席国民党第一次全国代表大会,于22日下午向大会作军事报告①;并在大会上当选为国民党中央执行委员。会后,孙中山任命柏为北伐讨贼军(9月改称建国军)第二军军长。10月2日,孙中山在韶关召集廖仲恺、柏文蔚、白云梯共议,商定联皖(系)制直(系)方针;并派柏文蔚离粤北上,与张作霖商谈合作问题。12月下旬,柏文蔚至河南国民军中积极宣传三大政策,指导党务,组织党部。后柏至北京,与谢持、张秋白等人时相往还,受谢等反对联俄、反对国共合作之言论影响日深。

1925年11月,林森、谢持、邹鲁等人在北京西山碧云寺召开西山会议,公开反对孙中山生前制定的联俄、联共政策,并派李烈钧、柏文蔚、邹鲁、林森、张秋白、傅汝霖等六人为国民党北京执行部执行委员。柏文蔚虽未出席西山会议,但因观点接近,对会议的此项决议既未明言接受,也未予以否认。1926年1月,国民党在广州召开第二次全国代表大会,柏文蔚虽未出席大会,但仍被选为中央执行委员。

1926年7月,国民革命军兴师北伐,次第光复湘、鄂、赣、闽诸省。柏文蔚为北伐胜利形势所鼓舞,于当年11月由天津绕道抵达武汉,被任命为国民革命军第三十三军军长。柏率部东下,转战于安徽各地。"四一二"政变后,柏文蔚发表通电谴责蒋介石。1927年9月宁汉合流后,柏文蔚任国民政府委员,10月被免去第三十三军军长职,改任北路宣慰使。柏回至安徽故里,仿照黄埔军校训练方法,在寿县创办学兵团,任中共党员为学兵团领导,集训学员达五百余人。1928年2月,柏文蔚出席国民党二届四中全会,与王乐平、朱霁青等人提出"以党治军,禁止军人割据"提案。柏复提出"实边导淮案",撰《导淮说明书》刊于上海《民国日报》。

二次北伐结束后,国民党于1928年8月举行二届五中全会,决议成立中央政治会议为训政时期的最高指导机关,柏文蔚被推为政治会

①《中国国民党周刊》第10期,1924年3月。

议委员。柏此时与柳亚子、陈树人、何香凝、于右任等人过往密切,对时政颇有非议,认为南京国民政府"已变为军阀官僚买办阶级、土豪劣绅及一切反动势力的大本营"①,对蒋介石的专权独裁更为不满,乃加入了反蒋的"中国国民党改组同志会"(史称"改组派")。10月8日,柏被国民党中常会撤销国民政府委员职。1929年2月,柏文蔚列名的《中国国民党改组同志会第一次全国代表大会宣言》发表。在3月举行的国民党第三次全国代表大会上,柏文蔚被撤销中央执行委员。同年10月,国民党中央执行委员会以陈公博、王法勤、柏文蔚等人"勾结军阀余孽,假窃名义,肆行煽惑,阴谋破坏编遣,颠覆党国,甘为赤色帝国主义者之工具",宣布交国民政府"明令通缉"②。11月28日,国民党第五十二次中常会通过决议,永远开除柏文蔚、王法勤等九人党籍。柏此后连续撰文抨击蒋介石实行军事独裁,摧残民众,并宣传民主法制,要求改组国民党。1930年5月中原大战爆发后,汪精卫等人于8月在北平召开"扩大会议",柏文蔚由沪北上出席会议,被推为常务委员,参预制定扩大会议的各种文件。9月18日,张学良通电拥蒋,率兵入关,扩大会议仓皇移往太原;柏文蔚则离平去津,自后即脱离反蒋的派系斗争。

1931年11月,国民党中常会决定,恢复汪精卫、陈公博、阎锡山、李宗仁、冯玉祥、柏文蔚等三百一十四人党籍。12月,国民党宁、粤、沪三方中央执、监委员在南京召开四届一中全会,柏文蔚又复列名国民党中央执行委员及国民政府委员。但柏此时已无兴味于政治派系斗争,意欲退隐山林。同年底,柏文蔚由天津返回上海,寓居昆山风车浜,虽笃信佛学,但仍时时以国难为念。嗣后,在南京玄武湖筑陋室"柏园"居住,每与李烈钧、于右任、冯玉祥、方振武等过从时,均商谈抗日救国问题。"一二八"事变发生时,柏文蔚向国民党中央提出"停止一切内战,一致对外";9月15日,复与程潜、李烈钧等十六人质问政府:"对日承

① 孙彩霞:《柏文蔚传》,第132页。
② 《中央党务月刊》,第15期,1929年10月。

认伪(满洲)国持何政策？收复失地有无切实准备？"10月2日,柏文蔚与冯玉祥等十五人通电全国,强烈指责李顿率领的国联调查团报告书"混淆真象,颠倒因果……为日寇卸责"。1933年5月26日,冯玉祥与方振武等在张家口成立察哈尔民众抗日同盟军,柏文蔚与李烈钧、程潜等联名电冯表示支持,赞扬冯等高举抗日旗帜;11月,复与冯玉祥等二十二人向国民党四届六中全会提出《救亡大计案》七条,要求大赦政治犯。

1937年全面抗战爆发后,柏文蔚率全家由昆山移居徽州(今歙县),在皖南发动民众抗战;1938年夏秋,辗转至湘西永绥(今花垣)定居。1939年1月,至重庆参加国民党五届五中全会,主张对叛国投敌的汪精卫作最严厉的处置,并声明今后认汪逆为全国人民与其个人最大的敌人。会后,柏专程至江津看望陈独秀,并脱下身上所著皮袍赠陈。柏文蔚表示拥护国共两党合作抗日,一再声言:"不管是国民党还是共产党,只要抗战的都是好党。"[1]同意其女柏培师由湘西奔赴延安参加八路军,并给予流亡在湘西的皖籍进步学生以多方援助。柏文蔚一生廉洁正直,生活简朴,从无积蓄,仅赖其个人薪俸维持,有时不得不向友人借贷以维家人生计。

1945年8月日本投降后,柏文蔚因无路费复员东返,困居永绥;直至1946年4月21日始离开湘西,5月28日返回桐城,9月移居昆山。柏因长年宿疾,生活困顿,于1947年4月26日病逝上海,终年七十二岁。柏文蔚病笃时,曾发表声明退出国民政府委员,文送沪上各报社,无一家给予刊登。

---

① 刘敬坤:《皖籍师生流亡湘西》,中国人民政治协商会议湘西土家族苗族自治州委员会文史资料研究委员会编《湘西文史资料》第21辑,1991年版。

板垣征四郎

吕乃澄

板垣征四郎,1885 年(日本明治十八年)1 月 23 日生于日本岩手县岩手町沼宫内一个郡长家庭。其祖父直作是原南部藩主的讲师,汉学者,神道教徒;其父政德长期任郡长,神道教徒。板垣幼年丧母,主要由祖父母抚养教育,从小喜欢汉语。中日甲午战争,日本因侵略中国获得大胜,顿时掀起一股扩张狂潮,板垣受其影响走上从军之路。1899 年入仙台陆军幼年学校,学校训育官大越兼吉以严格军人教育著称,后在日俄战争中战死,被喻为"军神",板垣在校深受他的军国主义思想熏陶,以他为崇拜偶像,梦想"长大之后,当大将"。

两年后,板垣升入陆军士官学校第十六期,与冈村宁次、土肥原贤二、矶谷廉介、永田铁山同为十六期生。1904 年毕业后被授予少尉军衔,随即被派往日俄战争前线任小队长。1905 年 2 月在奉天(今沈阳市)郊外红土岭作战中左胫部受了贯穿性枪伤,被送回国内治疗。这虽是他第一次踏上中国土地,却滋长了他侵略和掠夺中国的欲望与野心,从此竟"梦托支那"①。

1906 年,伤愈后的板垣被派往天津驻屯军任步兵副(助理),熟悉和了解很多中国情况。1908 年奉调回国任职。1913 年以大尉中队长的身份考入陆军大学,一心"要在中国问题上有所为"②。1916 年底毕

---

① 板垣征四郎刊行会编:《板垣征四郎秘录》,日本芙蓉书房 1972 年版。

② 板垣征四郎刊行会编:《板垣征四郎秘录》。

业后,任参谋本部中国班班长(直属谍报武官)。他与"军神"大越兼吉的女儿喜久子结婚,有了军界的靠山。1917年夏,由参谋本部派往云南昆明,利用士官学校毕业生、云南军阀唐继尧的关系,大量收集关于中国西南各种情报。1919年被派往汉口任参谋,晋升为少佐,与石原莞尔一起供职,过从甚密,结为共识。

1921年板垣回国,为取得带兵的资格,短期担任了大队长(营长)。1922年被调到参谋本部任兵要地志班长,兼陆军大学兵学教官,悉心研究中国问题。1924年夏,他以中佐衔被派往日本驻北京公使馆,任武官本庄繁的辅佐官。1925年1月,板垣与驻中国各地的武官冈村宁次中佐、酒井隆少佐、土肥原贤二中佐、铃木贞一大尉等聚集到一起,举行了"在支谍报武官会议",商讨如何实现"大陆之梦"。

1927年夏,板垣被派任日本驻济南总领事馆武官。1928年升为大佐,担任步兵第三十三旅团参谋驻青岛。1929年3月板垣率部驻扎奉天(沈阳),同年5月又调任关东军司令部高级参谋,与关东军参谋石原莞尔共事。

板垣征四郎和石原莞尔是"确保满蒙先行论"的倡导者和狂热鼓吹者,他们结成搭档,率随员在东北各地进行了四次"参谋旅行",侦察地形,搜集情报,串联阴谋活动。1931年3月,板垣在日本陆军步兵学校发表题为《从军事上所观察之满蒙》的演讲,露骨地鼓吹"满蒙是帝国国防第一线",它在对美作战上是"日本的补充源泉",在牵制俄国向东发展和"保卫朝鲜"上为"战略据点",占有"满蒙"是"实现日本帝国远大理想的使命"[1]。5月29日,板垣又在关东军部队长军官会议上作了题为《关于满蒙问题》的讲演,进一步鼓吹侵略中国东北和蒙古"是当前的急务"[2]。在此前后,日方制造"万宝山事件"与"中村事件",接着又反诬中国军队炸毁南满铁路线上柳条湖附近的一段路轨,突然袭击中国

---

[1]　《现代史资料》(7)《满洲事变》,日本美铃书房1985年版,第139—144页。
[2]　《现代史资料》(7)《满洲事变》,第173页。

北大营驻军,制造"九一八"事变。9月22日,板垣在关东军参谋长三宅少将召集的会议上提出:"将全满作为我国(日本)领土予以统辖占领。"①10月23日,板垣同石原和国际法顾问松本侠炮制《满蒙共和国统治大纲草案》,提出了如何控制"新政权"的军事、外交、交通实权,把东北变为日本帝国主义殖民地的设想。

为炮制一个伪满蒙共和国,经由板垣决定,土肥原策划,11月8日在天津制造"便衣队"暴乱事件,挟持溥仪由天津抵达营口。板垣将溥仪安置在汤岗子对翠阁温泉旅馆,后又转移到旅顺大和旅馆软禁起来,并切断溥仪与外部一切联系,迫使溥仪一切听由板垣摆布。

日本关东军一举侵占我国东北,受到世界各国舆论的抨击。为了分散国际上的注意力,11月间板垣打电报给日本驻上海总领事馆武官田中隆吉少佐说:"外国人的目光很讨厌,(你)在上海搞出一些事来","把西方列强的视线引开"②。板垣并给田中两万日元作经费,以致酿成"一二八"事变。

1932年1月6日,板垣回东京向日本军部汇报,并破格受到日本天皇裕仁的召见和垂询。新上任的陆相荒木对板垣表示支持关东军的行动。13日板垣捧持经由参谋总长颁发的天皇敕语回到奉天,立即加紧炮制伪满洲国的活动。2月16日,板垣一手导演在沈阳举行了有张景惠、熙洽、臧式毅和马占山"四巨头"参加的会议,由板垣主持,关东军高级将领均出席压阵,会议决定立即筹备建立"新国家"。17日,伪"东北行政委员会"成立,负责进行筹建工作。溥仪赞成建立"新国家",也同意担任"首脑",但是坚持复辟清王朝。后在板垣的软硬兼施下,被迫于2月29日接受板垣提出的伪满洲国政府人事安排,于3月6日抵达

---

① 土肥原贤二刊行会编,天津市政协编译组译:《土肥原秘录》,中华书局1980年版。

② 田中隆吉:《上海事变是这样发动的》,转引自[日]《知性》杂志增刊《未公开的昭和史》,东京河出书房1956年版,第182—183页。

汤岗子,在板垣拟定的《溥仪·本庄换文》上签字。溥仪一行3月8日下午乘火车离开汤岗子前往长春,9日下午3时举行了溥仪就任"执政"仪式,宣告伪满洲国成立。由于板垣操纵和制造伪满洲国"有功",是年8月被晋升为少将。

1933年2月,板垣征四郎又奉命在天津建立"板垣机关",策划日本关东军侵略热河及华北的"谋略"工作。

1934年12月,板垣升任关东军副参谋长,兼任伪满洲国军政部顾问。他到任后即主持制定了一系列残酷镇压东北人民的"肃正治安"政策,包括旨在对付抗日联军的最毒辣的"集团部落"通令。他又染指内蒙,策划在内蒙和华北制造伪政权,妄图把内蒙从中国割裂出去。

1936年,板垣升任关东军参谋长。他制订了对青海、新疆和蒙古进行渗透的《谋略计划》,委派关东军参谋田中隆吉窜到百灵庙,挑动绥远事件。板垣甚至亲自窜到阿拉善(今宁夏区境)、额济纳(今甘肃省境)一带制造事端。他在策划华北"自治"的侵略活动中,竭力撮合伪满洲国、伪蒙古军政府与汉奸殷汝耕的伪冀东防共自治政府缔结了以"共同防共、军事同盟、互派代表、经济提携"为内容的"蒙满协定"。

1937年春,板垣回国就任驻广岛的第五师团中将师团长。日军挑起"七七"事变后,日本统帅部决定第五师团和矶谷廉介第十师团、土肥原第十四师团"在一个月内一举解决事变问题",迅即开拔来华。板垣师团担负华北机动作战任务,在山西与徐州一带的战争中,曾血洗山西十个县,屠杀上万无辜百姓;但在晋北平型关战斗和台儿庄战役中均遭到痛歼,"不可战胜"的神话被粉碎,日本军部及板垣一伙一个月迅速解决"支那事变"的狂言更是销声匿迹。

板垣1938年奉召回国,连任近卫、平沼两任内阁的陆相。他参加重要阁僚会议,鼓吹打倒中国的国民政府,扶植建立汪精卫傀儡政权。他主张加紧扩充军备,积极扩大对中国的侵略战争。他在内阁中倡言日本与德、意法西斯加强军事同盟。他主张在哈桑湖一带对苏联使用武力,制造诺门坎事件。

1939年9月,板垣被任命为中国派遣军总参谋长。面对中国军民持久抗战的战略,他具体实施"建设东亚新秩序"的计划,积极组织对蒋介石代号为"桐工作"的所谓"和平谈判",进行对蒋介石的诱降活动。板垣指令日伪代表竭力诱使蒋方代表同意举行板垣、蒋、汪三人会谈,并表示自己可以到长沙参加谈判。与此同时,板垣还组织了对阎锡山的诱降活动。

1941年7月,板垣晋升为大将,调任日本的朝鲜军司令官。1945年4月,板垣指挥日本第七方面军,占领爪哇、苏门答腊、马来半岛、安达曼、尼科巴群岛及波罗洲。8月15日日本战败投降后,9月12日板垣代表日本南方军在新加坡向东南亚盟军投降。

板垣征四郎犯下的累累战争罪行,受到远东国际军事法庭的严正审判,被审定为甲级战犯,1948年11月12日判处绞刑,同年12月23日执行。

包 达 三

汪仁泽

包达三,字楚,1884年4月28日(清光绪十年四月初四)生于浙江省镇海县。父亲是杂货店店员①。包达三少年时在家乡私塾读书,十六岁到上海一家纸店当学徒,满师后留店任职员。

包达三业余刻苦自学,1906年考上公费留学,东渡日本,先学商科,后转入明治大学学习法律。他景仰孙中山,加入了同盟会,并结识蒋介石、张群、周佛海等人。辛亥革命爆发后,应召与蒋、张等同船回国到上海。上海举义时,曾参加敢死队,攻打江南制造总局。上海光复后,当晚又随敢死队奔袭杭州,光复省城。回沪后任职上海沪军都督府。1913年7月,孙中山发动二次革命反袁,包达三在上海参加反袁军。8月各地反袁军先后失败,包达三等被通缉,乃亡命日本。9月,孙中山在日本另组中华革命党,包参与筹建工作,成立后担任部长。翌年他回到上海,匿居于租界,继续参加陈其美领导的反袁斗争。1916年5月陈遭暗杀,包在沪难以立足,遂于1917年去广州。次年,包与当地富绅的女儿王文宁结婚,乃弃政从商。

包达三经商目光敏锐,颇具魄力。他先在开封开设开封制蛋厂,经营蛋品出口业务。不久,又在上海创办黄海渔船公司,购置机动渔船数十只,雇员出海捕鱼,获利甚丰。在商业活动中,他结交了沪上知名工商界人士虞洽卿、张澹如、盛丕华、方椒伯、傅筱庵等。1920年,上海物

---

① 《包达三自传》,稿存包启襄处。

品证券交易所成立,包为创办人之一,当选为常务理事。此后包又在苏北一带办理盐垦,围垦盐碱地数千亩。

1927年"四一二"政变后,蒋介石利用权势,指使其部属向包敲诈勒索银元十万元,使他几乎破产。此后,包达三等人根据孙中山任临时大总统时设想上海建立新市区的遗愿,倡议在江湾建设新上海市中心地区,辟引翔港,谋取代上海租界为中心的旧上海。包为此集资开办地产公司,收购附近大量地产,经营房地产业务,筹建引翔港跑马厅,自任董事长;并建造远东新村等住宅区,市面逐渐形成。上海市政当局亦在该地兴建市府大厦及江湾体育场。该地地价不断上升,包遂成为上海著名的房地产资本家,任上海宁商总会理事等职。

1937年抗战军兴,淞沪战役后上海租界沦为孤岛,汉奸傅筱庵出任伪上海市长,曾诱逼包达三出任伪实业部长。包不肯事敌,隐姓改名避居友人处,保持了民族气节。1941年,包先后在沪创办永达制药厂、雷石化学公司,制造成药和原料、咖啡因等药品,自任总经理职务。

抗战胜利后,蒋介石蓄意发动内战。1946年周恩来、董必武率领中共代表团往来于沪、宁间,与蒋介石反复进行谈判。周到上海时,经常在思南路中共驻沪办事处会见民主人士,宣传中国共产党的方针政策,揭露蒋介石假和谈、真内战的阴谋。包达三常参加会见,因而认清了形势,对共产党的政治主张表示同情和支持。周恩来还曾多次在包的住宅约见陈叔通、马寅初、胡子婴等民主人士。1946年6月,国民党发动全面内战已迫在眉睫,上海各界五十多个人民团体,推举盛丕华、吴耀宗、黄延芳、包达三等十一人,组成和平请愿代表团,去南京呼吁和平。临行前,包曾受到国民党特务的警告和恫吓,但他不为所动,表示为和平奔走,虽赴汤蹈火亦在所不辞。6月23日傍晚到达南京下关车站时,代表团被国民党特务包围,他和马叙伦、雷洁琼、陈震中等人遭到凶殴。后来大批宪兵乘车赶来,将他们抬上卡车,竟要开到南京警备司令部审讯。在包等强烈抗议下,才将他们送往中央医院。不久周恩来、董必武、邓颖超等代表中共代表团亲来慰问,说:"你们的血是不会白流的。"南京各界人士也纷纷前来慰问。在南京的一星期里,包和几名代表虽被殴负伤,但仍然不懈地进行和平请愿活动①。

从 1946 年下半年起,包达三和上海工商界著名人士黄炎培、杨卫玉、盛丕华、胡厥文等人,组织了多种名目的聚餐会。后来中共地下组织巧妙地利用这种聚餐会,作为开展工商界进行民主运动的一种组织形式,成为在中国共产党的影响下,交流情况、交换意见、统一思想认识的经常聚会②。1947 年—1948 年间,包达三曾利用其子包启寰的同学在国民党空军中任驾驶员的身份,多次将中共地下组织托带的文件和宣传品,成批运往重庆、昆明等地。这时包还曾接济中共的地下工作者,营救被捕的革命者。1948 年秋,他卖掉地产四十八亩,捐献黄金二百两,赠给中共地下组织作为经费。同年底,平津解放在即,包达三在沪受到国民党当局的迫害甚为危急,在共产党组织的帮助下,化名离沪赴港。1949 年 3 月下旬,他与黄炎培、盛丕华等民主人士,接受中共邀请乘船北上,经山东烟台到达北平,参加人民政协的筹备工作,并对解放军南下提出不少有益的建议。9 月,包达三出席了中国人民政治协商会议第一届全体会议。

中华人民共和国成立后,包达三当选为全国政协委员、第一届全国人民代表大会代表及民主建国会、全国工商联常务委员。从 1950 年起,包担任浙江省副省长、浙江省工商业联合会主任委员等职。在职期间,他不辞年迈辛劳,多次到各地视察。1952 年,他将自己所有的财产,包括房地产,全部捐献给国家③。

1957 年 4 月 6 日,包达三在杭州病逝。

　　①　陈震中:《下关事件》,中国人民政治协商会议上海市委员会文史资料工作委员会编《文史资料选辑》总第 24 辑,上海人民出版社 1979 年版,第 72—75 页。
　　②　金学成:《解放前夕的工商界叙餐会》,中国人民政治协商会议上海市委员会文史资料工作委员会编《文史资料选辑》总第 24 辑,第 266—267 页。
　　③　《关怀·爱护·引导——追忆周总理登门访问我省几位知名人士》,《浙江日报》1979 年 3 月 5 日。

包 尔 汉

汪仁泽

包尔汉，维吾尔族，新疆阿克苏县人。1894 年 10 月 3 日（清光绪二十年九月初五）生于俄国喀山省特铁什县一华侨贫农家中。祖辈于 18 世纪末因避战乱迁至俄国侨居。父亲沙赫杜拉，母亲哈里玛（塔塔尔族）。包尔汉少年时因家庭贫穷，仅读了两年书。1909 年经舅父介绍到喀山一家书店当学徒，业余自学文化和会计知识。1911 年 10 月到俄国斜米地方一家进出口贸易商行当店员，次年 10 月调到俄国人在新疆迪化（今乌鲁木齐）开设的天兴进出口洋行当店员，后任会计。1914年他向中国政府申请，恢复了中国国籍，此后全家迁到迪化定居。

十月革命后，苏维埃政府宣布废弃帝俄时代对中国的不平等条约，1920 年恢复中俄新疆边境贸易，在伊犁和塔城新设税关，包尔汉因通晓汉、维、俄三种语言，被省政府财政厅委为兼职关税稽察委员；不久他脱离了天兴洋行，成为专职委员。1921 年包被新疆省长杨增新派去塔城检查税务，查获一起巨额逃税案件，包拒绝当事人的贿赂，及时追回税款，从此受到杨的信任。其后杨与外国人的重要往来常由包当翻译，重要工作也常交包办理。1922 年包接管省政府办的马厂。1925 年被委为新疆汽车公司委员，监修全省公路，兼任新疆司机学校校长。但包对杨在新疆实行愚民政策及吏政腐败十分不满，而与主张民族平等、铲除贪污、发展教育的迪化道尹兼督署军务厅长、交涉署长樊耀南密切交往，共同认为应当推翻杨的统治，为此包在友人中组织了一个拥樊主政新疆的秘密小组。此时杨增新对樊的反己情绪已有所觉察,因而对樊进行了监视。

1928 年 7 月 1 日,杨增新通电承认南京国民政府,并拟定新省政府委员名单上报,其中没有樊的名字,樊乃先发制人,在 7 月 7 日省政府的午宴席上枪杀了杨增新;但下午樊又被督署民政厅长金树仁伙同少数军人捕获,当夜遭枪杀。包尔汉当天正在吐鲁番,事前亦未参预,闻讯赶回迪化往见金树仁。此时金正接报阿勒泰地区不稳,即令包当日前往宣慰。此后包遭金派人暗中监视。

1929 年 9 月包尔汉被金树仁派往德国购买压路机,办妥后正拟回国时,忽接金的电报,令包留在德国"尚有其他事要办",此后即无下文。包意识到已被放逐,遂自学德文,于 1930 年末考入德国柏林大学政治经济学系学习,阅读了许多马克思主义著作。1932 年底获准回国省亲,但仅两个月又被金树仁下令去德。在赴德途经莫斯科时,他看望了曾长期给予帮助的原苏联驻新疆总领事贝斯特洛夫,表达了自己献身革命事业的愿望,经介绍结识了将去新疆的苏联人包国宁。后来他回忆说:"从此我的生活道路才发生了决定性的变化","同世界无产阶级和被压迫人民改造旧世界的工作密切联系起来。"①

1933 年 4 月,新疆发生政变,金树仁下台,盛世才开始执政。盛为了稳定其地位,表现得颇为进步,采取联苏、联共政策,宣布实行民族平等、澄清吏治、推行自治等施政纲领。包尔汉 6 月初从德国回到新疆,正值阿勒泰山地区发生马仲英部武装窜扰事件,包被盛任命为阿山宣慰使,立即赶赴该地区。经过一年的艰苦工作,在群众的支持下,平定了叛乱,恢复了生产和交通,并成立了阿山民众委员会。1934 年 6 月包回到迪化,被盛委任为裕新土产公司总经理。包为发展全省进出口

---

① 　包尔汉:《新疆五十年》,文史资料出版社 1984 年版。另,包在《我的自传》(《中国少数民族现代作家传略》,青海人民出版社 1980 年版)中记述此事发生在 1932 年从德国回国路过莫斯科时。

业务,同苏联的苏新贸易公司签订了多个贸易合同,利用土产换得了苏联的大批工业品。在1935年4月的第二次全省民众代表大会上,包获得了金质奖章,并当选为新疆民众联合会委员,因委员长经常生病,该会工作实际上由包主持。包尔汉以新疆土产公司名义同苏新贸易公司谈判,于1935年5月和1937年1月,签订了300万和250万金卢布的借款合同,为新疆建设筹得了两笔资金。

　　1937年3月,包尔汉被任命为中国驻苏联斋桑领事。此时盛世才的反共面目日益暴露,接连炮制所谓"阴谋暴动案",大批杀害中共党员和进步人士,包尔汉亦在被监视之中。1938年4月,包尔汉被盛世才以述职为由电召回国,未到迪化即被逮捕,投入迪化第二监狱。在审讯中被诬加"帝国主义的走狗"、"里通外国"等罪名,包拒不承认,备受重刑。审讯持续了两年,包坚贞不屈。1939年11月起,包被关入黑牢68天,受尽折磨。在黑牢中幸有同情他的看守人员送来了蜡烛、砚墨,他用火柴梗写下了维文诗《崇高的敬意献给毛泽东》,其中有"无论狂风暴雨、山崩地裂,都扑不灭我心中对您无限热爱的火炬"的诗句。当他回到监狱时已骨瘦如柴、极度虚弱,但他以坚强的意志开始着手编纂《维汉俄词典》,其后又创作了反映1913—1914年新疆各族农民联合起义的历史剧《战斗中血的友谊》①。1940年春,包被秘密转押到第四监狱的一座破庙中,并令改名王福。监狱科长刘秉德交来一批批各种文字的信札和资料令其翻译,其中有盛世才给斯大林的信件等。后来刘又将汉文版的孙中山名著《三民主义》令包译成维文②。直到1944年9月盛世才被蒋介石调离新疆,11月包尔汉终于被释放回家。有人对他说:"你真幸运,盛世才临走前曾两次派人来杀你,都因没等到允许行动

---

　　①　包尔汉在狱中于1942年写完剧本《战斗中血的友谊》,后于1961年重新改定稿,发表在1961年10月的《天山》杂志上,改名为《火焰山的怒吼》;次年又在《剧本》月刊上刊出。中央实验话剧团、新疆省话剧团先后上演。1962年上海文艺出版社出版了经他修改后的剧本,书前附有包的序言《扑不灭的星火》。

　　②　维文版《三民主义》出版时,被刘秉德冒用译者之名,冒领巨额稿酬。

的电话而回去了。"①

　　包尔汉出狱后不久,被安排在新疆警务处翻译室任副主任,后改任省民政厅副厅长。这时新疆伊宁、塔城、阿勒泰三个专区的革命暴动(简称三区革命)取得胜利,三区革命形势蓬勃发展。1946 年 6 月新疆省政府改组,由西北行营主任张治中兼任省政府主席,阿合买提江②和包尔汉分任副主席,赛福鼎和屈武分任教育厅长和迪化市长。但是担任警备司令的宋希濂及一些国民党官吏,仍采用强暴统治的手段欺压新疆各族人民,还暗中制造事端,包尔汉在 1947 年的"二二五"血案中遭到一群暴徒殴打。是年 5 月,新疆省政府改组,麦斯武德接替张治中任省主席,包尔汉被免去副主席职,改任国民政府委员。1948 年 5 月包改任总统府顾问,6 月回新。

　　在三区人民的强烈要求下,经过张治中的斡旋,1948 年底国民政府任命包尔汉为新疆省主席。1949 年 1 月,包发表《告全疆民众书》,强调各族人民团结、和平和民主,增进中苏亲善,拥护国家统一。2 月包尔汉参加了张治中召开的甘、青、新三省首长会议。其时国共和谈正在酝酿,张对包表示:新疆前途有可能出现国共合作的联合政府或共产党领导的新政府。

　　在人民解放军节节胜利的鼓舞下,包尔汉筹谋新疆和平起义。为了争取军方的一致行动,包于 7 月间召开国民党驻军将领会议,暗示新疆要走和平起义的道路,军队要认清形势加以支持,避免以卵击石。接着包与新疆警备司令陶峙岳商议起义方案。包尔汉侦悉马呈祥等一批

　　①　包尔汉出狱后的次日,回到第四监狱索取《维汉俄词典》手稿时,狱中科长赵继良告诉他这些话,见《新疆五十年》。
　　②　阿合买提江(1914—1949),新疆维吾尔族人,青年时在苏联塔塔斯坦留学,共产主义大学毕业,回国后投身革命,被盛世才逮捕,曾与包尔汉关押在同一狱中,1944 年释出后与包建立了深厚的友谊。1946 年 7 月,为三区革命政府代表,任新疆联合政府副主席。1949 年 8 月前往北平参加全国政协筹备会议,途经苏联因飞机失事遇难。

国民党军官阴谋发动破坏性极大的暴动,立即采取有效措施加以制止,迫使马等逃离新疆。9 月 19 日,包致电毛泽东表示"决意与国民党反动政府脱离关系";25 日国民党驻新部队通电宣布起义。包并派出代表团到酒泉,向解放军总部彭德怀副总司令汇报情况,欢迎解放军早日进疆。

中华人民共和国成立后,包尔汉被任命为新疆省主席,赛福鼎任副主席。根据包尔汉的请求,中共中央批准他于 1949 年 12 月 31 日正式加入中国共产党①,并任中共新疆分局常务委员、西北军政委员会委员。其后周恩来曾对包说:"你过去的历史中央是了解的。过去你同苏联的关系也是进步的。"②1955 年包尔汉到北京担任全国政协副主席,并先后担任全国人民代表大会代表,民族委员会副主任委员,中国伊斯兰教协会第一、二、三届主任和第四、五届名誉会长,中国人民保卫世界和平委员会副主席,中国亚非团结委员会副主席,中国科学院哲学社会科学部学部委员兼民族语言研究所所长,中国突厥语研究会会长等职。

包尔汉通晓汉、维吾尔、哈萨克、塔塔尔等民族语言,以及德、俄、阿拉伯语,曾致力于中国突厥学的研究和发展。他 1940 年编写的《维汉俄词典》,在周恩来的关心下于 1953 年出版发行③,受到学术界的好评。他的《论阿古柏政权》等学术论文汇编成《包尔汉选集》出版。

1988 年 8 月 27 日包尔汉在北京病逝。

---

① 《新疆五十年》,第 376 页。另,包在《我的自传》中记述:"解放后,于 1949 年 11 月正式加入中国共产党。"
② 《新疆五十年》,第 377 页。
③ 包尔汉在狱中所编的《维汉俄词典》,1948 年在南京修改后交一出版商,但后来并未出版,且连原稿也无下落。1949 年包的妻子拉希达到北京参加亚洲妇女代表会议时,向周总理述及此事,周表示一定要派人寻找。后来终于找到原稿,由民族出版社排印出版。

鲍 贵 卿

孙德昌

鲍贵卿,字霆九,奉天(今辽宁)海城人,1867 年(清同治六年)生。祖籍山东,其父鲍永宽迁往奉天海城架掌寺落户,以农为业。

鲍贵卿的父母早亡,由兄嫂照料,供他读了几年私塾。十七岁时因家贫失学,在家做些农活。十九岁时离家投榆关(今山海关)驻军叶志超部,因办事干练为叶所器重,送天津北洋武备学堂学习二年,1888 年毕业,拨充清军驻榆关正定练军炮队哨长。1894 年随叶赴朝鲜,在平壤保卫战中,叶临阵脱逃,所部惨败,受到处分,鲍贵卿、田中玉等也被革职。

1895 年 12 月,袁世凯奉命在天津小站编练新建陆军,鲍贵卿被网罗任武卫右军右翼工程营筑垒司队官。鲍在军中以骁勇闻名,深得天津武备学堂出身的王世珍、段祺瑞等的赞赏,称鲍"忠勤异侪辈"。1902年袁世凯在保定进行北洋常备军建设,不久以鲍为左镇左翼步兵第二营管带。1904 年左镇改称北洋第一镇,他出任该镇第二协四标统带,后晋升为第二镇第四协协统。鲍发迹后曾回籍省亲,路过新民府时与时任五营统领官的张作霖相遇,二人为幼年好友,张将其长女首芳许配鲍的次子英麟为妻,遂成为儿女亲家。1911 年 4 月,清廷赏给鲍陆军协都统衔。

同年 10 月,武昌首义爆发后,第二镇调往湖北参与镇压革命,鲍贵卿随行。1912 年 1 月参与段祺瑞、姜桂题、段芝贵等 50 人联名通电,请清帝退位。民国成立后,陆军的镇、协、标,改称师、旅、团,鲍贵卿任陆军第二师步兵第四旅旅长。10 月授陆军少将,驻防直隶。1913 年 6 月加陆军中将衔。同年 7 月国民党二次革命时,他随段芝贵至安徽与南军作战。8 月,鲍贵卿任芜湖大通司令官,9 月改任芜湖镇守使,兼第三混成旅旅长。时值倪嗣冲督皖,排斥异己,鲍无法立足,1915 年 8 月芜湖镇守使缺裁撤,他内调北京,充北京陆军讲武堂堂长。10 月鲍晋升陆军中将,12 月袁世凯称帝时鲍被封为"一等男"。

1917 年 7 月,经张作霖保荐,北京政府任命鲍贵卿为黑龙江督军兼省长,加陆军上将衔。8 月初,鲍到沈阳面谒张作霖,张允支持鲍顺利赴任。9 月下旬将扰乱黑省最大隐患的许兰洲及其所统骑兵五营、步兵三营调往奉天,隶属张作霖指挥;同时命张鸣九率领奉军 4 个骑兵营由奉赶赴黑龙江,并再从奉天募兵 10 个营以加厚实力。为了制止地方实力派英顺和巴英额的反抗,张作霖以剿灭匪患为名,命令吴俊陞率第二十九师立即北上调停。11 月 7 日,吴俊陞率二十九师进驻齐齐哈尔,将驻军旅长巴英额和英顺的兵权解除。至此,鲍方始牢固掌握黑龙江省的军政大权。而张作霖则借鲍贵卿之手把黑龙江攫为己有,奠定了统一东三省的基础。

为解决中东铁路问题,1918 年 2 月 6 日,黑龙江省成立中东铁路临时警备司令部,由督军署参谋长张焕相兼任司令。3 月黑龙江省增编陆军第十九混成旅,由鲍督军兼代旅长又兼任滨黑铁路督办,兴修该省铁路。

1918 年 9 月 7 日,北京政府任命张作霖为东三省巡阅使,成为"东北王"。为了控制吉林,次年 7 月 6 日,由北京政府下令吉林督军孟恩远到京供职,调鲍贵卿署吉林省督军,孙烈臣署黑龙江省督军。孟曾串通吉林第一师师长高士傧合谋抵抗失败,高被免师长职。又经鲍允保全孟及属下的生命财产安全,8 月 5 日孟始交出督军印绶。

1919 年 8 月 11 日,北京政府改派鲍贵卿督办东省铁路公司事宜兼东省护路军总司令,免兼陆军第十九混成旅旅长职,改由张焕相接充。11 月 11 日又准鲍免兼滨黑铁路督办职,由孙烈臣兼任。1920 年

1月,鲍接管东省铁路,3月16日下令解除东省铁路旧俄武装并解除中东铁路坐办霍尔瓦特的职务。5月改订中东铁路司法权,取消中俄会审制度。至此,中东路主权被中国接收。6月鲍辞去督办东省铁路公司事宜,同年9月兼署吉林省长。

1920年10月东北人民掀起反日斗争,延边地区朝中人民共同反抗日本侵略者,焚烧珲春日本领事馆,又烧日本占领的市街,日本乘机派兵万余人侵占大片中国土地,后又增调第十九师团从朝鲜来该地区。东三省巡阅使也集结重兵在延边,残酷镇压当地人民,并应日本要求派日人町野武马(张作霖的顾问)到吉林,会同鲍贵卿制定与日本人"会剿"办法八条。遭人民谴责,鲍不得不矢口否认。

1920年底及次年初,鲍向朝鲜银行、正金银行先后借款400万元一事,遭到吉省朝野人士的激烈反对。1921年3月12日,经张作霖同意,鲍以眼病辞去吉林督军,授将军府霆威将军。同年12月,梁士诒在张作霖支持下组阁,任鲍贵卿为陆军总长。1922年4月,第一次直奉战争,奉系失败后,鲍贵卿以病为由辞去陆军总长,返回东北。1924年9月2日,张作霖任鲍贵卿为东省铁路公司督办事宜,次年1月,得北京政府认可,9月21日去职,由刘尚清继任。

1927年10月,鲍贵卿任故宫博物院管理委员会委员,分管文物、档案,时安国军大元帅府有意让鲍贵卿接替韩麟春的第四方面军团长职,但未实现,后被张作霖聘为帅府顾问。1928年2月,任审计院长。同年6月4日,张作霖撤归关外时被日本军国主义分子在皇姑屯炸毙。鲍曾与张同车,因在天津已先行下车,幸免于难。此后,鲍贵卿退出政治舞台,在天津、北平寓居,曾自己设计、监修住宅、别墅多处。

鲍以居官搜括所得,曾投资于天津的房地产业及近代工业,为北洋军阀中的大地主兼官僚资本家。晚年,鲍开支过巨,所经营企业多不景气,有时入不敷出,他便变卖或抵押房地产来渡过难关。1934年3月1日,鲍贵卿病逝于北平(今北京),葬于北平香山八大处。

主要参考资料

金天石:《鲍贵卿传(节录)》,中国人民政治协商会议吉林省委员会文史资料研究委员会编:《吉林文史资料选辑》第 4 辑,吉林人民出版社 1983 年版。

陈志新:《鲍贵卿的一生》,中国人民政治协商会议天津市委员会文史资料研究委员会编:《天津文史资料选辑》第 45 辑,天津人民出版社 1988 年版。

常城主编:《张作霖》,辽宁人民出版社 1980 年版。

中国人民政治协商会议沈阳市委员会文史资料研究委员会编:《沈阳文史资料》第 12 辑(张作霖史料专辑),1986 年版。

鲍　威　尔

任嘉尧

约翰·本杰明·鲍威尔(John Benjamin Powell)，昵称"Bill"，美国新闻记者，1888年出生在美国密苏里东北的一个农场里。早年在乡间小学就读。在伊利诺斯商业学校毕业后，进密苏里大学新闻学院攻读，课余为一家刊物任通讯员。1912年在新闻学院毕业，在汉尼倍尔一家地方报纸工作，任推销员、广告经理、本市新闻编辑，服务四年。随后，担任密苏里大学新闻学院讲师。

1917年初，汤姆斯·密勒(Thomas F. F. Millard)①从上海打电报给新闻学院院长华尔脱·威廉斯(Walter Williams)，要求介绍一位校友到上海参加正在筹办的英文《密勒氏评论报》工作。威廉斯院长推荐了鲍威尔。1月间，鲍威尔从旧金山乘日轮"日本丸"横渡太平洋，取道日本长崎，再换乘货轮，于2月初到达上海。不久，他见到了密勒，这位美国记者，早在20世纪初就作为《纽约先驱报》的特派记者来华工作。鲍威尔初晤主编密勒时曾问道："新办的刊物内容怎样?"密勒回答说："我们喜欢登什么，就登什么。"②创刊前，助理编辑鲍威尔考虑了哪些人是《密勒氏评论报》的读者对象。当时，上海英美侨民有八千到一万

①　密勒(1868—1942)，美国《纽约先驱报》记者，1900年来华，为该报采访义和团运动、日俄战争等新闻。1910年在上海创办英文《大陆报》。1917年又创办英文《密勒氏评论报》，1922年担任中国北洋政府顾问，遂将该报交鲍威尔接办。

②　鲍威尔:《我在中国二十五年》第二章《这是上海》，美国麦克米伦公司1945年第二版。

人,其中绝大部分是商人和传教士,其他法、德、俄、葡萄牙、丹麦、北欧各国以及东方犹太人也有不少,还有年青一代能阅读英文的中国知识分子和外埠外国侨民,这些人都可能成为读者①。经过忙碌的筹备工作,《密勒氏评论报》创刊号于 1917 年 6 月 9 日出版,以后每逢星期六出版。除了英美侨民和其他国家的外侨外,鲍威尔发现许多中国大、中学校的学生把该报作为教科书来学习英文,不少在外贸单位、银行、工厂、学校工作的人也是刊物的读者。

鲍威尔抵沪不久曾访问了孙中山先生,畅谈中国革命和世界大势。当谈到朝鲜问题时,孙中山用一种谴责的语调说:"美国应把日本从朝鲜赶出去。"又说:美国曾与朝鲜订约,美国答应朝鲜,当朝鲜受外国攻击时美国予以保护。但后来朝鲜受到日本侵略被并吞时,美国并未实践诺言。后来,又二次访问了孙中山,谈了第一次世界大战中国参战的问题②。

1917 年日本就"二十一条"无理要求再度向中国提出最后通牒,鲍威尔第一次去北京采访。当时自称为"世界最伟大的报纸"《芝加哥论坛报》总编辑贝克致电鲍威尔,嘱该报采访这一消息。后来,鲍威尔兼任《芝加哥论坛报》驻中国记者,这一关系持续了近二十年。

是年年底,其夫人由美国来沪居住。1920 年,其子约翰·威廉·鲍威尔(即小鲍威尔)③在上海出生。

1920 年夏,鲍威尔受在沪美商的委托,到华盛顿为国会通过《中国贸易法》进行活动。1922 年,密勒担任中国北洋军阀政府的顾问,无意兼顾《密勒氏评论报》,乃由鲍威尔接办,自任主编。鲍威尔一度将英文

---

① 鲍威尔:《我在中国二十五年》第二章《这是上海》。

② 鲍威尔:《我在中国二十五年》第四章《孙逸仙与袁世凯》。

③ 小鲍威尔,密苏里大学新闻学院毕业。初在上海《大陆报》实习,后在重庆美国新闻处工作。抗战胜利后,在上海接办英文《密勒氏评论报》,比较倾向自由民主,1951 年该报由周刊改为月刊,1953 年停刊。小鲍威尔返美后,被美国当局指控为"煽动叛乱罪"。

报名 *Millard's Review of the Far East* 改为 *The Weekly Review of the Far East*；到 1923 年 6 月，采用 *The China Weekly Review*。中文报名仍用《密勒氏评论报》。在鲍威尔主持该报期间，先后出版《中国名人录》四辑。

1929 年中苏边境上出现的短促战争和 1931 年日本侵略东北事件，鲍威尔都亲自前往现场采访，还到苏联旅行。他把所见所闻如实地作了报道。

1931 年底访苏后，鲍威尔在东京帝国大楼参加日美协会的宴会。主人是前日本国会议员、新任日本在美国成立的所谓日本"文化局"负责人。当听到美国戴氏公司主席和《亚细亚》杂志发行人华而许（杂志主编是他的夫人——赛珍珠，《大地》作者）谈到打算把《亚细亚》扩展成为一个报道远东消息的杂志，主人公然向华而许说："你需要钱吗？我们可以每年给你五万元，为日本宣传。"后来发现鲍威尔也是一家杂志的发行人，就对鲍说："我们也可以给你五万元。"华、鲍都坚决拒绝了这"慷慨建议"①。

1936 年斯诺到陕北进行采访，《西行漫记》中的一些片断就是在《密勒氏评论报》上发表的。1937 年中国抗日战争全面爆发，在最初几个月，鲍威尔作为战地记者，到前线作了采访。其后经常披露日军侵略阴谋和罪行，刊载了进步记者史沫特莱（Agnes Smedley）等人的通讯，深受读者称道。鲍威尔并就美国一些商人唯利是图，把大量废铁售予日本，让日本把它制成武器，屠杀中国平民的行为进行谴责。他又出版了《抗战每日大事记》和《日军暴行特辑》等，以引起国际舆论对中国抗战的重视②。

当日本侵略者在上海搞恐怖活动暗杀新闻从业人员时，一天傍晚，鲍威尔步行返花旗总会住所时曾遭手榴弹袭击，但未爆炸。之后，他常

---

①　鲍威尔：《我在中国二十五年》第七章《取道日本，回家（上海）》。

②　据前《密勒氏评论报》记者张丹子、陈邦祯回忆。

有密探随护,并时常更换汽车牌照①。

日伪曾于 1940 年 7 月 14 日要求上海公共租界工部局驱逐外籍记者 6 人出境,其中就有鲍威尔和英文、中文版《大美晚报》总编辑高尔德(Randall Gould)、社长斯塔尔(C. V. Starr)等人②。

1941 年 12 月太平洋战争爆发,《密勒氏评论报》即遭日寇查封。12 月 30 日鲍威尔被捕囚入集中营(先后在提篮桥及江湾),在狱中遭受非人待遇。由于牢房阴湿,营养不足,他的双足患坏疽病,溃烂致残。鲍威尔曾被日本军方指控犯有"间谍"罪,同时被控的还有斯塔尔和专栏作家伍德海(H. G. Woodhead)。

1942 年美日交换战俘时,鲍威尔终于回到了美国。此时他的双足已不能行动,不得不进行截肢手术。他把在中国的记者生涯,写成回忆录《我在中国二十五年》。1946 年夏,鲍威尔从美国扶病前往日本东京,在远东十一国国际军事法庭审讯日本战犯东条英机、土肥原贤二、广田弘毅等人时作证③。

上海的《密勒氏评论报》,则由其子小鲍威尔接办。于 1946 年 10 月复刊。小鲍威尔自任主编,常在刊物上揭露国民党政府的腐朽。

老鲍威尔于 1947 年 2 月 28 日在美国华盛顿密苏里大学同学会上发表演说后猝然逝世④。在最后一次演说中,鲍威尔预言亚洲在国际事务中的地位将日益重要。

---

① 据前《密勒氏评论报》记者张丹子、陈邦祯回忆。
② 上海《大美晚报》1940 年 7 月。
③ 《"J. B."鲍威尔逝世》,《密勒氏评论报》第 105 卷第 2 期,1947 年 3 月 8 日。
④ 联合社华盛顿 1947 年 2 月 28 日电,刊《申报》1947 年 3 月 2 日。

贝　祖　贻

汪仁泽

贝祖贻,原名骐祥,字淞荪。江苏吴县人。1893年3月12日(清光绪十九年正月二十四日)出生。父亲贝理泰,早年考取秀才,被苏州知府聘为幕僚。1915年入股上海商业储蓄银行,1917年在苏州创设该行分行,任经理。生有八子四女,贝祖贻排行第三,幼年就读家乡私塾,十岁时到上海澄衷学堂就读,以优异的成绩(尤其是英语)毕业。1907年考入苏州东吴大学中学部,毕业后进唐山矿山路矿学堂学习两年。1913年卒业后南下,任汉冶萍煤铁公司上海办事处会计。次年转任中国银行北京总行司账。由于工作勤奋,又能讲流利的英语,提升甚速。1915年调往广州任该行广东分行营业部主任,仅三个月即通粤语,业务迅即展开。1917年升任广东分行副经理。1918年去香港筹建分行,后任该分行经理。此时广东革命政府成立,急需军饷,广东分行经理马嘉锡因无力应付而辞职,所遗之职亦由贝兼任。

1924年广东政府拟成立中央银行(以后简称"央行"),筹备员宋子文欲将已存入中国银行(以下简称"中行")两广盐款十一万元转入央行,但贝祖贻以未经总行同意不允许提转而遭监视;不久,贝携眷化装后潜往香港并报告北京总行,得复函指示贝设法与宋缓和关系,并暗中予以协助。贝即亲赴广州,退还盐款,协助央行整理货币,并给予贷款五十万元,提高央行信用。1925年8月广州央行发生挤兑风潮,省港中行大力支援,借给巨额现金,使风潮很快平息。从此,宋、贝两人结为莫逆之交。1927年总行调贝祖贻任中行沪行经理。次年中行改组,成为"政府特许的国际汇兑银行",总管理处从北平移至上海。11月召开的中行股东大会上,贝当选为商股十二人董事之一。

上海自开埠以来,租界成为"国中之国"。华人在租界上处于无权地位。20年代起爱国人士发起华人参政运动,提出"无代议士不纳税"的口号。经过长期斗争,工部局同意华董三人参政。1928年4月上海纳税华人会推选贝祖贻等三人为首任华董进入公共租界董事会。当月董事会通过决议,6月1日起,外滩、兆丰(今中山)等公园一律向华人开放。此后贝连选连任历届华董。在董事会上,凡涉及华人权益必与各华董共同据理力争。

1930年,贝祖贻转任中行外汇部主任后,积极开展外汇业务。通令国内外各分支行加强经营外汇业务,并作为考绩内容;对进出口商行和外贸经营者,给予信用贷款和提供保证金;扩展侨汇业务,提供各种方便和服务。此后陆续建立国外直接通汇处六十三处、特约代理处九十六处。不仅打破了外商银行对我国的外汇汇兑的垄断,且为今后中行外汇业务的发展奠定了基础。

1931年,贝祖贻代表中国赴美出席华盛顿国际商会联合会,并在欧美考察经济。1932年,在他的筹划和组织下,中行在世界主要城市先后创建了十八家分行。1933年,我国白银大量外流,引发"白银风潮"。贝祖贻积极主张"废两改元",参加财政部组织的七人研究会。4月,当局正式颁布《废两改元公告》,也在一定程度上抑制了白银外流。

1934年,贝祖贻参与币制改革的准备工作。翌年3月,中国银行改组,增加官股,由宋子文任董事长。11月国民政府实行币制改革,放弃银本位制,以中央、中国、交通三行钞票为法币,可无限制买卖外汇,使法币对外汇汇率基本趋于稳定。

1937年抗战军兴,引起财政困难。贝祖贻掌握的中国银行外汇部与中央银行合作,共同经营外汇交易,以维护法币信用。随着战事的延续,中行行务日趋繁重,1938年4月决定增设副总经理一人,由贝祖贻担任,仍兼沪分行经理。是年中行外汇部与香港汇丰银行合作,以公开牌价提供外汇,避免了法币的急剧贬值。

由于通货膨胀日益严重,为了维持法币币值,1939 年中英合作,由中国、交通二行与汇丰银行、印度专利银行和澳大利亚合组中英外汇平衡基金委员会,中方出资一千万英镑,贝祖贻任五人委员会中方代表。1941 年基金用完后,中、英、美外汇基金平衡局随之建立,由中方出资二千万美元,英、美各出资五百万英镑和五千万美元,组成五人董事会,贝祖贻、陈光甫、席德懋三人为中方董事。是年贝升任中行代总经理,任职期间确定"应以扶持国内生产为范围,以期增加出口贸易,减少进口贸易,平衡国际收支,而以裨益国计民生的一切生产事业为贷款的对象"。1942 年发放贷款八亿三千七百万元,1943 年十七亿七千四百万元,1944 年二十九亿八千二百万元,1945 年达九十五亿三千六百万元①。其中虽含有通货膨胀的因素,但也体现了贝对战时民族企业的积极财政支持。

1944 年,贝祖贻赴美作为中国代表之一,出席联合国货币财政会议。1945 年再度赴美,代表中方与美国政府商议对华五亿美元的战后复兴贷款。后因国内战争爆发而告中止。

1945 年,宋子文出任行政院院长,次年 3 月任命贝祖贻为中央银行总裁,并与宋子文等商定《管理外汇暂行办法》,试图以开放外汇市场稳定币值。法定美元一元合法币二千零二十元,黄金十两为法币一百六十五万元。最初三个月,外汇供应尚属正常。此时中央银行拥有外汇资金八亿七千万美元、黄金六百万两及大量白银和银圆,以及没收的敌伪产业五亿多美元和美援的剩余和救济物货,可供随时运用。但自 1946 年 7 月国民党挑起内战后,财政支出激增,外汇市场逐步恶化。8 月 19 日外汇汇率提高至法币三千三百五十元对一美元,立即引起舆论攻击,随之外汇黑市猖獗、物价大幅度上涨。宋子文、贝祖贻商议后,迫

不得已大量抛售黄金、美钞，以冀压抑通胀。黄金最多一天售出达十万两。据统计 1946 年 12 月售出七十八万余两，1947 年 1 月售出六十七万余两。但黑市价格反而愈抬愈高，套汇、逃汇之风也愈演愈烈。1947年 2 月 15 日，中央银行正式宣布停售美元、黄金，宋、贝同时宣布下台。在此期间共售出黄金三百五十万两、美金三亿五千四百二十万余元。蒋介石闻讯后，十分震怒，着即查处。次日当局宣布经济紧急措施方案，规定法币一万二千元换一美元。此后金价、黑市外汇和物价再次出现惊涛骇浪式的狂涨，市民发生骚乱，酿成"上海金潮案"。3 月 5 日，监察院发表调查报告，对宋、贝及央行业务局长等人提出弹劾。除宋被指为执行政策错误外，余均被指为有舞弊行为①。6 月 4 日，国民党政务官惩戒会议决定对贝予以申诫，次日上海地方检查处票传，贝接受申诫②。此后贝回任中国银行，8 月继陈光甫任该行常务董事。但贝既曾蒙此不白之冤，已无心再复原职。1949 年贝曾任国民政府技术代表团代表，赴美商谈美援，但以失败告终。

全国解放前夕，贝祖贻离开大陆寓居国外，曾任美亚保险公司董事长、纽约斯泰保险公司顾问。1959 年起任香港上海商业银行副董事长。1973 年退休后定居纽约。1982 年 12 月 2 日因病在纽约逝世。长子贝聿铭，1935 年留美学建筑，国际知名建筑师。

主要参考资料

中国第二历史档案馆藏中国、中央二银行档案。
中国银行总行、中国第二历史档案馆合编：《中国银行行史资料汇编》，档案出版社 1991 年 10 月版。
《中国银行行史》（1912—1949）。

---

① 任建树主编：《现代上海大事记》，上海辞书出版社 1996 年版，第 977、989 页。
② 任建树主编：《现代上海大事记》，第 977、989 页。

边　守　靖

张学继

　　边守靖,字洁清,亦作洁卿,1885 年(清光绪十一年)生,直隶静海人。边家是静海望族,其父边仲三是清光绪甲午科举人,但未及参加会试即病故,其时边守靖尚在母亲襁褓中,不久,边守靖交由叔父边锡三收养。边锡三非常喜爱这个侄子,让其夫人断了亲生女儿的奶哺育边守靖,稍长又亲自授以诗书,使边守靖得以考中秀才。

　　科举废除后,边守靖被送到天津中学堂就读,中学毕业后考入师范。几年后以优异成绩考取公费赴日本留学资格,入日本东京帝国大学法律科学习。在日本,边守靖受当时高涨的革命潮流的影响,参加了孙中山领导的同盟会。1910 年回国,到保定师范学堂任教。

　　辛亥武昌起义爆发后,边守靖回到天津与同盟会员王葆真等商定发动静海民团响应,边守靖随即返回静海鼓动四十八村民团约一千余人准备开往天津,被其保守畏祸的祖父严厉制止。1912 年元旦中华民国成立,各省成立议会。边守靖以留日学生和同盟会员资格当选为直隶临时省议会副议长,翌年当选为省议会议长。

　　当时的边守靖年轻气盛,锐意革新,很想有所作为。他对人说:"民国议会是立法机关,各国皆然,决不同于清朝谘议局的咨询机构。当此民国初建民智初开之际,议会要根据约法赋予的权利独立行使职权,不能唯行政机关的马首是瞻,更不能成为行政机关的附庸。我们要各尽职责,不能辜负直隶省三千万乡亲父老之委托与期望。"边守靖当选议长后不久,与一部分志同道合的议员经过商讨,拟定了整饬吏治、整顿税收、疏浚河道、大办教育等十大议案,交省议会审议通过,咨请行政当局采择施行。十大议案的提出引起了社会的关注和好评。

1913年国民党发动的"二次革命"彻底失败,袁世凯随即在全国范围对国民党实行严厉镇压,勒令国民党自动解散,取消国民党员的军政职务,公开通缉参加"二次革命"的重要领导人。边守靖为了保住自己既得的地位,遂改变革命党人的初衷,与北洋军阀、官僚同流合污。袁世凯见边守靖已完全屈服,遂决定加以笼络。1915年下半年,袁世凯先后授予边守靖勋四位、二等文虎章、一等大绶宝光嘉禾章,边氏欣然接受,并加入到劝进队伍中来,联络省议员以直隶省议会名义向袁世凯劝进书。袁世凯收到劝进书后,立即派人给边氏送来五万元"袁大头"(即铸有袁世凯头像的银圆),并允诺登基后另外给予加官。

1916年9月,直系军阀首领曹锟任直隶督军。当时,直隶督军公署在保定,直隶省长公署和直隶省议会在天津,每逢有重大事情,边守靖都要亲自到保定拜见曹锟,以博取他的好感。1918年1月,曹锟四弟曹锐署理直隶省长(次年7月改为实任)。2月6日,曹锟率军南下作战。临行前,曹锟委派曹锐以署理直隶省长代理督军职务。从此,曹氏兄弟全面掌握了直隶的军政大权。边守靖为了保住自己的位子,一意结交曹氏兄弟,特别是同在天津办公的曹锐,不久两人即结拜为金兰兄弟,曹锐年长,边守靖称曹锐四哥。边守靖满腹文才,口才好,又足智多谋,深得曹锐的赏识。从此,边守靖成为曹锐的头号亲信。他们这对金兰兄弟,曹锐任直隶省长,边守靖为直隶省议长。省公署交议之事,省议会无不通过;省议会欲办之事,省公署一一照准。两人狼狈为奸,包揽了直隶的事务。曹锐读书不多,能力有限,省中要政、人事更动,曹锐都依边守靖裁决。久而久之,直隶各道、县官员到省城请见时,往往先谒议长边守靖再见省长曹锐,说到底,边守靖的意见也就是曹锐的意见。

直皖战争后,直奉矛盾开始激化,奉系军阀首领张作霖不断对直系挑衅。面对和战问题,曹锐问计于边守靖。边守靖为曹锐具体分析了直、奉两方的情况后指出,张作霖占据东北,兵力雄厚,如与奉系开战失败,曹氏兄弟多年苦心经营的一切将化为云烟;再则,吴佩孚大有功高盖主之趋势,作为直系领袖曹锟不能全听部属吴佩孚的,应结援张作霖儿女亲家,以抑制吴佩孚的气焰。边守靖的意见,与曹锐不谋而合。曹锐听从边守靖的主张,决定劝说三哥曹锟对奉系主和,不能开战。他奔走于保定和奉天之间,调停两方的矛盾,甚至不惜迁就奉方,张作霖提什么条件,曹锐都答应,只要张作霖不开战就行。曹锐主和,而吴佩孚等高级将领则主张与红胡子张作霖决一胜负。1922 年 4 月 11 日,曹锟在保定督军公署召开会议,商讨和战问题。曹锐一向依仗曹锟之势,盛气凌人,在会上对主战派将领出口不逊,还掏出手枪来耍横,激起直系高级将领的愤慨。曹锟不得不决定对奉系开战,并请吴佩孚担任前敌总司令。曹锟为了安抚各将领,还当场责备了曹锐几句,遂使曹氏兄弟间发生冲突。为了妥善处理曹氏兄弟之间的僵局,边守靖多方设法,最后达成体面的解决办法,曹锐以有病为由提出辞去直隶省长职务,然后由曹锟任命曹锐为直、鲁、豫三省矿务督办作为补偿。

直奉第一次战争后,直系分成"津保派"和"洛阳派"。"津保派"以驻保定的曹锟和驻天津的曹锐为首,边守靖作为"津保派"的灵魂人物,极力赞同曹锟直接入主大总统府,与吴佩孚的迂回主张形成对立。为让曹锟尽快当上大总统,边守靖多次向曹锟献策,其中心意思是将黎元洪迅速赶下台,然后以重金收买国会议员,让他们投票选举曹锟为大总统。边守靖不仅是献策者,还是这些决策行动的指挥者、参与者。

边守靖与众议院院长吴景濂策划,指控财政总长罗文幹受贿,由吴景濂在众议院提出查办案,逼迫黎元洪总统下令逮捕罗文幹,直系军阀由曹锟带头纷纷通电要求治罗文幹之罪,边守靖也以直隶省议会的名义发出通电,斥责罗文幹误国违法。边守靖还通过曹锐放出"秀才不倒,大选不成"的话,矛头直指吴佩孚。通过罗文幹案,迫使王宠惠内阁总辞职,同时也给吴佩孚以沉重打击,迫使他服从曹锟强制驱逐黎元洪下台,重金贿选为大总统。

边守靖的第二步就是逼黎元洪尽快下台。为了办事方便,他在北京南池子买了一所房子,长住北京,为曹锟贿选进行谋划。为了制造民意,边守靖花大价钱雇用大批流氓地痞组成所谓"公民团",1923年6月8日起在北京天安门前搭起高台,举行所谓国民大会,要黎元洪退位,以让贤路。"公民团"还到总统府所在的新华门前游行高喊:"改造时局,总统下台!"与此同时,直系将领由陆军检阅使冯玉祥和京畿卫戍总司令王怀庆率领下级军官宣布集体辞职,表示不再负责维持治安,并撤走了大总统府和黎元洪官邸的军警,北京警察也宣布罢岗。逼宫行动一步步升级,"公民团"从天安门移师到东厂胡同,将黎元洪官邸包围起来,摇动手中小纸旗呐喊:"总统下台!""市民饿!总统肥!"黎元洪困守总统官邸,形同囚徒,寸步难行,僵持至6月13日悄悄离开北京前往天津。

黎元洪下台后,曹锟即按照边守靖事先提出的"议员当中多数宦囊不满,钱能通神,每人酌给一笔款即为我所用"之策,抓紧进行贿选。但贿选得需巨款,边守靖向曹锟、王承斌建议用"捉财神"的办法筹集贿选经费,即逮捕贩卖毒品人,令其交出数千至数万元后再释放。他们随意将有钱的士绅均列入毒品贩子名单,敲诈勒索。边守靖还从天津长芦盐税中为曹锟筹集了一笔款贿选。曹锟将搜括勒索来的贿选款除一部分让曹锐以化名存在外国银行外,大部分款存在边守靖开办的人有银行。边守靖与吴景濂等经过数月奔波,终于达成贿选协议。普通议员投曹锟一票,给五千银圆支票(部分重要议员给予一万甚至更多的票价)。待投票后,议员们持加盖有边守靖和王承斌等人私章的支票分别去银行取钱,支票以边守靖的大有银行最多。

曹锟贿选前后,边守靖不仅出谋划策,而且赤膊上阵,为贿选成功立下汗马功劳。曹锟为酬其功,决定以边守靖为交通总长。但吴佩孚坚决反对,没有实现。曹锟为此多次向边守靖表示歉意,答应以后适当时机一定给予调换更高的官职。但为时不久,第二次直奉战争中直系遭到惨败,吴佩孚全军覆没逃亡长江流域,曹锟被囚禁于中南海延庆楼,曹锐因舍不得家财吞鸦片自杀,边守靖的几大靠山顷刻全部倒台。但边守靖善于随机应变,很快与新入主直隶的奉系军务督办兼省长李景林拉上了关系。1926 年李景林倒台,褚玉璞上台,边守靖又与褚玉璞搭上了关系。时局多变,直隶督军、省长换了一波又一波,但边守靖的议长职务却始终连任,这在北洋军阀史上也是独一无二的。直到 1928 年 6 月国民革命军占领北京,将北京改为北平,直隶省改为河北省,省议会取消,边守靖才结束他把持了十六年之久议长职务。

边守靖退出政界后,将过去搜刮来的巨额财产(有人说他有七千万元家财,知情人认为是夸大了)投资天津的工商业,长期担任恒源纱厂(后成为纺织厂)董事长,一度兼任总经理。此外,边守靖还开设有信记银号、稻香村食品店、西服店、酱园、铁厂等,成为天津最有实力的民族资本家之一。

1937 年 7 月,北平、天津相继沦陷,日本侵略者几次想拉边守靖出来担任伪职,边守靖坚持民族气节,保全了晚节。

1949 年 1 月,辽沈战役结束,东北全境解放。接着,东北野战军与华北野战军一百万大军发起平津战役,攻克新保安、张家口,兵锋直指北平、天津。天津的大官巨贾纷纷离开天津南下。恒源纺织厂总经理曹郁文(曹锐之孙)惶惶不安,对边守靖说:"时局陡危,我们必须赶快走,否则慢了后果不堪设想。"边守靖开始也忧心忡忡,后来他看了共产党有关政策的宣传材料,决意留下。他对曹郁文说:"还是留下为上,不必出走。"

曹郁文最终还是去了香港,但边守靖没走,留在天津兼任恒源纺织厂总经理。天津解放后,他曾先后担任天津市政协常委、天津工商联副主委、中国人民救济总会天津分会副主委。在边守靖的带领下,恒源纺织厂顺利完成公私合营,获得模范厂称号,为天津的资本主义工商业改造树立了榜样。

1956 年 7 月 6 日,边守靖病故。

冰　心

宗志文

冰心，原名谢婉莹，笔名冰心，原籍福建长乐县，1900 年 10 月 5 日（清光绪二十六年闰八月十二日）出生于福州。祖上务农，祖父以教书为业。父亲谢葆璋毕业于天津北洋水师学堂，与黎元洪是同班同学，曾参加甲午中日海战，1903 年被派往山东烟台创办海军军官学校，任校长。1911 年辛亥革命前夕，校中满汉学生矛盾掀起学潮，谢葆璋被当局疑为乱党，不得已避祸辞职，离开烟台。民国成立后，1913 年任海军部军学司司长。

冰心 1903 年随父母到烟台，四岁随母亲识字，六岁入塾读书。在舅父引导下，七岁开始阅读《三国演义》、《水浒传》、《聊斋志异》等，博览群书，手不释卷。烟台的大海、山风、海涛和嘹亮的军号，终日环绕着冰心，陶冶了她的身心。有一天，她的父亲指着墙上的地图对她说："大连是日本的，青岛是德国的，秦皇岛是英国的……只有烟台是我们自己的了。"①父亲的教诲，从小就培育了冰心的爱国主义思想，使她终身热爱自己的祖国。

1912 年冰心入福建福州女子师范学校预科学习。1913 年随全家迁到北京。1914 年秋季她进入贝满女中（当时称贝满中斋）。这是一所美国基督教教会办的学校，学生每天要听牧师讲道，每星期还要听一

---

① 冰心：《人民坐在罗圈椅上》，卓如编《冰心全集》第 5 卷，海峡文艺出版社 1994 年版。

次圣经故事,冰心对传教士宣讲的耶稣"爱人如己,舍己济人"的精神虽然感到可敬,但对"三位一体"、"复活"等宣讲都不相信,始终也没有入教。

1915年,日本向袁世凯政府提出灭亡中国的"二十一条",逼迫袁世凯接受。当时袁正密谋称帝,竟接受了"二十一条"以换取日本的支持。全国人民怒不可遏,掀起了大规模的讨袁抗日爱国运动。冰心和贝满女中的同学一起,走上街头,参加游行示威。她有一天游行回家,看见父亲书房的墙上贴着"五月七日之事"六个大字的横幅。她站在横幅下,含泪向父亲表示永远不忘5月7日这个国耻日。

1918年夏,冰心在贝满女中毕业,升入协和女子大学理科预科。1920年协和女子大学和北京协和大学、通州潞和大学合并成燕京大学。她当时的志愿是学医。1919年五四运动爆发后,冰心立即投身到运动中,在学生自治会任文书,并参加了北京女学界联合会宣传股。她除了进行街头演讲、散发传单外,还为女学界联合会的会刊写宣传文章,发动人们罢课罢市、抵制日货、反对侵略等,有的文章被选在北京《晨报》上发表。她最早在该报上发表的是《二十一日听审的感想》,这是她旁听了北京法庭审问被捕学生之后写的。文章揭露了北洋军阀政府迫害爱国学生的暴行,呼吁公众主持正义,营救被捕学生,在社会上引起了很大的反响。

五四运动使只知埋头读书的冰心开始思考种种社会问题。她在1979年回顾说:"五四运动这个强烈的时代思潮,把我卷出了狭小的家庭和教会学校的门槛,使我由模糊而慢慢地看出了在我周围的半封建半殖民地的中国社会里的种种问题。我只想把我看到听到的种种问题,用小说的形式写了出来。"①从1919年9月开始,她陆续在《晨报》上发表了四篇小说:《两个家庭》、《斯人独憔悴》、《秋雨秋风愁煞人》和《去国》,反映了当时的家庭、妇女、恋爱和青年职业等问题,在广大读者

①　冰心:《从"五四"到"四五"》,《文艺研究》创刊号(1979年)。

特别是青年中引起了强烈的共鸣,具有相当大的启迪作用,也受到文坛重视,人们称这些小说为"问题小说"。冰心成为我国现代文学中最早的"问题小说"的作家之一。阿英在 30 年代曾评论冰心的这些小说:"在旧的理解完全被否定,新的认识又还未能确立的过渡期中,青年对于许多问题是彷徨无定的,是烦闷着的。冰心作品所表现的,正是这种情形,她抓住了读者的心。"①不久,冰心又发表了一些同情劳动人民,特别是青年的小说,如《还乡》、《三儿》、《一个兵丁》等。当时有的青年为生活所迫沦为盗贼,有的青年被军阀强拉去当兵。瞿秋白曾说,冰心的这些作品,"对于士兵,对于战争的态度,提出了新的问题"②。

　　五四运动以后,不少青年感到空虚、苦闷,找不到出路。此时,冰心也正在努力研究探索人生,渴望以自己的作品唤起青年新的活力。1921 年 4 月,她发表的小说《超人》,是这个时期的代表作。文中主人公何彬是当时颓废悲观青年的典型。他认为"世界是虚空的,人生是无意识的……爱和怜悯都是恶";认为"人活在世上没有什么意思"。但朦胧中,"慈爱的母亲,天上的繁星,院子里的花……"乃至邻居的孩子,又常常牵动着他的心,使他感动。冰心想通过主人公用母爱、自然、童心唤醒青年,幻想以"爱的哲学"使他们走上热爱人生、积极向上的道路。茅盾曾评论她的这一观点说,冰心"既已汪视现实了,既已提出问题了,并且企图给个解答,然而由她生活所产生的她那不偏不激的中庸思想使她的解答等于不解答"③。

　　1920 年暑假,冰心读完预科,因为参加五四运动和不断撰写小说,耽搁了不少时间,有些理科的实验没有完成,加之喜爱文学,乃转入燕京大学国文系二年级学习。年底,经许地山等人推荐,加入文学研究

　　①　阿英:《谢冰心小品序》,《现代十六家小品》,光明书局 1935 年版。

　　②　瞿秋白:《老虎皮》,《瞿秋白文集》(文学编)第 1 卷,人民文学出版社 1985 年版,第 427 页。

　　③　茅盾:《冰心论》,《文学》第 3 卷第 2 号(1934 年)。

会,从此步入中国文坛。冰心在中国古典文学方面有深厚的功底,在燕京大学又受到外国文学的熏陶,她的文学作品一经发表,立刻受到广泛的赞誉,使她很快成为当时文坛上跃起的一颗新星。

冰心的作品,包括小说、散文和自由体小诗。其中著名散文《寄小读者》、《南归》、《关于女人》等,堪称经典之作。郁达夫曾评论她的散文说:"冰心女士散文的清丽,文字的典雅,思想的纯洁,在中国算是独一无二的作家了。"①冰心的诗歌颂扬母爱,歌咏自然,赞美童心,也揭露社会的黑暗,鼓舞青年努力向上。她的诗集《繁星》、《春水》出版后,成为流行一时的"冰心体"。

1923年夏,冰心在燕京大学毕业,以优异的成绩获金钥匙奖,同时获得入美国威尔斯利女子学院学习的奖学金。她8月赴美,9月入学。11月因病住进疗养院,直至翌年7月始返校。留学期间,她在北京《晨报》的《儿童世界》专栏上,以通讯形式先后发表《寄小读者》十九篇。通讯以纯真的感情、优美的文笔描绘了美国的风土人情,以及自己病中的感受和对人生的种种思考,颂扬了母爱、童心和自然,抒发了对亲情的怀恋和对祖国的热爱,是我国现代文学史上影响最大的儿童读物,也是我国儿童文学的奠基之作。

冰心留学期间小说写的很少,代表作有《悟》和《六一姊》。《六一姊》揭示了农村妇女沉重的精神枷锁,谴责了封建传统观念对妇女的毒害。《悟》是她继《超人》之后,又一部宣扬"爱的哲学"的力作。不过,这时她对于用母爱、童心和自然解决社会问题的幻想已经产生怀疑,曾说:"我是一个盲者,看不见生命的道路。"②1931年她的小说《分》,就说并不是所有的孩子都有享受母爱的平等,对"爱的哲学"已经不存幻想了。

①　郁达夫:《〈中国新文学大系〉散文二集·导言》,赵家璧主编《中国新文学大系》第7集《散文二集》,上海文艺出版社1981年影印版,第16页。
②　冰心:《往事集·自序》,开明书店1930年版。

1926年7月,冰心获威尔斯利女子学院文学硕士学位,不久离美返国,9月到母校燕京大学国文系任助教,兼任《燕京学报》编委。1929年6月,冰心和留美归来的社会学博士吴文藻结婚。婚后的生活虽然很幸福,但30年代的中国兵连祸结,国家和民族的前途不断困扰着她,她的心情很郁闷,"开始有自己的,哪怕是模糊的走出黑暗投向光明的倾向和选择"①。"九一八"、"一二八"事变相继爆发后,冰心写了《记萨镇冰先生》,讴歌八国联军之役时,我国海军名将萨镇冰不畏强敌,英勇奋战的事迹,以唤起国人奋起抗击日本帝国主义侵略的勇气。萨镇冰是冰心父亲青年时代在海军服役时的上级,她从小受父亲的爱国主义教诲,对萨镇冰有很深的印象。她的《记萨镇冰先生》写得生动感人,是一篇很好的爱国主义教材。

抗日战争爆发后,冰心一家流亡云南。吴文藻在昆明云南大学任教,冰心和孩子们住在离昆明四五十公里的呈贡。那里山清水秀,风景极为优美。她把住所称为"默庐",写的散文集称《默庐试笔》。除写作外,还义务在呈贡的简易师范学校兼课。她在《默庐试笔》中说,她生平在国内外游历过的名胜,没有一处赶得上默庐山水的风采,但是她仍然苦恋着北京。对祖国的河山破碎,感到刻骨铭心,时时不忘收复失地的决心。

1940年夏,宋美龄以美国威尔斯利女子学院校友身份写信邀请冰心到重庆主持中华妇女指导委员会文化教育组工作。冰心到重庆后,一度参与该会工作。不久与妇女界的史良、刘清扬接触,听说该会的情况很复杂,乃向宋美龄婉言辞去了该会工作。1941年初,宋美龄推荐她以"社会贤达"的身份参加国民参政会任参政员。3月她出席第二届国民参政会第一次会议时,正值皖南事变发生不久,她对国民党颇为失望,在会上态度很消极。1947年5月,冰心参加第四届第三次国民参政会时,国民党当局邀她参加次年国民大会代表竞选,她断然拒绝。

---

①　冰心:《从"五四"到"四五"》。

　　冰心一家住在重庆歌乐山上,来往的都是文艺界的朋友,她还参加了抗战初期郭沫若、老舍等人在武汉成立的中华全国文艺界抗敌协会。当时物价飞涨,冰心没有工作,经济上很拮据,有朋友向她约稿,她以"男士"为笔名,写了标题为《关于女人》的十四篇散文,陆续在《星期评论》杂志上发表,成为传诵一时的美文。后集结成书出版,是当时大后方最畅销的书籍。《关于女人》中,冰心写了十四位她所亲近熟悉的女性。她们大多数生活在抗战时期的后方,虽然不是在前线浴血奋战,但"忍得住痛,耐得住苦",在后方平凡的生活中默默地为抗日作出种种贡献,表现了伟大的中华儿女不屈不挠的奋斗精神。叶圣陶曾评论说:"冰心女士的作风改变了,她已经舍弃她的柔细清丽,转向着苍劲朴茂。"[①]

　　抗日战争胜利后,冰心一家由重庆回到北平,1946 年冬,吴文藻被派为国民党政府驻日军事代表团成员,前往东京工作,冰心作为眷属随往。她先后受日本京都大学和东京大学聘请,开设有关中国文学的讲座。1948 年 6 月,日本东方学会东京支部和东京大学联合邀请冰心作有关中国文学的讲座,并将内容集结成《如何鉴赏中国文学》(日文)一书出版。担任翻译的仓石武四郎在该书前言中说:"每次讲座,大教室总是挤得满满的。作为有关中国问题的讲演,这样的盛况是空前的。"1949 年,冰心应聘为东京大学教授,讲授《中国新文学》。当时日本妇女问题比较突出,她曾在日本妇女杂志和东京大学学报上发表有关妇女问题的文章,批评日本不尊重女权。

　　冰心在日本期间,经常收听中国解放区的广播,研读有关中国革命的著述,对中国的革命事业十分向往。1949 年 10 月,新中国成立的消息,使她"感到了毕生未曾有过的欢乐"。1950 年底,吴文藻随驻日军事代表团部分成员起义,脱离代表团。1951 年秋天,冰心夫妇利用美

----

　　① 　翰先(叶圣陶):《男士的〈我的同班〉》,《国文杂志》第 1 卷第 4、5 号合刊(1943 年 3 月)。

国耶鲁大学邀请他们到该校任教的机会,得到离开日本的护照,途经香港回到北京。

冰心回到她热爱的北京后,心情特别振奋,决心用新的观点颂扬母爱、童心和自然,创作儿童文学,为培养儿童贡献力量。1953 年 9 月,冰心参加中国文学艺术工作者第二次代表大会。冬天,加入中国作家协会,曾任第二、第三届作协理事。1976 年当选该会名誉主席。50 年代冰心参观工厂、农村、学校。到北京十三陵水库工地参加劳动,写出《十三陵水库工地上的小五虎》、《一个高尚的人》、《大东流乡的四员女健将和女尖兵》等。她回国后所写的最早的儿童文学作品有《陶奇的暑假日记》、《小橘灯》、《我们把春天吵醒了》、《拾穗小札》等。

冰心常参加国际交往活动,进行文化交流和致力于世界和平事业,到亚、欧、非各国出席国际性会议,参观访问,接待国外朋友,等等。1958 年 3 月至 1960 年 3 月,她将国外参观访问的观感和国内见闻的感受,写成二十篇《再寄小读者》。

“文革”中,冰心受到冲击,十年没有写作。1978 年她开始写《三寄小读者》,讲五爱:爱祖国、爱人民、爱劳动、爱科学、爱护公共财物;也讲不随地吐痰、不打人骂人、不撒谎等道理。

冰心是著名的社会活动家。1954 年 9 月被选为第一届全国人民代表大会代表,直至 1978 年,历任第二、三、四、五届全国人大代表。1978 年 2 月被选为第五届政协全国委员会常委。1979 年 10 月当选中国文联副主席、中国民主促进会第六届中央委员会副主席。

1999 年 2 月 28 日,冰心去世。

蔡　昌

汪仁泽

蔡昌,1877 年 11 月 2 日(清光绪三年九月二十七日)出生于广东香山县(今中山市)一个贫苦农民家庭。父亲耕种、捕鱼为生,生计困顿。兄蔡兴早年离家去澳洲雪梨(今译悉尼)谋生。蔡昌幼年失学在家,帮助父亲务农,十四岁时随兄至雪梨,在其兄供职的永生行水果档当杂工。

1899 年,蔡兴携带数年所有积蓄回国探亲,应澳洲归国侨商马应彪之邀,共 12 人集资 25000 元港币,合伙在香港开设先施百货公司。不久蔡昌回国进香港先施公司当职员。数年后与人合资,在香港开设一家小型百货商店。其时先施公司业务发达,已在广州设分行,蔡兴任该公司董事,交游甚广。

蔡昌在其兄的支持下,1912 年向归国华侨筹得资金港币 400 万元,赁得香港闹市区德辅道中的狭长铺面,开设大新百货公司,英文取谐音:The Sun,寓意如日上升,并用出云旭日为商标,蔡昌自任经理。蔡自幼失学,识字不多,但遇事认真,工于心计。每晨 4 时即起,筹划当天事务。此时德辅道中商店林立,相邻同业先施、永安等近在咫尺。大新以铺面商品陈列整洁,备货充足,给人以面目一新的印象。他亲自掌握进货业务,讲究商品质量,不销残副次品,保证货真价实,因此信誉日著,营业兴盛。1916 年设分店于广州城内惠爱中路,数年后又在广州西堤觅地,建造南方大厦八层高楼,为当时广州最大的百货公司。屋顶辟大新乐园,左邻附设亚洲旅馆,设备齐全。商场开业后,顾客纷至,营业额为同业之冠。

　　蔡昌为了进一步扩展事业,继香港、广州之后,谋求在全国经济中心的上海开设大新公司联号。经数度审慎考虑后,先在沪地设立办庄,遣人来沪初探商情,然后开始着手筹备,于 1934 年招股集资 600 万元(其中 100 万元为广州大新公司先行拨款占股),亲自到沪擘划一切。他在闹市中心观测来往行人车辆流量,择定南京路上西藏路至劳合路(今六合路)一处为设店地点。其时此处多系里弄房屋,产权分属数个业主,蔡昌恐业主知情后哄抬地价,乃暗中分头购得,颇费周折,终于买进该处 6 亩见方的地基,招标营建。正待打桩兴工,不料北邻宁波旅沪同乡会会长虞洽卿出面阻挠,声称该处建造大楼,将危及同乡会大厦。虽几经解释,虞仍执意不允,最后诉之于法。蔡昌通过市长吴铁城的关系,并向租界当局申述设店后可繁荣市面,增加市政财税收入,因而获得支持,终于胜诉,得以施工。历时 13 个月新厦落成,建筑费耗资 150 万元。十层高楼全部用浅黄色瓷砖敷面,外观壮丽。但新厦落成,内部装修费用浩繁,所集股金耗用甚巨,乃商于英商麦加利银行,以新厦作押,陆续获得巨额贷款作为流动资金,购进各类商品,其中进口商品占百分之六十左右。

　　1936 年 1 月 10 日大新公司正式开张营业,蔡昌自任主席董事暨总监督,弟蔡慧民任经理,子蔡乃诚任副经理。地下室及一至三楼为百货部,面积达一万七千余平方米,为全国百货业之冠。商品琳琅满目,摆设新颖整洁。全公司职员八百余人,除少数从粤港调来外,皆系登报招聘及经人介绍而来。营业员服式一律,男的黑色呢制服,职员中山领,部长开口领系领带(夏天白帆布西服);女的玫瑰色旗袍,食品医药部者外罩白大衣。室内装有冷暖气设备,调节气温;除设有多部电梯供代步外,又从美国沃的斯公司购进电气自动扶梯,为远东第一部。在沪地各大报刊的广告上,以“推销中华国产,搜罗美备;选办环球物品,总汇精华。本公司自建十层大厦,设备电动扶梯,无劳跨步;装置冷暖气管,四时如春”相招徕;尤以电气自动扶梯,引起市民好奇,皆以捷足一试为快。开幕之日,南京路上人山人海,顾客如潮。为了避免拥挤,开幕期间除印发入场请柬外,并发售兑货券,凭券入场,按值兑货。新厦四楼辟为画厅展览室及总办公室;五楼设大新舞厅及大新酒家,供应中西酒菜宴席;六楼至十楼为大新游乐场及屋顶花园。由于适应了当时租界畸形发展的需求,大新公司遂跻身于沪上四大环球百货公司,且后来居上,营业额逐步超过比邻之先施及新新公司。此时沪、粤、港三家大新公司会计分开,各计盈亏,而以沪行为主。蔡昌大权独揽,定居沪地,每年往来粤、港多次,进行巡视。

1937年7月抗战军兴,广州南方大厦屡遭敌机轰炸,损失惨重,翌年10月广州沦陷,粤行业务遂告停顿。沪行由于地处租界,形成畸形繁荣局面,蔡昌善于经营,营业蒸蒸日上。又因战时货币贬值,所欠麦加利银行贷款,得于1940年一次偿清。1941年12月太平洋战争爆发,日军进占上海租界,大新公司被日方派监督官进店监督。日军占领香港后,香港大新公司亦受日本军方的管制。

1945年8月抗战胜利后,沪地曾一度出现虚假繁荣景象,大新公司营业兴隆,获利颇丰。1946年起,美国商品源源涌来,充斥国内市场,上海百货商业濒临绝境。此时港行营业则日见好转。1947年,蔡昌携眷定居香港,沪行委托蔡慧民等管理,制定多销货、少进货的方针,逐步将资金抽调至香港。1948年沪行又经国民党政府"限价政策"的变相掠夺,元气大伤,内部空虚。迫至解放前夕,几名资方代理人又先后去港,蔡昌则专注于港行的经营管理,沪行遂形成既无资方、又无资金的局面,由职工组织"企业维持委员会"维持商店营业。

上海解放后,人民政府对私营工商业实行公私兼顾、劳资两利政策。大新公司职工于1950年2月推派代表赴香港,向蔡昌宣传政府政策,希望他回沪与全体职工共同经营企业。蔡表示可予考虑,遂先行电汇上海大新公司港币3万元。但后来由于年老体衰,犹豫不决,终未成行。至1953年夏,蔡昌因病在香港去世。上海大新公司则在国营日用百货公司的委托代销及职工的群策群力下,克服重重困难,至1953年

11月经申请核准改为国营上海第一百货商店。

主要参考资料

唐家俊:《一幢大楼的变迁》,上海《文汇报》1965年4月2日。

原大新公司职工唐家俊、麦朝宇、卢旷、梁文宁、林树芳等的访问记录。

蔡 楚 生

张 洁

蔡楚生,广东潮阳人。1906年1月12日(清光绪三十一年十二月十八日)出生于上海,后随家人返至原籍,就读于私塾,并从事田间劳动。

蔡楚生十二岁时到汕头一小商店当学徒,虽十分劳累,仍勤奋好学。1925年五卅运动中,他参加了汕头店员工会,担任工会的宣传和戏剧演出等工作,并学习写文章和绘画。

蔡楚生由于从事工会活动,受到迫害,1927年潜往上海。经友人介绍,在几家影片公司担任临时演员和剧务、宣传等工作。1929年,他进入上海明星影片公司,在郑正秋手下当了副导演,兼任置景。他协助郑正秋摄制《战地小同胞》(1929年)、《碎琴楼》(1930年)、《桃花湖》、《红泪影》(1931年)等影片,在工作中逐渐显露了艺术才能,得到郑正秋的重视和赏识,并为电影界所注目。

蔡于1931年离开明星影片公司,加入联华影片公司制片第二厂,正式担任编导。从1932年起,相继拍摄了他编导的《南国之春》和《粉红色的梦》。当拍摄《粉红色的梦》时,"一二八"战争爆发,深重的民族危难激发他转入拍摄抗日新闻片。为了配合当时高涨的抗日民主运动,他和联华影片公司导演史东山、王次龙、孙瑜等协作,迅速完成了反映"一二八"抗战的《共赴国难》;同时还以"九一八"、"一二八"事件为背景,编写了《血溅红颜》,后来国民党审查机关以"内容激烈"为借口,禁止拍摄。

　　《粉红色的梦》在上海放映后,左翼电影评论界曾给以热诚、中肯的批评和帮助。后来成为蔡楚生最好战友的聂耳,也曾希望他"能很快走上一条正确的大道,不要再做艺术家的迷梦"①。经过批评、帮助,特别是在中国共产党上海地下组织领导的电影小组的积极影响下,他很快提高了认识。后来,他在一篇题为《会客室中》的文章里,分析批判了自己,认识到《南国之春》和《粉红色的梦》是"两部盲目的创作"②;并诚挚地表示了自己今后的努力方向,即"最低限度要做到反映下层社会的痛苦"。从此,蔡的电影创作由脱离现实转向反映现实。

　　1933 年 2 月 9 日,"中国电影文化协会"在上海成立,蔡楚生当选为执行委员。该会发表宣言,号召电影界"亲切地组织起来","认清过去的错误","探讨未来的光明",开展"电影文化的向前运动",建设"新的银色世界"③。蔡楚生于同年创作了《都会的早晨》,受到电影界和观众的好评,被上海《良友画报》誉为联华伟大作品之一。这是他转变创作思想后热情歌颂劳动人民的第一部重要作品,也是他走上左翼电影运动行列的开始。

　　1934 年春末,蔡楚生不顾国民党对进步电影的迫害,完成了又一部进步影片《渔光曲》。它以现实的题材,动人的情节,通俗的手法和精湛的技巧,赢得了广大观众的赞赏。6 月 14 日在上海金城大戏院首映时,正值高温盛暑,但盛况空前,连映 84 天,场场满座,创了连映的最高纪录。次年 2 月,在 31 国参加的莫斯科国际电影展览会上,《渔光曲》获得了荣誉奖。这是我国获得国际荣誉的第一部影片。

　　继《渔光曲》后,蔡楚生在 1935 年又成功地导演了《新女性》,该片曾引起广大青年学生的强烈共鸣。

　　1936 年,蔡楚生编写了反映旧社会流浪儿童苦难生活的《迷途的

---

①　上海《电影艺术》第 1 期,1932 年 6 月。

②　上海《电影·戏剧》第 2 期,1936 年 12 月 10 日。

③　上海《晨报》1933 年 3 月 26 日。

羔羊》,1937年上半年又完成了控诉旧社会、揭露汉奸罪恶的《王老五》。在创作《迷途的羔羊》之初,他曾在一些儿童故事和描写流浪儿的书籍方面下功夫,但发觉收效不大,不如设法去接近一些流浪儿童——活的书本。在实地接触流浪儿童中,蔡楚生发觉他们具有那些"上流"社会儿童所没有的聪明、热情、理智和勇敢,从而更加强了他"为这些无告的人们而呼吁的决心"①。后来在创作《王老五》剧本时,他也曾到上海打浦桥一带污水河边的棚户区,进行深入的体验、观察和了解。这使他进一步深刻认识到,只有现实的社会生活,才是艺术创作的唯一源泉;只有反映现实社会生活的作品,才能充分发挥艺术的作用。

为了团结电影界的爱国力量,加强抗日民族解放运动,蔡楚生和欧阳予倩等于1936年1月27日发起成立上海电影界救国会。他们发表宣言,号召全国电影界联合组成救国的统一阵线,参加民族解放运动。同年7月11日,蔡参加了上海文艺、电影、戏剧工作者百余人联名发表的《争取演剧自由宣言》,抗议租界当局无理禁止和破坏我国电影、戏剧界爱国活动的蛮横行径。1937年7月28日,上海市文化界救亡协会成立,蔡当选为协会理事。

1937年8月,蔡楚生和夏衍等根据舞台剧《保卫卢沟桥》和自编的电影剧本《为自由而战》,综合编成为《华北的黎明》。后因战局影响,未能摄制成影片。

1937年11月上海沦陷以后,蔡楚生离沪南下,转移香港。当时港澳一带粤语影片盛行,蔡和司徒慧敏等人,制作了抗战粤语片《血溅宝山城》;接着又合作为启明影片公司拍摄了粤语片《游击进行曲》。后一部影片于1938年摄制完成后,竟被港英当局无理勒令禁映;直到1941年6月,经过删剪并易名为《正气歌》,才和观众见面。当时重庆中国电影制片厂在香港建立了大地影片公司,蔡便参加该公司,于1939年9月完成了《孤岛天堂》。这部影片描写上海租界地区成为"孤岛"后,一

① 上海《联华画报》第8卷第1期,1937年1月。

群爱国青年与汉奸特务作生死斗争的不屈精神。在重庆、香港和南洋一带放映时,受到普遍赞扬。

1939年底,大地影片公司被国民党政府解散。次年6月,留港进步电影工作者又组成了新生影片公司,蔡楚生参加了"新生"的工作,编导了反映当时香港工人群众拒运军火原料资敌斗争的《前程万里》,于1941年在港公映。为反映在日军铁蹄下南海渔民的凄惨生活,他写出了南海渔民与敌人作生死斗争的脚本《南海风云》,准备在香港拍摄。后因香港沦陷,没有拍成。

此后,蔡楚生由香港到了桂林,国民党文化部门曾派人拉拢他,要他去重庆,他拒绝了国民党人的"邀请"。1944年春夏之交,日军南侵,衡阳、桂林告急,蔡又由桂林转移柳州。后来柳州告急,撤往贵州独山。又几经波折,末后到贵阳住下来。

抗日战争胜利后,蔡楚生回到上海和郑君里合作,开始创作《一江春水向东流》,于1947年10月完成了此片的编导和摄制。《一江春水向东流》分《八年离乱》和《天亮前后》上下两集,是蔡楚生的代表作。影片以丰富的内容和精深的艺术造诣,赢得了国内外广大观众的欢迎,轰动了整个中国影坛,被誉为"标志了国产影片的前进的道路"[1]。据1948年1月11日上海《正言报》发表的统计数字,该片自1947年10月至1948年1月连映三个多月,场场满座,总计观众达712874人次,打破了他30年代编导的《渔光曲》连映84天的纪录。

蔡楚生在完成《一江春水向东流》后,又创作了《西湖春晓》电影剧本,后来由于国民党反动派的白色恐怖日甚一日,他和其他进步电影工作者一起,于1948年底再次由沪转移香港,这部影片的摄制也就被搁置起来。

1949年5月,蔡楚生和许多进步人士响应中国共产党的召唤,奔赴解放了的北平,出席全国文学艺术工作者第一次代表大会(7月)和

---

①　上海《新闻报》1947年10月27日。

中国人民政治协商会议(9月)。此后,蔡楚生满腔热情地投身于建设新中国的电影事业。他曾先后担任了中央电影局艺术委员会主任、电影局副局长、全国文联副主席、中国电影工作者联谊会和中国电影协会主席等职务;曾当选为第一、二、三届全国人民代表大会的代表。1956年,蔡楚生加入了中国共产党。1958年底,蔡楚生到新建的广州珠江电影制片厂整理改编《南海风云》原稿,并与王为一、陈残云合作,完成了改编剧本和上集的摄制任务,定名《南海潮》。影片通过一个渔民家庭的遭遇,概括了从大革命时代起,经过抗日战争、解放战争直到社会主义建设年代的广东沿海渔民的斗争经历。1968年7月15日蔡楚生在北京去世。

主要参考资料

程季华主编:《中国电影发展史》第一、二卷,中国电影出版社1980年版。

王为一:《悼念蔡楚生同志》,《作品》1978年第8期。

上海《良友》、《时代》画刊及有关报纸。

蔡　锷

张振鹤

蔡锷,字松坡,原名艮寅,生于 1882 年 12 月 18 日(清光绪八年十一月初九),湖南邵阳人,后迁往武冈。七岁就学,十四岁中秀才,1897年 9 月考入长沙时务学堂。当时在这个学校任教的有梁启超、谭嗣同等维新派人物。蔡锷在校,深受梁启超的赏识。1898 年秋"戊戌政变"发生,谭、梁在北京一死一逃,时务学堂也因连累而被解散。蔡遂离长沙辗转到了上海,考入南洋公学。

1899 年 8 月,他应梁启超函约到日本,先入东京大同高等学校,后入横滨东亚商业学校求学。1900 年,随唐才常等人回国,准备在汉口发动武装起义,事败又去日本。

他第二次抵日后,改名锷,表示投笔从戎的决心。前后入日本陆军成城、士官两校学习军事。积极参与留学生抗俄义勇队的活动。1904年 10 月,于士官学校第三期毕业。

蔡在日本期间,同梁启超的关系更加密切。曾用蔡孟博、奋翮生、劫火仙等笔名,在梁启超主办的《清议报》、《新民丛报》上发表文章。

1904 年,蔡从日本回国,先在江西任续备左军随营学堂、材官队(即将弁学堂)总教习及监督。1905 年初到湖南任教练处帮办,兼武备、兵目两学堂教官等职。同年夏,被调到广西任新军总参谋官兼总教练官、随营学堂总理官、测绘学堂堂长等职。1906 年秋,奉令去河南彰德参观秋操演习,被派为中央评判官。1907 年春,广西陆军小学堂创办于桂林,蔡锷任该校总办。1908 年,升新练常备军步队第一标统带,自桂林移驻南宁。次年,接任龙州讲武堂总办。1910年奉令兼新军混成协协统、学兵营营长等职。蔡锷在广西数年,创练新军,颇负盛誉,然亦招人妒忌。有人策动谘议局对蔡锷提出弹劾。这就促使他决意离开广西。1911年初,经云南讲武堂总办李根源和陆军小学堂总办罗佩金向云贵总督李经羲推荐,调云南,任新军第十九镇第三十七协协统。

蔡锷在政治主张上,是梁启超的追随者,但他的表现又不完全像梁启超。他站在立宪党人一边的同时,又较敏锐地看到革命潮流不可抗拒,力图与革命派保持联系,对革命党人的活动他也常给以同情和赞助。1907年,同盟会在镇南关(今友谊关)发动起义时,黄兴和赵声二人于事前秘密去广西访问过他。他到云南后,对云南讲武堂李根源等人的革命活动作了很好的掩护。武昌起义的消息传到云南,蔡锷约集昆明的革命党人秘议响应计划,部署一切,被推为总指挥①。

1911年10月30日(阴历九月初九日),蔡锷按预定计划在昆明发动起义,令李根源率新军七十三标在城北校场发动,他本人率新军七十四标在南校场巫家坝发动。第二天,起义军占领昆明全城。清总督李经羲自督署逃往法领事馆避难,后经蔡锷派人把他护送出境。新军第十九镇统制钟麟同、协统王振畿被起义军击毙,军事总参议靳云鹏化装潜逃。11月1日,云南军政府成立,公推蔡锷任都督,李根源任军政部总长,唐继尧任次长。蔡锷掌权后,在行政上进行了若干改革,他撤换了一批贪污腐败的县知事,任用青年知识分子代替他们,在军队中也任用一批青年军官,财政方面则极力提倡节省,并且以身作则②。

云南独立后,贵州革命派与立宪派竞相酝酿独立。四川总督赵尔丰还盘踞成都,和保路同志军对抗。蔡锷为了巩固云南,立即着手向邻

---

① 李根源:《雪生年录》,腾冲李氏曲石精庐1934年版,第21页;孙璞:《云南光复军政府成立记》,中国科学院历史研究所第三所编《云南贵州辛亥革命资料》,科学出版社1958年版,第44页。

② 朱德:《辛亥革命回忆》,中国人民政治协商会议全国委员会文史资料研究委员会编《辛亥革命回忆录》(一),中华书局1961年版,第6页。

省发展,从而对贵州、四川两省的政治变动进行了干预。

　　11 月 4 日,贵州宣布独立,革命派获得群众支持,掌握了政权。该省立宪派任可澄、刘显世、戴戡等请求蔡锷派兵援黔,武装镇压革命派。蔡锷和立宪党人有着千丝万缕的联系,竟然听信他们对革命派的中伤,派唐继尧率军到贵阳①。唐到贵阳后,围攻贵阳军政府,屠杀了大批革命党人。唐当上了贵州都督,戴戡、任可澄当上都督府左右参赞②。

　　四川群众性的保路运动在云南起义后进一步高涨起来,清政府曾派端方率军进入四川,向革命势力反扑,四川总督赵尔丰也还拥有相当大的反革命力量。11 月 11 日,蔡锷派谢汝翼、李鸿祥两个梯团,共 8个营的兵力援助四川起义军。赵尔丰的军队士气低沉,一与援川滇军接触,就溃不成军,狼狈逃窜。但是,援川滇军和四川起义军未能团结对敌,因争地盘、税款等问题,也不断发生冲突。1911 年 12 月,谢汝翼在叙州和自流井对数万抗清保路同志军进行了镇压;1912 年初,李鸿祥也在泸州属合江县杀死了革命党人黄方和大批保路同志军③。对于这场屠杀,事后蔡锷和重庆军政府张培爵、夏之时两都督有截然相反的电报致黎元洪。蔡称"合江匪徒啸聚","随我军入城后彼乘间入城,肆行劫掠"。张、夏却说:"滇军以兵力解散同志会施放机关炮,杀伤过多……党人、滇人皆以为过当。"④

　　民国成立后,蔡锷的主要政治倾向仍受着梁启超的影响,以梁为首的进步党也把云南、贵州作为他们活动的地盘。但是蔡锷又被谷钟秀、张耀曾等组织的统一共和党推为总干事,从而他也和国民党内一些人保持着良好的关系。二次革命爆发后,他不顾孙、黄等国民党人的善意

　　①　蔡锷:《云南都督来电》,易国幹等辑《黎大总统政书》卷九,上海晋益书局 1916 年版。
　　②　杨昌铭:《贵州光复纪实》,《云南贵州辛亥革命资料》第 206—208 页;李文汉:《我对蔡锷的回忆》,《辛亥革命回忆录》(三),中华书局 1962 年版,第 430 页。
　　③　《云南辛亥革命长编》,见《云南贵州辛亥革命资料》第 112—114 页。
　　④　《黎大总统政书》卷六。

争取,仍奉袁世凯之命派兵入川,参加镇压重庆熊克武的起义。末后,袁世凯把他调离云南,以唐继尧继任都督兼民政长。1913年10月,蔡锷到了北京,袁加以多方笼络,任以陆军部编译处副总裁(总裁为段祺瑞)、全国经界局督办、政治会议议员、参政院参政等职衔。

但蔡锷到京不久,迅即察觉袁氏父子的阴谋与野心,便暗中与朋友、同道,小心翼翼地多方做应变的准备。当时全国各省除滇黔粤桂外,几乎都是北洋军队的防地,而广东都督龙济光早已投入袁的怀抱,并牵制广西都督陆荣廷,使之不能对袁有任何异动。只有滇黔,一时成为立宪派活动的地盘。蔡锷的举动对该两省有着举足轻重的影响,因而袁世凯对他倍加提防。袁曾向亲信曹汝霖泄露自己的心机说:"松坡这个人,有才干,但有阴谋","我早已防他,故调来京。"①

1915年,袁世凯酝酿称帝,引起全国各界人民的反对。梁启超等进步党人,先投靠袁世凯,后又遭到遗弃。当梁启超看出袁的帝制必然失败时,便也反对帝制活动。8月间,"筹安会"在京成立,蔡锷立即暗中到天津去和梁启超商议讨袁计划。不久,梁启超针对袁世凯的帝制阴谋,发表了题为《异哉所谓国体问题者》一文之后,袁对蔡锷的行动就更加注意了。袁派密探对他跟踪监视。10月,袁又派人搜查了蔡锷的住宅。蔡为了麻痹袁对他的注意,伪装意志消沉,同时又借故把眷属先遣送出京,为自己脱身作准备。

11月间,蔡借看病为名去天津,戴戡事先应邀自贵州来津,同在梁启超家里会面,进一步商谈讨袁计划。据梁启超事后追述:当时曾预计"云南于袁氏下令称帝后即独立,贵州则越一月后响应,广西则越两月后响应,然后以云贵之力下四川,以广西之力下广东"②。11月8日,蔡锷从天津乘日本商船经上海到日本门司。其部属石陶钧等自东京专程抵此在码头迎接他。不久,他乘轮船离日秘密到了香港,又从香港经

① 曹汝霖:《一生之回忆》,台北传记文学出版社1980年版,第154页。
② 梁启超:《盾鼻集》第2集,商务印书馆1916年版,第461页。

海防到云南,12月19日回到昆明。蔡为了转移袁的注意力,在日本写了许多假信,报告他游历和养病的情况,托人陆续寄给袁的亲信。因而,袁世凯一点也没有察觉蔡离开日本的迹象,当他接到"蔡过香港到云南去了"的情报时,还不相信。

蔡锷回到昆明以前,军队中早已秘密开会,准备发动讨袁。革命党人也积极活动,李烈钧、熊克武、方声涛等已先后从国外来到昆明,只因唐继尧态度暧昧,不能迅速发动。蔡锷到后,统一了各派力量,促使唐继尧下了反袁的决心。

12月25日,唐继尧、蔡锷、戴戡等通电各省宣告云南独立,废除袁政府"将军"、"巡按使"称号,仿辛亥革命例,推唐继尧为都督,通电讨袁。26日,云南正式组成护国军,以蔡为第一军总司令,出兵四川,以扼长江上游,这是主力;李烈钧为第二军总司令,出兵两广,相机进取湘赣;唐继尧兼第三军总司令,担任留守,负责前线补给。蔡、李分途出征。

袁世凯得到云南警讯后,1916年1月5日任命曹锟为总司令,张敬尧为副司令,督师入川,进攻云南。曹的第三师、张的第七师及李长泰的第八师等,取道重庆向泸州前进,另调马继增率第六师、范国璋率二十一师等由湘西入贵州,令四川将军陈宦将所部伍祥祯旅、川军刘存厚第二师向叙府、纳溪、泸州布防。同时还派龙济光率军入广西进攻滇南。在袁世凯看来,云南一隅的护国军,不难一鼓荡平。

蔡锷率护国军第一军向四川出发后,分兵三路,其左路第一梯团刘云峰于1916年1月21日一战攻下叙州,然后指向南溪,敌川南镇守使伍祥祯部溃不成军。蔡锷亲自率领两个梯团居于中路,于1月27日贵州宣布独立后,由贵州威宁、毕节前进,指向四川泸州。敌方第二师师长刘存厚2月2日于纳溪起义响应,配合护国军第二梯团,第三支队于2月6日攻占泸州蓝田坝月亮岩。随即对泸州展开攻击。这是出兵以来的第一次大战斗。经此一战,护国军声威大振。另外右路军戴戡指挥的护国军第一军一部也于14日攻入四川綦江附近,并分兵进入湘西。但其后，北洋陆军万余之众开到泸州前线，护国军只有三千余人，敌众我寡，加以后方军饷得不到接济，又无预备队可增援，蔡锷不得不于2月下旬停止进攻，在纳溪与北洋军隔江对峙。3月2日，左路军退出叙府，7日，中路军又不得不放弃纳溪。同时，戴戡的右路军也退守黔边。这时，袁世凯兴高采烈，认为云南问题不久即可解决。不料15日广西宣布独立讨袁，消息传来，四川前线的护国军大为振奋。又经过十几天的整顿补充，蔡于3月17日再次发动反攻，几天之内，就连占江安、南溪等县，重新夺回纳溪，北洋军死伤惨重，全线崩溃，敌将张敬尧仓皇逃回泸州。

广西独立的消息使袁世凯大为恐慌。17日，袁召见梁士诒，让梁嘱四川将军陈宧，一面严防前线，一面试探与蔡锷商订停战办法①。19日，袁又接到北洋内部冯国璋为首的"五将军"将迫使其取消帝制的密报，顿时吓得目瞪口呆。接着四川前线北洋军溃败的消息不断传来，并又有所谓五国公使的口头"警告"。到此，袁世凯才被迫于22日宣布撤销帝制，并委派徐世昌、黎元洪、段祺瑞与护国军议和，徐、段等又责成四川将军陈宧先与蔡锷谈判。3月31日，蔡锷同意了陈宧的停战要求，双方议定停战一星期。期满又延续。从此，川、黔前线转入长期休战状态。

自四川前线停战后，全国反袁形势有了更大的发展。有些地方军阀看到大势所趋，乘机由拥袁派转为反袁派，于是广东、浙江、陕西相继宣告独立。到5月22日，被袁视为可依靠的陈宧宣布四川与袁世凯脱离关系；29日，袁视为心腹的汤芗铭也被迫宣布湖南独立。袁世凯在一片众叛亲离声中，于6月6日忧愤死去。

6月7日，黎元洪继任大总统，任命蔡锷为四川督军兼省长。

蔡锷本来长期患喉病，半年多艰苦转战，健康情况急剧恶化，声带已哑。7月29日，他抱病到成都，随即推荐护国军参谋长罗佩金代理

①　凤冈及门弟子：《三水梁燕孙先生年谱》卷上，1946年版，第321页。

督军,黔军总司令戴戡代理省长。8 月 22 日,蔡到上海,由于病情日益
加重,决定出国治疗。9 日 20 日抵日本,住入福冈医科大学医院,治疗
无效,于 11 月 8 日逝世。死后经国会决议国葬。蔡的遗体由日本运回
后,湖南各界派代表迎葬于长沙岳麓山上。

蔡　翘

李援朝

蔡翘,字卓夫,1897 年 10 月 11 日(清光绪二十三年九月十六日)生于广东揭阳县仙美村一个富裕之家。父蔡增虔,母卢氏。蔡翘七岁入本村振华小学启蒙,1917 年毕业于潮州金山中学。是年秋,蔡只身赴沪,入复旦大学附中就读。1918 年 9 月,在北京大学中文系旁听。1919 年五四运动爆发,蔡翘受科学救国思想的影响,于同年秋自费赴美留学。

蔡翘从沪乘轮途经日本抵美,受先期留美并小有名气的同乡郭任远的影响,于 1920 年春先后入加利福尼亚大学、印第安纳大学攻读心理学。1922 年夏,入哥伦比亚大学读研究生,一学期后又转到芝加哥大学心理系继续读研究生。一年后,蔡翘的兴趣逐渐转移到神经解剖学和生理学方面。蔡翘认为这两门学科非常具体,归国后能更好地为国家和人民服务。他在芝加哥大学文理学院就读时,先后发表四篇科学论文,《大白鼠的记忆曲线》是其博士论文。他在导师赫里克(C. G. Herrick)的指导下,对美洲袋鼠脑结构进行研究。在实验中的细心观察,整整花去半年的时间,终于找到过去未曾发现过的下丘脑和中脑被盖间的一个微小新核团及两条视觉神经分支的起源和终点,并进行详细描绘和理论阐述。在研究中,蔡翘进一步发现中脑被盖中与眼球活动及其脏腑活动有关的一个神经核区。这一发现提供了视觉与眼球反身关系的解剖基础。这一重大发现,引起国际神经解剖学界的极大关注,誉其为"蔡氏神经核区",美国神经解剖学家克拉克(C. G.

Clark)教授在其著作中引用了这一科研成果,直到 70 年代,这一成果还为外国学者所引用。不久,蔡翘被导师推荐为美国西格马赛学会的会员。

1925 年夏,蔡翘于芝加哥大学研究院毕业,获得哲学博士学位。是年秋,他由加拿大绕道日本回上海,受聘于复旦大学任教授。当时复旦大学尚无生物学科,蔡翘立即编写教材,筹措经费,购买仪器,建立实验室,逐步开展生物学和生理学教学实验室,建立了复旦大学的生物学科。1927 年秋,蔡翘加入中国生理学会,担任《中国生理学会会志》的编辑。同年秋,他转到吴淞中央大学医学院生理学系执教,除教生理学外,还兼讲授比较解剖学、组织学和胚胎学等课程。1929 年,蔡翘用中文编著的《生理学》教科书由商务印书馆出版,这是我国第一本大学生物系生理学课本。他又于 1936 年增订出版了适合医学院的教材《人类生理学》。这些教科书于解放前曾多次修订再版,一直为国内各类大专院校采用。抗日战争期间,根据地的八路军医学校及后来的延安卫生学校也用其为教材。

蔡翘于教学上讲究教学艺术,形成一套行之有效地教学方法:首先他要求学生掌握基本理论知识;其次他特别注意培养学生的能力,尤其是实际操作能力;同时注重提高学生的写作能力与表达能力。蔡翘非常重视科研工作,他认为不搞科研,教学水平是不会提高的。他在复旦和中央医学院工作期间,与助手徐丰彦做过关于甲状腺与钙磷代谢的研究,在《中国生理学杂志》上发表了多篇论文。

1930 年,蔡翘得美国洛氏基金会资助,先后在英国、德国留学进修。先于伦敦大学,与生理学系耶文思(L. Evans)教授合作研究肝糖原代谢问题,并将研究成果发表在 1931 年《英国生理学报》上。继之于英国剑桥大学神经生理学家艾德里安(E. D. Adrian)教授(诺贝尔奖金获得者,曾任英国皇家协会会长)实验室从事神经传导生理研究,证明了蛙趾单条传入神经纤维的放电频率随着肌腱的拉长而增加,但电位的幅度不变。其典型神经电位记录图,后被著名的英国大型生理学参考书《人类生理学原理》及哈利斯（Harris）所著《实验生理学》所引用。1931 年冬，蔡翘到德国法兰克福大学进修，并访问了多名教授的实验室。

不久，蔡翘归国仍执教中央大学医学院。半年后，受聘英国人在上海所办的雷士德医学研究所任副研究员，同助手易见龙、技术员蔡纪静从事肝糖原代谢的研究工作。1933 年—1937 年间，蔡翘与易见龙合作，在《中国生理学杂志》上连续发表十多篇关于肝在糖代谢中作用的论文。这些实验和论文，第一次直接证明在安静不麻醉状态下，肝脏能利用食物中蛋白质的分解物以产生糖原，尔后再分离为葡萄糖离开肝脏，经由血液循环系统以供全身所需。当时国际生理学界非常重视蔡翘和助手在上海雷士德医学研究院取得的研究成果。它的重要意义就在于动物处于清醒而安静状态下（排除了麻醉和外科手术的影响）可以保持正常的肝功能。1934 年，蔡翘被推选为英国生理学会会员。遗憾的是，由于日本发动侵华战争，迫使蔡翘中断了这一课题研究。

蔡翘怀着强烈的民族责任感，认为上海雷士德医学研究所虽然生活条件较优越，科研成果也较丰硕，但毕竟是为外国人工作，不能实现为祖国服务、为国家培养人才的抱负，发展民族的科学事业更是无从谈起。他曾对人说过："雷士德医学研究院像租界一样，受外国管，受洋人的气，心情不愉快。"1936 年秋，蔡翘决定提前一年中断合同期约，接受中央大学新建医学院之聘，任生理学教授，再次创建生理科，并编著《生理学实验》一书。

1937 年 7 月，全面抗日战争开始。是年秋，中央大学本部内迁重庆，中大医学院因实习医院迁成都，先借华西大学部分校舍开学。1938 年，蔡翘发起组织华西大学、齐鲁大学医学院及中大医学院共同成立了中国生理学会成都分会，每季度举行一次学术报告会，交流科研成果。1941 年 6 月，又倡议并主持创办了英文版《中华生理学会成都分会会志》，四个月出一期，到 1945 年 6 月，共出十三期。太平洋战争爆发后，由北京林可胜主办的《中国生理学杂志》被迫停刊，该《会志》成为大后方唯一的生理学学术刊物。

蔡翘是位富有献身精神和善于创业的科学家,中大医学院迁成都后不久,他就在科内建起机械室,使用简陋的工具和自造的土车床、钻床,从维修本实验室的仪器开始,逐步发展到制造成套的生理学教学仪器。除供自己教学、研究需要外,从1939年起还陆续供应国内各大学、医学院校等六十多个单位,其中包括延安中国医科大学,成了当时国内各教学科研单位成套生理仪器的唯一供应地。他还带领助手们自己提纯药品试制,以解决教学、研究之急需。实验室迁到成都城里某中学后,蔡翘就亲自动手安装自来水,改善实验室的工作条件。抗战时期,成都科技图书资料奇缺,他把个人之藏书和尚能从国外寄来的科学杂志陈列在本科图书室,供大家阅览。1943年,蔡翘作为六位交换教授之一赴美讲学一年,回国时为中大医学院购得一大批较新的参考书和一些仪器。蔡翘十分关心本科同事的生活疾苦,在出售自制仪器和维生素B糖浆所获收益中,提取部分作为教学研究成绩优秀者之年终奖金和生活困难者之补助费;自制豆浆供大家饮用;利用麸皮、豆渣等下脚料养猪,年终每人分得一份;本科动物房周边之空地自种蔬菜,改善伙食,如此等等,他都亲自参与其事。

蔡翘为人正派,善于与人合作共事,团结各方面人才。他当时领导的生理实验室是后方条件最好的实验室,一时吸引了各方人才,使抗战时期中大医学院生理、药理两科的人员日增,教学和科研不断得到发展。在他领导下工作的有易见龙、吴襄、李瑞轩、宋少章等二十多人。蔡翘还调来他处任职的徐丰彦、周金黄、朱壬葆等教授并配备助手,按他们自己的特长和思路开展研究工作。蔡还非常重视技术员和技工的作用,同时也要求技术员和技工加强理论知识学习。科内同事都能合作共事,和睦相处。蔡翘特别关心年轻人的进步成长,教育年轻人珍惜时间,发奋图强,在教学和科研上努力提高自己,为他们提职、出国深造创造条件。

抗战期间蔡翘主持研究课题有以下四个方面:猫在去大脑及切除

垂体后的利尿率;中国人的肺活量、血象、生长率、血型感觉敏感度、基础代谢等正常生理标准;红细胞脆性及溶血与抗溶血机制的研究;血清中缩血管物质的研究。这些科研成果分别发表在《中国生理学杂志》、《中国生理学会成都分会会志》以及英美有关的生理学杂志上。与此同时,蔡翘还曾指导七八位学生和同事,研究胆固醇——卵磷脂的溶血对抗作用,发现胆固醇有保护红血细胞免于被卵磷脂从食物吸收过多而发生溶解。

　　1946年春,中大医学院迁回南京,蔡翘再次带领科内人员在医学院新址丁家桥利用旧仓库改建成教室和实验室,很快恢复了教学和研究,当时中大校长吴有训把改建成的实验室誉为 Palace Hotel(皇宫旅馆)。蔡翘与两位美国教授在这里一起举办了一期血液技术研究班,有二十多位来自全国各地的高级教学、研究、医务人员参加。他同陈定一阐明了小动脉的自动止血机制以及小动脉、小静脉和毛细血管受伤后的不同止血过程。1947年8月,蔡翘在国际生理科学牛津会议上报告了这一研究成果,受到外国学者的重视。这一成果至今仍被外国学者引用。1948年,蔡翘代理中大医学院院长职务,并被选为中研院院士。

　　中华人民共和国成立后,蔡翘先后任南京大学医学院院长、第五军医大学校长。受卫生部的委托,蔡翘举办了生理学高级师资进修班,学员毕业后,被分到各医学院任教。1954年,蔡翘调往军事医学科学院出任副院长、研究员和院学术委员会主任。1955年,被聘为中国科学院生物学部委员。蔡翘是我国航空生理学的创始人和开拓者,他主持领导了航空、航海生理学的一系列研究。1967年—1969年,蔡翘完成了《航空航海医学基础》初稿,吸取各方意见后,定名为《航空与空间医学基础》,于1979年出版。1978年以后蔡主要从事基础医学的研究,虽年事已高,仍能洞悉当前生理学发展趋势,继续为科学事业而奋斗。

　　1954年,蔡翘被推为第一届人大代表,并连任到第五届。1961年,蔡翘加入中国共产党。

　　1990年7月29日,蔡翘在北京病逝。

主要参考资料

黄家驷:《中国现代医学家传》第 1 卷,湖南科技出版社 1985 年版。

陈高钦:《蔡翘》,《中国当代科学家传》第 1 辑,知识出版社 1983 年版。

崔月犁、韦功浩等主编:《中国当代医学家荟萃》第 1 卷,吉林科技出版社 1987 年版。

蔡 廷 锴

郑全备　薛谋成

　　蔡廷锴,字贤初,1892 年 4 月 15 日(清光绪十八年三月十九日)生于广东省罗定县一个贫苦农民家庭。父亲务农,兼做裁缝和兽医。蔡廷锴童年就帮做农活,九岁入塾,十一岁丧母,次年辍学,即随父做裁缝、学医。蔡性格倔强,贫困的生活使他对旧社会更具反抗精神。十二岁时,他听乡亲讲述刘永福英勇抗击外国侵略军的故事,深受感动。当听到清政府割地赔款、丧权辱国的行径时,心甚愤恨,爱国主义思想逐渐萌发。

　　为寻找生活出路,加上存在当兵卫国的朦胧思想,蔡廷锴于 1909 年投入广东新军。1911 年 10 月武昌起义后广东独立,蔡转入广东省卫军。后经辗转,1918 年到李耀汉肇军的陈铭枢营当排长。1919 年肇军解体,陈铭枢营改属于护国军林虎部,蔡被陈选入护国第二军陆军讲武学堂学习一年。

　　1920 年孙中山返广州重组护法军政府,派邓铿组建粤军第一师,陈铭枢部被编为粤军第一师第四团,蔡任团本部掌旗官,后调任排长。邓铿对粤军第一师训练甚严,对士兵进行现代军事技术、政治常识、社会知识和工业生产教育,蔡在该师受到熏陶和锻炼,并加入国民党,军事政治知识与日增进。1921 年,蔡廷锴参加讨伐桂军沈鸿英的战斗,升上尉连长。1922 年 5 月,孙中山督师北伐,蔡廷锴参加攻克赣州的激战。6 月,陈炯明叛变,次年 1 月蔡参加驱逐陈炯明重占广州的战斗。4 月,沈鸿英进攻广州,第一师奉命讨伐,5 月占肇庆,蔡以战功升少校连长。1924年升为营长。1925年初，蔡营与第一师各部入桂，打败沈鸿英，旋出发东江，参加第一次东征陈炯明。甫告结束，立即从东江回师广州，参加平定杨希闵、刘震寰叛乱。在与南北军阀的征战中，蔡廷锴成为骁勇善战的军官。

1925年7月，国民政府在广州成立，粤军第一师扩编为国民革命军第四军，李济深任军长，陈铭枢任第十师师长，蔡廷锴营编属第十师第二十八团。是年冬，蔡营作为讨伐邓本殷的先锋，在南征中立下战功。

1926年7月，国民革命军出师北伐。蔡廷锴升任第十师二十八团团长，率部参加攻克平江、武昌等战役，勇猛苦战，立有战功，是"铁军"的一支有生力量。后第十师扩充为第十一军，陈铭枢任军长，下辖蒋光鼐的第十师和戴戟的第二十四师，蔡升任二十四师副师长。

1927年初，蒋介石与武汉国民政府对立，陈铭枢、蒋光鼐、戴戟先后离开武汉归附蒋介石，蔡廷锴调升第十师师长。蒋介石发动"四·一二"政变后，武汉政府出师河南，继续北伐。蔡师在河南激战奉军，配合兄弟部队次第攻克临颍、开封。7月汪精卫在武汉反共后，蔡跟随叶挺部队行动，参加了八一南昌起义，被委派为军事委员会委员、第十一军副军长（军长叶挺）兼第十师师长，任左翼总指挥，率师南下。但蔡不赞成共产党的主张，在南下时便脱离了起义部队，把第十师开到赣东铅山。不久，蒋光鼐来铅山，回任十一军副军长，蔡率部随蒋入闽。

此后，蔡廷锴随同蒋光鼐不断参加了蒋介石与各军事实力派之间的混战。1927年底至翌年初，十一军应李济深之请，在陈铭枢率领下开回广东，与黄绍竑率领的西路军合力打败了在广州发动政变的张发奎、黄琪翔所部。1929年初，国民党军队进行编遣，第十一军缩编为第三师和独立第二旅，蒋光鼐任第三师师长，蔡任独立第二旅旅长。是年夏，爆发蒋桂战争，蒋光鼐、蔡廷锴所部打败了李宗仁、白崇禧之桂军。同年秋，独立第二旅扩编为第六十师，蔡任师长。在1929年底至1930年初的粤桂战争期间，蒋、蔡又击退桂、张（发奎）联军对广东的进攻，并进兵广西。

1930年,蔡廷锴第六十师与蒋光鼐第三师参加蒋介石对阎(锡山)、冯(玉祥)、桂系的中原大战,先于7月上旬打败桂张(发奎)联军于衡阳,旋即北上山东击败阎军,于8月15日以奇兵从阎手中为蒋夺回济南。蒋介石于8月17日将蒋、蔡两师扩编为第十九路军,任蒋光鼐为第十九路军总指挥、蔡廷锴为第十九路军军长,驰往河南,打败冯玉祥所部。

1931年初,蒋介石调十九路军入江西,参加对中央苏区的第二、三次"围剿",蔡廷锴担任"围剿"军第一军团长。蔡在江西目睹城乡遭受战争破坏和人民困苦的悲惨情况,惊心怵目。当时红军依靠人民,运用灵活机动的战略战术,使十九路军补给困难。处处被动挨打,为蔡历次征战所未遇。特别是8月的高兴圩战役中,十九路军受到红军严重打击,伤亡三千人,蔡本人冒死抵抗才得生还。蔡经历这场前所未有的最危险的恶战,深感跟随蒋介石打反共内战没有前途。"九一八"事变后,蔡不愿参加内战和决心抗日的思想与日俱增。其时全国一致要求团结御侮,原来因蒋介石扣留胡汉民而造成的宁粤分裂,此时也不得不进行所谓宁粤合作的谈判。粤方提出十九路军警卫沪、宁,以保障粤方人员到南京开会的安全。10月,十九路军陆续从江西调赴沪、宁,十九路军总部和第六十一师驻南京、镇江,第六十师驻苏州、常州等地,第七十八师驻淞沪、南翔等地。

蔡廷锴爱国情深,曾在赣州集合十九路军全体官兵宣誓反对内战,要求武装抗日。当他闻悉马占山东北抗日的事迹,心情十分激动,挽救民族危亡意志益坚。此时,日本侵略者在侵占东北后又不断在淞沪各地挑衅,蔡召开全军军官会议,要求班长以上军官轮流秘密侦察淞沪地形,自己也亲往淞沪各处视察防务,准备抵抗日军的袭击。12月,蔡在沪召集十九路军将领密商组织志愿军,赴东北援助马占山抗战。各师迅速选定志愿官兵六千名,编为两个独立旅、一个警卫营、一个山炮连,定名为"西南国民义勇军",蔡自任总指挥,准备翌年2月1日率军北上。

1932年1月,日本帝国主义不断派兵来沪,并进一步制造事端,甚至无理要求十九路军撤退30公里。国民军政部长何应钦及张静江先后劝蔡廷锴撤兵,蔡表示反对,认为十九路军驻地是中国领土,殊无撤退之理,我十九路军守土有责,万一日军胆敢来犯,决定迎头痛击。1月23日,蔡与蒋光鼐在上海召开了十九路军驻沪营以上干部会议,决定抵抗日军的各种部署。24日,蔡又至苏州召开十九路军驻苏高级将领紧急会议,表明抗战决心。虽然国民政府一再妥协退让,日军仍于1月28日夜悍然向闸北一带进攻,十九路军立即奋起抵抗,震惊中外的"一二八"淞沪抗战爆发。

1月29日,蒋光鼐、蔡廷锴等向全国发出通电,表示守土有责,尺地寸草不能放弃,为救国保种而抗日,虽牺牲至一卒一弹,绝不退缩。十九路军全军官兵在广大群众的鼓舞、支援下,爱国热情空前高涨,坚守阵地,不断击退日军的猖狂进攻。蔡以大无畏的胆略,在枪林弹雨中亲临前线督战,激励士气。当时敌我兵力悬殊,十九路军全军约三万人,加上2月中旬来援的张治中第八军,计共只有四万多人。日方经不断增兵约七八万人,配有大量大炮、坦克、飞机、战舰。但十九路军从1月28日至3月1日坚守上海,凭着一腔爱国精神,与敌血战33天,前仆后继,死伤约万人,经历了闸北巷战、吴淞要塞战斗、八字桥战斗、蕴藻浜战斗、江湾与庙行战斗、浏河战斗等战役。也使日本侵略军遭到重创,死伤万余名,四度更换指挥官。最后,由于国民政府坚持对日不抵抗政策,不再增派援兵,3月1日日军在太仓浏河登陆,十九路军被迫撤离上海,退守到嘉定等地。十九路军淞沪抗战振奋了全国军民的抗日精神,谱写了中华民族抗击外来侵略的新篇章。蔡由于指挥淞沪抗战功勋卓著,被海内外誉为"抗日名将"、"民族英雄"。蔡廷锴、蒋光鼐等于3月2日通电全国,表示决本"弹尽卒尽"之旨,不与暴日共戴一天。日军经十九路军严重打击,侵占上海的阴谋终不能得逞。经过英、美等国"调停",中日双方于3月3日宣布停战。5月5日,国民政府和日本签订了《淞沪停战协定》。

蔡廷锴抵制蒋介石不抵抗政策,坚持抗战的立场,引起蒋介石的不满,蒋于5月6日令十九路军三个师分别调往江西、湖北、安徽"剿共",蔡等据理反对。蒋乃改令调往福建,冀图在与红军作战中使十九路军消亡。蔡等虽知蒋的阴谋,但为了避免在沪宁线上被蒋的嫡系部队围歼,乃率部到福建休整,积蓄力量,徐图发展。蔡于9月就任十九路军总指挥。12月,蒋光鼐任福建省政府主席,蔡于翌年1月继任驻闽绥靖公署主任。

蔡廷锴继续坚持抗日斗争。1932年底,他为《新中华》等杂志撰文,表示决心抗日卫国,主张迅速组织"人心的国防"、"军事的国防"和"经济的国防"。1933年1月,日军侵入关内,蔡多次请缨愿率所部北上抗日,纵不能全军出发,亦应以一部先遣队伍,策应热河抗战。乃于3月下旬与粤、桂共组援热联军,蔡任援热联军总指挥。蔡派出两个纵队为先遣军由福建出发,5月下旬抵湘南耒阳。国民政府此时正准备与日本签订丧权辱国的《塘沽协定》,命先遣军回抵闽西。蔡与蒋光鼐十分愤慨,5月25日联名通电,强烈抨击国民政府的妥协政策,力主抗日到底。5月31日传来《塘沽协定》签字的消息,6月1日他们在福州召开群众大会,通电全国,反对《塘沽协定》。蔡等还多次致电冯玉祥,支持察哈尔民众抗日同盟军。但这些爱国行动,却受到蒋介石的一再申斥。蔡进一步认识到,只有进行反蒋斗争,推翻蒋介石的统治,才能全国一致共同抗日,挽救中华民族危亡。

蔡廷锴对蒋介石的反动面目有了新的认识,跟蒋光鼐一起,和两广反蒋实力派联络,于1933年春签订闽粤桂三省联防草约。他们还于该年夏,将亲蒋介石的张贞第四十九师,整编为十九路军的主力部队之一。蔡还在十九路军内秘密成立改造社,清洗军内的国民党特务分子。

先是,蔡廷锴等率十九路军入闽后,在蒋介石催迫下,利用福建红军主力入赣作战之隙,次第占领了闽西、闽北苏区不少地方。1933年秋,红军主力由江西东征福建,先在闽西连城等地歼灭十九路军第七十八师约三个团,继在闽北歼灭两个团,并围困延平(今南平)、顺昌、将乐、邵武等县城,一直打到水口附近,威胁福州。蒋介石不但不理蔡的求援,反而追究军事责任。蔡等认识到进攻红军是中了蒋介石的计谋,反蒋抗日和"剿共"决不能并行,毅然决定把"反蒋抗日反共"的方针改为"反蒋抗日联共",立即采取积极步骤与共产党红军联络,于9月下旬实现停战。这时,陈铭枢已从欧洲回国,积极从事反蒋抗日活动,奔走于港、粤、闽间,联络李济深、蒋光鼐、蔡廷锴和黄琪翔等反蒋抗日力量。经过反复商议,决定以福建为中心,发动反蒋抗日联共事变,以十九路军为后盾。10月26日,他们还与江西瑞金中华苏维埃共和国临时中央政府和红军签订了《反日反蒋的初步协定》,使事变发动时无西顾之忧。

11月20日,"中国全国人民临时代表大会"在福州召开,根据大会决定,22日成立以李济深为主席的"中华共和国人民革命政府",蔡廷锴任人民革命政府委员、人民革命军第一方面军总司令兼十九路军总指挥等职。福建人民革命政府颁布和初步实行反帝反封建的反蒋抗日联共的方针政策,在国内外产生了很大震动和影响。但是福建人民革命政府和十九路军在组织上没有坚强的领导核心,政治上未能提出和实行彻底的反帝反封建的路线,军事上则对蒋介石的进攻掉以轻心。而蒋介石却攻击闽变是"叛党叛国"、"容共"、"赤反",收买福建的地方军阀、政客倒戈,并迅速调集十多万大军向福建进攻。十九路军众寡悬殊,又孤立无援,福建事变于1934年1月失败,十九路军完全解体。

蔡廷锴于福建事变失败后,出洋游历欧、美、澳洲一年,考察各国的军事政治经济。他以爱国主义激情,向侨胞和各国友好人士宣传抗日主张,介绍淞沪抗战和福建事变,抨击国民政府的对日不抵抗政策。各地华侨和各国友好人士,对蔡极表敬佩,使蔡深受感动。1935年7月,他与李济深、陈铭枢、蒋光鼐等在香港组织"中华民族革命同盟",以争取民族独立,推倒南京蒋介石政府,建立人民政权,组织联合战线,武装抗日为己任。为加强抗日反蒋宣传,他们还创办《大众日报》。"一二九”运动爆发,蔡给予声援,在对《大众日报》记者的谈话中,对华北军警镇压学生表示极大的愤慨。1936 年以后,在共产党逼蒋抗日、建立抗日民族统一战线政策的号召下,中华民族革命同盟放弃先前“反蒋”的口号,蔡和李济深等拥护共产党和平解决西安事变的方针,为促进第二次国共合作的建立和实现全民族抗战作出贡献。

为武装抗日,蔡廷锴曾致力恢复十九路军。他与广西李宗仁、白崇禧洽商,于 1936 年初在广西成立一个独立团,以他在原十九路军存下的公积金充作军饷,军官多由十九路军旧部担任。1936 年 6 月“两广事变”爆发,李宗仁、白崇禧扩充部队,独立团扩编为师。8 月,蔡入桂与李、白商议后,决定在广西恢复十九路军,发表《宣言》,决心即赴前线抗日。十九路军设立总指挥部,蔡任总指挥,下辖翁照垣等三个师,另设一个军官团,蔡兼主任。但是李、白不久即和蒋介石妥协,广西部队缩编复员,十九路军的三个师也缩编为一个师,归广西部队建制,十九路总指挥部及军官团均撤销。蔡于 9 月离桂至港。

“七七”事变后,全国军民奋起抗战,蔡廷锴爱国心切,赶抵南京共赴国难。但蒋介石对蔡耿耿于怀,仅委以军委会特任参议官这一虚职。11 月,蔡在南京被车撞伤,回罗定休养。翌年 10 月,他从罗定赴广州,拟与广东当局共商抗日大计,半途又遭敌机袭伤。广州失陷后,他虽负伤未愈,仍任广东民众抗日自卫团统委会常委,负责指挥西江南路团队,准备抗敌。1939 年,他先后出任第十六集团军副总司令、总司令,所部驻桂南、粤西。11 月日军在防城、龙门等地登陆,进攻南宁,蔡调任第二十六集团军总司令,从年底至翌年初,在桂南会战中,指挥桂南及广东南路各部对敌作战。7 月,第二十六集团军改为粤桂边区总司令部,但所辖部队皆调离,只剩些游击队,蔡成无兵司令,无法实现抗日抱负,乃于 9 月辞职。以后几年,蔡以特任参议官虚职闲居桂林。1944 年 8 月回归罗定后,与谭启秀等组织抗日游击队,打击日军。

蔡廷锴不满蒋介石在抗战战略相持阶段奉行的消极抗日、积极反共政策,闲居桂林时,曾跟李济深、何香凝等酝酿建立国民党民主派的组织问题。抗战胜利后,为反对蒋介石的独裁和内战政策,蔡与李济深、何香凝、李章达等于1946年3月在广州正式组织"中国国民党民主促进会",以实现革命的三民主义,建立独立、自由、民主、幸福的新中国为目标。蔡任理事会理事,并在李济深未到任前代理主席,全盘负责"民促"工作。蔡曾到南京会晤中共代表团周恩来,对共产党及其各项政策有了深刻认识,以后更积极开展和平民主运动,投入反蒋斗争。1947年底,在李济深、蔡廷锴等联络下,中国国民党民主派联合代表大会于香港召开,1948年1月正式成立中国国民党革命委员会,李济深任主席,蔡任中央委员会常委兼管财务。5月,蔡和在香港的民主党派负责人、无党派民主人士一起发表声明,响应中共召开新政治协商会议的"五一"号召,接受中国共产党的领导。9月,与其他民主党派领导人由香港抵达东北解放区,积极参加新政治协商会议的筹备工作。1949年6月,新政治协商会议筹备会在北平正式成立,蔡被选为常务委员,参加建国筹备工作。9月,蔡作为"民促"的首席代表出席人民政协第一届全体会议,当选为中央人民政府委员、政协全国委员会常务委员。

中华人民共和国成立后,蔡廷锴当选第一、二、三届全国人民代表大会常务委员会委员,历任华侨事务委员会委员、国防委员会副主席、政协全国委员会副主席、体育运动委员会副主任等职务,还担任中国国民党革命委员会第二届中央常务委员、第三、四届中央委员会副主席,对祖国统一大业做出很大努力。抗美援朝中,他被推为抗美援朝保家卫国委员会常务委员,并前往朝鲜慰问中朝军民。他曾于1950年11月赴华沙出席世界和平大会,被推为世界和平理事会理事。他经常出国参加各种会议和活动,1957年率领代表团往东京参加第三届禁止原子弹氢弹大会,1961年随同周恩来访问缅甸。

蔡廷锴热心培养人才,重视发展教育事业,曾在家乡捐资扩建或创办广东省立八中(今罗定中学)、泷水中学、罗镜圩龙岩乡小学(后改名廷锴小学)和罗定民众教育馆,对泷江医院和罗定公园等公益事业,也热心支持扩建。

1968 年 4 月 25 日,蔡廷锴在北京病逝。

主要参考资料

蔡廷锴著:《蔡廷锴自传》,黑龙江人民出版社 1982 年版。

林一元、余勉群:《蔡廷锴传略》,中国人民政治协商会议广东省委员会文史资料研究委员会编《广东文史资料》第 23 辑,广东人民出版社 1979 年版。

陈燕茂、黄和春:《十九路军史略》,《广东文史资料》第 23 辑。

蔡 元 培

宗志文

蔡元培,字鹤卿,号孑民,浙江绍兴人,生于 1868 年 1 月 11 日(清同治六年十二月十七日),是著名的学者、教育家、民主革命家。父亲蔡光普是钱庄经理,叔父蔡铭恩是举人。蔡元培十岁丧父,幼年在叔父指导下读书。1883 年入学补诸生,后来在绍兴著名藏书家徐树兰的"古越藏书楼"校书,得以博览群书。1889 年中举人,1890 会试中试,为贡士,1892 年补殿试,为进士,授翰林院庶吉士。

甲午(1894 年)中日战争后,蔡元培开始接触西学,受到西方资产阶级思想的影响。1898 年(戊戌)变法维新运动中,他同情维新派,很佩服其中激进的改良主义者谭嗣同。戊戌政变后,他认为维新派失败的原因是"由于不先培养革新人才,而欲以少数人弋取政权,排斥顽旧,不能不情见势绌"①。同年 9 月,他自北京回绍兴,立意兴办教育,培养人才,担任绍兴中西学堂监督(即校长),提倡新学。1901 年辛丑条约签订后,他进一步认识到清廷的腐败,开始倾向反清革命。是年,他到上海,先任南洋公学教员,继任爱国女校校长,又兼中国教育会会长。该会暗中鼓吹革命,蔡元培的革命活动由此开始。1902 年夏天,蔡游历日本,结识了一些中国旅日的革命者。同年秋天,他在上海创设一所新校,名"爱国学社",在社中提倡民权,宣传"排满"革命,并施以军事训练。其间,蔡与社中教师轮流为《苏报》撰稿。1903 年冬,他参与创办

---

① 蔡元培口述、黄世晖记:《蔡孑民先生传略》,商务印书馆 1943 年版,第 2 页。

《俄事警闻》报(后改名《警钟日报》),反对沙俄侵略我国东三省,介绍俄国虚无党的历史,意在鼓吹革命。同时蔡又受到西方无政府主义思想的影响,于1904年元旦发表小说《新年梦》,宣扬废财产、废婚姻的主张。

1904年冬天,蔡元培与龚宝铨等在上海建立反清的革命组织光复会,他被推为会长。1905年8月,同盟会在东京成立,是年,蔡元培在上海经何海樵介绍加入该会,并被指定为上海同盟会分部主盟员。以后,又加入何海樵等在上海组织的暗杀团,与杨笃生、苏凤初、钟观光等秘密赁屋,试制炸弹,想用暗杀清吏的手段进行革命。

1907年蔡元培赴德国柏林留学,1908年8月底前往莱比锡,10月入莱比锡大学哲学系学习,研究哲学、文学、美学和心理学,并在世界文明史研究所研究比较文明史,深受德国资产阶级唯心主义哲学的影响。

1911年武昌起义后,蔡元培回国。1912年1月,孙中山在南京就任临时政府大总统时,任命他为教育总长。2月,孙中山辞临时大总统职,荐袁世凯继任。蔡元培等被派往北京,迎接袁世凯到南京就任。因受了袁世凯纵兵哗变的欺骗,蔡等于3月11日发表文告,说明北来经过及不得不同意袁世凯在北京就职的原因。袁世凯继任大总统后,唐绍仪任内阁总理,蔡元培仍任教育总长。7月,因不满意袁世凯擅权,与同盟会阁员一起辞职。

蔡元培任教育总长时,对全国教育进行过一些改革,主要是采用西方资本主义国家的教育方针和教育制度,代替清朝封建主义的教育方针和教育制度。他提出停止祀孔,废除读经,把清学部规定的忠君、尊孔、尚公、尚武、尚实五项封建主义的教育宗旨,改为资本主义的军国民教育、实利主义、公民道德、世界观、美育五项。他解释说:军国民教育、实利主义,"所谓富国强兵之主义也"。公民道德,"所标揭者,曰自由、平等、博爱"。世界观教育,"就是哲学的课程,意在兼采周秦诸子、印度哲学及欧洲哲学,以打破二千年墨守孔学的旧习"。"提出美育,因为美感是普遍性,可以破人我彼此的偏见;美学是超越性,可以破生死利害的顾忌,在教育上应特别注重"①。用这种资产阶级教育宗旨为指导,他主持了学制改革,课程修订,推行义务教育和社会教育,并实行小学男女同校,等等,一定程度反映了资产阶级的反封建的要求。

蔡元培辞教育总长职后,旅居德国。在莱比锡大学听讲,并在世界文明史研究所从事研究工作。1913 年夏天,因宋教仁被刺案回国,奔走调停。7 月,二次革命爆发,他发表《敬告全国同胞》文,主张"爱袁氏者",劝告袁世凯退位,和平解决南北争端。

是年秋去法国,在那里从事著述,著有《哲学大纲》、《石头记索隐》等。并与李石曾等创办"留法勤工俭学会",组织"华法教育会"。1916 年冬回国,任北京大学校长。

北京大学的前身是京师大学堂,创办于 1898 年。在清末十几年中,该校所招学生多为京官,校中官僚习气很重。民国以后并无多大改变,学生一心追求升官发财,整天游荡,校风非常腐败。蔡元培决心整顿革新北大,他到校后第一次演讲就号召学生不要追求做官发财,要研究学问。他在学生中发起成立各种学会、研究会,以及体育会、音乐会等,力图把学生的精力和兴趣引到研究学问和正当的娱乐方面去。在他的影响下,学生创办《新潮杂志》,组织讲演团,举办校役学习夜班,开设民众夜校,进行军事训练等。当时各大学还没有招收女生的先例,蔡元培说教育部"并没有专收男生的规定"②,1920 年北大收女生旁听,暑假正式招收女生,这是我国大学男女同校的开始。

蔡元培治理北大最突出的特点是,采用"思想自由、兼容并包"的方针。他提倡学术研究自由,主张无论何种学派,只要持之有故,言之成理,听其自由发展;各派教员,不分新旧,即使主张不同,也让他们并存,使学生自由选择。在"五四"前后的新旧思想斗争中,他基本上是站在

① 蔡元培:《对于教育方针之意见》、《我在教育界的经验》,《蔡元培选集》,中华书局 1959 年版,第 9、331 页。

② 蔡元培:《我在北京大学的经历》,《蔡元培选集》,第 294 页。

卫护新文化的立场上,提倡白话文,反对文言文;提倡科学与民主的新思想,反对封建主义的旧思想、旧礼教。五四运动中,北大成为新文化运动的重要阵地,遭到封建顽固分子的激烈反对。林琴南在《公言报》上发表给蔡元培的信,攻击北大的教育"覆孔孟,铲伦常","尽废古书,行用土语为文字"。蔡元培虽然没有正面驳斥对方,但他强调"仿世界各大学通例,循思想自由原则,取兼容并包主义"①,这对于捍卫新文化运动是起了相当作用的。

五四运动中,北京专科以上学校的许多学生被捕。蔡元培同情学生,多方营救被捕者。后来被捕学生虽被释放,而北洋军阀政府对学生仍然采取镇压的态度,学生则继续罢课斗争。他既反对政府镇压学生,又不赞成学生罢课。当时社会上传言政府将免去他的北大校长职,他颇为愤懑,于5月10日辞职出京。当五四运动发展成群众性更广泛的革命运动,不断前进,不断深入的时候,7月23日,蔡元培发表《告北大学生及全国学生书》,劝告学生停止罢课斗争,不要纠缠于政治问题,号召学生"力学报国"。9月,他返回北大。

五四运动后,蔡元培对北洋军阀政府的统治越来越不满。1920年4月,他发表《洪水与猛兽》一文,用洪水喻新思潮,猛兽喻军阀,希望有人"驯伏猛兽","疏导洪水"。同年冬,他赴欧美考察教育,1921年回国。他说:"回国以后,看见北京政府的情形,日坏一日,我处在与政府常有接触的地位,日想脱离。"②到1923年1月,北洋政府因金佛郎案非法逮捕财政总长罗文幹,当时罗在北大兼课③,蔡元培愤而发表声明,辞去北大校长职务,未等批准,即行离京。同年7月他赴欧洲,1925

---

①　蔡元培:《致〈公言报〉函并附答林琴南君函》,《蔡元培选集》,第79页。
②　蔡元培:《我在北京大学的经历》,《蔡元培选集》,第295页。
③　蔡元培在《我在北京大学的经历》一文中说:"十一年冬,财政总长罗钧任君忽以金佛朗问题被逮,释放后,又因教育总长彭允彝君提议,重复收禁。我对于彭君此举,在公议上,认为是蹂躏人权献媚军阀的勾当;在私情上,罗君是我在北大的同事,而且于考察教育时为最密切的同伴,他的操守,为我所深信,我不免大抱不平。"

年到德国,在汉堡大学研究民族学。是年,五卅运动发生,国内人民反对日、英帝国主义的斗争如火如荼。8月,他在欧洲一些报纸上发表《为国内反对日英风潮敬告列强》,说明惨案真相。

1924年1月,中国国民党召开第一次全国代表大会,经孙中山提名,蔡元培被选为候补中央监察委员。1926年1月,中国国民党第二次全国代表大会上,蔡仍被选为中央监察委员,当时他尚在国外。1926年2月回国。7月,国民革命军誓师北伐,他参加北伐,在江浙一带从事组织工作。冬天,他任浙江政治分会委员。

1927年蒋介石叛变革命,实行“清党”,屠杀共产党员和革命人民。蔡元培一度追随国民党右派,参加清党运动。4月2日,国民党中央监察委员会在上海召开全体紧急会议,蔡元培任主席,会议议决,要国民党中央执行委员会采取紧急措施,处置各地共产党员①。4月9日,蔡元培又和吴稚晖、张静江、李石曾等联名发表“护党救国”通电,与反动派相呼应②。

1927年4月18日,蒋介石在南京成立蒋记国民政府。蔡元培到南京,参加中央政治会议,并担任国民政府教育行政委员会常务委员和全国最高学术教育行政机关——大学院院长、国民党中央特别委员会常务委员等职务。1928年又任国民政府常务委员、代理司法部长、监察院长以及中研院院长等职。1929年他辞去所兼各职,专任中研院院长。

1931年“九一八”事变后,在民族危机日趋严重的刺激下,蔡元培的政治倾向有所转变,他主张对日抗战,对当局置日本侵略于不顾,加强反共内战、践踏民主强烈不满。1932年12月,他同宋庆龄等发起中国民权保障同盟,并任副主席。同盟曾设法营救政治犯(包括共产党员

---

① 居正:《清党实录》,中国国民党中央执行委员会1929年印行,第383页。

② 《东方杂志》第24卷第11号。

与各地被捕的抗日分子）。

　　蔡元培与鲁迅的关系比较密切,鲁迅曾几度在他主持的部门中工作。1936 年 10 月鲁迅逝世,蔡与宋庆龄等组织治丧委员会,亲为执绋送殡。1938 年为《鲁迅全集》作序,尊鲁迅为"新文学的开山"。

　　1937 年抗日战争爆发,淞沪沦陷后,蔡元培由上海移居香港,本打算转桂林或昆明,因多病未成行。他对国共合作共同抗日的形势表示高兴,曾说国共能重新合作,共赴国难,为国家民族的大幸①。

　　1940 年 3 月 5 日,蔡元培在香港病逝。

---

① 《中国文化》第 2 册,延安中国文化社 1940 年版。

曹 聚 仁

任嘉尧

曹聚仁,字挺岫,号听涛,曾用笔名陈思、丁舟等,后期常用老儿的笔名。1900 年 6 月 26 日(清光绪二十六年五月三十日)出生于浙江省浦江县蒋畈村(今属兰溪市)。

曹先世从金华迁居浦江南乡,世代务农。其父曹梦岐,刻苦自学,举秀才。1902 年赴杭州乡试时,正值中国有被列强瓜分之虞,他恨清室衰微,乃绝意科举,图教育救国。后在乡间办育才学堂,培育四乡子弟。曹聚仁在其父的教育熏陶下,培养起爱国主义思想。

1913 年春,曹聚仁离开家乡到金华,在中学念了一年半书。1915年夏,考入杭州浙江省立第一师范学校,得校长经亨颐及老师陈望道、李叔同、夏丏尊、刘大白、单不庵诸先生的悉心教导,学业锐进。1919年五四运动烈火燃烧到东南,曹聚仁投入了反对旧礼教的斗争,曾担任学生会主席,领导"一师"的学生运动。

1921 年曹聚仁在"一师"毕业后,到了上海。在邵力子等的提携下,曾创办沧笙公学,并在爱国女校等处教语文,同时,为邵力子主持的《民国日报》副刊《觉悟》撰稿。这是曹正式从事教育和文化工作的开始。

其时,章太炎正在上海讲学,曹聚仁前往听讲,并将记录整理成《国学概论》一书出版,成为当时大专院校流行的教材。可是,曹对章氏最后一章中反对白话诗的观点,不予苟同,曾发表专文进行批评,引起了学术界的注意。

从 1923 年到 1933 年，曹聚仁在上海艺术专科学校、上海艺术大学、路矿学院和上海暨南大学任教；并先后在复旦大学、持志大学、大夏大学兼课，讲授国文、历史等课程。

1927 年初，军阀孙传芳的军队强驻真如暨南大学校舍，教学无法进行，曹乃应单不庵馆长之聘，去杭州西湖文澜阁浙江省立图书馆工作半年多，在整理、校对四库全书时，得以浏览四库全书提要。

1927 年 12 月 21 日，鲁迅到暨南大学讲演《文艺与政治的歧途》，曹为之记录（原记录收入鲁迅《集外集》）。这是他与鲁迅第一次见面并缔交。1931 年 8 月，曹聚仁主编的《涛声》周刊问世，翌年"一二八"上海抗战开始，该刊曾被迫停刊，同年秋复刊。《涛声》是一种文艺杂志，刊头以"乌鸦"为记，用以讽刺国民党当局所谓"太平盛世"的欺人之谈。鲁迅用"罗怃"、"旅隼"等笔名为《涛声》撰稿，包括为曹等准备出版《守常全集》所写的《〈守常全集〉题记》一文。虽然曹自命为"虚无主义者"，而《涛声》中常有"赤膊打仗，拼死拼活的文章"[①]发表。因其抨击时弊，刺痛了国民党当局，实际出版不过一年零三个月，就于 1933 年 11 月遭到查禁停刊。其后一段时期，一些文人就视曹为"异端"，把"乌鸦"、"乌鸦先生"的帽子套在曹的头上，并对其作品进行谩骂攻击。

1934 年 6 月，曹聚仁在上海和陈望道、夏丏尊、叶圣陶、陈子展、徐懋庸、乐嗣炳等提倡"大众语"，在《申报》副刊《自由谈》上开辟"大众语"运动的讲坛，轮流撰文发表意见。鲁迅曾给予有力支持，应约写了《门外文谈》，对大众语运动发展的道路提出了积极的主张。同年，陈望道主编的《太白》半月刊创刊，曹聚仁为编委之一。为什么它命名为《太白》呢？太白比白更白，实际上太白即启明星，暗示总会结束黑暗统治的一天。当时，以林语堂为代表的主张闲情逸致的论语派文字风靡一

---

① 鲁迅:《祝〈涛声〉》,《鲁迅全集》第四卷,人民文学出版社 1981 年版,第 561 页。

时,这对爱国救亡的现实是不合适的。曹和徐懋庸又合办了反对论语派的刊物《芒种》。

"九一八"事变时,曹聚仁主张抗日救国,任救亡协会理事,为国民党当局所嫉视,因而被迫离开暨南大学。1935 年 12 月 12 日发表的上海文化界救国运动宣言,他也是签名者之一。他又参加了上海文化界救国会和上海各大学教授救国会①,在当时报刊上撰写宣传抗日救亡的文章。曹为《社会日报》写的呼吁抗日的社论,常常被检"开天窗",有时只剩下标题。

1937 年卢沟桥事变后,曹聚仁握笔从戎,出入火线,为上海《申报》、《立报》、《大晚报》、《社会日报》采访战地新闻。曾在淞沪抗战火线上活动两个多月。上海沦陷后,他参加国民党中央通讯社工作,任该社战地特派员,随军至第五战区(徐州一带)和第三战区(苏浙皖地区)采访,他率先播发的台儿庄大捷报道,一时轰动全国。曹聚仁与范长江、孟秋江、陆诒齐名,被称为四大战地名记者。他还访问新四军叶挺、陈毅等将领,报道新四军英勇抗战事迹。1940 年后,他在赣南为蒋经国主持《正气日报》,历时两年有余,担任过主笔、总经理兼总编辑之职。1945 年主编《前线周报》,宣传新理性主义,主张"唤醒一般人的理智","继承科学的、民主的文化传统"②。

抗战胜利后,顾祝同在三战区所办的《前线日报》迁上海出版,曹任该报主笔,兼任香港《星岛日报》驻沪特约记者。1947 年曾与舒宗侨合编《中国抗战画史》出版,文字部分都由曹执笔。当时,蒋介石已悍然发动内战,可是曹聚仁对八路军、新四军在抗战期间的功绩,依然秉笔直书。这段时间,曹还在上海法学院和苏州国立社教学院任教,并兼上海前进中学校长。与此同时,曹有时参加沈钧儒、黄炎培等举办的聚餐会,曾在报刊上发表《观变手记》,对局势变化每好作预言。

---

① 周天度编:《救国会》,中国社会科学出版社 1981 年版,第 61、63、66 页。

② 曹聚仁:《采访外记》,香港创垦出版社 1955 年版,第 238 页。

1948年秋，蒋经国到上海任经济管制督导员，在金圆券推出前夕，向曹聚仁和冀朝鼎征询意见。曹坦率直言：金圆券发行一定失败，无法挽救国民党在政治经济军事上崩溃的命运。事态的发展变化，果如所言。

中华人民共和国成立后，彷徨之中的曹聚仁，于1950年夏天应《星岛日报》社长林霭民之邀，离开上海赴香港任该报编辑。1955年后与林霭民相继脱离该报，曹任新加坡《南洋商报》特派记者。

1956年起，曹聚仁多次回内地参观访问，受到毛泽东主席、周恩来总理、陈毅副总理以及其他领导人的接见，还参加各种活动。曹将见闻观感向东南亚报纸作专文报道，并在《南洋商报》上，连续发表《北行小语》、《北行二语》、《北行三语》、《人事新语》等专栏文章，介绍祖国新貌，在海外侨胞和港澳同胞中产生了一定的影响。

1956年夏天的一个中午，周恩来总理在颐和园设宴款待曹聚仁，陈毅、张治中、邵力子应邀作陪。席间，畅谈天下大势和祖国前途。曹提到祖国的统一问题。周侃侃而谈："国共合作过两次，第一次合作有国民革命军北伐的成功，第二次合作有抗战的胜利。这就是事实。为什么不可以第三次合作呢？台湾是内政问题，爱国一家，为什么不可以来合作建设呢？我们对台湾，要彼此商谈，只要政权统一，其他都可以坐下来共同商量安排的。"①在颐和园一席谈后，曹聚仁受毛泽东、周恩来的委托，为沟通两岸往来、促进祖国和平统一而一再奔走。其后，曹在两岸间多次往返沟通。

其间，曹聚仁和林霭民于1959年曾再度合作在香港创办《循环日报》、《循环午报》和《循环晚报》，曹任日报主笔。林霭民谢世后，三报合并为《正午报》，曹仍任主笔。为了纪念鲁迅，曹聚仁在香港出版了《鲁迅评传》和《鲁迅年谱》两书。前者是曹聚仁和鲁迅在世时约定，要为鲁迅写传记，写人而不是写作"神"，并得到鲁迅本人同意，直到曹聚仁到

---

① 曹聚仁：《颐和园一夕谈》，新加坡《南洋商报》1956年8月14日。

香港后才写成的,因此实话实说乃是《鲁迅评传》的特色。

1972年7月23日曹聚仁患癌症不治,病逝于澳门,终年七十二岁。7月26日,澳门举行公祭,港澳爱国同胞和进步人士多人参加,曹夫人邓珂云偕女曹雷、子曹景行也从上海赶到澳门,遵照曹聚仁生前的遗愿,"叶落归根",将其骨灰运回故乡上海安葬。

作为一个毕生从事爱国文化事业的作家、记者、教授,曹聚仁笔耕50年,著作等身,约略估计,撰文逾四千万字,成书达七十余种。晚年犹广集资料,编撰成《现代中国剧曲影艺集成》,宣扬了中国文化艺术的成就。作为世纪同龄人的曹聚仁,经历了反清革命、国共第一次合作、十年内战、抗日战争、解放战争、新中国诞生,是中国当代历史的见证人,拟撰写《现代中国通鉴》一部,计划分成:袁世凯王朝、北洋政府、国民党政府、抗日战争、国民党末运等五册,以昭信实,惜仅成第一册,病魔袭来,无法赓续。曹逝世的次年,香港出版他的遗著《国学十二讲》一书。20世纪80年代以来,曹聚仁著作有《我与我的世界》、《万里行记》、《听涛室剧话》、《书林新话》、《中国学术思想史随笔》(即《国学十二讲》修订本)、《曹聚仁文选》、《曹聚仁散文选》、《曹聚仁杂文集》、《上海春秋》、《文坛五十年》、《曹聚仁论人物》、《鲁迅评传》、《听涛室人物论》、《曹聚仁书话》等,在大陆陆续出版。

主要参考资料

曹聚仁:《我与我的世界》,人民文学出版社1983年版。

曹聚仁:《采访外记》,香港创垦出版社1955年版。

曹聚仁:《采访二记》,香港创垦出版社1955年版。

曹聚仁:《采访新记》,香港创垦出版社1956年版。

曹聚仁:《文坛三忆》,香港创垦出版社1954年版。

曹聚仁:《文坛五十年》(续编),香港新文化出版社1973年版。

行止:《曹聚仁传略》,《晋阳学刊》1983年第2期。

曹　锟

张振鹤

曹锟，字仲珊，直隶天津人，生于 1862 年（清同治元年），其父为津市小贩。曹幼年失学，稍长，推车贩布于津沽间。二十岁投淮军当兵，继入天津武备学堂，1890 年毕业后往宋庆的毅军当哨官。1894 年中日战争，曹锟随军去朝鲜。战后，袁世凯受命在天津小站训练新军，曹投袁部，任右翼步兵一营帮带。袁任直隶总督后，1902 年委曹任直隶常备军右翼步队第十一营管带。1903 年，京旗常备军成立，后编为北洋陆军第一镇，曹任第一协统领①。1906 年彰德秋操时，曾担任北军第一混成协统领。1907 年初，他以尽先补用副将升新军第三镇统制。同年，经东三省总督徐世昌奏调移驻长春，后升记名总兵。日俄战后，东北三省人民面临着日本帝国主义加剧的侵略和封建势力的压榨，广泛开展各种形式的反抗斗争。曹锟因对人民血腥镇压"有功"，而屡获清朝统治者的嘉奖。1911 年 4 月，授他以副都统衔，7 月补总兵后以提督升用。

武昌起义爆发后，清廷被迫重新起用袁世凯。曹锟受袁命率第三镇全体官兵由长春移驻直隶、娘子关一带，镇压革命。

1912 年 2 月，在南北议和的默契条件下，袁世凯被选为中华民国临时大总统，南京临时政府派专员迎袁南下就职。时第三镇改为第三

---

① 　张联棻：《北洋军的建立》，中国人民政治协商会议全国委员会文史资料研究委员会编：《文史资料选辑》第 3 辑，中华书局 1960 年版，第 117 页。

师,驻南苑附近,曹锟任师长,于 29 日在北京纵兵哗变,焚掠内外城,为袁世凯制造拒绝南下的借口。1914 年 4 月,袁任曹为长江上游警备司令①。曹率第三师进驻岳州,与湖南都督汤芗铭共同监视南方革命势力的活动。

曹锟死心塌地依附袁世凯,成为袁实行帝制的支柱之一。1915 年 9 月,他和张绍曾以直隶代表名义上书袁世凯,请求改变国体②。10 月,袁授曹以"虎威将军"的称号。袁称帝后,封曹为一等伯。12 月 25 日,蔡锷在云南领导护国军讨袁,袁决心以武力镇压。1916 年 1 月 5 日,曹锟、张敬尧受袁命率军入川,两部军纪极坏,沿途烧杀掳掠,川民恨之入骨。3 月,曹、张统军和护国军战于叙(州)泸(州)间,张军大败,曹军亦受创后退③。6 月,袁病死,黎元洪任大总统,曹率残部东归。段祺瑞以国务院总理,控制了北京政府,曹锟又成为段实行独裁所依靠的军事力量之一。9 月,曹任直隶督军,驻保定。

在黎、段"府(总统府)院(国务院)之争"中,曹的态度基本附和段,但也不愿结怨于黎。1917 年 5 月 23 日,黎元洪下令免段祺瑞的总理职务后,附段的各省督军宣布独立,向黎示威,曹锟迫于形势,也于 6 月 1 日宣布独立,但仍与黎保持一定关系④。在此之前,张勋在徐州召开"督军团"会议,策划复辟,曹锟派代表参加,对张的阴谋活动,早有默契⑤。及复辟丑剧登场,段祺瑞"马厂誓师",讨伐张勋,曹见风转舵,投靠段祺瑞,担任了西路讨逆军总司令。曹锟借着这次政治投机,于军事结束后,担任了直隶督军兼省长。

复辟乱平,黎元洪下野,副总统冯国璋代理大总统,段祺瑞仍然擅

①　《时报》1914 年 4 月 27 日。

②　《时报》1915 年 9 月 15 日。

③　《叙泸之收复》,中华新报馆编辑:《护国军纪事》第四册,战讯,1916 年版,第 70—71 页。

④　《曹锟朱家宝等通电独立》,《中华新报》1917 年 6 月 2 日、8 日。

⑤　上海文艺编译社编辑:《复辟始末记》卷上,1917 年版,第 17 页。

取了总理职位。段采纳梁启超、汤化龙的策划,拒不恢复被黎解散的旧国会,而以各省指定代表,炮制非法临时参议院,代行国会立法职权。在北洋军阀纷纷随声附和声中,曹锟也通电助威①。自此以后,国内形成了南北两个政府的对抗;同时,北洋政府中的冯、段之间新的"府院之争"也发生了。冯、段分别以英、美和日本为靠山,成为北洋直、皖两系军阀的首领。此时,日本帝国主义在远东占有优势地位,段祺瑞妄想凭借日本的金钱与军火的支持,以武力削平南方护法各省的反抗。冯国璋为了打击段祺瑞,作出"和平统一"的姿态,暗中勾结滇桂军阀,壮大自己。在冯、段对峙中,曹锟采取了骑墙政策。段以权利诱惑他,他便附段;冯以直系结合为号召,抵制段的皖系势力扩张,他又附冯。1917年11月18日,在冯的授意下,他和直系长江三督李纯、陈光远、王占元联衔通电,主张南北议和,声称愿作"调人"。事后,曹锟又赶紧向段祺瑞加以否认,声称签名系他人代庖。到21日他在徐树铮授意下,发表通电,主张以南军退出长沙为和议的先决条件。

段祺瑞的亲日卖国武力统一的政策,遭到全国人民的反对,并受到直系将领的牵制,在派往湖南作战军队溃退之后,段就以退为进,辞总理职,另派徐树铮联络北洋派军阀多人,于12月2日召开"天津会议"②。曹锟在徐树铮的利诱(许以"副总统"官位)下摇身一变,又积极主战,成为天津会议上主战派"督军团"的盟主。冯国璋在皖系策动的"督军团"要挟之下,15日被迫任命曹锟和张怀芝为南征军第一、第二路总司令,曹并兼两湖宣抚使;同时又策动直系长江三督拒绝南征军过境,并仍与滇桂军阀密商和谈。随后,在皖系压力下,冯渐软化,曹锟乃于1918年2月南下汉口,督师前进,命吴佩孚以代理第三师师长兼前敌总指挥。由于护法方面的湘桂军内部分歧,自动撤防,吴师于3月入

---

① 《民国日报》1917年8月6日。

② 《徐树铮致各省督军鱼电》(1917年12月6日),中国社会科学院近代史研究所近代史资料编辑组编辑:《徐树铮电稿》,中华书局1962年版,第2页。

岳州,占长沙,4 月 23 日又进取衡阳。段祺瑞在这种"捷报"声中,于 3 月 23 日,又一次组阁。组阁后,他委任亲信张敬尧为湖南督军,剥夺了曹、吴抢到的地盘,引起了曹、吴的不满。

段祺瑞为依靠外援,扩大实力,3 月 25 日与日本秘密订立中日军事协定,进一步投靠日本,同时拟调徐树铮代曹锟为直隶督军①。曹锟获悉,便以病为辞,急回天津,并与张怀芝及长江三督联合声明,表示厌战。6 月,曹锟又一次参加了在天津召开的督军会议,他本拟策动议和,但徐树铮表示仍坚守"副总统"之约,于是曹又主战。20 日,北京政府正式任命曹锟为四川、广东、湖南、江西四省经略使,想以此换取他重上前线,但他却又提出各种借口,留津不动。吴佩孚在衡阳前线和滇桂军方信使往返,与对方暗订协定,前方战斗遂告沉寂。

当时,欧战即将结束,西方英美重新参与对中国的争夺。在这一国际背景下,吴佩孚于八九月间,接连通电攻击段祺瑞,甚至与南方将领联名,公开要求停战议和。曹锟对吴的行动,佯作训斥姿态,实则暗中支持。

1919 年五四运动中,段祺瑞及其安福系声名狼藉,直系军阀乘机加紧策动反皖系活动,吴佩孚更加伪装同情群众运动。12 月,冯国璋病死,曹锟被奉为直系首领。他利用皖、奉两系间的矛盾,积极争取奉系。1920 年 4 月,曹锟在保定召开直、苏、赣、鄂、豫、奉、吉、黑八省代表会议,组成反段同盟,直、皖双方遂接近正面交锋。5 月,吴佩孚从湖南前线撤兵北上,段祺瑞也调动兵力,作迎击准备,双方剑拔弩张。7 月初,段祺瑞迫徐世昌下令给曹、吴以处分,并自称"定国军总司令",下令动员,直皖战争遂于 14 日爆发。奉系从东战场助直攻"定国军",不过四天,皖系军队溃败,段祺瑞下野。从此直、奉两系军阀共同垄断了北京政府。9 月,曹锟任直鲁豫巡阅使,吴佩孚为副。

---

① 《徐树铮致各省督军鱼电》(1917 年 12 月 6 日),《徐树铮电稿》,第 93 页。

　　皖系战败后,奉、直两系为争夺中央与地方权力,不断发生争吵。1921年12月,由于张作霖的推荐,徐世昌任命旧交通系梁士诒组阁,梁士诒倾向奉系,并以亲日著名,他的组阁激化了美、英与日本争夺中国的矛盾①。梁内阁于华盛顿会议期间,企图出卖山东利权,与日本秘密谈判借款,同时并起用了著名亲日派曹汝霖等人,引起全国各界的愤怒声讨。以吴佩孚为首的直系将领们乘机纷纷通电斥责梁士诒媚日卖国,矛头实际直指奉张。张作霖乃调大军入关,向直系进逼。曹、张本系姻亲,因而曹锟对奉初主让步,但在奉军咄咄进迫的形势下,姻亲关系终不能不让位于集团和个人利益,他终于同意了吴的应战主张。1922年四五月间,直奉战争终于爆发。吴佩孚在冯玉祥的支持下打败了张作霖,奉军被迫退回关外,曹锟、吴佩孚控制了北方的局面。

　　直系独霸北方后,曹锟及其左右亲信,原想驱逐皖系支持的总统徐世昌,自己来当总统,但吴佩孚却主张召集民国六年(1917)旧国会,把黎元洪再次拉出来复位,用所谓"法统重光"的骗局来作为过渡办法,这样既可为通过国会正式选曹为总统铺平道路,又可用"法统"的名义抵制南方成立的护法政府。曹锟勉强同意了这个主张,于6月间拥黎重新上台。

　　黎元洪虽然复职,但军政大权操于曹、吴手中。曹急于爬上总统"宝座",便唆使其弟曹锐及其党徒高凌霨、吴毓麟、边守靖等串通众议院议长吴景濂之流,收买议员,作驱黎拥曹的准备。黎元洪为延长自己的任期,主张先制宪法后选总统,曹家党徒则主张相反。同时,关于黎元洪的任期,黎、曹两派各有自己的解释,黎派认为任期应至1925年9月,而曹家党徒则扬言黎到1922年12月"任期已满,应行另选"②。此

----

①　白坚武:《知白堂日记》(原稿本),1922年1月19日,中国社会科学院近代史研究所存。

②　《近代史资料》1963年第4期,第95页。

时,直系内部又分为保(定)洛(阳)两派,以曹锐为首的保派积极策划倒黎,拥曹锟上台;而以吴佩孚为首的洛派则企图先以武力征服川湘,而后通过制宪与选举的形式以曹代黎。曹锟对吴的这种态度及其活动,甚"不见谅"①。到1923年春夏之间,保、洛两派在"驱黎拥曹"的步骤上才趋一致。6月,在曹锟的示意下,直系军阀、政客通过策动内阁辞职、军警索饷请愿、围困黎的住宅、断水断电诸手段,把黎元洪逼下台。

曹锟原拟于驱黎后立即进行总统选举,惟因国会议员纷纷离京,总统选举会无法召集,他急不可待,便采纳其党徒吴景濂等收买议员的办法,在北京甘石桥设立议员俱乐部,为进行选举的活动机关,规定选举时出席议员每人贿以五千元支票。这一办法果然见效,南下议员中一些见利忘义者,又由沪北返。10月5日,这批受贿议员(人们斥为"猪仔")把曹锟选为"总统"。与此同时,他们还匆忙地赶制了一部"宪法"(人们斥为"贿选宪法"或"曹锟宪法"),企图用以掩饰其贿选罪行。10日,曹锟在全国人民的唾骂声中,由保定入京,粉墨登场。

自曹锟当上总统起,表面上直系势力极盛,而实际上内部更加分裂,外部的反直力量也酝酿成熟。1924年10月,又爆发了第二次直奉战争。直系第三军总司令冯玉祥在两军交战的紧要关头,按照事先与奉军的约定,于20日从热河前线迅速回师北京,23日控制了全城。冯通电全国,痛斥吴佩孚,主张罢战言和。曹、吴对奉作战遂告失败。11月2日,曹锟不得不宣布辞职,被软禁于中南海延庆楼。吴佩孚乘舰南逃。冯玉祥和张作霖主宰了北方,共推段祺瑞出来作为北京政府临时执政。不久,冯、张矛盾又激化起来。1926年4月10日,冯部国民军将领不满于段、张勾结,又想联合吴佩孚共同对抗奉系,因而发动了驱段兵变,并把曹锟释放,曹锟获释后去河南投靠吴佩孚,

---

① 　白坚武:《知白堂日记》(原稿本),1922年11月26日。

住在开封。1927年2月,当国民革命军北伐将抵河南,奉系军阀渡河南下阻截之际,吴佩孚自郑州撤退西逃,曹锟又匆匆离开河南,回到天津。此后,长期在天津作寓公。1938年5月17日,他在天津英租界本宅病故①。

---

①　《晨报》1938年5月18、19日。

曹 汝 霖

郑则民

曹汝霖，字润田，1877 年 1 月 23 日（清光绪二年十二月初十）生于上海。父曹豫材，主管江南制造总局材料库多年。

曹汝霖幼年入私塾，继往汉阳铁路学堂读书。1900 年赴日本留学，先后入早稻田专门学校、东京法政大学。当时中国留日学生文武合计五十余人，组织留学生会馆，曹汝霖被公推为干事之一。在留日期间，他对日本帝国势力的发展十分崇拜，并站在维护清朝统治的立场上，鼓吹君主立宪。他参加了留日学生组织的励志社，该社的活动主要是联络感情，研究学术，有时讨论时事，后改定章程，主张君主立宪。曹汝霖和同在日本留学的章宗祥、陆宗舆情趣很相投，对亡命日本的梁启超的政治主张很赞成。他们鼓吹中国应实行君主立宪，曾与拥护孙中山革命主张的留学生张继等人进行辩论，甚至发生激烈冲突。1902 年清政府派载振出使日本，曹以留学生代表身份，"极力逢迎，大得载振欢心"[1]。

1904 年曹汝霖归国，被派任清政府商部商务司行走，兼商律馆编纂。不久，他通过留学生特科考试，中进士，授六品奏任官主事，归商部候补。次年冬，日俄战争结束后，日本派代表来北京，要求清政府承认其在此次战争中从俄国手里夺得的有关我国东北三省的特权。曹充当袁世凯的随员，参与同日本代表谈判，订立了《会议东三省事宜正约》和

---

[1] 粤东闲鹤:《曹汝霖》，1919 年版，第 9 页。

《附约》，使日本的侵占合法化。此后，曹被调入外务部。1911年春，清朝政府设立以奕劻任总理大臣的新内阁（即"皇族内阁"），曹任外务部副大臣。

　　辛亥革命后，曹汝霖改当律师。1913年袁世凯指派他为第一届参议院议员。曹在担任议员的同时，还致力于为袁世凯办理政党事务。并曾受进步党首领汤化龙委派为代表，与国民党的邹鲁、张耀曾等协商两党合作问题。1913年6月30日，曹汝霖被参议院举为宪法委员，10月4日公布了总统选举法。10月6日，正式投票选举，曹前往投票，选举袁世凯为中华民国大总统，同年8月，曹就任外交次长，"仅同特任，与总长同等待遇"①。

　　1914年9月24日，日本乘第一次世界大战之机，借口对德宣战，派兵在山东龙口等地登陆。先是袁世凯政府已宣布中国守中立，至此又被迫划潍县以东为"交战区"。但日军竟于9月25日悍然占领潍县车站，准备西进。10月2日，曹汝霖以外交次长身份声明：胶济铁路将不转让给日本以外的第三国；战后日、德如对该路订有任何协定，中国政府将"不持异议"②，企图用出让主权来缓和日军的行动。但日本帝国主义不予理会，继续西进，强占了胶济铁路全线和青岛。

　　1915年1月18日，日本大隈重信内阁经过预谋，向袁世凯正式提交了旨在独占中国的"二十一条"。接着袁起用陆徵祥代替孙宝琦为外交总长，和曹汝霖一起，同日本公使日置益谈判。曹不仅参与正式谈判的全部活动，而且曾受袁世凯之命，多次私访日使，探听日方意图，密议成交条件，起草有关文件③。经过几个月的交涉，日本以最后通牒方式，迫使袁世凯于5月9日声明，除第五号五项"容日后协商"外，都加

　　①　曹汝霖：《一生之回忆》，（台北）传记文学出版社1980年版，第107页。
　　②　王芸生：《六十年来中国与日本》第6卷，三联书店1980年版，第66页。
　　③　参见曹汝霖给陆宗舆的四封信，王芸生《六十年来中国与日本》第6卷，第60章。

以承认。5月25日，正式签订丧权辱国的关于山东、南满的条约二件，换文十三件①。激起了全中国人民的坚决反对。

1915年8月筹安会成立，借口"筹一国之治安"，公开鼓吹帝制。9月，曹汝霖参加筹议国体问题的宴会，他在会上发言，担心外国不承认袁世凯之帝制②。但当他知道筹安会是奉命行事后便恍然大悟。11月，曹先后前往日、英使馆进行活动，"谓现在各省安靖，中国政府自信确能维持地方秩序并完全负保护外人责任"③。他和梁士诒、朱启钤、周自齐、叶恭绰等一起加入"大典"筹备处，成为"办事员"④。12月20日，曹以外交次长身份，向日本驻华公使日置益告知袁将于1916年元旦称帝。由于全国人民的强烈反对，袁于3月22日被迫宣告取消帝制，仍任大总统。袁世凯于1916年4月任命曹汝霖为交通总长，5月又兼署外长，至袁世凯毙命时为止。同年秋，曹继梁士诒任交通银行总理。次年1月曹通过西原龟三向日本兴业、台湾、朝鲜银行团借得五百万日元，此为"西原借款"的开端。

1917年7月，张勋复辟，段祺瑞以"讨逆"名义，起兵进京，重握北京政府大权。在此期间，曹汝霖通过日本银行替段祺瑞筹措军费。7月17日，曹任段祺瑞内阁的交通总长，1918年3月又兼任财政总长。当时，日本寺内正毅内阁企图以借款等方式，支持段祺瑞政府，以便达到进一步独霸中国的目的，又派西原龟三来华活动。曹汝霖按照段祺瑞的旨意，和西原密谋，向日本特设银行团（由兴业、台湾、朝鲜等银行组成）进行大宗借款。曹直接经手者，公开数字达一亿多日元，是"西原

① 王铁崖编：《中外旧约章汇集》第二册，三联书店1959年版，第1100—1114页。
② 《时报》1915年9月6日。
③ 《时报》1915年11月3日。
④ 《时报》1915年11月29日。

借款"的重要组成部分①。这些借款主要供段祺瑞政府用于购买军火，充作军饷，推行"武力统一"政策，进行内战。他们为了取得借款，不惜把中国的银行、矿山、交通事业等作为抵押品。

1918年秋，日本寺内内阁眼看第一次世界大战即将结束，深恐日本从山东掠夺到手的利益有所丧失，除用二千万日元借款取得对济顺、高徐二条铁路的控制权外，又向中国提出处理山东问题的照会，其中包括战后胶济铁路"归中日合办"等七项内容。北京政府只求有钱可借，不惜断送山东主权，而予以承认。由曹汝霖电驻日公使章宗祥，授权他以"欣然同意"的复照，交付日本。

曹汝霖依仗着在交通、财政方面所窃据的职权，取代了交通系头子梁士诒的地位，成为"新交通系"的首领。

1919年初，曹汝霖继任钱能训内阁的交通总长。当时，中国出席"巴黎和会"的代表，在全国人民的压力下，曾经向"和会"提出取消帝国主义列强在华的各项特权等要求，但仅有"山东问题"一项被列入讨论。中国方面要求归还大战期间被日本夺去的德国在山东的各种权利。日本却以"二十一条"业已签订并有1918年"欣然同意"的换文等为借口，坚持其既得利益。后来，中国的要求全被与会列强所拒绝，战前德国在山东权益由日本继承被明文载入对德和约。消息传来，全国人民一致反对。但曹汝霖仍然坚持媚日卖国的立场，他向大总统徐世昌进言："决不可失日本之欢心、必须顺从其意。"在国务会议上，还公开为日本侵占青岛辩护，说什么"独索日本之青岛，甚非公平之道"②。

5月4日下午，北京学生三千余人，集会于天安门前，高呼"外争主权，内惩国贼"、"拒绝和约签字"等口号，同时一致要求惩办亲日派卖国

① 张忠绂：《中华民国外交史》卷上，国立北京大学出版组1936年版，第336页；周叔廉：《西原借款》，中国人民政治协商会议全国委员会文史资料研究委员会编《文史资料选辑》第35辑，中华书局1963年版。
② 《民国日报》(上海)1919年4月19日。

贼曹汝霖、陆宗舆、章宗祥等三人。学生游行队伍向曹的住宅赵家楼进发，包围并冲入曹宅。曹汝霖躲藏起来，正在那里的章宗祥遭到痛打。有人还放火烧了赵家楼曹宅。在工人阶级、爱国学生和全国人民爱国斗争的威力下，北京政府不得不于 6 月 10 日下令罢免曹、陆、章三人，并拒绝在《巴黎和约》上签字。

　　此后，由于北洋军阀和日本帝国主义的庇护，曹依赖搜刮所得的资财，进行投资。他在继续担任一个短时间的交通银行总理后，被他所投资的井陉正丰煤矿公司等推为董事长。抗日战争时期，曹仍住北平。日本侵略军在华北扶植汉奸建立伪临时政府，曾"聘曹（汝霖）为最高顾问，月赠公费二千元"。继又聘为伪华北政务委员会的"咨询委员"①。解放战争时期，他从北平迁居上海。1949 年全国解放前夕，曹汝霖往台北。1950 年经香港赴日本，在东京等地居住，受到日本吉田茂等的庇护。1957 年曹汝霖迁居到美国，1966 年 8 月 4 日死于美国底特律。

---

　　① 　张炳如：《华北敌伪政权的建立和解体》，中国人民政治协商会议全国委员会文史资料研究委员会编：《文史资料选辑》第 39 辑，中华书局 1963 年版。

曹　锐

张学继

曹锐,字健亭,天津大沽人,1868年(清同治七年)生。其父曹本生是贫苦渔民,以修造木船谋生,曹本生有子女七人,其排行是曹镇、曹大姑(女)、曹锟、曹锐、曹钧、曹二姑(女)、曹镁。在兄弟姐妹中,曹锟和四弟曹锐的关系最好。早年由于生活困难,曹镇随父亲学修造船,曹锟做贩卖布匹的小贩,曹锐在大沽钰盛号米庄当学徒。

在曹锟投军发迹后,曹氏兄弟姐妹沾光,鸡犬升天。没有上过几天学的四弟曹锐用曹锟给他的钱捐了个监生身份,然后弃商从政,首先当上了天津县清乡局长,后任迁安县知县。后又捐了个候补道,任北洋陆军第二镇执法官。辛亥革命爆发后,任兵站总办。1912年4月,升任直隶布政使,成为掌直隶全省财赋和人事的主官。1915年10月,袁世凯筹备帝制,加封曹锐为上大夫加少卿衔。

1916年9月,曹锟任直隶将军。护法战争爆发后,掌握北京政府实权的段祺瑞为了对南方作战,任命曹锟为两湖宣抚使兼第一路总司令,率部南下作战。曹锟为了确保他的老巢直隶的地盘,乘机向代总统冯国璋和总理段祺瑞提出任命他的四弟曹锐为直隶省长,他本人仍遥领直隶督军。1918年1月30日,冯国璋以代总统的名义任命曹锟为两湖宣抚使,同时任命曹锐为直隶省长。曹氏兄弟二人分掌直隶军政大权。

曹锐从小在米店学做生意,深谙生财之道,很快表现出很高的敛财手段。本来在曹锐担任省长之前,直隶的税负就已经相当繁重。曹锐为了敛财，一方面在原有名目的捐税下继续征收各种附加税，一方面增加新捐税。新捐税名目千奇百怪，有国民捐、巡警捐、房捐、铺捐、商捐，还有自治捐、油捐、妓捐、庙捐、会捐；更有什么杀牲口合手屠捐，量粮食用斗拿斗捐，演戏有戏捐，家有牛马拿牛马捐，养狗拿狗捐等等。曹锐对直隶老百姓横征暴敛的同时，还不择手段卖官鬻爵捞钱财。当时直隶全省共有一百三十多个县，曹锐将一百三十多个县知事，按特、大、中、小四个等级定价，小县知事八千元，中县九千元，大县一万元。天津、滦县、清苑三个县知事属于"特缺"，临时议价，非三四万元不能到手，定期均定为一年，县知事都是一年一卖。不仅县知事公开出卖，全省的交通、河务、实业、财政等有油水可捞的部门官职全部论价出卖。曹锐从1918年1月到1922年6月当了四年多的直隶省长，不算别的卖官鬻爵，仅出卖全省县知事缺这一项就敛财达数百万元之多。

　　曹锐另一敛财途径就是包办直系军队的军需物资，经营粮店、大米店、被服厂、纱厂、饼干公司等。他利用三哥曹锟的权势，从各地低价采购米面、原料等，不出运费，也不纳任何捐税，以次充好，偷工减料，而后以高价出售给曹锟统率的直系各军和警察，从中牟取暴利。曹锐还将全省的官产攫为己有，如他在天津与人合伙开办恒源纱厂，将官产的直隶模范纱厂多年来升值的三十九万元全占为己有。他还经营大业公司，专做土地买卖，利用权势，廉价购进土地，高价出售，将南运河、北运河、子牙河、大清河、金钟河等大河流的河滩地强行霸占到他的大业公司名下。

　　1920年，直皖战争结束后，北京政府为直系军阀首领曹锟与奉系军阀首领张作霖所把持。北京政府的国务总理靳云鹏命京汉、京奉铁路局派出专车，接迎曹锟、张作霖等到天津开会。会上直系和奉系争地盘、争军饷，向北京政府谎报巨额的军费，北京政府的财政拿不出，也只好拖欠。4月26日，北京政府国务院开会讨论财政问题，曹锐在会上抱怨国务院欠直军军饷太多，国务总理靳云鹏对曹锐说："你真不懂当家人的苦处。现在各省都扣留军费，还伸出手来向中央索饷，你来当这个家试试,真正巧妇难为无米之炊啊!"曹锐与靳云鹏双方发生激烈的冲突。

1919年,五四运动爆发,天津成为爱国运动的中心城市之一,曹锐与警察厅长杨以德以欺骗与残酷镇压两手对付爱国学生与市民。事后,曹锟与曹锐以直隶督军、省长的名义联衔发出布告,取缔学生运动。

直皖战争后,直系和奉系矛盾日益加剧。到1922年初,直奉双方在相互通电斥骂的同时,加紧备战,战争一触即发。曹锐认为奉系军事力量强大,唯恐直系战败,他聚敛的巨额财富泡汤。因此,曹锐极力主张不要与奉系开战,并自告奋勇,前往沈阳谋和。3月8日,曹锐以祝贺张作霖四十七岁寿辰为名,赴沈阳与张作霖谈判。张作霖一直觊觎京畿地区,强烈要求将奉军开进山海关内。曹锐以直隶省长身份表示欢迎奉军入关,维持京津治安。曹锐的态度,让张作霖都感意外。可他和幕僚一商量,觉得曹锐不一定当得了直系的家。张作霖经与幕僚研究后,又提出京津地区完全由奉军驻防的要求。曹锐将这个要求带回保定,鼓动曹锟接受。4月11日,犹豫不决的曹锟在保定召集直系军政上层开会,决定对奉和战大计。会上,主战派占了多数,曹锟不得不拍板主战。曹锐对此极为恼火。

直奉决战在即,奉系先声夺人。4月14日,张作霖派奉军开进山海关内。当奉军进到天津前,曹锐将省长公署文件席卷而去保定,所有驻天津的直军也被曹锐下令撤退到保定。省公署的文武官吏也纷纷避到天津外国租界。看守省长公署的仅有两营直军,被奉军缴械。但第一次直奉大战的结果完全出乎曹锐的意料,貌似强大的奉系军队开战不到一周就大败,狼狈退回山海关外。由于曹锐战前擅离职守,致使天津遭到奉军蹂躏。战争结束后,天津各界纷纷上书北京政府,要求将曹锐立免本职,拿交法庭依律惩办,并查抄财产。曹锟见众怒难犯,于6月18日宣布免去曹锐的省长职务,随后保举王承斌为直隶省长。

直系战胜奉系后,军事势力达到顶峰。曹锟环顾全国已无可与直系抗衡的势力了，便动了当大总统的念头。对此，曹锐极力赞成，他说：
"三哥与冯（国璋）、段（祺瑞）都是北洋派的同期前辈。冯、段做过大总
统和内阁总理，三哥年过六旬，做做大总统有何不可？三哥此时不当大
总统，更待何时？"在曹锐等人的撺掇下，曹锟决心立即踢开黎元洪，登
上大总统宝座。作为直系津派头子，曹锐成为曹锟贿选的幕后总策划
人和主持人。为了筹集贿选所需要的巨额金钱，曹锐与新任直隶省长
王承斌想出了"捉财神"的办法，将毒品犯逮捕后处以一万元至数万元
不等的罚款。曹锐亲自将大名一带的商店店主、士绅不论是否贩过毒，
一律开列名单交大名镇守使、第十五混成旅旅长孙岳照单逮捕罚款，不
交钱就严刑拷打，这样搞来的钱全部交给曹锐。贿选所需要的现金大
多由曹锐经管，曹锐用化名存在美商花旗银行、英商汇丰银行、法商东
方汇理银行等。曹锐在为曹锟筹款的同时，也没有忘记捞一把。他将
私人拥有的二百万元借给曹锟作大选经费，利息二分二，交钱时先付一
年利息，并以1924年的盐税为担保。曹锐主持贿选，不仅没有花费自
己一分钱，反而大捞了一把。1923年10月5日，曹锟以贿选的办法当
选为中华民国大总统，被人称为贿选总统。曹锟没有忘记四弟的功劳，
荣登大总统宝座后，特派曹锐为直、鲁、豫三省矿务督办。

　　1924年9月，第二次直奉战争爆发。曹锟急电驻洛阳的吴佩孚火
速进北京主持对奉作战。吴佩孚担任对奉作战总司令，曹锐任军需总
监。曹锐将军需总监总部设在北海南门外西侧的团城。曹锐在团城上
的承兴殿内颐指气使地对急需军饷军械的各军索贿，并大肆克扣。

　　10月22日晚上，直军第三路军司令冯玉祥和第二路援军司令胡
景翼、北京警备副司令孙岳联合发动政变。冯玉祥、胡景翼、孙岳将
军队改编成国民军，进驻北京城，将当上大总统仅一年的曹锟囚禁在
中南海内的延庆楼。曹锐也于当晚被国民军逮捕与他三哥一起囚禁
在延庆楼内，成为阶下囚。11月29日，曹锐正和曹锟在屋里愁容满
面相视而坐。忽然一名国民军的军官走进，说要传曹锐到国民军总
部去问话。曹锟害怕曹锐被带出去凶多吉少，死死拉住曹锐的手，执

意不让国民军带走。曹锐到旃坛寺国民军总部后,冯玉祥派人向曹锐索钱。无论问曹锐什么,他一声不吭。到夜间,曹锐悄悄吞服生鸦片自杀。看守他的国民军军官发现后,将他紧急送到协和医院抢救,抢救无效死亡。

曹 亚 伯

朱信泉

曹亚伯,原名茂瑞,字庆云。1875 年(清光绪元年)出生于湖北兴国州北乡曹家湾角海村。父亲曹衍森,好学,严于礼教。曹亚伯幼承庭训,勤奋好学。州人多有从太平军立功者,曹亚伯聆听父老讲述洪杨故事,遂有厌恶清政府专制之意。又曾"闻耶稣教为异端,痛恶之",他十五岁那年,前往邻县大冶福音堂,向驻堂教士寻仇,对方不以为忤,反借予上海广学会所译《格物探源》一书,读后"顿悟守旧之非",即入大冶福音堂为信徒,礼名亚伯,人们遂以亚伯称之。十八岁为邑庠生,其时家道中落,其父希望他去担任训蒙的塾师,1898 年他向母亲求得路费,至武昌考入张之洞所设立的农务学堂。

1900 年 8 月,唐才常所领导的自立军失败,干部数十人先后被捕弃市,曹亚伯于 8 月 21 日亲见林圭、傅致祥、李炳寰、王天曙、黎科、瞿河清等被杀于武昌之天符庙,益增对清廷之憎恨。不久,曹亚伯被学堂监督罗振玉疑为革命党人的日语翻译而遭勒令退学。是年冬,曹亚伯考入两湖书院,与同住南斋的同学王文豹、王恺宪、周震鳞、黄兴等往来密切;而对一些热衷名利、趋炎附势者则十分厌恶,常以"无气节"、"走狗"、"奴才"呵斥之,对方无可奈何,则以"曹疯子"目之。

1902 年春,两湖书院舆地教授邹沅帆,应学部尚书张百熙之召,调曹亚伯、王文豹入京担任编纂,临行变计改派二人前往湖南新化县教中学。曹虽讲授博物和数学课,然而处处引导学生的革命思想。如在数学课上设一加法命题,说:"吴三桂引清兵入关时大杀汉人,在扬州十日杀八十万人,在嘉定屠城三次杀二十五万,其余汉人因不肯蓄辫投降者即杀无赦,又杀十八省同胞几三百万人,共杀汉人若干云云。"又如体操课时,在操场上必向学生讲说汉人文弱被压制的苦痛。其时,谭人凤在新化教小学,常率小学生前来会操,聆听演讲。与此同时,陈天华的《警世钟》《猛回头》等革命小册子在两湖各学堂各军营中广为流传,新化学界革命思潮遂一发而不可遏止了。

1902年冬,曹亚伯利用寒假东渡日本,次年3月返回新化中学。未及两月,新化县知事张某向湖南巡抚赵尔巽秘告曹亚伯为"叛逆",侥幸是赵未予究办;其次新化中学校董彭庄仲等虽久谋革命,但终担心曹亚伯的言行可能累及学校,加之当时新化留日陆军学生杨源濬自东京带来的七千册《猛回头》被新化校董们所焚毁,曹亚伯遂于1903年5月到长沙,受聘于宁乡中学并在求中学校和长沙中学兼课。

在长沙,曹亚伯听说长沙圣公会会长黄吉亭牧师深富爱国思想,并办有日知会以启迪民智,遂前往结交。6月黄兴由日本返回长沙,任教于明德中学。黄经上海圣公会会长吴国光的介绍,与长沙黄吉亭牧师相识,而为记名会员。从此学界、军界皆入于圣公会之门,长沙日知会乃极一时之盛。

1904年2月15日,革命团体华兴会在长沙成立,黄兴被推为会长,曹亚伯为基干之一。同年春,曹亚伯与刘敬庵、张难先、吕大森、胡瑛、朱元成、欧阳瑞骅等集于武昌,一日谈及革命方略,咸认为应从运动新军入手,且不轻率发难,于是纷纷投入新军。为便于联络,乃于7月3日组成科学补习所,胡瑛任总干事,宋教仁任文书,时功璧任会计,高建唐任庶务,曹亚伯任宣传。旋黄兴来武昌,与科学补习处诸同志会晤,以华兴会将于阴历十月初十慈禧"万寿节"日,联合哥老会领袖马福益等在湖南起事,希望武昌能及时响应,同志均表赞成,于是推曹亚伯为湘鄂间联络员。因曹在长沙三所中学任教职,常往来于两省之间。

1904年暑假期间,曹亚伯由湖南前往武昌科学补习所召开会议,密议响应十月间的起事,分派各路联络人员,随后前往江西吉安向驻地新军作策动，并向民众宣传，散发《猛回头》《警世钟》等宣传品，事为官府所闻知，江西巡抚夏旹使用万急公文令吉安驻军逮捕曹亚伯就地正法，幸好营中教授江彤侯、张通焕同情革命，予以掩护并送川资三十串促行。旋抵武昌晤吴禄贞，留住科学补习所，继续为革命而奔走，直至秋季开学方回长沙，为三所学堂授课，参加日知会的革命活动。

1904年农历九月底，华兴会长沙起义计划泄露，署理湘抚陆元鼎密令缉捕黄兴，黄得讯后暂避明德学堂附近龙璋家，后赖曹亚伯、张继、黄吉亭等多方设法掩护，得以潜离长沙，脱险赴沪。武昌科学补习所等革命组织，后虽遭查封，但早已闻讯做了应付准备，使湖北当局一无所获。

1905年初，曹亚伯去武昌，与刘敬庵、胡兰亭共议以武昌圣公会在高家巷所设的日知阅报室为革命机关部，以刘敬庵主其事，对外仍称日知会，从而使革命活动再度恢复壮大。同年春，新任湖南巡抚端方到任，加紧对革命党人的镇压，4月12日会党首领马福益在萍乡车站被清军逮捕，惨遭酷刑，4月20日就义于长沙浏阳门外。曹亚伯曾为两湖书院学生，故与曾署湖广总督的端方有师生之谊，而被端方奉为上宾的两湖书院分教陈庆年待曹甚厚，兼以曹为耶稣教徒，故端方不杀曹，而又不能任曹在长沙运动革命，不得已派曹赴日本为调查宗教委员。

曹亚伯东渡日本后，即入东京下淀桥町中田重治所办之圣书学院研究宗教，每周必至东京之神田区与华兴会、日知会的同志黄兴、宋教仁等会晤，谋划革命进行之法。1905年7月30日，中国同盟会筹备会议在东京召开，曹亚伯率先签名参加同盟会。8月20日中国同盟会在东京正式成立，曹亚伯被举为评议部评议员。

同盟会成立后，以《民报》为机关报，曹亚伯等大力为之发行，或包卷或书写封皮或贴邮票，命女佣用小车推至邮局，不数小时而三千份《民报》皆发出送至中国内地矣。所余两千多份散布于日本中国留学中，亚伯每日提一大包往各学校发卖，一时《民报》风行海内外。

　　同盟会的成立和《民报》的发行，使革命影响日益扩大，清政府便要求日本政府镇压中国留日学生的革命运动。1905年11月，日本文部省颁布《取缔清韩留日学生规则》，引起留日学界的强烈反对，陈天华因此愤而于12月8日在日本大森海湾蹈海自杀，想以此来唤起人们的觉悟。众多留日学生相率归国。1906年初，曹亚伯决定离日赴英，适日本东洋宣教会主教中田重治前往英国，曹亚伯遂与之偕行，过上海并引中田主教游武昌，住圣公会胡兰亭牧师家。曹亚伯在日知会将东京同盟会之组织情形介绍于刘静庵、冯特民，并请二人为同盟会之主盟人。自此同盟会与日知会之声气遂息息相通。曹旋返上海与中田主教乘法国邮船离沪，船中遇张继，过香港同谒陈少白，曹受陈邀约为香港《中国日报》在伦敦的通讯员。抵英后，欧洲留学生监督吴一清因王鸿猷等请求，上电湖广总督张之洞，请补曹亚伯官费学海军。张复电云："该生前在湖南充当教习，宗旨悖谬；去岁留东，风潮使强有力，性情尤属乖张，所请万不能允。"曹亚伯学费幸赖留欧同志之支援，及清驻英公使汪大燮暗予津贴。1906年夏，在伦敦曾介绍吴稚晖加入同盟会，其住处为中国同盟会联系处所之一。

　　1907年，张人杰、吴稚晖等在巴黎出版《新世纪》周刊，曹亚伯经常为该刊撰稿。1909年，孙中山途经伦敦前往美国，曹亚伯度先生旅费不充足，与旅英同志凑集四十镑奉赠。1911年辛亥革命爆发后，曹亚伯闻悉欣喜万分，不断去信吴稚晖，望以舆论促列强政府支持。11月中旬，孙中山由美国抵达伦敦，寻求英国对中国革命的支持，曾邀曹亚伯与吴稚晖相偕返国。1912年春，曹亚伯自欧返国，秋季归武昌，黎元洪以旧识礼为上宾，事无大小，悉以咨之。时共和党攀附黎元洪以排斥国民党，曹亚伯竭力为同志调护。"二次革命"失败后，孙中山在日本组织中华革命党，曹亚伯至日本后于1914年7月宣誓加入。其时陈炯明在南洋对组织中华革命党持异议，另立水利速成社相对抗。1915年1月，曹亚伯与陈耿夫奉孙中山之命至南洋各埠向华侨党员宣布改组宗旨。同年冬，参与陈其美在沪发动的肇和军舰起义。

1917年7月,孙中山在上海谋南下护法,绌于经费,由曹亚伯自德人处得百万元,于是程璧光所率海军的开拔费及国会议员的南下旅费皆有着落。9月中华民国军政府在广州成立后,任命曹亚伯为大元帅府参议,辞未就。同年11月湖北第一师长黎天才响应护法,联络荆襄镇守使石星川组织湖北靖国军,曹亚伯往返湘鄂间做联络工作。1918年1月2日,曹亚伯抵广州向孙中山报告何成濬正经营长江军事,以期大举。孙命曹亚伯携函予何成濬,望专意经营长江军事并与黎天才、石星川两总司令商榷。11月底,曹亚伯抵达德国柏林,奉孙中山之命向德方提出联德建议,提出中德合作驱逐英日及其他协约国在华势力,建议德国与俄国联络,将在俄华人及士兵一万二千人与德军一万人合组一支中国军队,配以飞机三至五架,及制造军火等机器,打回北京,以购买食物及各种物资接济德国等。但当时德国已战败,曹亚伯撤回建议,在德国政府资助下回国。

1921年秋,曹亚伯由沪赴穗,孙中山聘其为总统府顾问。10月孙中山督师北伐,驻节桂林,曹亚伯随行,曾以细故与胡汉民不协,陈炯明从而挑拨之,后虽经陈少白、冯自由力说剖析,曹亚伯始大感悟,遂怏怏归沪,渐悟社会道德沦丧,自是厌闻时政,在昆山经营农业,并以莳花艺草、读书临池自娱。

1927年春,北伐军入江苏,曹亚伯聚集乡民数千,起而响应,以不慊某总指挥被缚禁于上海总司令部,事为上海交涉使郭泰祺所知,上白于蒋介石,始释出。曹亚伯慨叹"民国以来,新柄国者多数典忘祖,侮耆旧,擅兴作,皆由不知前事所致"。于是发奋作《武昌革命真史》,以前事之艰难示后进,凡五十余万言,1929年由中华书局出版。不久即遭到查光佛、吴醒汉等所反对,谓其批评若干起义人物过于露骨,且抹杀起义之各团体,独归功于日知会,有失公道,联名请国民党部禁止,并予没收。曹亚伯遭此打击,自是不欲问世事,诵佛茹素,每过沪常往访李翊东、章太炎,倾谈竟日。每晤老同志,必曰:"吾辈革命党,作孽深,唯有竭诚念佛以求忏悔。"1931年"九一八"日本侵略军陷沈阳,曹亚伯对南京政府不抵抗惟依赖国际联盟的做法不以为然,叹曰:"不自御,国亡无日矣!"遂奔走南北呼吁,每至公共场所,必演说唤起民众抵抗。1937年"七七"事变起,曹亚伯突觉心痛,体益不支,10 月 27 日在昆山寓所逝世。

主要参考资料

曹亚伯:《武昌革命真史》,中华书局 1929 年版。

李翔东:《曹亚伯》,《革命先烈先进传》,台北"中央文物供应社"1965 年版。

吕实强:《曹亚伯》,秦孝仪主编《中华民国名人传》,台北"近代中国出版社"1985 年版。

陈哲三:《曹亚伯》,刘绍唐主编《民国人物小传》(2),台北传记文学出版社 1977 年版。

陈锡祺主编:《孙中山年谱长编》,中华书局 1991 年版。

曹　禺

李仲明

曹禺是中国近现代著名的文学戏剧大师。原名万家宝,字小石,1910 年 9 月 24 日(清宣统二年八月二十一日)生于天津,祖籍湖北潜江县。其父万德尊,清朝末年曾留学日本,辛亥革命后任黎元洪秘书、师长,后赋闲在家,重视对家宝的教育。万家宝生后丧母,继母给他讲故事,抱他看戏,使他体会到:"戏原来是这样一个美好迷人的东西!"①

万家宝少年时除跟家庭教师学习"四书"、"五经"外,也阅读了《红楼梦》(当时列为禁书)和《水浒传》、《西厢记》、《聊斋》、《镜花缘》等书。

1922 年秋,万家宝入南开中学学习,结识章方叙(笔名靳以),开始读鲁迅的小说与郭沫若的诗歌并参加了南开新剧团。在张彭春指导下,读了《易卜生全集》,参加话剧演出并编写剧本、小说。1926 年 9 月,《玄背》第六期开始连载万家宝小说《今宵酒醒何处》,万家宝开始用笔名"曹禺",此后便正式改名。他参加演出了《压迫》、《织工》、《国民公敌》、《玩偶之家》、《斗争》、《悭吝人》等剧的演出。1927 年 4 月,中国共产党创始人之一李大钊的英勇就义,同学郭中鉴的被捕和牺牲,深深触痛了曹禺,激起他揭露、批判黑暗旧制度的勇气。

1928 年,曹禺南开中学毕业,入南开大学政治系,1930 年转入清华大学西洋文学系。他广泛阅读了古希腊悲剧作家埃斯库罗斯、索福克勒斯、欧里庇得斯等的剧作及欧美文学作品,尤喜莎士比亚、契诃夫、奥

---

① 　颜振奋:《曹禺创作生活片断》,《剧本》1957 年 7 月号。

尼尔等人的剧作;课余常与巴金、章靳以等一起去看京戏,兼看昆曲、曲艺。中西文艺对曹禺后来的戏剧创作发生了很大影响。1931年"九一八"事变后,曹禺任清华大学抗日会委员兼抗日宣传队队长,每周六到郊区进行抗日宣传;又与孙毓棠、孙浩然、蒋恩钿等同学一起创办《救亡日报》,并经常在报上发表宣传抗日救亡的文章。

1934年7月,在巴金的推荐下,曹禺的话剧处女作《雷雨》在《文学季刊》第一卷第三期上发表。《雷雨》是四幕悲剧,写周、鲁两家八个人物,通过三十年间复杂的纠葛,写出旧家庭的悲剧和罪恶。写作时"没有那么多顾虑,也没有想到一定要达到一个什么社会效果"①,但剧作还是接触到了现实阶级关系的某些本质方面,通过周、鲁两家的矛盾冲突,揭露了那些道貌岸然的封建阶级和资产阶级,客观上反映了中国半封建半殖民地社会的某些侧面。1935年4月,《雷雨》在日本东京神田一桥讲堂首演成功,获得日本戏剧界和观众好评。此后,《雷雨》在中国天津、北京、上海、南京等地演出,得到戏剧界和观众的肯定。

《雷雨》在中国现代文学史上有着极为重要的地位,它的出现,"从戏剧史上看,应该说是进入雷雨时代"②。中国现代文学史家唐弢认为:"真正能够在现代文学史开一代风气,给人耳目一新之感的剧作,恐怕还得从曹禺的《雷雨》算起⋯⋯曹禺恐怕是我国最早写出《雷雨》这样能演又能读的大型剧本的作家。特别是他通过话剧这种形式,把中国人的精神气质表达出来了,起点很高。对一个二十三岁的青年来说,确实了不起。"③

1934年,曹禺曾在天津河北女子师范学院任教,教过一段《圣经》文学,同年夏天曾到上海参观。这两座大都市的畸形的社会生活,激发了曹禺的创作欲望。1935年下半年,为了创作《日出》,寻找剧本素材,

① 曹禺:《我的生活和创作道路》,《戏剧论丛》1980年第2期。
② 赵景深:《忆曹禺》,《宇宙》月刊第1卷第5期。
③ 田本相著:《曹禺传》,北京十月文艺出版社1988年版,第462页。

曹禺深入社会底层,访问那些被侮辱、被迫害的人们。"我托人介绍,自己改头换面跑到'土药店'和黑三一类的人物讲'交情'……我幸运地见到许多奇形怪状的人物,他们有的投我以惊异的眼色,有的报我以嘲笑,有的率性辱骂我,把我推出门去……我口袋里藏着铅笔和白纸,厚着脸皮,狠着性,一次一次地经历许多愉快和不愉快的实事,一字一字记下来,于是才躲到我那小屋子里,埋下头写那一点点儿东西。"①1936年6月至9月,《日出》在《文季月刊》连载,同年11月,《日出》由文化生活出版社出版。《日出》亦是四幕悲剧,剧本以都市生活为背景,反映20世纪30年代初期中国社会的黑暗现实,上层社会的腐朽糜烂、尔虞我诈与下层社会的饥寒交迫、痛苦挣扎同时展示在舞台上,对比更加鲜明。从题材看,《日出》较之《雷雨》社会生活面更为广阔,较为深刻地解剖了旧中国的都市生活,揭示了剥削阶级制度的罪恶,也体现曹禺对光明未来的追求,在《日出》创作前及创作过程中,曹禺心中经常出现这样的话:"太阳升起来了,黑暗留在后面。但是太阳不是我们的,我们要睡了。"②《日出》获《大公报》文艺奖,评选委员会评价曹禺:"他由我们这腐烂的社会层里雕塑出那么些有血有肉的人物,贬责继之以抚爱,直像我们这个时代突然来了一位摄魂者。在题材的选择、剧情的支配以及背景的运用上,都显示出他浩大的气魄。这一切都因为他是一位自觉的艺术者,不尚热闹,却精于调遣,能透视舞台的效果。"③

　　曹禺与马彦祥、戴涯等在南京组织中国戏剧学会时,演出过《雷雨》。马彦祥回忆:"我看过不下十几个周朴园,但曹禺演得最好。这可能因为他懂得自己的人物,他是个好演员,他懂得生活,不是那种空中楼阁式的。我觉得演周朴园没有比他演得更好的了。"④1936年冬,曹

①　曹禺:《〈日出〉跋》,《日出》,文化生活出版社1937年版。
②　曹禺:《我的生活和创作道路》,《戏剧论丛》1980年第2期。
③　萧乾:《鱼饵·论坛·阵地》,《新文学史料》第2辑,1979年2月。
④　田本相访问马彦祥记录。

禺创作反映农村生活题材的《原野》,翌年公演后获得好评。《原野》通过农民仇虎复仇的故事,反映了农民反抗的必然性和盲目性,旨在揭露半封建半殖民地中国社会的腐朽和黑暗,体现了鲜明的现实主义精神,其象征手法和传奇色彩的运用别具一格。

　　1937年抗日战争爆发后,曹禺被全国人民奋起抗战的热情所鼓舞,思想和创作都发生了很大变化。1938年,曹禺与宋之的合作写了《黑字二十八》(又名《全民总动员》)并在演出时亲自扮演角色。周恩来在重庆会见曹禺时,正赶上日机轰炸山城,两人来到附近山上,周“面容愤慨而严峻,他指着火光起处,痛斥日本帝国主义的凶残,告诉我中华儿女必须团结一心,奋起抗日……从那时起,我靠近了党”①。由于重庆屡遭日机轰炸,曹禺随戏剧专科学校迁往川南的江安。在江安期间,曹禺先后创作了独幕剧《正在想》,四幕剧《蜕变》和三幕剧《北京人》。其中,《蜕变》以大后方某伤兵医院的变化,写出“我们民族在抗战中一种‘蜕’旧‘变’新的气象”②。剧中梁专员和丁大夫是根据共产党人事迹和白求恩精神写成。剧本的前半部揭露了国统区腐败黑暗的现实,《蜕变》公演后受到欢迎,但遭到国民党当局的迫害和禁演。

　　《北京人》写于1940年,1941年12月由重庆文化生活出版社出版,是曹禺的代表作之一。1941年10月《北京人》在桂林公演后,颇受欢迎。柳亚子在《新华日报》发表了《〈北京人〉礼赞》称:“旧社会,已崩溃;新世界,要起来!……破碎的大家庭,已面对着不可避免的摧残!老耄的白发翁,还依恋着古旧的棺材!长舌的哲妇,自杀的懦夫,都表现着旧社会的不才!只有伟大的北京人呀!一分力,一分光,正胚胎着时代的未来!”③也有文章提出批评,认为《北京人》是作家“于失望之余,悲哀心情的表现”,是作家唱出的一曲低回婉转的挽歌。“当作者从

---

① 曹禺:《献给周总理八十诞辰》,《北京文艺》1978年第3期。
② 曹禺:《关于〈蜕变〉二字》,《蜕变》,文化生活出版社1941年版。
③ 柳亚子:《〈北京人〉礼赞》,《新华日报》1941年12月3日。

现实生活中感到不那么乐观的时候,他的写作便转换了方向。他送给了我们《北京人》的悲剧。"①对此,署名茜萍者指出:"抗战为着什么?是为着打走敌人,为着建立一个独立、自由、幸福的新社会。但是为着建立新社会,就不能不对于旧的社会作深切的研究,明确的认识,尖锐的暴露,坚决的攻击,这才能说到正确的切实的改造,把旧社会送到曾老太爷漆了几十年的楠木棺材里去,这样,我们才能获得抗战胜利的真实果实。"②曹禺认为:"《北京人》可能是喜剧,不是悲剧。里面有些人物也是喜剧的,应该让观众老笑。在生活里,老子死了,是悲剧;但如果处理成为舞台上的喜剧的话,台上在哭老子,观众也是会笑的。"③应该说,《北京人》是一幅中国封建大家庭走上衰落和崩溃的历史图画,只有像瑞贞、愫方那样冲出旧家庭的樊笼才能获得光明的新路。"《北京人》不刻意追求情节的曲折,也不故作人为的冲突,而是在朴实中求深刻,在浓郁的抒情气氛中揭示生活的真理,具有淳厚清新而又深沉的艺术风格。"④

继《北京人》后,曹禺还根据巴金的同名小说,创作了四幕话剧《家》,剧本通过觉新、瑞珏和梅小姐的爱情婚姻悲剧,控诉了封建家庭和旧礼教吃人的罪恶。"剧本《家》在把小说的一二句对话和一二个细节发展成为完整的戏剧场面上,表明作者付出了巨大的创造性的劳动。是一次成功的尝试。《家》还发展了《北京人》的抒情的特点,运用了大量内心独白,写得极富诗情画意。"⑤抗日战争胜利后,曹禺创作了《桥》等话剧与电影剧本《艳阳天》。

1949年7月,曹禺参加了第一次文代大会,当选为全国文联常务委员;同月又当选为全国剧协常务委员会和全国影协委员。1950年4

① 田本相:《曹禺剧作论》,中国戏剧出版社1981年版,第183—184页。
② 茜萍:《关于〈北京人〉》,《新华日报》1942年2月6日。
③ 张葆莘:《曹禺同志谈剧作》,《文艺报》1957年第2期。
④ 孙庆升:《曹禺论》,"曹禺(代导言)",北京大学出版社1986年版,第7页。
⑤ 孙庆升:《曹禺论》,"曹禺(代导言)",第8页。

月,曹禺任中央戏剧学院副院长。1952 年 6 月,北京人民艺术剧院成立,曹禺任院长。1956 年 7 月曹禺加入中国共产党,并担任作协书记处书记。1966 年至 1976 年"文革"时期,曹禺深受冲击。1988 年 11 月在中国文学艺术界联合会第五次代表大会上,曹禺当选为文联执行主席。

1996 年 12 月 13 日,曹禺因病在北京逝世。

在中国话剧史上,曹禺是继往开来的重要作家,他继承了话剧先驱者们反帝反封建的民主精神和艺术主张,广泛借鉴和吸收中国古典戏曲和欧洲近代戏剧的表演艺术,把中国的话剧艺术提到一个新的高度。曹禺的《雷雨》、《日出》等作品,不仅提高了戏剧文学水平,对导、表演艺术和舞台美术也发生了深刻的影响,使话剧成为真正的综合性艺术,"在现代文学史上树立了一座丰碑"①。

---

① 朱栋霖:《论曹禺的戏剧创作》,见田本相《曹禺传》,第 461 页。

岑 春 煊

闻少华

岑春煊,原名春泽,字云阶。1861 年 3 月 2 日(清咸丰十一年正月二十一日)生于广西西林县。其父岑毓英是清朝云贵总督。岑幼时随父在昆明,1879 年入居北京,与瑞澂、劳子乔有"京师三少"之称,是个有名的贵族公子。1885 年中举人,1889 年以五品京堂候补。1892 年补光禄寺少卿,旋迁太仆寺少卿①。

1894 年中日战争发生,岑被派至钦差大臣刘坤一处差遣委用,时刘坤一节制关内外各军,不久岑被派总理烟台营务,并驻扎山东黄县。次年因病开缺回广西。1898 年因送幼弟赴礼部试到北京,受光绪召见一次。当时正值戊戌变法期间,岑迎合光绪的心理,说了些"国势阽危,非发愤自强,不能图存"的话,受到激赏。8 月特授岑为广东布政使。两个月以后,又调任甘肃布政使。

1900 年 6 月,帝国主义八国联军进犯京、津地区。时岑正在兰州,闻讯后亲率马步兵二千余人,长途奔驰,赶到北京"勤王"②。7 月抵北京。不久通州失陷,慈禧、光绪仓皇西逃,岑率所部赶到南口"护驾",慈禧派他为前路粮台督办。由于这番"勋劳",岑升任陕西巡抚。

---

① 1885 年—1992 年岑春煊履历,故宫档案《履历单》,见秦国经主编:《清代官员履历档案全编》第 6 册,第 473 页,华东师范大学出版社 1997 年版。

② 参阅吴永:《庚子西狩丛谈》,中国史学会主编《中国近代史资料丛刊·义和团》(三),神州国光社 1953 年版,第 409 页。

1901年3月，八国联军侵入山西边境，岑春煊被调任山西巡抚。岑上任伊始，即下令撤走娘子关、固关守军，"以示讲和诚意"。他还迅速"清理"教案，预拨银两发给教堂教士，并以此配合主和派奕劻、李鸿章在北京的乞和活动①。

翌年，慈禧、光绪自西安回北京途中，特命岑春煊随同回京。7月岑奉调任广东巡抚，未及成行，又调署四川总督。他8月到成都，即镇压了四川义和团余部及哥老会会众。

时广西官逼民反，群众纷起反抗贪官污吏，当时有五匪之称，即官匪、绅匪、兵匪、民匪、土匪，全省动荡。岑于1903年4月改署两广总督，督办广西军务，督师梧州，定剿抚兼施之计，选兵用将，后来成为两广军阀的龙济光、陆荣廷就是岑此时提拔起来的。次年，慈禧命岑兼任粤海关监督，他派员"认真整理"，一年中征得税银660万两，超过户部规定每年500万两的定额。

岑深得慈禧信任，比较"敢于言事和参劾官吏"，为当权的庆亲王奕劻所忌。时袁世凯正与奕劻结纳，力助奕劻排斥岑，二人合谋，于1906年9月调岑为云贵总督，以便攫取两广财富之区。岑知其谋，乞假往上海就医，延不赴任。1907年3月岑忽奉旨改调为四川总督，他知仍系奕劻与袁图谋，乃径入京，面见慈禧，密陈奕劻贪庸误国，自称愿为慈禧"作一看家恶犬"，慈禧命岑为邮传部尚书，留京办事。

奕劻与袁必欲设法离间慈禧对岑的信任。1907年5月以钦州地方"扰乱"，广东请兵，再外调岑任两广总督。岑甫抵上海，即闻军机大臣瞿鸿禨被罢免，政治上益感孤立，正在南下途中，奕劻与袁又伪造岑与梁启超合照，称岑与康、梁勾结，欲谋归政光绪，慈禧信以为实，遂将岑开缺。

1908年，慈禧、光绪相继死去，岑在上海私寓闻讯，"举哀成服"。

---

① 《有关义和团上谕》，中国史学会主编：《中国近代史资料丛刊·义和团》（四），神州出版社1953年版，第100—103页。

不久,他的政敌袁世凯也被罢斥,于是岑乃暂居上海,以观时局变化。

1911年,革命形势高涨,四川掀起保路风潮,清廷令岑立即前往四川会同赵尔丰办理"剿抚事宜"。他正准备前往,武昌起义爆发,清廷又任他为四川总督。他还打算"征兵选将,筹集饷械",取道陕西入川,对抗革命。但是眼见各省纷纷独立,清王朝已呈土崩瓦解之势,于是电请清廷"径降明谕,宣示中外国民,组织共和政治"①。

袁世凯窃取辛亥革命果实后,1912年任岑为福建宣慰使。1913年袁又任岑为汉粤川铁路总办。"二次革命"发生前,岑适在上海,曾和王芝祥等人联名致电袁世凯,要求"和平解决南北冲突",遭到袁世凯拒绝。于是,他便与黄兴、陈其美、章士钊等联系,随即加入倒袁行列,被推为大元帅。袁世凯把岑的汉粤川铁路总办免职。接着岑到广东去活动龙济光倒袁,无结果。国民党人反袁失败后,岑亦被袁通缉,乃逃亡南洋。

1915年底,蔡锷等在云南起义,揭开反袁序幕。时岑春煊尚寓居南洋,广西都督陆荣廷密谋反袁,派员迎岑回国。1916年1月岑由南洋抵沪,与梁启超等密商后,偕章士钊、张耀曾赴日本活动。时日本大隈内阁认为袁在中国的统治地位已经动摇,日本应乘机确定日本在华的优势地位。而"袁世凯在中国的统治已成日本达到上述目的的障碍,为执行帝国的方针,最好使袁退位,其继承人应远比袁世凯更有利于日本帝国"②。为贯彻上述方针,在日本参谋本部和外务省的直接策划下,用所谓"民间有志之士"的名义,由日本资本家出面给中国国内反袁势力以援助。在上述背景下,同年3月20日岑春煊与日商竹内维彦签订借款日金100万元合同,作为护国军行政费用③。

————————————

①　中国史学会主编:《中国近代史资料丛刊·辛亥革命》(八),上海人民出版社1957年版,第16页。

②　(日)外务省编:《日本外交年表并主要文书》上卷,东京:原书房1965年版,第418页。

③　日本外务省档案胶卷S232,广东借款之部。

1916年3月15日,陆荣廷宣布"独立"。接着,龙济光也被迫宣布"独立"。岑春煊则于4月21日由上海绕道香港抵肇庆。他和梁启超等认为袁世凯"非退职无由息兵"。主张"南部各省应挟决心以为之后盾"①,策动南方各省独立,迫袁退位。5月1日陆荣廷率各将领通电拥岑为两广护国军都司令。5月8日又在肇庆正式宣告成立军务院,代行国务院职权。军务院是进步党和一部分国民党与西南地方军阀的联合组织,岑恰是与三方面都有联系的人物,故军务院成立后,推唐继尧为抚军长,岑春煊为抚军副长,梁启超为抚军兼领政务委员长。唐不能远离云南,由岑摄行抚军长职权。6月6日袁世凯死,随着南北妥协,7月14日军务院用抚军全体名义宣告撤销。

1917年7月6日,孙中山率海军南下护法。9月护法军政府成立,非常国会推孙中山为大元帅,陆荣廷、唐继尧为元帅,但陆、唐都没有宣誓就职。陆荣廷和政学会等国民党右翼分子相勾结,把岑春煊抬出来与孙中山对抗。

在桂系陆荣廷以武力作后盾的情况下,政学会等国民党右翼政客们就着手修改军政府组织法。把大元帅制改为七总裁制,借此排挤孙中山。孙中山不得不于1918年5月4日向非常国会辞去大元帅职。岑春煊为七总裁之一,8月21日经军政府政务会议推为主席总裁。

岑春煊名义上是军政府的主席总裁,实际上不过是听命于桂系军阀的政治工具。陆荣廷一贯主张反段联冯,南北妥协。岑则和直系头目吴佩孚通电倡和,响应吴的"停战呼吁"②。孙中山不愿和岑春煊沆瀣一气,1919年8月7日辞军政府总裁职。10月4日,唐绍仪也向军政府辞议和总代表职。10月27日,广东的非常国会通过改组军政府会议案,并有人对岑春煊提出不信任案。军政府已呈瓦解局面。

---

① 《岑春煊、梁启超致许世英等电》(1916年5月4日),《护国之役文电未刊稿》,中国国家图书馆藏。

② 岑春煊:《乐斋漫笔》,(台北)文星书店1962年版。

1920年3月,唐继尧公开揭露岑春煊与北方直系军阀接洽和平的内幕,国民党一致斥责岑出卖上海和会。留在广州的政务总裁之一的伍廷芳,于3月29日携带文件印信与关税余款离粤到香港,并声明对外交、财政两部仍负全责。伍廷芳的出走,使岑处境狼狈。

伍廷芳随后到上海,非常国会事实上分为沪、粤两方。岑与桂系军阀操纵广州的议员于5月4日补选熊克武、温宗尧等为总裁,支撑军政府门面。6月6日,广州军政府改任温宗尧为南方议和总代表、与北方军阀政府直接谈判。

7月中旬,直、皖战争爆发,8月桂系军阀乘机向驻闽南粤军进犯。粤军陈炯明部决心趁此打回广东。10月,陈炯明一举攻克潮安、汕头。岑春煊于是又打着军政府的招牌,劝告双方停战。粤军不听,10月下旬攻占惠州、石龙,迫近广州,桂军败退广西。岑见大势已去,于10月24日和陆荣廷等通电宣布撤销军政府,并于27日离开广州,11月2日到上海。从此在上海租界作寓公。

岑春煊居上海期间,与杨永泰、李根源等政学会成员不断往还。1930年完成自述稿《乐斋漫笔》。1932年"一二八"淞沪抗战时,曾捐款3万元①,表现其爱国心。1933年4月27日,岑春煊病逝于上海。

① 沈琼楼:《岑春煊及其有关人物》,中国人民政治协商会议广东省广州市委员会文史资料研究委员会编《广州文史资料》第1辑,1960年版,第123页。

常　燕　生

李义彬

常燕生，初名乃英，后改名乃惠，字燕生，以字行。山西省榆次县车辋村刘家寨人。1898 年 12 月 5 日（清光绪二十四年十月二十二日）生于北京。其先辈是榆次县的著名望族，其父常运藻（字鉴堂）曾在北京詹事府任主簿，1903 年到河南任知县。常燕生随其父迁居河南开封。

常燕生从七岁起在开封从关雁秋师就读。辛亥革命爆发后，随家迁回原籍。1913 年入山西阳兴十二县立小学，1916 年毕业于阳兴公学，同年考入北京高等师范学校史地部。"五四"前，日益深重的民族危机和蓬勃兴起的新文化运动，使常燕生深受震动和影响，并参与了新文化运动。他在《新青年》三卷一号上发表《我之孔道观》，反对康有为提出的把孔教定为国教、把孔教列入宪法的主张。他在 1916 年和 1917 年多次与新文化运动的主将陈独秀通信，讨论对孔教和道德问题的看法。陈独秀在 1917 年 4 月 1 日的复信中，称赞他说："平论孔教，渐近真相，进步之速，至可钦也！"[①]同年 3 月 17 日，陈独秀在北京高师作关于道德问题的讲演，常燕生将记录加以整理并在文末附上自己的感受，投寄《新青年》，该刊三卷三号予以发表。常称赞陈独秀的这个讲演"于道德之真相，可谓发挥尽致矣"。他还以陈独秀阐述的资产阶级道德观为武器，批判了中国传统的儒家道德和"道德为不可变易之物"、"天不

---

① 任建树编：《陈独秀著作选》第 1 卷，上海人民出版社 1984 年版，第 290 页。

变道亦不变"①的形而上学的思想方法。

常燕生积极参加五四爱国运动,是学生运动中的一名骨干分子。北京中等以上学校学生联合会成立时,他被推选担任该会教育组主任。他还是进步社团"国民社"的成员,与黄日葵、孟寿椿等一起编辑《国民》杂志,在该刊上发表了论文《爱国——为什么?》(二卷一号)、《东方文明和西方文明》和文艺作品《夜半》、《睡起对月》(均刊于二卷三号)。

1920年夏,常燕生从北京高等师范学校毕业,到北京高师附中任教。1921年,曾去日本旅行。归国后,迁居上海,在吴淞公学中学部执教。1923年辞去吴淞公学教职,居家未出。1924年春,前往北京,执教于北京高师附中。同年秋,应聘到燕京大学讲授历史。在这期间,他联络山西在京学界同乡,组织"青年山西学会",主编该会刊物《山西周报》。

五四运动后,新文化统一战线开始分裂,知识分子亦随之分化。在五四爱国热潮推动下曾经风云一时的常燕生,对国共合作实现后日益高涨的革命运动感到恐惧,急剧右转,日趋反动。1925年11月,常燕生经陈启天介绍,参加了曾琦等人创办的中国青年党,党号仲安,成为该党的重要领导骨干和"理论权威"。

1926年3月10日,北京一些国家主义派分子在北京大学召开"反俄援侨"大会,常燕生出席会议并作了讲演。当年夏季,他辞去燕京大学教职,创办爱国中学,自任校长,并兼办《学园周刊》,参与鲁迅主编的《莽原》周刊的编辑工作。在7月份召开的中国青年党第一次全国代表大会上,常燕生被选举为中央执行委员兼宣传部长。

1927年初,常燕生辞去爱国中学校长职务,到上海专门从事青年党的党务活动。他主编青年党的机关报《醒狮》,常用惠之、平子、平生、萍之、凡民等笔名在该报发表文章,进行反苏、反共宣传。青年党历次代表大会的宣言,多出自他的手笔。

---

① 《新青年》3卷3号,1917年5月1日。

同年 3 月,北伐军进抵长江流域,北洋军阀的统治已摇摇欲坠。这时,常燕生鼓动一切反动势力联合起来,把矛头对准共产党。他声称"军阀官僚已到末路,势力并不可畏,可畏者乃新兴的专制主义者俄国帝国主义者所雇用的共产党","现时应当集中力量先打倒背后有俄国势力的共产党"。他号召各种势力"应当全体加入国家主义青年团,绝对服从他们的指挥,和共产党作战"①。他对当时在中国共产党领导下蓬勃兴起的工农群众运动,极尽攻击污蔑之能事。他说:"自共党得势,乃煽动工团农会,日为罢工械斗,互相残杀,社会秩序为之大紊,国民生计因而破裂。"②他把集中目标反对英帝国主义的五卅运动诬之为"是一个瞄准错误的运动",说五卅运动没反对苏联,没抓住日本,"而集中目标对英国瞄准,这实在是一种最大的错误"③。

"四一二"政变后,在反共、反革命这个根本点上,青年党和蒋介石已没有分歧;但由于蒋介石坚持独裁统治,在一段时间内他们还没有完全合流起来。青年党昔日的靠山孙传芳、吴佩孚已被打垮,张作霖危在旦夕,于是便急欲投靠刚刚在南京建立起政权的蒋介石。为此,"四一二"后,常燕生立即收起了他们一贯反对孙中山三大政策的真实面孔,谎称"数年以来,吾人抱定'反共不反国'之态度始终不变"。声称"吾人始终认定共产党人为祸国之巨魁,应全力扑灭之,而共产党所依附之国民党则不在此例"④。他哀求"国民党人对于比较可以携手的友党(即青年党——引者注)应该将狭隘的态度稍稍放弃"⑤,并肩携手,共同反共。尽管如此殷勤献媚,并未能得到蒋介石的青睐,青年党仍不能公开

---

①　《时局将来之推移与吾人之责任》,《醒狮》周报第 126 期,1927 年 3 月 19 日。

②　《吾人所希望于实行清党以后之国民党者》,《醒狮》周报第 134 期,1927 年 5 月 21 日。

③　《五卅运动的再检讨》,《国论》周刊第 1 卷第 12 期,1938 年 5 月 7 日。

④　《醒狮》周报第 134 期,1927 年 5 月 21 日。

⑤　《国民党之统一与分裂》,《醒狮》周报第 151 期,1927 年 10 月 1 日。

活动。于是常燕生哀叹地说:"现今的中国不是自由太多了,似乎还是太少。它且不论,即以约法上规定之集会、结社、出版、言论等自由,十六年来未尝有一时实行。"①他在坚决反共的同时,对蒋介石的"党治"也时有牢骚。

在"四一二"后腥风血雨的日子里,常燕生也是满腹杀机。他不仅主张将所有的共产党人斩尽杀绝,甚至叫嚣:"如有为共产党工具者,杀无赦;如有为共产党辩护者,杀无赦。"②他对中国共产党开创的"工农武装割据"的革命道路无比恐惧,认为"中国共产党所采取的这种策略是很特殊的策略,不仅世界上各普通政党无此策略,就是世界上的共产党也无此策略"。他也感到"中国共产党所采取的战略却不失为适合中国的国情,……是可以有成功的希望的"。蒋介石的白色恐怖政策不仅没有把共产党人斩尽杀绝,相反共产党创建了工农红军,开创武装斗争的新局面。严酷的事实使常燕生开始认识到:蒋介石和张作霖的"南北政府今日所用的屠杀政略",是制止不了"共产之祸"的。他向国民党反动派提出了新的"抵御共产之祸的方法",这就是"一面联合中产阶级筑成防御的阵线,以民团抵御流寇,一面赶紧采用保护政策和中山的开发实业计划,使全国人民都变为有产阶级",这样"则祸乱自然停止"③。

1928 年和 1929 年,常燕生除在上海外,大部分时间在山西。在沪期间曾在大夏大学授课,并担任青年党创办的知行学院教授。1930年,他辞去知行学院教授,赴北平专门负责整理和主持华北地区青年党的党务。1931 年"九一八"事变后,国内阶级关系发生重大变化,民族矛盾开始上升为主要矛盾。此时,青年党提出"政党休战"口号,期望乘机投靠蒋介石国民党。蒋介石在决定召开国难会议时,邀请出席者名

① 《吾人对于自由之意见》,《醒狮》周报第 161 期,1927 年 11 月 5 日。
② 《戡定红乱的方略和国家主义者的当前责任》,《醒狮》周报第 167 期,1927年 12 月 17 日。
③ 《三民主义批判》(六续),《新国家》2 卷 5 期,1928 年 5 月 1 日。

单中有九名青年党人,常燕生是其中之一。由于双方对会议的内容、地点、仪式等问题主张不一,常燕生等没有出席会议。

"九一八"事变后,常燕生反对蒋介石的不抵抗主义。他说蒋介石的这个政策"只能叫做奉送江山的降表"。他批评了国民党政府诉诸国际联盟解决日本入侵问题的主张,他认为这是根本行不通的,因为国际联盟"不过是几个强国把持欺骗弱国的工具,一切唯强国之命是听"。他主张"野战抗日",实际上就是游击战争,具体办法是中国国民,尤其被占领地的东北国民,自动地结合起来,30人、50人,零碎组成队伍,在日人占领的区域内,向横暴的日本驻军施行个别的攻击。凡遇有日本兵士或武装人员的地方,只要人少,立刻实行攻击,对于日人所把持的铁路工业及其他机关尽情地加以破坏,日本大队人马来时,立即退开避免牺牲。他认为"这样一来,可使日本驻军昼夜不能安枕,所占领的地方,完全不能利用,持久下去,敌人必然悔悟而自动退让"①。

1934年,常燕生从北平到太原,担任山西大学教授。1935年,他在上海创办青年党的理论刊物《国论》月刊,并常为该刊撰文。他在1935年10月出版的《国论》上发表的《国人对于中国共产党运动应有的认识》,对中国共产党的理论和政策进行了全面攻击。他在文中断言:"解决中国问题不但不能依靠共产党,而且因为中国共产党的运动反成了中国解放问题的大障碍。"常燕生在这篇文章中还提出了一个"系统的、有效的抵抗共产党运动的方案",其要点包括三个方面,即"建设系统的理论"、"建设严密纪律的救国组织"、"确定激进彻底的行动原则"。当年,常燕生再次返回太原,投靠阎锡山,充任太原绥靖公署主任办公室秘书,成了为阎锡山出谋划策的幕僚。

1936年西安事变和平解决后,国共两党开始谈判,抗日民族统一战线在逐步形成。此时,常燕生一再发表文章,反对国民党再次与共产

---

① 《野战抗日》,原载《醒狮》1932年1月号,引自《常燕生先生遗集》第5册,台北文海出版社1967年版,第6页。

党合作，主张把共产党排斥在抗日民族统一战线之外。他攻击说："若许共产党加入联合阵线，是前门拒虎，后门进狼，与救国之目的根本相违。"①

1937年卢沟桥事变后，常燕生于10月离开太原，经武汉进入四川。整个抗日战争时期，一直滞留成都。1938年任四川大学教授，在历史系讲授历史哲学。同年，《国论》复刊，改为周刊；并创办青年党机关报《新中国日报》，任总主笔。

1938年4月21日，左舜生代表青年党致函国民党总裁蒋介石、副总裁汪精卫，称颂国民党临时全国代表大会关于决定设立国民参政机关和声言保障国民自由，是"异日宪政实施之端绪"，"国民政府为今日举国公认之政府，亦即抗战唯一之中心力量"，表示"同人等本爱国赤诚，始终拥护"。4月24日，蒋介石、汪精卫复函左舜生，表示要"集中全国贤智之心思才力，以共济此日之艰危，而谋国家久远之福利"②。从此，青年党正式获得了合法地位。同年6月，国民党政府设立国民参政会，常燕生作为青年党代表被聘为参政员。

武汉、广州失守以后，国民党内亲日派头子汪精卫等加紧制造"和平"空气，为其投敌叛国作舆论准备。这时，常燕生发表文章，要求国民党当局"正人心，息流言，拒邪说"，"迅速发动全国舆论，请政府立即宣布既定国策不变，非到日军完全退出占领区域，恢复九一八以前的状态，决不言和③。与此同时，也多次含沙射影地攻击中国共产党"单独组成某路军"，并把此"作一个招牌来替自己特别宣传"④。

1939年"五一"前后，常燕生作为青年党代表到陕甘宁边区首府延安参观考察。他会见了毛泽东、张闻天、陈绍禹，参观了机关、学校，和

①　《对于全民救国联合阵线的意见》，《常燕生先生遗集》第3册，第127页。
②　《抗战建国中之中国青年党》，成都国魂书店1939年版，第13—16页。
③　《新中国日报》，1938年12月31日。
④　《国论》周刊，第1卷第8期，1938年4月7日。

各方面人士进行了接触。他承认延安"人人保持原始的精力,不腐化,不偷懒,能够苦干",但又无端指责"无论在政治上,社会上,都是见小而不见大,见近而不见远,小处近处非常精明,但大者远者则未免有看不到之处"①。

1941年,常燕生在川康农工学院和华西大学任教。1944年,执教于齐鲁大学。

抗日战争胜利后,青年党于1945年11月在重庆召开第十届代表大会,常燕生被选为中央常务委员兼文化运动委员会主任委员。1946年1月,他作为青年党的五名代表之一出席了政治协商会议,参与该会议之宪法审议委员会工作。在政协会议上,他与曾琦等人联名提出了"改革政治制度,实行政治民主化案"和"停止军事冲突,实行军队国家化案"。

1946年11月15日,蒋介石召开"国民大会"。常燕生作为青年党代表之一参加会议。1947年4月,青年党正式参加南京国民党政府,常燕生初任行政院政务委员,不久又改任国民政府委员。常就职后于6月17日从上海去成都料理私事,在成都突患脑病,7月26日病故于华西大学医院。

---

① 《追记延安之行》,《常燕生先生遗集》第8册,台北文海出版社,第109页。

常　荫　槐

张学继

常荫槐,字瀚襄,亦写作翰香、汉香、汉湘、翰襄,祖籍山东寿光,1889 年(清光绪十五年)生于吉林梨树,是山东移民的后代,兄弟四人,常荫槐排行第四。常荫槐 1910 年从奉天法政学堂第二期毕业后不久,由大哥常荫廷带至黑龙江谋职。经常荫廷推荐,常荫槐首先担任黑龙江都督府军需科额外科员,后转入黑龙江陆军第一师(师长许兰洲)师部任少校军法官、军法处长,常荫槐办事果断、不讲情面、敢作敢为的风格深得该师参谋长李景林的赏识。

1922 年 4 月底,第一次直奉战争爆发,常荫槐任镇威军骑兵司令部参谋长,战前镇威军总司令部对这支骑兵寄予厚望,希望它在战场上发挥特殊作用,但由于骑兵司令许兰洲"不长于骑兵",而身为参谋长的常荫槐又是"不晓军务之人",不了解骑兵的特点及作战样式,以致战斗打响后,骑兵几"成无用之物"[1],基本上没有发挥作用。战至 5 月初,张景惠指挥的西路奉军首先溃退,该路奉军三万余人全部被直军缴械。接着,张作相指挥的中路奉军与张学良、郭松龄等指挥的东路奉军也相继溃败,纷纷向关外撤退。在撤退过程中,奉军军纪荡然无存,沿途打劫勒索老百姓财物,行同土匪,面对这种混乱局面,张作霖想起常荫槐办事有魄力、不讲情面,当即宣布任命他为奉天全省军警执法处长。常荫槐走马上任,对不遵守纪律的溃兵实行严厉弹压,很快扭转了混乱局

---

① 辽宁省档案馆编:《奉系军阀密信》,中华书局 1985 年版,第 26 页。

面,使奉军有序地撤退到关外。

奉军撤退到关外不久,各地胡匪又猖獗起来。1923 年 3 月 14 日,经杨宇霆推荐,张作霖任命常荫槐兼任洮昌道清乡督办事宜,调集重兵以十分残酷的手段将各股土匪镇压下去。时任奉天省长的王永江私下向杨宇霆揭发,常荫槐在剿匪过程中也有包庇窝藏土匪以及污良为匪的殃民行为,强烈要求将常荫槐撤职交法庭惩办①。但杨宇霆并没有向张作霖报告,暗中保护了常荫槐。

1925 年春,常荫槐任京奉铁路局局长。京奉铁路是连接关内外交通的最重要的通道,第二次直奉大战结束后,奉系控制了这条铁路,但当时交通秩序十分混乱,特别是奉系官兵无票搭霸王车的现象十分严重,而且无人敢管,奉系官兵挂在嘴上的口头禅是:"妈拉巴子是月票,后脑勺是护照。"常荫槐就任局长后,依然以铁腕手段整顿乘车秩序,不徇私情,不怕得罪上司与同僚。他主持厘定了整套严格的规章制度,严格稽查,按规章制度办事,在沈阳、锦州、山海关等大车站还加派得力武装检查。对于违反禁令的,一律实行严惩。奉军某团长无票乘车,被稽查员查到后不仅拒绝补票,而且破口大骂,甚至拿出手枪来准备行凶,稽查员当场夺下手枪,将其赶下火车。常荫槐随即报请张作霖同意,就在车站站台上将该团长枪决,这一事件在奉军上下引起强烈震动。从此以后,奉系官兵搭霸王车的现象急剧减少。还有一次,张作霖五夫人(即寿夫人)的厨师无票强占头等包厢,被稽查员查到后当即被赶下了火车,该厨师依仗其主子是大帅最宠爱的夫人,大为不服,常荫槐命令执法队在站台对该厨师予以杖责,打得他趴在地上爬不起来。事后,该厨师向五夫人哭诉,要五夫人为他做主。五夫人向张作霖倾诉后,张作霖不但没有处罚常荫槐的意思,反而称赞说:"这小子,真有种,我正需要这种铁面无私的角色呢!"经过常荫槐的铁腕整顿,京奉铁路的乘车和运输秩序迅速好转。

----

① 辽宁省档案馆编:《奉系军阀密信》,第 128 页。

1926年,常荫槐兼任奉军第三、四方面军团部政务处长、交通司令。从1927年6月起,常荫槐担任北京政府交通部次长代理总长职务,1928年间还一度兼任奉(天)海(龙)铁路局督办。

1927年六七月间,日本田中义一内阁召开"东方会议",决定对张作霖采取"卸磨杀驴"或者使其完全傀儡化的对策,日本派出公开与秘密两路人马,以软硬兼施的手段向张作霖索取"满蒙"权益的交涉,要求解决所谓的"满蒙悬案"。秘密外交由满铁社长山本条太郎、"中日实业公司"董事长江藤丰二负责,与张作霖直接接洽;公开外交由日本驻华公使芳泽谦吉、驻奉天总领事吉田茂等负责与中国外交当局乃至张作霖公开谈判。在日本人的威胁利诱和软硬兼施下,张作霖与日本于1927年10月15日取得了满蒙五路的谅解,达成"满蒙新五路协约"。根据这个协约,由日本政府承包修建:敦(化)图(们江岸)线,长(春)大(赉)线,吉(林)五(常)线,洮(南)索(伦)线,延(吉)海(林)线。"协约"还规定,"本协约签字后,尚须派两国代表正式签字",方能生效。1928年5月7日,田中义一再次派山本条太郎到北京,逼张作霖签订修建满蒙新五路的正式合同,张作霖命交通部代总长常荫槐在合同上签字。但常荫槐不想当卖国贼,自谈判以来一直表现出强硬态度,不惜违背张作霖的意志,拒绝在合同上签字,张作霖无奈便命令交通部航政司司长赵镇以兼次长再兼代部务的身份与日本签订了吉敦延长线和长(春)大(赉)线两条铁路的承造合同。另由张作霖本人与日本签订延(吉)海(林)线、洮(南)索(伦)线两条铁路的承造合同。吉(林)五(常)路合同,因吉林省各界强烈反对,张作霖决定留待以后再签。

在中日谈判期间,常荫槐根据张作霖的指示,主持修筑了打通(打虎山—通辽)铁路,尽管日本帝国主义多次抗议,反对修筑这条所谓与南满铁路平行的铁路,但常荫槐不为其威胁所动,仍按计划施工,直至建成。

1928年6月3日,常荫槐与张作霖等同车返回东北。4日,在皇姑屯京奉、南满铁路交汇处遇炸,张作霖与吴俊陞被炸死,常荫槐也受了轻伤。张学良继任东三省保安总司令后,日本人要求东北当局承认和履行张作霖生前与日本人签署的密约,但常荫槐答复说:"保安会并未承认新合同。"①常荫槐的强硬态度引起日本侵略者的敌视,为此日本人有意散布谣言,挑拨常荫槐等人与张学良的关系,制造混乱,成为"杨常事件"发生的重要诱因之一。

张作霖死后,常荫槐与杨宇霆结成死党,对少帅张学良采取极端轻视的态度,在私邸与家人谈话时动辄说:"小六子(张的乳名)少不更事,懂得什么!"即使在公开场合对张学良也不尊重,倨傲无礼,目无长官。1928年五六月间奉军从北京撤退时,常荫槐下令将在京奉铁路上行驶的车辆全部拖到关外,南京国民政府委任的京津卫戍总司令阎锡山向张学良交涉,要求放回车辆以恢复关内外的交通,张学良表示同意,但常荫槐拒不执行,说:"这是我的事情,这些车辆归我管,他管不了我!"

1928年7月,常荫槐升任黑龙江省省长。他为了培植个人势力,借助其大哥常荫廷在黑龙江省任道尹时创编游击队的经验与人事关系,以及沈阳兵工厂督办杨宇霆在枪械弹药方面的支持,擅自动用铁路资金,编练约二十个营的山林警备队。张学良对此坚决不同意,而且存有戒心,他说:黑省既有国防军,又有省防军,无需再编练山林警备队。但常荫槐置若罔闻,我行我素,继续扩军练兵,因此引起东北当局的怀疑和关注,更使黑龙江军务督办万福麟感到极大的威胁和不安。

常荫槐与杨宇霆沆瀣一气,反对张学良与南京国民政府合作。杨、常认为蒋介石靠不住,言而无信,易帜后会被蒋吃掉,况且蒋也不见得站住脚,倒不如在东北搞独立。张学良排除重重阻力,毅然宣布东北三省于1928年12月29日易帜,降下北洋政府的五色旗,悬挂国民政府的青天白日满地红旗,但杨、常两家公馆拒绝挂旗,以示反对。

在"杨常事件"发生数日前,常荫槐自黑龙江抵沈阳面见张学良,要挟张罢免中东路督办吕荣寰职务,提出让刘哲继任,并且手持纸笔,胁

---

① 胡玉海、张伟:《奉系人物》,辽海出版社2001年版,第217页。

迫张学良立即批准,气焰嚣张,使张学良十分恼火。长期积压在心中的怒火加上种种媒孽,使张学良产生了以非常手段处决常荫槐及其后台杨宇霆的念头。

1929年1月10日下午5时左右,常荫槐随杨宇霆来见张学良,要求成立东北铁路督办公署,以常荫槐为督办。张学良表示,目前东北甫经安定,涉及外交之事应该慎重考虑,不能草率行事,此事须从长计议。杨、常坚决要求立刻决定,并取出事先写好的便条,让张学良签字批准。张推托说现在已到晚饭时间,容饭后再作决定,并留他们共进晚餐。杨称临来时已告家人回去用饭,表示饭后再来。于是,杨、常相率辞去。至此,张学良忍无可忍,决定先发制人,即召警务处长高纪毅、侍卫副官长谭海在老虎厅会客室准备行动。两小时后,晚上7时左右,杨、常如约而来,径入老虎厅就座。高纪毅、谭海率领六名持枪卫士一拥而入,高纪毅当场宣布:"奉长官命令:杨宇霆、常荫槐阻挠国家统一,立即处死,即刻执行。"杨、常闻言,顿时木然,脸色惨白,一句话也说不出来,随即分别被两名卫士抓住,一名卫士开枪,当场毙命,陈尸老虎厅。

当晚,张学良电召臧式毅、刘鸣九、米春霖等亲信到大帅府,研究起草《枪毙杨宇霆、常荫槐通电》、《东三省保安总司令部布告》、《致三省父老电》、《杨常伏法之判决书》等文件,处理善后事宜。《杨常伏法之判决书》给杨、常定的罪名是:"暗结党羽,图谋内乱,勾结共产,颠覆政府,阻挠和议,把持庶政,侵款渎职。"这些罪状多有不实,有的是莫须有,有的属政见分歧,有的则虽有嫌疑,但无确证。其实,张学良杀杨、常的真实原因,在他于12日致杨宇霆夫人的亲笔信中,已表露无遗:"……弟受任半载以来,费尽苦心,百方劝导,倩人转述,欲其稍加收敛,勿过跋扈,公事或私人营业,不必一人包办垄断。不期骄乱成性,日甚一日,毫无悔改之心。如再发生郭(松龄)王(永江)之变,(奉天省长王永江于1926年2月因反对张作霖再度入关,愤而辞职。张作霖曾谓郭松龄以枪杆子造反,王永江以笔杆子造反。)或使东三省再起战祸,弟何以对国家、对人民乎?"

　　处决杨、常后,张学良根据罪不及妻孥的原则,立即派人到杨、常家慰问,并各送一万元慰问金。张学良还给常荫槐写了一副挽联:"天地鉴余心,同为流言悲蔡叔;江山还汉室,敢因家事罪淮阴。"

陈 宝 琛

陈贞寿

陈宝琛,字伯潜,号弢庵,福建闽县(今福州)人,生于 1848 年 10 月 19 日(清道光二十八年九月二十三日)。他家"世代簪缨",曾祖父陈若霖做过刑部尚书,祖父陈景亮曾任云南布政使,父亲陈承裘进士出身,候选郎中,曾分发刑部浙江司行走。

陈宝琛十三岁中秀才,十八岁中举人,二十一岁成进士,选翰林院庶吉士,三年后散馆授编修,曾两次派充顺天乡试同考官。1879 年任甘肃乡试正考官。1880 年 7 月,陈升翰林院侍讲,任日讲起居注官,8 月授右春坊右庶子,以及武英殿协修、纂修、总纂,提调国史馆,功臣馆协修、纂修。1881 年授侍讲学士,参与草拟诏书、敕令等中枢机要事宜。1882 年简放江西乡试正考官,不久转任江西学政,1883 年升内阁学士兼礼部侍郎衔。

陈宝琛自入翰林院后,与左春坊左庶子张之洞、侍讲张佩纶、宗室侍郎宝廷交谊甚厚。他们四人崖岸自高,不避权贵,敢言敢谏,被称为"清流党",又称"枢廷四谏官"。陈以敢于上谏慈禧太后出名。他对边防、御侮、进退大臣等曾先后上疏数十章,甚得慈禧太后、光绪帝的宠信,其奏章往往不交部议,即蒙饬令迅办。

19 世纪 70 年代前后,列强各国疯狂掠夺我国领土,沙俄占领我国新疆伊犁九城;日本派兵侵扰台湾,公然吞并琉球;法国大规模侵略越南,矛头亦指向我国。这时,清廷内部曾有过一场关于"海防"(防日)和"塞防"(防俄)的争论,出现了主战与主和两派。作为"清流党"健将的陈宝琛,当时对内主张弹劾权贵,对外则力主抗战。1879 年,出使俄国谈判索还伊犁的都察院左都御史崇厚,擅自签订丧失领土和主权的《里瓦几亚条约》,引起舆论的谴责。陈与张之洞等交章论劾,请诛崇厚、毁俄约。但清廷在沙俄的压力下,将崇厚开释。陈上疏主张将崇厚“服人臣不赦之极刑”①。对于总理衙门采纳主和派提出“联日防俄”,拟允许日本商民在中国内地通商,陈上疏指出,“联日交即以分俄势”之说是“懵于事理”,其流弊必“祸延于朝鲜,而中国之边患更亟矣”②。他认为俄国屯兵数千于喀什噶尔西南之阿来,是沙俄的“恫吓要挟”,其劳师在远,不足害怕,应海防与塞防并重,“俄事既可以坚持,日事益无庸迁就”③。

　　1882 年 4 月法国侵略者再陷河内后,步步北侵,直窥云南。陈宝琛认为中越两国“辅车相依,唇亡齿寒”,“今日法军之捷,在越南为腹心之忧,在中国亦岂癣疥之疾”,他一再上疏奏陈,主张“举义师以平其难”。陈认为清廷对于和战所采取的“旋战旋和”策略是招祸之源,上疏指出,“舍战而言守则守不成,舍战而言和,则和亦必不久”。他建议“以云南之兵复山西,以广西之兵谋河内,以广东之兵扰海阳”,使法国侵略者“兵分力单,顾此失彼”,并表示“敌忾同仇,不敢自同局外”④。1884年 5 月清廷下旨派陈宝琛为钦差会办南洋大臣,并授他“专折奏事”之权。

　　7 月,在江西典试的陈宝琛奉旨后,启程赴抗法前线。行抵南康之时,一日之间接到三道谕旨,要他北上天津会同李鸿章妥筹中法和议细目。原来,当法兵于 3 月间进犯山西、北宁我军驻地时,慈禧太后恐战争将危及清王朝的统治,曾授权李鸿章与法国水师总兵福禄诺

①　陈宝琛:《陈文忠公奏议》卷上,闽县陈氏 1940 年版,第 28 页。
②　陈宝琛:《陈文忠公奏议》卷上,第 8 页。
③　王彦威:《清季外交史料》卷 23,1933 年铅印本,第 23 页。
④　陈宝琛:《陈文忠公奏议》卷下,第 22 页。

(F. E. Fournier)议订了简明和约五款(即《天津专约》)。当时陈宝琛曾
上疏对所拟五款和约加以驳斥。后因法军不遵定约,于 6 月 23 日进犯
谅山,被清军击败。在海关总税务司赫德(Robert Hart)调停下,清廷
允将条约重议,适见到陈宝琛的奏折,就派他会同李鸿章详细妥筹。7
月 18 日,陈赶抵上海,正拟附轮北上,恰遇祖父病故,按例报请在行馆
持服二十一日。此时,法使巴德诺(Jules Patenotre)逗留上海不肯赴
津。清廷改派两江总督曾国荃为全权大臣,在沪与法使议约,并派陈宝
琛为和谈会办。陈不愿参与议和,乃以"拙于辞令,不习洋情,筹防义不
容辞,议和才实不逮"①电辞,但未获准。由于奕劻与李鸿章总想力保
"和局",以致清廷和战不定,陈在和谈中进退两难。但他认为拖延不是
办法,会使"和战两误",曾密电要求或战或和"此时宜决"②。不久,法
将孤拔(Anatole Courbet)率法国舰队占据台北基隆,清政府乃于 8 月
17 日电陈"不必再议,惟有一意主战",并令"即回江宁办防"③。陈遂
离沪至南京。23 日法国侵略者聚泊在马江的舰队突然向我发动袭击,
福建水师战败,陈宝琛请旨"派江西援军速进",清廷即电令曾国荃拨江
西振武五营进援,但曾复电拒援。陈宝琛奏请准他自己募勇教练,并
称:如"成效毫无,将臣从重治罪"④。但清廷只复他"就现在各军设法
整顿"⑤。陈悻悻而罢。

陈宝琛练兵不成,遂沿江出巡。10 月他将巡阅情形上奏,弹劾曾
国荃"任用姻私,失知人之明","南琛"、"开济"管带玩忽职守,各军总统
陈湜"虚额蚀饷"⑥。清廷下旨曾国荃整饬处理。但曾国荃原是湘军名

① 王彦威:《清季外交史料》卷 42,第 21 页。
② 中国史学会编:《中国近代史资料丛刊·中法战争》(五),上海人民出版社
1957 年版,第 472 页。
③ 中国史学会编:《中国近代史资料丛刊·中法战争》(五),第 503 页。
④ 陈宝琛:《陈文忠公奏议》卷下第 50 页。
⑤ 陈宝琛:《陈文忠公奏议》卷下第 55 页。
⑥ 陈宝琛:《陈文忠公奏议》卷下第 56 页。

将,挟功骄傲,对陈宝琛纸上谈兵瞧不起,反于 10 月 29 日上疏指责陈在沪时"不顾议约之难,好为高远之论,事事与臣龃龉,臣以其言难行,恐与外人在沪决裂,贻误大局,委曲斡旋";并说陈弹劾陈湜等纯是"蜚语中伤"①。后清廷派人查明陈湜确有"游宴妓馆情事","有玷官箴",著"交(吏)部严加议处"②。然而,陈宝琛已失欢于主帅曾国荃。10 月陈母病逝,奔丧回籍。

1885 年 2 月,陈宝琛因前力荐云南巡抚唐炯、广西布政使徐延旭堪任军事,而唐、徐相率溃败,已核定斩监候,遂以"荐人失察"之过,被降五级调用处分。自是以后,陈闲居林下二十余年之久。

陈宝琛罢官归里后,于 1895 年出任福州鳌峰书院山长,1900 年创设东文学堂。1902 年鳌峰书院改为全闽大学堂,翌年 11 月又改称福建高等学堂,陈曾任该学堂监督;东文学堂改为全闽师范学堂,陈亦任该学堂监督。

1905 年,光禄寺卿张亨嘉等发起设立福建铁路公司,陈宝琛被举为总理。1906 年 11 月,陈赴南洋各埠募股一百七十余万元,拟先筑漳厦之间 90 华里,次年 7 月开工,1909 年 5 月嵩屿与江东桥间 76 里铁轨铺成。后因经营不善,无法维持,终于连路轨也被拆除殆尽。

1908 年 11 月,光绪帝、慈禧太后相继死后,溥仪登极,"清流党""四谏"之一的张之洞任军机大臣。经张推荐,陈宝琛 1909 年 3 月赴京,4 月被派为总理礼学馆事宜。次年 4 月开复内阁学士兼礼部侍郎衔原官,6 月以硕学通儒充资政院钦选议员。在资政院首发请昭雪杨锐等提案文,要皇帝降谕旨"将杨庆昶(杨锐之子)所缴德宗皇帝所诏,宣布中外,昭示万世臣民,并纂入实录以成信史",还提议对"杨锐等竭忠致身沈(沉)冤未白"应"降旨昭雪","授照许景澄等开复原官加恩赠

---

① 中国史学会编:《中国近代史资料丛刊·中法战争》(六),第 15 页。
② 朱寿朋编:《光绪朝东华录》(二),中华书局 1958 年版,总第 1852 页。

印以慰幽魂而餍众论"。此提案震动朝野①。

1911 年 1 月，陈宝琛以原衔充补汉经筵讲官、实录馆副总裁。6 月清廷补授他为山西巡抚，未上任又开缺，以侍郎候补派他在毓庆宫任皇帝授读，并赐在紫禁城骑马。8 月改补正红旗汉军副都统和奕劻内阁的弼德顾问大臣，授读如故。

辛亥武昌首义，民国成立，溥仪根据"优待条约"保留帝号。六十五岁的陈宝琛效忠清室，仍在故宫就任"帝师"。陈宝琛在溥仪眼中是"最忠于大清"、"最称稳健谨慎"②的人。陈宝琛经常向溥仪灌输"卧薪尝胆"、"遵时养晦"的复辟思想。1913 年小朝廷给陈赏戴花翎，次年又赏给他文职头品顶戴。袁世凯复辟帝制，陈宝琛骂袁是"元凶大憝，自作孽，必不得善终"，但又为溥仪安全忧虑，暗中为溥仪求神问卜。1916 年底，他撰《德宗本纪》完稿，晋升"太保"。1917 年 7 月 1 日张勋拥溥仪复辟，陈出任"内阁议政大臣"，位同首辅。他劝溥仪禁止亲贵干政。不过十几天，复辟濒临失败，陈和张勋等商议拟了一道"上谕"给张作霖，授张为东三省总督，命他火速进京"勤王"，未成事实，希望破灭。从此，陈对复辟之举十分谨慎。

1922 年 1 月，陈宝琛撰成《德宗实录》，溥仪又赏以"太傅"衔，次年升"实录馆正总裁"。在他七十五岁生日时，溥仪赠送"老鹤无衰貌，寒松有本心"的"御书"对联。

1923 年夏，陈宝琛引荐郑孝胥、罗振玉入宫任职。1924 年 10 月，冯玉祥回师北京发动政变，迫使溥仪取消帝号，移出紫禁城，迁居北府。罗振玉主张溥仪溜出北府，借外力谋取"复辟"；陈则主张争取恢复优待条件，"还宫复原"。后来，罗振玉和庄士敦说冯军将对废帝有不利的行动，陈着了慌，同意罗、庄等人的主张，在他和庄的陪同下，溥仪移住日本使馆"避难"。次年 2 月，溥仪又出走天津，居日租界"静园"，陈等亦

①　陈宝琛：《沧趣楼文存》卷上，海澄陈氏读我书斋 1958 年版。
②　溥仪：《我的前半生》，群众出版社 1980 年版，第 67 页。

随往。

　　1926年4月段祺瑞下台,北京政府由直奉两系联合当权,陈宝琛曾于7月间亲自到京活动,企图使废帝"复原还宫"。后由于北伐军节节胜利,张作霖、吴佩孚自顾不暇,"还宫"的希望再次破灭。陈主张"静待观变"。当时有人主张向张宗昌军队支援饷银,以换取代为"规复京津";也有人主张向白俄将军谢米诺夫提供活动费,以换取由溥仪统治满蒙地区,陈一概反对。当时郑孝胥和这些人往来,并送钱给他们,陈对郑极为不满。

　　"九一八"事变后,东北沦陷,罗振玉带着日本关东军坂垣大佐的代表上角利一到天津引溥仪去东北,陈宝琛斥责罗振玉"鲁莽乖戾"。溥仪不以为然,他便沉痛地说:"天与人归,势属必然,光复故物,岂非小臣终身之愿? 唯局势混沌不分,贸然从事,只怕去时容易回时难!"①溥仪格于种种因素"暂不出行",但不久又背着陈采纳郑孝胥的意见派人去日本活动。后来关东军派土肥贤二原至津诱引溥仪去东北,陈适在北平,见报立即赶回天津。在"静园"召开的"御前会议"上,和郑孝胥展开了激烈的辩论,反对溥仪去东北。溥仪虽未对他斥责,但已认为陈"忠心可嘉,迂腐不堪"②,不足与图大事。1931年11月10日,溥仪背着陈潜去东北。陈虽不满,但他仍于两个月后赶到大连,在旅顺肃王府再三劝告溥仪"等候时机","不要轻信郑孝胥的欺罔之言"③。当时日本关东军与郑孝胥等拟让溥仪出任伪满蒙共和国"总统",陈劝溥仪复辟就要复"大清帝国"之辟,说:"若非复位以正统系,何以对待列祖列宗在天之灵!"④当他知道溥仪在郑孝胥等人的挟持之下,已成为日本关东军笼中之鸟,自己完全无能为力之时,这个梦寐恢复"大清帝国"的八十四

　　①　溥仪:《我的前半生》,群众出版社1980年版,第269页。
　　②　溥仪:《我的前半生》,第283页。
　　③　周君适:《伪满宫廷杂记》,四川人民出版社1981年版,第70页。
　　④　溥仪:《我的前半生》,第300页。

岁的"帝师",最后向溥仪洒泪告别说:"臣风烛余年,恐未能再来。即来,也恐未必能见,愿皇上保重!"①陈匆匆回到天津,随后迁回北平,离开了相随二十三年的废帝。1932年秋和1933年9月虽两度至长春见溥仪,溥仪就任伪满"执政"、"皇帝"后,陈始终未在伪满任职。晚年常哀叹"求为陆秀夫而不可得"。

　　1935年3月5日,陈宝琛在北平寓所病逝。

---

① 　溥仪:《我的前半生》,第300页。

陈 璧 君

闻少华

陈璧君,字冰如,原籍广东新会,1891 年 11 月 5 日(清光绪十七年十月初四)生于马来亚槟榔屿乔治市(今槟城)。其先辈在南洋槟榔屿经营橡胶业,渐成富商,至其父陈耕基时,人称"陈百万"。其母卫月朗,广东番禺人,与陈耕基结婚后同去南洋。

1905 年,孙中山在日本东京建立中国同盟会,之后派人到国内各地及海外华侨中建立同盟会分会。1906 年 9 月,孙中山来到槟城,建立起槟城同盟会分会,以吴世荣为会长,黄金庆为副会长。1907 年,汪精卫等为进行反清革命前来槟城,与陈璧君相识于蕊兰园吴世荣家,陈被汪的口才和仪表所倾倒。1908 年,陈因活动积极,遂秘密加入同盟会。卫月朗同情革命,并随陈璧君前往新加坡会见孙中山,自己亦加入同盟会。陈璧君后来回忆说:"吾自与精卫相见于吴世荣君之蕊兰园,数往还,谈革命,遂加入同盟会。至新加坡谒总理孙先生。其初虑祸及家门,密不敢以告父母,既而察吾母明识有志节,且事不可终秘,乃具以告,备受谴责,而吾母乃欣然竟偕余复至新加坡谒总理,且毅然加盟焉。"[①]

由于 1907 年至 1908 年革命党人多次起义均告失败,汪精卫决心回国进行暗杀活动。1909 年,汪与黄复生、喻培伦、陈璧君等组成暗杀

---

① 陈璧君:《我的母亲》,张江裁等撰:《汪精卫先生行实录》,东莞张氏拜袁堂丛书 1943 年版,第 3 页。

团,赴北京谋刺摄政王载沣。1910 年 4 月事泄,汪精卫、黄复生被捕,汪被判处终身监禁。5 月,陈璧君与黎仲实赴南洋筹款,还在香港成立营救汪的机关。

辛亥革命于 1911 年 10 月爆发。11 月,汪精卫被释出狱。1912 年初,汪精卫、陈璧君在上海宣布结婚,4 月底到广州正式举行婚礼。8 月,汪精卫偕陈璧君前往法国求学。次年,移住于都鲁士,蔡元培、李石曾亦住在该地。

1914 年,第一次世界大战发生,陈璧君前往巴黎,作为法国红十字会成员,从事救护伤员工作。1915 年 4 月,汪精卫、陈璧君由法返国,汪去南洋进行声讨袁世凯活动,陈则到广州省亲。不久,又都回到法国。

1917 年,孙中山电召汪精卫回国参加护法运动,陈璧君随后携全家回国。次年,陈在上海与汪一起从事党务政治工作。

1923 年,陈璧君以恢复执信学校名义,奉命去美洲筹款,她不负众望,途经美国檀香山、三藩市等地及古巴、加拿大等国,耗时半年多,筹得款项三十多万元,缓解了国民党的经费困难,也为自己提高了声望。次年 1 月,国民党第一次全国代表大会在广州召开,陈璧君当选为中央监察委员。年底,汪精卫、陈璧君随孙中山北上抵北京。

1925 年初,由于孙中山身患重病,在京国民党中央委员组成中央政治会议,汪精卫处理日常事务,陈璧君则协助宋庆龄照顾孙中山。

国民党第二次全国代表大会于 1926 年 1 月召开于广州,陈璧君再次当选为中央监察委员,随后又被选为常委。2 月,陈去汕头为执信学校募款十余万元。蒋介石于 3 月 20 日制造了"中山舰事件",汪精卫不安于位,陈璧君陪汪于 5 月去法国养病。

1927 年,国内"迎汪复职"声浪甚高,陈璧君随汪精卫于 4 月 1 日由法国返抵上海,因与蒋介石等意见不合,于 6 日乘船赴武汉。

是年,汪精卫集团发动"七一五"分共政变,陈璧君从此走上叛变革命的道路。11 月,陈公博、黄琪翔策划广州驱李(李济深)事件。12 月,中国共产党发动广州暴动。由于这两件事,汪精卫等在国民党内受到责难,汪、陈被迫悄然离国赴法。

1929 年,汪精卫、陈璧君旅居法国,陈公博亦往法国小住,并向汪精卫汇报改组派情况。陈璧君一再动员陈公博回国进行反蒋活动。3月,汪精卫、陈公博、陈璧君等发表《关于最近党务政治宣言》,抨击蒋介石包办国民党"三大",指出:"将近百分之八十之代表,为中央所圈定与指派,将本党民主制度之精神蹂躏殆尽。"①从而否定"三大"的合法性。

1929 至 1930 年,陈璧君随同汪精卫、陈公博等先后策动张发奎、唐生智、冯玉祥、阎锡山等人发动军事行动倒蒋,均以失败告终。陈璧君陪同汪精卫寓居香港,静观形势发展。

1931 年,蒋介石与胡汉民在"约法"问题上的冲突,引发了反蒋派的又一次大联合,陈璧君随汪精卫赴沪参加会议。蒋介石利用"非常会议"各派矛盾,对汪进行拉拢。陈璧君、顾孟馀等则去南京,与蒋密商汪、蒋合作条件。陈璧君在国民党四届一中全会上,又一次当选中央监察委员。

1934 年 1 月,陈璧君任党务审查组委员。11 月,汪精卫、吴稚晖与陈璧君等为在南京郊区建筑平民住宅事,发起募捐。

1935 年 11 月 1 日,国民党于南京召开四届六中全会,汪精卫遇刺。陈璧君怀疑刺客系蒋介石的特务所为,对蒋大加指责,从而增加了汪、蒋矛盾。同月 23 日,国民党五全大会闭幕,陈璧君仍被选为中央监察委员,并在一中全会上被选为中央政治委员会委员。

陈璧君在汪精卫出国疗伤期间,留在国内注意政治风云变幻,随时向汪通风报信。1936 年 12 月 12 日发生西安事变,陈、汪之间一时函电交驰。陈敦促汪:"兄为朋友、为党,均应即归。"汪回电称:"不问中央

---

① 查建瑜编:《国民党改组派资料选编》,湖南人民出版社 1986 年版,第 155页。

有电否,我必归。"①当汪于1937年1月回到上海时,西安事变已和平解决,汪、陈打算落空。

1938年,国民政府西迁重庆,汪精卫、陈璧君寓重庆上清寺。此前,汪精卫与周佛海为首的"低调俱乐部"成员互通声气。汪还通过周佛海先后派遣高宗武、梅思平在上海、香港与日方特务秘密勾结,并在上海重光堂(土肥原公馆)与日方签订卖国密约。11月,当梅思平携密约返回重庆,经过汪精卫、周佛海、陈璧君、陶希圣等连日讨论,陈璧君力主外逃降日。

此前,陈璧君为了汪精卫出逃方便,以视察锡矿为名来到昆明对龙云进行拉拢,谋借路外逃。12月18日,汪精卫、陈璧君等伺机逃出重庆赴昆明。19日,这一伙人又乘龙云专包的一架欧亚航空公司飞机,离开昆明,逃往越南河内。22日,日本发出近卫首相的招降声明(即《调整对华外交方针》)。29日,汪精卫则发出响应近卫声明的《艳电》。

1939年3月21日,河内汪精卫寓所发生了军统特务枪杀曾仲鸣(目标系针对汪精卫)的事件。汪精卫、陈璧君等感到危机四伏。日本政府即派影佐祯昭、犬养健等营救汪精卫等人。4月29日,汪精卫、陈璧君一伙终于登上日本派去的"北光丸"轮船。5月6日抵上海,住进江湾土肥原公馆。随后,汪、陈等又搬进愚园路1136弄的一所豪华公寓。

7月13日,重庆国民党中常会决定永远开除陈璧君等人党籍,并下令通缉。8月,汪精卫盗用国民党名义,召开所谓第六次代表大会,陈璧君被选为伪中央监委常务委员。

1940年1月,高宗武、陶希圣从上海逃往香港,宣布脱离汪伪。其时,汪精卫正在青岛与王克敏、梁鸿志等商讨汉奸合流问题。在上海留守的陈璧君,命令陈春圃以"汪主席随从秘书长"名义,发表"辟谣"的谈

① 蔡德金辑:《西安事变前后汪精卫与陈璧君等来往电函》,《近代史资料》总60号。

话。陈璧君认为："非如此不可,否则不够分量。"3月初,陈璧君亲自跑到香港,对汪精卫的老搭档陈公博连骂带劝,拉到上海筹组伪政府。

1943年,陈璧君以伪中监委常委名义"视察清乡"。她率领伪内政部长陈群、陆军部长叶蓬、行政院秘书长陈春圃及曾醒、方君璧等男女随员多名,包了一节专车,从上海到杭州。沿途欢迎标语一律用"陈委员"而不用"汪夫人"字样。在杭州大吃大喝一通之后,就忙于逛商店,买特产,车厢几被物品塞满。

汪伪时期,广东成为陈璧君的独立王国。她作为伪中央代表坐镇广东,名义是"广东政治指导员"。1941年,在陈璧君的策划下,陈耀祖任广东省主席。陈璧君在广东肆意搜刮,还为汪精卫歌功颂德,1942年5月,汪精卫六十虚岁,陈璧君特意指示陈耀祖为汪举行祝寿典礼。

1944年3月,陈璧君陪同汪精卫去日本治病。11月汪精卫在日本名古屋帝大医院病死,陈护送汪的遗体返回南京。其时在广东的陈耀祖已被刺身亡。1945年3月,陈璧君逼着伪府代主席陈公博同意褚民谊去广东主持粤政。

1945年8月,日本宣布无条件投降,25日,陈璧君、褚民谊被军统局在广州诱捕入狱。翌年2月,陈璧君等又经南京转送苏州狮子口监狱。

1946年4月,国民党江苏高等法院以"陈璧君通谋敌国,图谋反抗本国,处无期徒刑"[①]。宣判后,陈璧君对法官说:"我对判决绝对不服,但也绝对不要上诉,因为上诉的结果,必然还是与初审一样。"[②]

1949年5月上海解放,6月陈璧君由苏州监狱移往上海提篮桥监狱拘押。陈体弱多病,人民政府在注意其思想改造的同时,对其生活予

---

①　南京市档案馆编:《审讯汪伪汉奸笔录》(上),江苏古籍出版社1992年版,第395页。

②　转引自朱子家:《汪政权的开场与收场》第4册,香港春秋杂志社1961年版,第90页。

以适当改善和及时治疗。1951 年,陈璧君写下《与日本谋和平我是现在仅存的罪魁祸首》的交待材料。1955 年,陈璧君主动要求到苏北劳改农场劳动,鉴于她的身体状况,未予批准。1959 年 3 月,陈璧君病情加重,移送监狱医院住院疗治。6 月 17 日,陈璧君病死于上海提篮桥监狱医院。

陈 炳 焜

刘立道

陈炳焜,字舜琴,1868年11月11日(清同治七年九月二十七日)生于广西马平县(现柳州市)一个破落仕宦家庭。因生活困难,陈炳焜幼年随母到陈团村刘姓地主家帮工,伴地主之子在私塾读书四五年。长大后,听说边关谋事较易,于1885年前往龙州,在广西提督衙门当戈什哈(满语,即卫士)。因稍通文字,聪明能干,为提督苏元春所赏识。陈在提督衙门五六年,学到了很多官场礼节和公务处理知识。先后认识了马盛治、陆荣廷、谭浩明、林俊廷等人,并与陆结为把兄弟。1891年,陈因事被提督苏元春斥责,愤而离去,投靠统领马盛治,被委为镇南营哨长。由于对部队的整顿训练有成绩,不过三数年,得越级升充管带。1904年两广总督岑春煊奏请清政府将镇南营、熙字营和健字营合编为荣字营,以陆荣廷为统领,统兵十营,陈炳焜擢升营务处(略等于助理帮统)兼附中营管带,深得陆的信任。陈精明强干善交游,与荣字营的管带如谭浩明、林俊廷、韦荣昌等关系极为亲密。

这年5月,柳州附近会党游勇推陆亚发为领袖举行起义,藩司王芝祥急调陆荣廷率部镇压,陆荣廷将附中营及附左营、附右营共三营交陈炳焜指挥,防守镇南关(今友谊关)、龙州、水口一带边区重地,营务处设在关前隘。翌年,起义军及所属游勇会党先后被平定,陆荣廷调任左江镇总兵,回驻龙州,陈仍驻守关前隘。

1907年12月,孙中山发动镇南关起义,占领了右辅山炮台,守炮台的正是陈炳焜的附中营前哨哨长。清廷限令陈炳焜克日夺回炮台,否则即予严办。陈炳焜等疯狂反扑,终于从革命军手中把炮台夺回,清廷遂免治其罪。

1908 年春,清政府在龙州开办广西陆军讲武堂和学兵营,陆保送陈进讲武堂受训。毕业后,适值广西新军成立,陆又保荐陈为新军第二标标统。

1911 年武昌起义后,广西于 11 月 7 日宣布独立,原广西巡抚沈秉堃为广西都督,布政使王芝祥和陆荣廷为副都督。不久,沈、王辞职离桂,陈炳焜等乘机拥陆荣廷为都督。1912 年 2 月,陆委陈为都督府军政司司长。1913 年 4 月,北京政府特任陆荣廷为广西都督兼广西民政长,他将全省军队改编为两个陆军师,任陈炳焜为第一师师长,驻桂林,谭浩明为第二师师长,驻龙州。

同年 7 月,孙中山发动反袁的二次革命,陈炳焜帮助陆荣廷逮捕过境的革命党人,镇压了响应二次革命的柳州起义。1914 年 7 月,陈炳焜以第一师师长兼任桂林镇守使,主持桂林军民两政。

1915 年,袁世凯阴谋复辟帝制,在各省培植私人势力,9 月派其亲信王祖同为广西巡按使,对陆荣廷进行监视。陆一面联合王祖同上书劝进,表示拥戴袁,一面称病回武鸣原籍休养,暗中进行倒袁活动,而调陈炳焜来督署暂代行代拆。1916 年 3 月 15 日陆通电广西独立讨袁,亲率武卫军进军湖南,派莫荣新等进军广东,以陈炳焜留守南宁。5 月,两广护国军都司令部在肇庆成立,陆荣廷、陈炳焜均为抚军。6 月,袁世凯死,黎元洪继任总统,黎任陆荣廷为广东督军,陈炳焜为广西督军。陈任督军后,认为政局变动莫测,决心整军经武,于 1917 年 5 月创办了学兵模范营,以留学日本士官学校的马晓军为中校营长,马子骏为少校营副,陆军大学毕业生朱为珍、曾致沂、黄旭初、苏端分任一、二、三、四连连长①。

1917 年春,陆荣廷受任两广巡阅使,陈炳焜调任广东督军,谭浩明

---

①　黄绍竑:《五十回忆》(上),云风出版社 1945 年版,第 37 页。

接任广西督军。不久北京府院之争加剧,陆荣廷以总统黎元洪受到威胁,遂于6月20日授意陈炳焜、谭浩明宣布两广自主。7月,孙中山率领部分海军军舰南下广州护法,陈炳焜秉承陆荣廷的意旨,口头上欢迎护法,实则多方进行破坏。如广东警卫军是广东省长朱庆澜收编龙济光余部扩编而成,共有40营,朱欲交孙中山作北伐使用,陈炳焜借口军权须统一于督军,企图吞并以扩大私人势力。后经林虎等人斡旋,陈炳焜始允拨20营交陈炯明组成援闽粤军。又如朱庆澜出走后,广东省议会选举胡汉民为广东省长,陈不予承认。广东各项税收,均为陈所垄断把持,他拒绝担负军政府和非常国会的经费,企图从经济上扼杀军政府。这是以孙中山为首的护法力量所不能容忍的。加之陈炳焜任广东督军期间,与其参谋长秦一民在广州包烟包赌,贪污掠夺,大饱私囊,深为粤人所痛恨,陆荣廷为缓和矛盾,不得不于1917年11月调陈回桂会办广西军务,1918年6月又委他为广西省长。但因陈刚愎自用,不大听陆的话,做事操切,不得人心,任省长一年即辞职,回柳州家中闲住。

　　1920年8月,桂系通过军政府下令进攻援闽粤军,孙中山命令在闽粤军回粤驱逐桂系在粤势力,桂军败退回桂。陆荣廷等不甘心在广东的失败,1921年4月欲再次进攻广东,陆向北京政府保荐陈炳焜为护军使,在梧州组织护军使署策划东进。以韦荣昌、刘震寰等部为攻粤中路军,驻贺县一带的沈鸿英部为左路军,驻玉林一带的黄业兴部为右路军,其余部队统为谭浩明指挥,策应各路,作进攻广东的准备。6月,孙中山下令讨伐陆荣廷,分三路进攻广西。陈炳焜的中路军在梧州首先失败,粤军水陆并进,长驱直入,桂军左、右两路军接踵溃退。陈见大势已去,无法挽救,匆匆跑回柳州,携带家属经湖南逃往天津。以后在香港、天津过寓公生活。1926年,返柳州原籍。1927年9月1日在柳州病死。

主要参考资料

广西少数民族社会历史调查组编:《广西辛亥革命资料》,1960

年版。

中国人民政治协商会议广东省委员会文史资料研究委员会编:《广东辛亥革命资料》,1962 年版。

中国人民政治协商会议广东省委员会文史资料研究委员会编:《广东文史资料》第 15 辑,1964 年版。

中国人民政治协商会议广西壮族自治区委员会文史资料研究委员会编:《广西文史资料选辑》第 1 辑(1983 年重印本)、《广西文史资料》第 16 辑(1983 年版)。

中国人民政治协商会议广西壮族自治区委员会文史资料研究委员会编:《辛亥革命在广西》,广西壮族自治区人民出版社 1961 年版。

黄绍竑:《五十回忆》。

《李宗仁回忆录》,政协广西文史资料研究委员会 1980 年版。

陈 布 雷

严如平

陈布雷,原名训恩,字彦及,号畏垒,浙江慈溪西乡宫桥(今属余姚)人,1890年12月26日(清光绪十六年十一月十五日)生。先世务农,祖父陈克介以经营茶业往来于赣浙间,置有田产。父亲陈依仁继承祖业,生有子女七人,陈布雷居长。

陈布雷五岁入塾,兼受父亲及从兄陈训正(屺怀)启蒙之教,读《诗经》、《论语》等经传,备受传统文化的熏陶。后在邻村蒙馆兼习数学,又爱读译本新书。十三岁时入县应童子试,继应府试、院试,次年成县学生。不久,清廷废科举,普设新学,陈于1904年入慈溪县中学堂,除学文、史外,并习普泛之科学文化知识。他在从兄和进步教师的启迪下,披览倡导维新自强的新书报,试与同学秘密组织"覆满同志社",成为后来革新思想之滥觞。

1906年初,陈布雷进入宁波府中学堂,数月后到杭州考入浙江高等学堂预科。陈布雷受到爱国师生民族革命思想影响,并阅读《复报》、《民报》、《新世纪》等新书报,救亡图存的思想益增,初任校友会书记;后因清政府借英款将沪杭甬路"收归国有",浙江各界组织浙路拒款会反对,陈被推为学生代表之一,奔走呼号甚力。但居常仍潜心学习与作文。

1911年初,陈布雷在假期由慈溪赴杭州时途经上海,寄寓陈训正主政之《天铎报》社,曾代戴季陶在该报撰述言论数篇,以"布雷"①署名。是年夏于浙江高等学堂毕业后,即应聘为《天铎报》撰述记者,开始了记者生涯。他与当时在上海主办《民立报》的宋教仁、于右任等有过从。10 月武昌首义爆发,上海尚在混沌之时,各报多未敢公开谈论革命,陈以《谈鄂》为题连撰十篇,按日载于《天铎报》,初露锋芒。嗣后又写数篇反清专制与反封建的时论,鼓吹革命。1912 年 1 月孙中山在南京就任中华民国临时大总统,用英文写有《告友邦人士书》,陈以流畅的文笔译出,经临时政府外交总长王宠惠校阅,于《天铎报》首次刊出,蜚声一时。当时他年少气盛,锋芒显露,为《天铎报》总编辑李怀霜所忌,乃辞职归里,至宁波效实中学执教。他课余好读英、法文书报,遂应《申报》聘为特约译述员,译文多署名"彦"。是年 3 月同盟会浙甬支部成立,陈加入为会员。

1914 年 7 月,陈布雷遭父丧,因弟妹众多,皆未成年,家族乡里诸事又俱待规划、处理,乃辞去教职,归里主持家务,克尽孝悌之道;并经管义田会等宗族款产及本村水利、治安、施舍等公益事务。为此,他熟习珠算及权量等术,整理田册账目,甚至巡行田亩间,按图对照,悉心管理达五年余。后期复在效实中学兼任教职,并任校长一年。1920 年 6月,他应商务印书馆之聘赴沪,参加《韦氏英汉大辞典》编译工作。

1921 年 1 月,陈布雷至新创刊之《商报》,任编辑主任,重新开始了报人生涯。他勤奋笔耕,夙夜孜孜不倦,每周撰社论五篇,星期日撰一短评。其论评先重政治,渐及文化、工商、社会、国际时事等,文笔犀利而富有情感,为时人及报坛所称重。他诛伐曹锟贿选,刚健有力;为鲁案对日直接交涉事,与《中华新报》笔战旬日;哀悼孙中山逝世,撰《精神的死与形骸的死》以驳《时事新报》之谬论;"五卅"惨案起,更每日撰论

---

① 　陈布雷原名训恩,在浙江高等学堂求学时,因脸型圆如面包,被同学戏呼为 bread。陈乃以 bread 之谐布雷。署名撰文于是时始。后以布雷之名为世人知,训恩、彦及、畏垒等名、字反为所掩。

鼓吹呼号。《商报》声誉渐增，颇为广大知识分子及青年所喜爱，发行量日增，社会影响甚大。《国闻周报》特约陈每周撰一"时评"；中共中央主办之《向导》周刊也曾转载陈撰之时论并加评注。但是他于曹锟被逐后，一时曾产生政局已趋向改良的错觉，对段祺瑞执政府之政策措施，多以善意之辞述论，其政治上之短视与言论上之不彻底时有反映。

1926 年 7 月国共合作兴师北伐，陈布雷在《商报》详加报道，鼓吹中国必须以各阶级联合之力量，打倒军阀而争回主权，国民革命之旗帜颇为鲜明。其时蒋介石四处罗致人才，郭沫若和李一氓乃推荐陈布雷，以期对蒋施加民主进步的影响而减少对革命的损害。1927 年 1 月，陈与《商报》编辑潘公展同赴南昌见蒋介石。蒋对于温和谦恭、博学多才、文笔犀利、又是浙甬同乡的陈布雷极表器重，与陈多次晤谈，意欲留他在自己身边工作；并亲自与陈果夫介绍他加入国民党。陈布雷感激其知遇之情油然而生，欣然承命代拟《告黄埔同学书》等文稿，深得蒋的嘉许。但陈表述自己的志趣是做报人，乃于 3 月返沪。此时上海已为工人武装起义成功所解放，但未逾一月，蒋介石发动"四一二"政变，并在南京另立国民政府与国民党中央党部。风云骤变，陈布雷 4 月先被张静江延揽至杭州任浙江省政府秘书长；一月后又被蒋介石召至南京任中央党部书记长。他进入国民党中枢后，耳闻目睹，"乃觉党内意见纷歧，基础殊未稳固，念国势之危殆，忧革命之多艰，常忽忽不乐"①。8 月，蒋介石在国民党内部派系倾轧之下被迫下野，陈布雷在为蒋拟就《辞职宣言》后，亦离南京返里。10 月到上海任《时事新报》特约撰述，重操报业。

蒋介石于 1928 年 1 月重新上台，任国民革命军总司令兼军事委员会主席，欲任陈布雷为总部秘书长，陈坚辞不就，在南京住一个月后回到上海，任《时事新报》总主笔，并与戴季陶、周佛海等人创办《新生命

---

① 　陈布雷：《回忆录》(二)(1940 年 6 月)，《陈布雷回忆录》后半册，上海廿世纪出版社 1949 年 1 月影印版，第 12 页。

月刊》。但每当蒋要发表重要文告、讲词时,他常被召去南京拟撰。是年 7 月及次年 6 月,还随蒋北行,代拟《祭告总理文》等文告及讲词多篇。

　　1929 年 3 月,国民党举行第三次全国代表大会,陈布雷被蒋介石安排当选为中央候补监察委员。陈多次上书力辞,未果。8 月,陈被任命为浙江省教育厅长,屡辞不获,乃离开新闻界步入国民党政坛。翌年12 月,蒋介石自兼教育部长,命陈至南京为常务次长,嗣后又改任政务次长,并兼国民党中央宣传部副部长。陈虽兼任要职,事务繁冗,但其大量精力仍耗于为蒋代撰各种文字。他认为仕途多舛,自己性格不近于从政,故在南京没有安家,只在旅馆租一室暂住,以待机会辞离而去;他亦阻止子女报考中央政治学校进入政界,而鼓励选择农、医、理、工等专业攻读,告诫他们:“人贵自主,但求一艺随身,即可为人民做些有益的事。”①

　　日本帝国主义于 1931 年发动“九一八”事变,蒋介石奉行不抵抗主义,使日本不战而侵占我东北全境,全国人民极为愤慨,反蒋派系乘机倒蒋,蒋介石被迫于 12 月宣告下野。陈布雷本欲乘此机会引退,但被国民政府再度任命为浙江省教育厅长,重回杭州任职两年余。陈力谋促进本省教育事业,先后创设温州师范和金华农业实验学校,推广乡村小学,推行师资进修,发展民众教育,充实省图书馆等。但仍常被蒋召去佐笔札之役。

　　1934 年 5 月,陈布雷被蒋介石调任南昌行营设计委员会主任,负责领导一批从欧美归来的留学生,从事对国际问题和外交政策的研究、审议,以及文化宣传与理论研究。从此,陈布雷正式成为蒋介石的幕僚长,或议事、或撰文、或咨询、或承命特办某事,朝夕相随于蒋之左右。他抱着“扶助明君安邦治国”的幻想,一切听命于蒋介石的意旨。

---

①　陈过:《我的父亲陈布雷》,浙江省政协文史资料委员会编《浙江文史资料选辑》第 37 辑,浙江人民出版社 1988 年版,第 41 页。

其时日本帝国主义侵吞我东北后进而染指华北,民族危机严重,但蒋介石仍然奉行"攘外必先安内"的政策,继续调集兵力大举"剿共",而对日本一再妥协退让。面对侵略野心不可遏制的日本帝国主义,陈布雷奉蒋介石之命于1934年10月去奉化溪口住了十天,助蒋撰一题为《敌乎?友乎?》的长文,劝说日本军阀改变侵略的妄念。该文以设计委员会委员徐道邻(徐树铮之子)署名,发表于上海《外交评论》杂志,引起中日朝野及舆论界之广泛注意和种种猜测。

1935年2月起,陈布雷任军事委员会委员长侍从室第二处主任,掌管秘书(第四)和研究(第五)两组;11月国民党第五次全国代表大会后,又兼任国民党中央政治会议副秘书长。此时,蒋介石已集全国党政军大权于一身,日夜丛集的机要文件、函电往来,除军事方面归侍从室第一处外,其余均经陈之手办理。是年蒋去川、滇、黔整顿军政,翌年又出巡两广,陈皆随往,受命联络地方行政官员归附蒋氏。惟其主要职责仍在撰拟蒋之重要文稿,就连蒋介石五十岁时的"感言"《报国与思亲》,也是陈代为构思与执笔。

1936年12月,蒋介石去西安催逼张学良、杨虎城出兵"剿共",陈布雷因病未随行。12日张、杨兵谏,蒋被拘,陈自以"近臣"而未共患难,怅惘若失,在南京扶病奔走,力主事变和平解决。由于中共的调停和各方面的努力,蒋介石同意停止内战、合作抗日之后,于26日返回南京。陈立即奉命将蒋被迫承诺条件的口述伪撰成《对张杨之训词》发表,之后又向壁虚构蒋在事变中被扣与得释经过之《西安半月记》。虽奉命勉强写出,但内心痛苦不堪。他曾在对其知友的信上,写过这样充满郁愤的话:"余今日之言论思想,不能自作主张,躯壳灵魂已渐成他人之一体。人生皆有本能,孰能甘于此哉?"[①]他慑于蒋命,一再违心撰文,沉溺于苦闷矛盾之深渊,只能发狂暴之愤怒于文案,以致一度患脑病甚剧,神思烦郁,夜则失眠,昼则畏烦。

---

① 陈布雷致董桢柯函(1937年初),陈训慈藏。

　　陈布雷跻身国民党统治中枢,日益洞悉国民党内派系林立、明争暗斗之种种内幕,很是失望。他洁身自好,忧郁寡欢,深居简出,谨言慎行,竭力回避派系之争。陈立夫曾于1935年胁迫他入CC系,他当即将此事报告蒋介石,决不参加①。

　　卢沟桥事变爆发后,全国军民奋起抗战,国民党蒋介石接受第二次国共合作,共同抗日。陈布雷受命拟撰之《自卫抗战声明书》、《告抗战全体将士书》等,表达了中国政府和人民反对日本侵略的严正立场和坚决抗御的意志。此时,大革命失败后流亡日本多年的郭沫若,回国投身抗战,陈力劝蒋以抗日大局为重,捐弃前嫌,撤销过去的通缉令,并委郭以重任。抗日战争前期,陈先被任命为军事委员会副秘书长,嗣后又改任国防最高委员会副秘书长;但他所任侍从室第二处主任之职一直未变,负责上下行文的承转和处理,对各方条陈或请示裁决之件,则先加签拟,供蒋介石最后审择决定。他仍在蒋身边供笔札之役,承命起草重要的文告和讲词;同时对重大问题搜集材料,分类研究,供蒋咨询。1938年3月,蒋介石决定组建三民主义青年团,陈奉命撰改《宣言》、《告青年书》等,并参与修改章则规制,事后被指定为三青团中央临时干事兼常务干事。

　　陈布雷虽已成为蒋介石的幕僚翊赞左右而不能自立,但他仍怀恋文士生涯书生心境。1941年11月,中国共产党发动重庆文化界为郭沫若五十寿辰和创作生活二十五周年举行大规模庆祝活动,陈布雷欣

---

　　①　据陈布雷之弟陈训慈告笔者,陈布雷生前曾对其亲友、部属谈起:1935年某日,陈立夫以小轿车接他去南京郊游,车至一偏巷楼房,走进中厅,即强迫他对设有香烛供设之祭坛行礼,说"今天无论如何要请你入盟",并迫其在一誓书上签字。回到市寓,他即对陈立夫说:"这样强迫是无效的。"陈布雷当日即将此事详细经过报告蒋介石,并云:"在你左右,只有不偏不倚,才可做事。陈立夫这样逼我做,我不承认。"蒋介石即表同意,并批评了陈立夫。

　　陈布雷与CC无关一点,并参见《张治中回忆录》上册,中国文史出版社1985年版,第312页。

然应允签名为发起人,除给郭写贺信外,还赋诗相贺,有"文士心情金石通"①句。他虽身居显要,惟砥节砺行,除邵力子、张治中等知己外,很少与政界军界人士往还,然与报人、学士有较多联络。他对浙江大学的西迁、治理以及经费、设备等,常加以关心,尽力支持校长竺可桢任事。他曾委婉地向蒋介石建言抗战建国要有清明的政治,并想自己也做点对国家有益的事。

陈布雷居官廉洁淡泊,生活简朴俭约。他对于国民党官僚权贵搜刮民脂民膏,十分痛心,曾在人前贬责陈果夫、陈立夫:"我过去还相信陈氏兄弟在金钱上可以过得去,不会贪污。今天一看,他们和孔、宋在争骨头。他们自己也办起什么银行和经济事业来了。他们过去骂孔、宋,今天唯恐学不到孔、宋。"②他唯对蒋介石忠心耿耿,披肝沥胆,日复一日唯命是从地为蒋撰写一篇又一篇文告、讲词,殚思竭虑,心力交瘁。对此,蒋介石是有所知的,除在陈体力不支时给予休假外,还投其所好,使陈得到他人所得不到的尊重。当陈五十岁生日时,蒋揣度陈之性情与好尚,在一信笺上亲书"宁静致远,淡泊明志"以为褒奖,而作羁縻。这更使陈增加感激图报之念。当时驻重庆的中国共产党代表团负责人周恩来、邓颖超,曾托陈的外甥翁泽永转言陈:对他的道德文章,我们共产党人钦佩;但希望他的笔不要为一个人服务,要为全中国四万万人民服务。陈闻言感叹不已,为"不能舒畅自如地用我的笔达我所欲言"而哀伤,曾云:"我不过是一个记录生罢了,最多也不过是一个书记生罢

---

① 陈诗共四绝,此为第四绝第二句,但陈芷町代书在立轴上时,改变"相惜文心脉脉通"。全诗为:"潋滟奔流一派开,少年挥笔动风雷;低徊海澨高吟日,犹似秋潮万马来。搜奇甲骨著高文,籀史重徵起一军;伤别伤春成绝业,论才已过杜司勋。刻骨辛酸藕断丝,国门归棹恰当时;九州无限抛雏恨,唱彻千秋堕泪词。长空雁阵振秋风,文士心情金石通;巫岫云开新国运,祝君彩笔老犹龙。"手稿翁泽永藏。

② 杨玉清:《我所知道的陈布雷》,中国人民政治协商会议全国委员会文史资料研究委员会《文史资料选辑》第81辑,文史资料出版社1982年版,第170页。

了!"①

　　抗日战争胜利后,蒋介石悍然破坏国共合作,发动全面内战。陈布雷奉命负责筹组和主持"中央戡乱宣传小组",定期召集国民党中央宣传部长、组织部长、文化运动委员会主任、行政院新闻局长、国防部政工局长等人开会,共同研讨宣传方针,策划各种舆论,指挥一切宣传工具,进行"戡乱建国"的宣传,被国民党众人视为"宣传作战的参谋总长"。他还常以国民党发言人身份发布重要新闻和声明,并协同有关方面改组《申报》、《新闻报》等许多大报,以加强对新闻舆论的箝制。

　　陈布雷进一步受到蒋介石的重用,逐渐由幕后被推到前台。1946年11月,蒋介石召开"制宪国大",陈布雷衔蒋之命,与青年党、民社党首领左舜生、陈启天、张君劢等往来商议,予以拉拢。1947年4月,蒋介石改组国民政府,由国民党和青年党、民社党代表及"社会贤达"共28人任国民政府委员,陈列名其中。1948年3月蒋介石当上了总统,陈被委为总统府国策顾问。陈并兼中央政治委员会代秘书长,负责筹划和组织国民党中枢各重要会议,并主持蒋介石召开的"官邸会报",参与运筹党政大事。

　　蒋介石发动的内战全面溃败,反动统治岌岌可危。陈布雷虽然身居辅翼权臣之职,但丝毫拿不出经邦济世的方案来,只是疲于奔命地应付蒋介石交办的各种差事。他对于国民党反动统治末期的种种腐败状况,耳闻目睹,饱受刺激,"所接触之多可悲愤之事实"②,"忧虑绝深,酿成严重心疾"③,觉得自己"脑筋已油尽灯枯了"④。1948年8月,蒋介

---

　　①　转引自植耘(翁泽永):《陈布雷的笔》,《新观察》1981年第9期。

　　②　陈布雷致陈训慈、训念、叔同之遗书(1948年11月),《中央日报》1948年11月20日。

　　③　陈布雷致陈方、李惟果、陶希圣之遗书(1948年11月),《中央日报》1948年11月20日。

　　④　陈布雷自杀前两天手写的一篇"杂记"(1948年11月11日),《中央日报》1948年11月19日。

石发行金圆券,收兑金银和外币,激起了更大的民愤;9月辽沈决战展开,虽经蒋介石三飞沈阳亲临督战,但至11月2日仍以国民党军47万人被歼而告终。11月6日,以逼近南京的徐州、蚌埠地区为战场的淮海决战又揭开战幕,国民党统治面临朝不保夕之势。敏于时局变幻的陈布雷,心情极度沮丧,对于蒋介石交办之事无力承受,神志恍惚,进退无措,"常诵'瓶之罄兮,维罍之耻'之句,抑抑不可终日"①。他痛感自己已经不能自拔,终于在写了十几篇遗书后,于11月13日凌晨服大量安眠药自杀于南京,在国民党统治集团中引起很大的震动。

　　陈布雷一生撰述之政论、时文及代拟之文稿难以数计,死后有其1936年和1940年手写之《回忆录》一、二两集于1949年初合成一册由上海廿世纪出版社影印出版。台湾于1984年出版《陈布雷文集》,辑有他在《天铎报》、《商报》、《时事新报》发表之部分社论、短评,1930、1934年八篇讲演、部分函牍、遗书及诗等。

陈　策

陈开科

陈策,原名陈明唐,字筹硕,国民党海军上将,生于1893年,海南文昌县白延区沙港村人①。

陈策自幼聪慧,三岁随父至新加坡,八岁回国。小学毕业后,他考入广州"广东海军学校"②,1911年加入同盟会,1912年,参与成立"海校同志会"反对袁世凯,事败出走香港。1916年,陈策毕业于广东海军学校第15期,旋入粤海军服役。

1916年6月6日,袁世凯在全国人民的声讨浪潮中死去,黎元洪继任大总统,段祺瑞任国务总理。以孙中山为首的中华革命党人及护国军等讨袁力量,提出恢复《临时约法》和续开国会的主张,获得各方政治势力的赞同。8月1日,国会复开,南北出现暂时的政治"调合"局面。1917年夏,北京政府围绕"参战问题"发生"府院之争",黎、段分

① 李达生:《我对陈策的记忆》,中国人民政治协商会议广东省文昌县委员会文史资料研究工作组编《文昌文史资料选辑》第1辑,政协广东省文昌县委员会文史资料研究工作组,1984年,第11页。

② 清光绪十一年(1885年),两广总督张之洞创办陆军武备学堂及实学馆,后改名为广东水陆师学堂。光绪三十三年(1907年),水、陆分开,陆军设速成学堂,水军设广东水师学堂。1912年,广州军政府将之改名为广东海军学校,不久之后停办。1932年,陈策任海军舰队司令时复校,改名"黄埔海军学校",1938年,迁至柳州,旋即停办。关公健:《广东海军学校概况》,中国人民政治协商会议广东省委员会文史资料研究委员会编《广东文史资料》第7辑,第36—45页。中国人民政治协商会议广东省委员会文史资料研究委员会,1962年。

裂,安徽督军张勋趁机率"辫子军"入京复辟,迫黎下台。段祺瑞则在天津马厂誓师,打着"再造民国"的旗号把张勋赶走,拥冯国璋为总统,自任国务总理,声称既然已"再造民国",便用不着恢复过去的《临时约法》及续开过去的国会。在此背景下,1917 年 7 月 17 日,孙中山由上海至广州,发起"护法运动"。7 月 21 日,海军总长程璧光率第一舰队林葆怿等南下支持孙中山的护法运动。8 月 25 日,部分至粤议员召开非常会议,通过《中华民国军政府组织大纲》。9 月 1 日,选举孙中山为大元帅,组织中华民国军政府。随即,孙中山筹建粤军。1918 年初,以陈炯明为司令的援闽粤军誓师进攻福建北洋军阀,开始了护法军事行动。

1919 年,援闽粤军决定回师广东讨逆,孙中山派孙科到澳门以特派员身份成立办事处,号召粤海陆军起义响应。孙科的办事处设在澳门峨嵋街十号,广泛接触各类人物,委李绮庵为讨贼军第二路军总司令,委陈策为副总司令。陈策就职后,与李绮庵、周之贞等常在澳门谋划广东海军起义。陈策主张利用海军系统内部派系纷争的局面,充分依靠广东海军学校 14、15 期的毕业生约九十二人,促成海军起义。在陈策的串联下,不久即引同学丁培龙、李福游二人来澳门与孙科接触,孙科委丁为广东舰队司令,委李为舰队司令部参谋长,并派丁、李回广州动员。经过一段时间的串联,丁、李共动员了广东海校 14、15 期同学共十五人、另水兵十余人。但是,进展非常缓慢,直到 6 月份,广东海军仍然没有举动,孙中山非常焦急,曾从上海专门发电催促。孙科便召集陈策、丁培龙等人开会,传达指示,要求尽快动员海军起义。于是,在没有充足准备的情况下,陈策等人决定于 7 月 15 日仓促起义。结果,由于举行起义的江大、江固等舰措施不周、大部分官兵没有思想准备,再加上用人不当等种种复杂原因,导致起义最终失败。败兵逃至澳门,又遭到葡萄牙殖民政府的镇压,陈策被俘,经孙科交涉,以 5000 元担保出狱,其余起义官兵约有十六人遇难。1921 年,陈策、丁培龙等将十六个殉难烈士的遗骸由澳门运回广州,迁葬于沙河海军坟场,竖"江大舰殉难烈士之墓"碑,以资纪念①。

1920 年 8 月,援闽粤军誓师回粤讨伐旧桂系。收复汕头后,孙科又召集陈策、丁培龙等商议动员粤海军起义响应。但此时广州的局势非比寻常,更趋复杂,原护国军第五军司令兼广东全省警务处长、广东省会警察厅长魏邦平与广惠镇守使李福林等相勾结,亦在准备利用粤海军起义响应。因此,陈策、丁培龙实际上已经无法插手粤海军事务了。9 月 27 日,魏、李联名宣布独立,成立魏、李联军司令部,下设舰务处,魏邦平的亲信龙荣轩被委任为处长,统一指挥粤海军各舰。10 月 28 日,桂系莫荣新率残部退出广州,陈炯明立即任命周天禄为广东江防司令。此时,孙科率陈策、李绮庵等亦达广州,由于海军方面已插不上手,为表彰陈策等有功人员,孙科只好建议安排陈策为抚河船务管理局局长。

1920 年 12 月初,孙中山回到广州,重组护法军政府,陈策先被任命为长洲要塞司令,后又被任命为广东省江海防司令②。

1921 年 4 月 7 日,国会召开非常会议,决定在广州成立中华民国政府,孙中山当选为大总统,并于 5 月 5 日宣誓就职。陈炯明被委任为陆军部长兼内务部长,然此时陈炯明却热衷"联省自治",反对孙中山组织民国政府。1921 年 8 月初,粤军击溃桂军,统一两广。8 月 10 日,国会非常会议通过决议,决定北伐,以谋国家统一,但遭到陈炯明的反对。

在护法运动中,孙中山曾多次得助于海军,但此时的海军情况却很复杂。自海军司令程璧光被刺后,南属的北洋舰队为福建籍官兵掌握,他们对孙中山的革命事业采取袖手旁观的态度,甚至与其他军阀勾结,为此,孙中山决定对海军进行整改。1922 年春,孙中山召见广东江海

---

①　胡应球:《孙中山驱逐桂系莫荣新发动江大等舰起义的计划和经过》,《广东文史资料》第 25 辑,广东人民出版社,1979 年,第 165—176 页。

②　黄雄、高鸿藩:《辛亥革命后广东海军概况》,《广东文史资料》第 7 辑,第 8 页。

防司令陈策、北洋舰队同安舰舰长温树德、长洲要塞司令马伯麟等，共同商议海军内部整改。具体计划为："(1)提拔山东、广东和各省籍的官兵，清除福建籍官兵；(2)由广东江海防司令部的各舰以武力解决北洋舰队，同时各舰内非福建籍官兵，在舰内发动和内应；(3)由长洲炮台以各炮威迫海圻、海琛、肇和三主力舰，和监视其就编。"①可见，此次统一海军的整改行动，实质就是依靠陈策的广东江海防舰队武力解决福建系掌握的北洋舰队。4月27日，趁福建系官兵假日照例上岸娱乐的机会，在陈策等指挥下，江海防各舰立即袭击北洋舰队，舰内非福建系的官兵也群起内应，夺取军械，封锁炮位。于是，江海防各舰官兵遂顺利占领北洋各舰，整改行动成功。同日，海军护法舰队全体官兵发表通电，声讨林葆怿等闽系人物，宣言拥护孙大总统，候命北伐。4月29日，孙中山任命温树德为海军司令，陈策为海军陆战队司令，马伯麟继陈策为长洲要塞司令，并重新任命各舰舰长。但是，整改后的粤海军仍然不脱地域派系之争。主力三舰海圻、海琛、肇和的舰长都由海军司令温树德推荐，且均为其旧识，而永翔、永丰、楚豫、福安、舞凤五舰的舰长则由陈策推荐，均为其江海防旧部。尤其是海军司令温树德，坚持各舰人事由其直接控制，遂大肆安插其旧友同事。旧派系消除了，新派系却又诞生了。

　　1922年6月，北伐军大举攻入江西，取得巨大胜利。谁知，陈炯明及其部下叶举等人却准备叛变革命。1922年6月1日，孙中山从韶关返回广州，车抵黄沙后，陈策即派小舰迎孙中山直达天字码头，安全回抵总统府。6月14日—15日，陈炯明布置叛乱，计划进攻总统府。这个消息为广州卫戍司令魏邦平、海防司令陈策及陈少白所获，陈策遂进

---

　　①　胡应球：《孙中山移驻永丰舰的经过及永丰舰以后的活动》，《广东文史资料》第19辑，1965年，第3页。

言孙中山,提醒防止陈炯明的叛变①,并多次敦请孙中山暂离总统府,但孙中山不为所动,仍坐镇总统府。于是,陈策便在宝璧舰上召集各舰长秘密开会,要求各舰严加戒备,防止事变。

　　1922 年 6 月 16 日凌晨,陈炯明炮轰总统府,公开叛变革命。孙中山在秘书林直勉、林树巍等人的帮助下逃出总统府,登上陈策坐镇的宝璧舰。上舰后,孙中山亲拟讨陈电文,交陈策拍发。随后,海军司令温树德赶到,将孙中山迎上停泊白鹅潭芳村附近的永翔舰。但陈策等人信不过温树德,于是,陈策召集永丰舰长冯肇宪、楚豫舰长招桂章、永翔舰长丁培龙等人聚集永丰舰开会商议。大家一致认为,孙中山在永翔舰上不安全,决定迎孙中山驻永丰舰。但直接迎候会引起温树德等怀疑,于是,永丰舰开近永翔舰,全体官兵大声请战,要求开炮还击叛军,并请孙中山过舰训话。就这样,孙中山被不着痕迹地转移到了永丰舰。17 日,孙中山率领永丰、永翔、楚豫、豫章、同安、广玉、宝璧等舰艇由黄埔经车歪炮台直驶白鹅潭,向占据沙河、大沙头、观音山的叛军炮轰竟日,但没取得什么效果,于是,舰队经中流砥柱炮台折返黄埔。此时,陈炯明一方面采取各种手段分化海军,经孙中山同意,海军司令温树德率"永翔"、"同安"二舰驶入省河,温和海军总长汤廷光与陈炯明的代表叶举签订《粤中海陆军之议和条件》②;另一方面,陈炯明唆使部下多次组织谋害孙中山的阴谋活动③,但由于陈策的坚定勇敢,阴谋始终未能得逞。7 月底,由江西回师广东的北伐军平叛失败,不得已,孙中山于 8 月初乘英轮经香港转赴上海,粤境全部沦入陈炯明之手。

　　1923 年孙中山重回广州,组织革命政府,讨伐陈炯明。3 月 14 日,

　　① 林廷华:《陈炯明炮击总统府的前后》,广东省政协文史资料研究委员会编:《粤军史实纪要》,广东人民出版社,1990 年,第 180 页。

　　② 《粤中海陆军之议和条件》,《晨报》1922 年 6 月 25 日;《粤海军条约签字后之况》,《申报》,1922 年 7 月 1 日。

　　③ 《陈炯明叛变和割据东江、潮梅及滇桂军祸粤时期》,《广东文史资料》第 43 辑,1984 年,第 167 页。

委陈策为广东海防司令。陈策上任时,却遭到滇军委任的海防司令麦胜广的抵制。陈策遂率领江大、江汉、广亨、龙骧、东江等大小军舰廿余艘离开广州,到新会县的北街集中,设司令部于北街,在大本营驻江门办事处领导下与陈炯明军对垒,协同讨陈军防守西江一带,与广州滇军所委任的海防司令部互相对峙。8月中旬,陈策所属江防舰队出动,配合黄绍竑所部歼灭盘踞广西梧州的反动自治军。当时,军费紧张,部分需要自筹,为此,陈策常派舰艇为商人护航。有一次,护航舰艇与中山县长朱卓文发生冲突。一气之下,陈策派军队赶走了朱卓文。朱卓文到大元帅府告状,中山先生认为陈策不对,遂下令免陈策海防司令职①。

在此期间,孙中山接受苏共代表越飞和中国共产党李大钊、林伯渠等人的帮助,吸取陈炯明叛变的教训,决心"以俄为师",重新探索中国革命。1924年1月,孙中山主持召开了中国国民党第一次代表大会,接受了中国共产党提出的反帝反封建革命主张,改组国民党,制订联俄、联共、扶助农工的"三大政策",实行国共合作。同时在苏联的帮助下,创立黄埔军校,试图建立有别于旧军阀的"党军"。1924年8月后,广东海防司令部改组为建国粤军总司令部舰务处,由招桂章任处长。1928年,李济深主粤,将广东舰队改编为海防、江防、运输三个舰队,委任陈策为广东海军司令。

在大革命时期,陈策始终站在国民党右派势力一边,坚持反共,瞅准时机,杀害了前海军局代理局长、中山舰舰长李之龙。1928年2月6日,李之龙从日本乘坐法国邮轮经香港秘密回到广州,准备在海军中进行策反工作。当晚深夜,特务包围了李之龙在豪贤路136号的住所,李之龙被捕。次日,蒋介石得知消息,立即打电报给主持广州"清党"的李济深,命令将李之龙解往南京。李济深接电后,打电话给承办李之龙案

---

　　① 黄雄、高鸿藩:《辛亥革命后广东海军概况》,《广东文史资料》第7辑,第10页。

件的陈策,命将李之龙押到司令部来。然而,陈策却于 2 月 8 日擅自以"策动海军叛乱"罪判处李之龙死刑,当即在红花岗处决。

1929 年,蒋桂战争爆发,李济深、陈策等赴南京参加国民党中央委员会议和编遣会议。李济深被蒋介石囚于汤山,陈策等人则接受蒋介石的密令,支持陈济棠任讨逆军第八路军总指挥主粤。陈策先行回粤,派海虎舰赴香港迎陈济棠入广州。随后,广东海军被改编为国民政府海军第四舰队,陈策任司令。这个时期,陈策坚决支持陈济棠,曾派舰队赴西江,阻止桂军入粤,但遭到部下的普遍反对。桂军失败后,陈济棠在广东站稳脚跟,陈策也跟着扩张军力。1930 年夏,鉴于广东海军学校已经停办九年,海军初级军官后继乏人,陈策呈请南京中央政府海军部,拟复办广东海军学校,但未获批准。于是,陈策便从缉私款中挪用经费举办第四舰队服务员训练班,招收高中毕业生为学员,集训一年,教授英美海军学校课程,学员结业后充任舰队初级军官①。

1931 年,蒋介石囚胡汉民于汤山。古应芬回粤,策动各方反蒋势力在广州组织国民党中央委员会非常会议,宣布另立"国民政府"(12 月 31 日,广州"国民政府"宣布撤销,另立"国民政府西南政务委员会"),与蒋对抗。陈济棠被委任为陆军第一集团军总司令,陈策为海军司令。随后,陈济棠将广东海军改编为海军第一舰队,仍以陈策为司令。当时,陈策、张惠长(空军司令)、陈庆云(虎门要塞司令)三人交往甚密,都属于"太子派",仗势孙科,飞扬跋扈,对陈济棠不假辞色。陈济棠为了独霸广东,常怀去陈、张之心,双方遂发生矛盾。次年初,陈策再次请求恢复海军学校,获西南政务委员会批准,校名为"黄埔海军学校",陈策出任校长,三个月后,由刘永诰任校长,学制改为四五年,为粤海军培养了不少人才。

1932 年,陈济棠趁张惠长离粤去南京之际,撤销其空军司令职务。

---

① 　何炳材:《黄埔海军学校沿革及校友业绩》,《广东文史资料》第 43 辑,第 138 页。

随即，又撤销陈庆云虎门要塞司令职务，树其亲信。陈策为了保存势力，遂命中山、坚如、执信等数十艘舰艇集中到虎门外的赤湾、伶仃洋一带；并令飞鹰、福安、海瑞、海强等舰及陆战队赴海南，交陈庆云率领盘踞琼崖，宣布成立"海军行营"，对抗陈济棠。陈策自己则以养病为名，滞留香港。是年7月，陈济棠在调停无效之后出动空军轰炸，结果，海军主力舰"飞鹰"被炸沉，陈策的舰队遂星散，大部分舰艇归顺陈济棠，海军陆战队则为福建19路军谭启秀部收编，陈策赴欧洲考察海军。至此，陈济棠终于一统粤境。1932年7月，陈济棠将广东海军改编为第一集团军舰队，任命张之英为舰队司令①。

不久，陈策从国外回到南京，任军委会海军军令处长，秉承蒋介石的意旨，从外部分化瓦解陈济棠的海军。1935年6月，在陈策及军统特务的运作下，粤海军的"海圻"、"海琛"两舰倒陈投蒋。当时，两舰逃走匆忙，来不及添足燃料，只好先停在赤湾附近，然后派人到香港请求曾任"中山"舰长的陈滫出面帮助。陈滫是陈策的叔叔，他马上将此事电告陈策，陈策赶紧从军令处汇款给两舰，并亲自到香港将两舰引至南京。1936年，蒋介石再次派陈策坐镇香港继续分化陈济棠的海军。陈策到香港后，利用黄埔海军学校的关系进行渗透。5月初，陈策派私人代表袁良骅、李英杰两人到广州活动。根据当时的具体情况，陈策决定对四艘雷舰下手，遂联络四位舰长，约定5月底起事。可是，临起事时，2、3号雷舰的舰长未能及时到舰，只有1、4号雷舰成功逃到香港②。

1936年7月，陈济棠垮台，陈策被南京政府任命为虎门要塞司令。陈策将要塞守备营扩充为守备团。1937年抗日战争爆发后，陈策负责广东沿海防卫。鉴于广东海军战力较弱，陈策决定全力防守虎门，以炮

---

① 高晓星：《南京政府"统一"全国海军及其军事行动》，《军事历史研究》1993年第1期，第81页。

② 许耀震：《陈济棠统治时期的广东海军》，《广东文史资料》第15辑，1964年，第80—82页。

舰海周、巡洋舰肇和为辅助,与虎门炮台互为犄角,构成比较完善的防御体系。1937年9月14日,日海军来犯:"敌巡洋舰一艘、驱逐舰四艘向我虎门进攻,当即发炮迎击,肇和、海圻(周)两舰随即开炮助战,剧战至六时四十二分,我要塞炮击伤敌舰一艘,即相率向外逃,现我机追踪轰炸。"①是役炮舰海周尾部中三弹,舰机损坏,死士兵二名,伤数名,日旗舰"夕张"号被击中,逃至伶仃洋沉没,开抗战以来中国海军首次击沉日本军舰之记录②。此后,直到1938年3月份,在陈策的指挥下,虎门海军连续击退日海、空军大小数十次进攻。此时,陈策足疾严重,旋截左腿,此后人们便称他为"独脚将军"。

1939年,陈策被国民政府派到香港任军事代表并兼国民党港澳支部委员。当时,港英当局对日寇实行绥靖政策,不允许中国政府的两个驻港机构"中国军事代表团"、"国民党港澳总支部"以官方身份公开活动,只能分别以"华记行"和"荣记行"的名称秘密活动。陈策利用他在香港的各种社会关系,配合主任委员吴铁城进行各种形式的抗日工作:包括建立地下抗日武装力量、使用各种合法及非法手段组织运送物资到中国后方、帮助国民党要员转移重庆等。此外,陈策还与滞留香港的军令部副厅长郑介民一道,就香港英军作战计划及未来中英的军事合作等问题积极与港英政府联系。港英政府曾与陈策商讨万一日军进攻香港,中国军队加以援手的问题。

1941年12月8日,日军偷袭珍珠港,深圳河以北的日军亦同时发动对香港的进攻。10日,中国驻港各机构代表集会,成立"中国各机关驻港临时联合代表处",统一港战中的指挥调度事宜,陈策被推举为主任委员。"联合代表处"得到了港英当局的器重,特派港督代表麦道高

①　夏军选辑:《陈策致蒋介石等密电》,《抗战初期粤海军虎门作战史料》,《民国档案》,2007年第3期,第35—36页。

②　饶品良:《广东海军对日作战研究述略》,《中国石油大学学报》(社科版),2008年第3期,第78页。

(MacDougall,D. M.)、军部代表博若、警司代表米耶、华民司代表那夫等五位港英政府官员每天与中方交换情报,密切合作。11 日,九龙半岛的英军仓促撤退,当时潜伏的日伪汉奸高呼"胜利"口号,大肆抢窃商店、仓库及居民住宅,一片混乱。港英当局急忙向陈策求援。陈策当即发动爱国的社团群众约一万五千多人,配合港英警察,巡逻街道,维持秩序,使九龙居民免遭荼毒。25 日,香港总督杨慕琦(Young,Mark)决定投降。投降前杨慕琦电话通知陈策,但陈策声称决不投降,准备突围。他的勇气和决心感染了英军,不久,英军远东情报局长麦道高、助理罗斯(Ross,Ted)、海军中将满地高、陆军作战课长高录、警察督察长鲁宾逊(Robinson,Bill)、陆军上尉李美廉等十多名军官及部分士兵陆续来找陈策,要求与他一道突围。为此,英军拨给陈策六艘鱼雷快艇。

　　12 月 25 日下午,陈策指挥着由 72 人组成的突围分队乘一艘小艇突围。他们在渡过香港岛与鸭脷州之间的海峡时,被日军发现。日军组织炮火对这支小分队进行猛烈的阻击。小艇很快被击毁了,陈策也在炮火中左手腕负伤,但陈策毫不退缩,他把假肢抛掉,带着艇上的官兵勇敢地跳入大海,奋力向对岸游去。经过一番努力,陈策在副官徐亨的帮助下,带着大队人马终于登上了鸭脷洲,接着乘上早已等候在那里的鱼雷快艇北上,到达平洲。陈策凭着多年的作战经验,带着突围分队找到了威震南粤的中共东江抗日游击队。在游击队的帮助下,突围分队穿过日军封锁线,冒着炮火经惠州、增城,顺利到达韶关,受到第七战区司令长官余汉谋、广东省主席李汉魂等广大军民的热烈欢迎。当时,陈策因左手中弹,需要动手术,就留在韶关休养。至于突围分队中的英军包括 3 名军官、28 名士兵则在中国军民的帮助下,后经贵阳、昆明,穿过缅甸到达印度,登上了驶往英国的轮船,安全地回到了自己的家乡。1942 年 2 月初,陈策在韶关河西医院养伤渐愈,国民政府电召陈策去陪都述职,受到重庆各界人士的热烈欢迎。国民政府为了表彰陈策的功勋,特授予陈策一等干城勋章。而英国政府也没有忘记陈策。二战结束后,鉴于陈策在战前曾协力助战,战时又领导英军成功突围,为表彰陈策的功绩,英国政府以英国女皇的名义特授予陈策"帝国骑士司令勋章"(K. B. E.)①,盟军报纸则称陈策为中国的"纳尔逊"②。

　　1946 年夏,陈策以广州军事特派员、广州市长、盟军联络官、国民党广州特别市党部主任委员、港澳区党务督导员等显赫身份③,由重庆率大批亲信到广州上任。据有关资料记载,陈策到广州后,虽然安插过一些亲信担任关键部门如房产局、交通局的长官,但未闻其有贪赃枉法的行为,有别于四大家族及其亲信贪官④。由于战后广州政事日繁,混乱不堪,陈策劳心日甚,致使胃病复发,加上足疾趋烈,遂辞去市长职务,简任国府顾问,专事调养身体。1948 年冬,余汉谋力邀陈策出任广东绥靖公署副主任,共同防卫华南。陈策苦辞不果,遂于 1949 年初就职。是年夏,陈策发妻去世,他悲痛过甚,加之忧劳过度,遂于 8 月 31 日在广州海军联谊社寓所突然去世,死后葬于广州市郊海军坟场,追赠"海军上将"衔。

　　①　詹德能:《陈策和徐亨香港突围记》,《广州文史资料》第 45 辑,1985 年,第105—119 页。

　　②　张园:《陈策香港突围记》,《湖北档案》2008 年第 8 期,第 42 页。

　　③　《民国人物专辑》(一),《文昌文史资料》第 5 辑,1989 年,第 19 页。

　　④　何崇校:《陈策二三事》,《广州文史资料》第 45 辑,第 122 页。

陈 长 捷

汪仁泽

陈长捷,字介山,1897年6月2日(清光绪二十三年五月初三)生于福建闽侯。陈家世代务农,父亲陈大焜早年曾任地方小吏,中年病故,家境贫寒。陈长捷七岁入本村私塾就读,后受乡亲资助进福州师范学堂学习,1911年辛亥革命时曾参加学生军。1917年师范学堂毕业后,考入保定陆军军官学校第七期骑兵科学习,其间与第五期同学傅作义、李生达、王靖国等结为知友。

1919年陈长捷在保定军校毕业后,应傅作义之邀,到太原任晋军步兵第七团见习官,后逐级提升为排长、连长、团附、代理团长、旅参谋长等职。

1927年6月,阎锡山任北方国民革命军总司令,9月率部向奉军发起进攻。时陈长捷已升任晋军第十五旅旅长,在天镇一带布防。不久晋军张荫梧部在宣化被奉军击败受追击,陈率部阻击奉军营救张部,以战功受阎传令嘉奖。翌年3月,陈长捷率部向河北涞源进发,击败奉军,与晋军李生达、李服膺等部会合,5月下旬共同攻克保定,6月初进入北京。由于陈在对奉作战中战绩卓著,被升为第九师师长,驻天津小站。

1928年12月,陈长捷被任命为第十二师少将师长,归属李生达的第四军。1930年春,冯玉祥、阎锡山联合反蒋,发动中原大战。陈部奉命沿津浦线南进,6月攻占济南,继而进攻泰安,与蒋方马鸿逵、夏斗寅部激战于兖州、曲阜一带。9月,张学良通电拥蒋,挥师入关,冯、阎军腹背受敌,不战自溃,陈部随晋军撤回山西。嗣后晋军受张学良整编,第十二师缩编为第二〇八旅,陈任旅长,移驻晋中地区。

1933年9月,蒋介石调集百万兵力对江西苏区工农红军发动第五次"围剿",陈长捷奉命率部开抵江西吉安前线,广筑碉堡,向苏区推进。红军长征后,陈部移驻遂川、万安地区。1935年初,阎锡山将晋军全部撤回山西,调第二〇八旅等五个旅入陕增防。陈率部在绥德境内筑堡推进,在虎儿坞一带曾遭红军伏击,激战后到达义合镇,此后严守碉堡线,不敢轻动。

1936年2月,长征到达陕北的红军东渡黄河北上抗日,陈长捷率第二〇八旅撤回山西柳林进行阻击。后又西进石楼,并在隰县一带修筑碉堡。7月,第二〇八旅扩编为第七十二师,陈升任师长。其后该师曾拨归第十三军汤恩伯指挥入陕与红军作战,沿黄河北进占领米脂、葭县(今佳县)等地。1937年春,陈师南移山西浑源、应县间,修筑恒山、雁门关以北的国防工事。

是年7月全面抗战爆发后,晋绥两省为第二战区,陈长捷第七十二师归属傅作义第七集团军。8月,日军进攻由汤恩伯部扼守的南口地区,陈师奉命往援,激战数昼夜后南口失陷,陈率部突围而出,伤亡惨重。9月,敌攻破晋北门户天镇长驱而入。陈长捷受命以第七十二师为主体与新编第二旅合组为预备第一军,后改为第六十一军,陈升任军长兼第七十二师师长,驻守代县御敌。24日,敌精锐部队板垣第五师团夜袭团城口,晋军失守。陈长捷奉傅作义命率部急赴平型关西侧,与敌激战于鹞子涧一带,配合八路军伏击日军,取得平型关大捷。日军倾力西进,其一部从团城南进,夹攻鹞子涧,战至28日陈部损失过重,傅作义调第三十五军董其武、孙兰峰两旅驰援,归陈指挥,收复团城口。正在进击敌军时,敌东条纵队忽从茹越口突破防线,占领繁峙,晋军遂全线撤回。第六十一军奉命退往砂河,南入五台山守备。

10月初,日军调集两个机械化师团共五万人进攻忻口。第二战区前敌总指挥卫立煌率领第十四集团军所属郝梦龄第九军和李默庵第十四军迎战。不久,右翼外围据点南怀化失守,卫急调第六十一军增援,陈率部兼程赶往,11日抵达前线,激战半天夺回官村等地,阻击强攻忻口南怀化之敌。此后敌不断增兵猛攻,飞机轮番轰炸,陈指挥所部在奋战中坚守阵地,并组织小分队夜袭敌军阵地,迫使敌三次更换作战联队。正在日军渐告不支时,平汉线刘峙、宋哲元部溃败,晋东告急,阎锡山急调傅作义部退守太原。日军乘机再度增兵,攻陷官村,陈赴前线组织反击,收复官村。双方在南怀化一带展开拉锯战达半月之久,第六十一军损失甚重,而日军伤亡更重,被消灭逾三个联队。10月31日,日军被迫退至南怀化西麓①。陈所指挥的第六十一军成为忻口战役中的一支主力部队,歼敌众多。此后日军突破娘子关西进,太原告急,陈奉命撤出战斗,向阳曲转移,担任太原北线防务,由王靖国和他分任北线正副总指挥。11月5日,陈在阳曲的指挥部被敌包围,抵抗至深夜,掘开寨墙突围而出。

太原失守后,晋绥军整编为三个军,陈长捷仍任第六十一军中将军长,附辖警卫师共约三万人,率部转移至吕梁山乡宁一带休整。1938年3月,日本侵略军南下攻占临汾,陈部驰援阻击追击之敌,掩护阎锡山总部安全撤至河西宜川。1939年3月陈升任第十三集团军副总司令兼第六十一军军长;5月又升任第六集团军上将总司令兼第四行署主任,驻乡宁县。

阎锡山为了严密控制所属各级干部,在1938年成立"民族革命同志会",任陈长捷为该组织核心成员——常务委员。但陈不满阎的封建统治,又受蒋介石的拉拢,对阎的离心倾向为阎所侦知。1940年初,阎解除了陈的军职,陈愤而带一警卫营投向绥远第八战区副长官傅作义,随傅投向蒋介石。经傅推荐,蒋任命陈为内蒙伊克昭盟(下辖七个旗)守备军总司令,配备第三、二十六、三十四等三个师。陈设总司令部于

---

① 陈长捷:《忻口战役追记》,中国人民政治协商会议全国委员会文史资料研究委员会编《文史资料选辑》第54辑,中华书局1962年版。

伊盟桃力民地区,组织所部屯垦。1943年初,陈将总部移到东胜县,计划扩展屯垦区域,受到蒙盟上层人士的抵制。陈诱杀扎萨旗首领,激起蒙民愤怒,杀死亲陈的蒙汉官员三十多人;其他各旗也相继发生类似流血事件。陈派兵进击扎萨旗王府,造成更大的伤亡。5月,重庆派员会同傅作义等与该旗首领会谈,达成和平协议,陈长捷受到撤职查办处分。不久陈进重庆陆军大学第六期受训。1943年底被重新起用,任兰州补给区司令、军事参议等职。1946年调往安徽,任第二十军军官总队总队长。1947年6月调往兰州任国防部第八补给司令部司令。

　　蒋介石于1946年发动全面内战后,在人民解放军的反击下,仅过两年即被歼灭两百多万人,整个华北仅剩北平、天津、张家口等几个据点。当时在北平任华北"剿匪"总司令的傅作义因天津是华北战略重镇,特向蒋介石保荐陈长捷出任天津警备司令。1948年6月陈到职后赶修城防工事,10月会同天津市长杜建时强征壮丁近万名充实天津警备旅,加紧训练。其间蒋介石曾两度路过天津,对陈的认真备战表示赞许。11月初,辽沈战役结束,东北全境解放。时值隆冬,陈估计东北解放军至少需三个月至半年后始能入关在华北作战,各项战备工作均不紧不慢地进行。出乎他的意料,11月下旬东北解放军迅速入关,12月2日两个纵队已从宝坻向天津疾进。匆促间陈将所部划为三个城防区布防;又从数万名东北涌入天津的溃兵中选拔精壮编为部队;改警备司令部为城防司令部,发布戒严令,实行宵禁。12月5日东北野战军和华北野战军联合发起平津战役,12日天津即在包围之中。15日蒋介石派副参谋长李及兰飞抵天津,将亲笔信带给陈,嘱其坚守,并示意陈等集中兵力守住海口,以备放弃天津时南遁。但此时津塘间的军粮城已为解放军占领,通道被阻断。20日解放军攻占津郊张贵庄机场,外围激战开始。1949年元旦过后,天津东局子、西营发生激烈战斗。市内不断发现中共地下人员发射的信号弹,陈急令组织"统一纠察小组",清查捕杀中共地下成员。1月5日东北野战军指挥部致函陈长捷嘱其放下武器;10日陈被迫同意天津市参议会派代表出城谈判,受到解放军天津前线司令员刘亚楼的接见,提出放下武器的劝降条件。11日中共平津战役总前委林彪等发出给陈长捷等人"和平放下武器"的通牒,限次日答复,否则13日起将全线攻城。陈召集杜建时和林伟俦、刘云翰两军长商议,复信称愿接受和谈,但"放下武器有为难处"①,实际上拒绝了最后通牒。13日拂晓,解放军全线猛攻,经过29小时的激烈巷战,天津全城解放。15日晨,陈长捷在地下指挥室被俘。

　　陈长捷最初被关押在河北井陉,后迁北平劳动改造。1959年12月,陈长捷作为首批被特赦的十人之一获释。其后陈迁居上海与家人团聚。1961年4月任上海市政协秘书处专员,撰写个人亲历的文史资料十余篇,约三十万字。

　　1968年4月7日,陈长捷在上海去世。

主要参考资料

　　陈长捷撰写的有关文史资料,上海市政协藏。

　　全国政协《晋绥抗战》编写组编:《晋绥抗战——原国民党将领抗日战争亲历记》,中国文史出版社1995年版。

　　中国人民政治协商会议全国委员会文史资料研究委员会《平津战役亲历记》编审组编:《平津战役亲历记——原国民党将领的回忆》,中国文史出版社1989年出版。

---

　　①　陈长捷:《天津抗拒人民解放战争的回忆》,《文史资料选辑》第13辑,中华书局1961年版。

陈　诚

严如平

陈诚,字辞修,号石叟,1898 年 1 月 4 日(清光绪二十三年十二月十二日)生,浙江青田县人。父陈希文,清末诸生,任青田县立高等小学校长。陈诚九岁入小学,1912 年赴丽水入省立第十一中学,后转读第十一师范。1918 年入杭州体育专门学校。毕业后,由其父执、众议院议员杜持保送入保定陆军军官学校,为第八期炮科生。

陈诚于保定军校卒业后,被分发在浙江陆军第二师第六团当见习官,驻绍兴,旋补为排长。1922 年,陈到上海投考粤军,随同邓演达南下,入粤军第一师,在邓的第三团任连长。1924 年 5 月黄埔军官学校创立,邓演达任教练部副主任兼学生总队长,陈诚被派为上尉特别官佐(候差);旋任第二期炮兵区队长,第三、四期炮兵队长。1925 年两次东征,陈诚随黄埔军校教导团参战,任炮兵营连长,在淡水之战、棉湖之战与攻惠州城诸役中,均立战功。战后,升为炮兵第二营营长。

1926 年 7 月广东国民政府出师北伐,陈诚初任国民革命军总司令部参谋,随军前进;旋任预备第一师第三团团长。11 月预一师改番号为第二十一师,陈团编为第六十三团,在师长严重(立三)率领下,由韶关经赣州、南昌、上饶入浙至常山、衢州。1927 年 1 月在龙游、兰溪一带与孙传芳军卢香亭部发生遭遇战;在桐庐西北浪石埠过江后,又与孟昭月部苦战数日,后夜袭孙军司令部,迫使孙军后撤。2 月 15 日,第二十一师克复新登,继入杭州,陈诚被擢升为第二十一师副师长。嗣后攻平望,薄苏州,下松江。

正在北伐战争节节胜利之际,蒋介石发动了"四一二"政变。第二十一师师长严重不满蒋介石所为,挂冠而去,陈诚继任师长。嗣后,陈先后在南京任军事委员会军务署长、军政厅副厅长,翌年初任总司令部警卫司令。4月出征奉张时任第一集团军炮兵集团指挥,与蒋介石关系日趋密切。

1928年9月,陈诚率两个警卫团与曹万顺十七军合编为第十一师,曹任师长,陈副,兼代第三十一旅旅长;翌年7月,升充师长。陈诚将第十一师重要人员全部调换,代以清一色的"黄埔生",成为蒋介石的一支嫡系部队。1929年蒋先后与李宗仁、唐生智交战,陈效命甚力。1930年4月中原大战爆发,陈诚被蒋派任讨逆军第二军副军长,率十一师沿陇海路西进,守归德附近阵地。时阎锡山军沿津浦线南下,入济南,占泰安,徐州吃紧。陈诚奉命东调,率十一师以日行一百二十华里之速度昼夜趱行,赶到兖州,协同第十九路军解曲阜之围,继又抢先攻入济南城。8月,不足三十三岁的陈诚被蒋介石擢升为第十八军军长,仍兼十一师师长。嗣后,陈诚又奉调转赴平汉线,自济南抵周家口,率部向中牟推进,直趋郑州,蒋介石奖给十八军三十万元。

陈诚效仿邓演达严格治军,以"人事公开"、"经济公开"、"意见公开"为宗旨,注重军规;对蒋介石则唯命是从,每战皆敢打敢拼,坚定、苦干,日益取得蒋的宠信。宋美龄将自己的干女儿谭祥(谭延闿之三女)许陈。1932年元旦,陈与谭在上海结婚。从此,陈诚与蒋介石结成"翁婿"关系,更成为蒋之心腹。

在蒋介石1931年8月发动对工农红军的第三次"围剿"中,陈诚被派为第二路进击军总指挥,率第十四、十一师作为主力,长驱直入,先后侵占黎川、广昌、雩都(今于都)等革命根据地,然后转向西北直奔赣江,企图寻找红军主力决战未果,劳师辗转,疲于奔命。在第四次"围剿"中,陈诚任"赣粤闽湘边区剿匪军"中路军总指挥,率十二个师用"分进合击"战术向广昌进攻。他自恃兵多将广,指挥第五十二师和五十九师深入宜黄东南的东黄陂地区,被红军大兵团伏击,两师师长李明和陈时骥均被生擒。接着,第十一师和第九师在草台岗、东陂地区又被红军打得溃不成军。陈诚于丧师之后回到南昌,羞愧交加,不敢见蒋。但蒋介石未予责备,反为其补充兵械,仍加重用。1933 年 7 月在庐山办军官训练团时,蒋命陈任教育长,负责训练"围剿"将领。在第五次"围剿"时,陈又被任为北路军第三路军总指挥兼第五纵队总指挥。他奉行蒋介石的新战术,提出一套"封锁围进、配合迫进、稳步稳进、乘虚突进"①的战法,向红军江西中央根据地步步逼近。他利用红军在左倾冒险主义指挥下采用阵地战的错误,以数倍于红军的兵力,于 9 月 27 日占黎川,为蒋介石打赢了第一仗;次年 4 月又以优势兵力攻占广昌;接着分兵六路向兴国、古龙岗、石城步步推进,使红军和革命根据地遭受到重大损失。10 月,中央红军开始长征,陈诚所部先后进占石城、宁都、长汀、瑞金。他历年在江西收集了共产党和红军的大量文件资料,时与红军"之行动措施相质证,以验其说之是否可行,其法之是否有当,其言行表里之是否一致"②,并于 1935 年 6 月编印了六册《赤匪反动文件汇编》,作为国民党军队的重要参考资料。他在国民党军官中,算是个"比较高明的战术家",是"最有才干的指挥官之一"③。

　　此后,陈诚进一步受到蒋介石的重用。1935 年春蒋在武昌行营设立陆军整理处,陈兼任处长;6 月蒋又下令全国骑兵、炮兵、工兵均归陈督导整理;7 月蒋开办峨嵋军官训练班,又命陈实际负责。1936 年 3 月,陈奉派去山西协助阎锡山防御红军渡越黄河,被任命为"剿匪军"第一路总指挥;6 月又在太原任"陕晋绥宁四省边区剿匪总指挥"。此时,两广的陈济棠、李宗仁宣称抗日反蒋。陈诚被蒋介石临时召回,以武昌

①　《陈故副总统纪念集》,见黄季陆主编:《革命人物志》第 5 集,台北"中央文物供应社"1970 年版,第 218 页。
②　陈诚:《赤匪反动文件汇编序》(1935 年 5 月),1935 年版,第 1 页。
③　周恩来 1936 年 7 月 9 日在陕西白家坪接见埃德加·斯诺的谈话,[美]埃德加·斯诺,*Random Note on Red China*, 1936—1945,张岭华译文稿见《党史研究资料》1980 年第 1 期。

行营参谋长名义,急调所部三个师进占衡阳,防御两广。不久,两广事件平息。陈诚被任命为中央军事政治学校广州分校主任,旋兼任广州行营参谋长,为蒋介石控制两广局势。

12月西安事变爆发,张学良、杨虎城在扣捕蒋介石的同时,扣押了蒋之部属,陈诚亦在其中。后来事变在各方努力下获得和平解决,但是蒋介石扣留了张学良,还组织五个集团军进逼陕、甘,陈诚被派为第四集团军总司令,经洛阳出潼关,屯兵渭南,奉行"剿抚并举"方针,震慑和分化瓦解东北军和十七路军。

卢沟桥事变后,日本帝国主义大举入侵我国,"八一三"淞沪抗战爆发,全国军民奋起抗日。陈诚奉命到上海视察后,主张在上海利用碉堡和水网地障,牵制住日军主力对华北的攻势。蒋介石采纳陈诚意见,组织淞沪会战,亲兼第三战区司令长官,派陈诚为第三战区前敌总指挥兼第十五集团军总司令,调集大量国民党军队,与日军打大规模的消耗战。在全民族团结抗日的激励下,参战军队英勇抗战,给日本侵略军以相当大的打击。只是陈在指挥上偏重于单纯防御,"固守阵地打死仗"①。日本"上海派遣军"登陆金山卫后,我国军队被迫全线撤退,淞沪遂告陷落。但淞沪战役牵制和消耗了日本侵略军的主力部队,使日本帝国主义"三个月灭亡中国"的战略方针宣告破产,"转变了敌'沿平汉线南下'之原定计划"②。陈诚在淞沪战场上的指挥被视为"战术战斗之败北,而得政略战略之成功"③。

1938年1月,陈诚被蒋介石委任为军事委员会政治部部长,与副

---

①　这是张发奎及前线伤员指责陈诚的语句,见杜伟:《我所知道的陈诚》,中国人民政治协商会议全国委员会文史资料研究委员会编《文史资料选辑》第12辑,中华书局1961年版,第137页。

②　陈诚对抗日战争的回忆资料,国民政府国防部总长办公室记录,国防部资料室编,国民政府军令部战史编纂委员会档案(25)2864,中国第二历史档案馆藏。

③　《陈故副总统纪念集》,见黄季陆主编:《革命人物志》第5集,台北"中央文物供应社"1970年版,第224页。

部长周恩来等合作共事；旋又被任命为武汉卫戍总司令。6 月，国民党成立三民主义青年团，蒋介石自为团长，任陈诚为中央团部书记长。6 月 14 日蒋介石下令编组第九战区，派陈诚为司令长官；次日又任命陈兼湖北省政府主席。陈遂集军政大权于一身，担负保卫当时我国的军事、政治中心地武汉之全责。此时，日本侵略军已先后攻占徐州、开封、安庆等地，于 8 月以 38 万兵力沿长江两岸分五路西侵，并以海军溯江而上，目标在夺取武汉。陈诚指挥第九战区所属各军，和李宗仁的第五战区各部一道，以 3 倍于敌的兵力展开武汉保卫战。陈遵照蒋介石指令，以"战而不决"的消耗战术御敌，与李宗仁协同指挥抗日军队先后在九宫山、幕阜山、大别山等山区构筑阵地，阻击日军；在星子、瑞昌、武宁、田家镇、万家岭、辛潭铺、大冶等地与日军激烈战斗。10 月，日军次第侵占信阳、大冶、鄂城和黄陂，25 日汉口弃守。历时四个半月的武汉保卫战中，在蒋介石的指挥下，陈诚和李宗仁组织百余万我国军队迎战日军 12 个师团，杀伤日本侵略军逾十万人，对于抗战全局组织战略退却和坚持持久抗战，具有重要意义。

武汉撤守后，陈诚将湖北省政府主席职交严重代，将第九战区司令长官职交薛岳代，自己去重庆专任军事委员会政治部长之职。1940 年 6 月，日军攻陷宜昌，威胁四川。为加强重庆外围的防御，陈诚于 9 月奉蒋介石命赴鄂西恩施，出任第六战区司令长官，并再兼任湖北省政府主席职。他以"建设新湖北"、推行"新政"相号召，实行"二五减租"①、田赋改征稻谷、用物物交换来对付通货膨胀、凭证分配日用品等措施。但在执行中许多官吏贪污中饱，湖北人民仍难免于沉重的负担。1943 年 2 月陈诚奉派为指挥滇西作战的中国远征军司令长官。5 月又奉命回恩施，指挥所部抗御日军西犯。翌年 7 月，陈改任第一战区司令长官

---

　　① 　陈诚的"二五减租"，是规定农民佃租为 37.5％。其计算方法是：佃农租种地主的土地，从年总收获量中先提留二成五，偿付种子、肥料等，其余七成五和地主对分，即三七五交地主。

兼冀察战区总司令,12月又调任军事委员会军政部长。

抗日战争胜利后,蒋介石回到南京,进一步重用陈诚,任命他为国防部参谋总长兼海军总司令。陈诚名位在国防部长白崇禧之下,但扬言"国防部长有权,参谋总长有能"①,竭力扩充自己的势力,招致白崇禧等人的嫉恨。

1946年6月,蒋介石悍然发动全面内战,陈诚跟着喊"三个月内消灭共军",辅佐蒋调兵遣将,并先后去郑州、徐州、济南、北平、张家口及苏北等地督战,向解放区发动全面进攻。一年之内,国民党军队即被歼灭112万人,陈受到各方责难。蒋介石被迫自己出面指挥战局,命陈诚以参谋总长兼任"国民政府主席东北行辕"主任,去接替熊式辉主持东北战局。

1947年9月,陈诚飞抵沈阳就职。此时,东北战场国民党军队先后在辽南新开岭地区、临江地区、四平地区大量被歼,已被迫困守在沈阳、锦州、四平、吉林、长春等几座城市。陈诚到职后声言"要消灭共匪,建设三民主义的新东北"②。为此他大力扩充部队,把在东北的国民党正规部队由9个军增加到14个军,又新增了炮兵、战车、汽车等部队,想集中优势兵力与人民解放军决战。10月,东北人民解放军发动"秋季攻势",陈诚指挥频频失误,50天内被歼六万九千余人,不得不把主力部队收缩在四平、沈阳、营口、锦州等狭小地区。为安定军心,他仍言"目下国军已完成作战准备,危险时期已过"③。翌年1月6日,他下令新五军向沈阳集结,结果这支国民党精锐部队于7日一个晚上即被全

①　杨伯涛:《陈诚军事集团发展史纪要》,中国人民政治协商会议全国委员会文史资料研究委员会编《文史资料选辑》第57辑,中华书局1978年版,第155页。

②　杜聿明:《辽沈战役概述》,中国人民政治协商会议全国委员会文史资料研究委员会编《文史资料选辑》第20辑,中华书局1961年版,第4页。

③　陈诚:《告东北军民书》,杜聿明:《辽沈战役概述》,中国人民政治协商会议全国委员会文史资料研究委员会编《文史资料选辑》第20辑,中华书局1961年版,第5页。

歼,军长陈林达和师长谢代蒸、留光天均被俘。陈诚闻讯,星夜电蒋介石告急。蒋第二天亲飞沈阳,陈向蒋承认"自己指挥无方"①,表示"决心同沈阳共存亡"②。但眼看形势严峻,他让谭祥去南京求宋美龄,要蒋介石将他调离东北。2月5日陈诚悄然飞回南京,旋因胃疾去上海求医。4月召开的"第一届行宪国民大会"上,许多人对陈诚群起责难,"声色俱厉",有些人要求蒋介石"杀陈诚以谢国人"③。陈诚闻讯,急忙住进陆军医院。5月20日,他请辞参谋总长本兼各职。

此后,国民党统治在辽沈、平津、淮海三大战役的打击下摇摇欲坠,蒋介石于1949年元旦被迫发出求和声明;在退居幕后之前,任命陈诚为台湾省主席兼台湾警备总司令。陈于1月5日到台湾就职,锐意经营。7月9日,陈又被委兼"东南军政长官",名义上辖台、苏、浙、闽四省和潮、汕沿海区域。

撤退到台湾的蒋介石,更加倚重陈诚。1950年3月,陈诚任台湾国民党政府的"行政院"院长,翌年1月兼"行政院设计委员会"主任委员,1954年3月任"副总统",11月兼"光复大陆设计研究委员会"主任委员,1957年10月任国民党"副总裁"。1963年12月辞去"行政院"院长兼职,专任"副总统"、"副总裁"。陈诚在台湾主政期间,注意吸取国民党在大陆失败的教训,努力缓和与当地农民之间的矛盾,推行"三七五减租"和以工商企业股向地主赎买土地的办法进行"土地改革"④。他还主持兴建了石门水库。

1965年3月5日,陈诚因肝癌在台北逝世。

①　杜聿明:《辽沈战役概述》,第4页。
②　杜聿明:《辽沈战役概述》,第6页。
③　朱克勤:《出席国民大会记》,第50页,《近代中国史料丛刊续编》第43辑,台北文海出版社1977年版,第50页。
④　沈宗瀚:《陈故副总统与农业》,台湾《传记文学》第7卷第4期,第31页。

陈 楚 楠

陈　民

　　陈楚楠,原名连才,别号"思明州之少年"①,1884 年(清光绪十年)生于新加坡,是第一代侨生②,他祖籍福建厦门,父亲陈泰早年到新加坡,开办"合春号",经营木材和罐头、杂货。因主动把靠近新加坡河畔的房地产转让给当地政府建设码头、仓库,政府将该地区命名为"陈泰坊"以资纪念,现已成为新加坡市中心的繁华地区。

　　陈楚楠童年除进学校学习当地应用的英语与马来语外,还在家中补习中文,受到中华文化的熏陶。二十一岁时,与兄陈连亩共同经营"合春园"种植橡胶,同林文庆的武林园、洛阳园、陈嘉庚的福山园齐名,成为早期推动新、马橡胶种植业的著名人物。由于他同新加坡维新派领袖邱菽园交往,得阅《清议报》、《新民丛报》、《开智录》等刊物,深受影响,一时对康有为颇为崇敬,并参加林文庆、邱菽园组织的"好学会",声援康梁的保皇立宪活动。曾以"思明州之少年"署名,投稿邱菽园创办的《天南新报》和香港《中国日报》。1900 年,维新派的武装自立军以"勤王"为号召,预定 8 月 9 日在湘鄂皖起义。因康梁的汇款未到而改期,后被清吏发觉,致使起义失败。当时传闻康有为盗用华侨捐款,这

----

　　①　明末郑成功据守厦门反清,改厦门为"思明",矢志光复明祚。据此,陈楚楠取别号"思明州之少年"。

　　②　习惯上华侨在南洋所生子女统称"侨生"。英殖民地政府根据出生地主义的国籍法规定:凡在当地出生的华侨子女(Straitsborn Chinese)即获得英国国籍,成为英籍华人。

使陈楚楠大为失望。从此,他的思想开始转向革命。促使其思想转变的另一重要因素,是《苏报》、《革命军》、《黄帝魂》等革命书刊的影响。他经常与林义顺等人议论中国政局及列强瓜分中国的威胁,逐步成为民族民主主义革命者。1902年,新加坡华人牧师郑聘庭创办青年文化团体基督青年会。陈楚楠加以赞助,并在青年会中增设书报社,陈列多种报刊,任人阅览;自己也经常到青年会去讲演,结合宣传革命思想。是为南洋革命党人办书报社之始。

1903年夏,上海发生"苏报案",陈楚楠与张永福、林义顺等用"小桃源俱乐部"名义致电英国驻上海领事,请援引保护国事犯条例,拒将章炳麟、邹容引渡给清政府,以重人权。不久,他们又集资翻印邹容的《革命军》数千册,改名《图存篇》,由黄乃裳、林义顺携带回国,散发于闽南、粤东一带。

同年,陈楚楠通过《天南新报》编辑黄伯耀的介绍,与革命党人尢列交往。在尢的影响下,陈楚楠与张永福合资创办《图南日报》,自任报社经理,聘尢列为名誉编辑。创刊时尢列写发刊词,鼓吹反清革命,成为南洋华侨最早的革命喉舌。当时南洋革命风气未开,一般商人视革命为大逆不道,多禁止其子弟及店员阅读《图南日报》。因此,该报的长期订户只有三十几份,平日销售量也只有一千份。为了打开局面,《图南日报》在迎接1905年元旦时,特印制精美月份牌分赠读者。月份牌上印有太平天国石达开写的:"忍令上国衣冠沦于夷狄;相率中原豪杰还我河山。"以及"文字收功日,全球革命潮;图开新世界,书檄布东南"的对联,中间印有自由钟和独立旗。形式新颖,又富有爱国思想,颇受东南亚各地华侨工商界以及群众团体的欢迎,报纸的销售量也一度增至两千多份。这种月份牌流传到檀香山,孙中山见了大为赞赏,汇美元二十元给《图南日报》,购买月份牌,同时写信殷殷嘉勉,表示愿意与他们相会。

1905年6月,孙中山由欧洲取道新加坡赴日本,致电尢列约《图南日报》主持人相会。轮船停泊新加坡时,尢列便介绍陈楚楠、张永福等登船相见。当时因孙中山受当地政府限令离境5年的期限未满①，经陈楚楠等往警厅担保，孙中山始得上岸聚会于小桃源俱乐部，商谈组织革命团体事宜。由于事前林文庆与黄乃裳的介绍，陈楚楠对孙中山的革命主张已有初步了解，这次相会，对孙中山的革命气概和渊博学识，又获得深刻的印象，从而增强了革命的信心，心悦诚服地接受孙中山的领导。

同年8月，中国同盟会正式成立于日本东京。第二年6月，孙中山再次来到新加坡，在"晚晴园"②召开大会，组织同盟会新加坡分会，基本会员有陈楚楠、张永福、林义顺、李竹痴、尢列等14人，陈楚楠被推选为分会会长。以后陆续加入同盟会的有丘灿文、黄乃裳、许雪湫、陈武烈、林文庆、陈嘉庚等四百多人。同盟会还先后派员分赴英、荷两属各埠设立分会。陈楚楠也受孙中山委派，与林义顺、李竹痴等到马来亚北部的槟榔屿和缅甸的仰光等地，设立了同盟会分会，在华侨中播下革命的种子。

1907年8月，陈楚楠与张永福、林义顺筹办的南洋同盟会机关报《中兴日报》在新加坡发刊。不久，即与保皇党控制的《南洋总汇报》展开革命论与君宪论的大论战。翌年3月，孙中山自河内移居槟榔屿路过新加坡，东京《民报》记者也群集南洋，一起参加论战，痛斥保皇谬论。《中兴日报》发行量猛增至四千多份，同盟会的革命主张在华侨中得到广泛的传播。

在1907和1908这两年中，同盟会在广东、广西和云南三省发动多

---

① 1900年6月，日本志士宫崎寅藏由广州赴新加坡，拟说服康有为同孙中山合作。康党疑其受清吏指使谋刺康，控告于当地政府。宫崎遭逮捕。孙中山闻讯后，即从西贡赶到新加坡营救，也遭逮捕。幸赖旧友林文庆等营救，方获释。但孙被判出境五年，宫崎则被判永远出境。

② 别墅"晚晴园"地处新加坡郊区，环境僻静，原为某富商所建，名曰"明珍园"，张永福买下后改名"晚晴园"，取"人间爱晚晴"意思，供他的母亲晚年养老。1905年张永福闻讯孙中山即将来新加坡，特将该园修茸一新，用作招待孙中山及革命同志聚会的场所。

次起义,陈楚楠遵照孙中山的函电,积极筹款助饷,黄冈起义首领余既成败退香港,被清吏诬告入狱,陈楚楠曾为之筹集诉讼费用,汇交香港《中国日报》代聘律师为余辩护,后获胜出狱。云南河口之役失败,义军将士韦云卿等六百多人被越南政府遣送出境,前来新加坡。当地政府借口乱民入境有违殖民地禁例,不许登岸。几经交涉,由陈楚楠等出面担保,才得到入境许可。当时义军将士给养极为困难,根据孙中山的意见,陈楚楠在郊区蔡厝港开设"中兴石山"(采石厂)予以安置;有不愿在石山工作的,则分别介绍到槟榔屿、吉隆坡、吡叻(又称霹雳)各埠的工厂、农场、矿山去就业。

辛亥革命后,民国成立,陈楚楠欣喜不已。当时福建由于省库空虚,积欠军饷,地方不安,民心浮动,任福建筹饷局总办的同盟会员黄乃裳通电南洋要求支援。陈楚楠以新加坡同盟会老会长身份,和福建会馆共同召开大会,决议组织保安会,在一个月内筹得新币二十多万元,用保安会长陈嘉庚的名义汇回福建,安定危局。后陈回国,主持上海"华侨联合会"领导事宜,积极开展工作,开设华侨公寓,代办华侨所需事务,迎来送往,便利华侨归国探亲、扫墓;同时在《国民新闻》辟专栏,报道海外华侨动态,增进国内人民对海外侨胞的了解。

1917年,陈楚楠到广州谒见孙中山,受聘为军政府参议。1928年至1933年,陈任福建省政府委员,一度兼任实业厅长。他曾计划在闽创办银行,开发矿业和水产资源。但由于当时日本帝国主义把福建视作自己的势力范围,处处加以掣肘,使陈无法施展其抱负。陈于1933年返回新加坡,并从此退出政治舞台,息影家园,不闻外事。

1940年,汪精卫在南京成立伪政权。新加坡老同盟会员张永福被拉下水,出任伪政权的"国府委员"和"中央监察委员",并奉命出使南洋。张永福与陈楚楠本为知交,关系密切,想罗致陈去南京,以壮伪政权声势。但陈不为所动,并晓以民族大义。

1971年9月21日,陈楚楠因病在新加坡逝世。著有《晚晴园与革命史略》,为南洋同盟会的早期文献。

陈 春 圃

黄美真　张　云

　　陈春圃,1900年3月8日(清光绪二十六年二月初八)出生于广东新会,是汪精卫妻子陈璧君的远房侄辈,家境清寒。青年时求学于广州圣心书院,1919年因病辍学。此后即投靠汪氏夫妇。1920年,汪精卫出任广东省教育会会长,陈任该会图书馆主任兼编辑主任。1923年由陈璧君推荐,任广东省长公署机要课主任,"自那时起才开始有了政治关系和活动"①。

　　1924年初汪精卫任国民党中央党部宣传部长,陈春圃随任该部秘书。1925年冬,莫斯科中山大学在华招生,陈由汪提名,成为国民党中央政治委员会保送的八名留学生之一,并被汪指定与林柏生同为国民党方面选派的留学生与国民党中央的联络人。陈春圃于次年9月回国。1927年蒋介石发动"四一二"政变后,宁汉分裂。汪精卫任武汉政府党、政、军要职,陈春圃即于5月至武汉任国民党中央党部组织部秘书。汪发动"七一五"政变后,宁汉趋于合流,陈赴粤就任国民党广州特别市党部常务委员。

　　宁汉合流不久,国民党内各派系之间因分赃不匀,又告分裂,1928年初汪精卫赴法。同年10月,陈春圃追随去法。旋衔汪命去美国纽约创办《民气日报》,任总编辑,进行反蒋宣传。1931年"九一八"事变后,

　　①　陈春圃:《蒋介石、汪精卫争当"儿皇帝"的内幕和汪精卫傀儡戏班底的拼凑与灭亡》(未刊)。

蒋介石、汪精卫打着"精诚团结、共赴国难"的幌子重新合作,汪于1932年1月底出任行政院院长,陈由美回国,被任命为侨务委员会常务委员兼侨民教育处处长。

1937年"七七"卢沟桥事变爆发前后,陈春圃追随汪精卫,鼓吹"亡国论",在华侨中散播"抗战没有胜利的希望"等民族投降主义谬论①。1938年底,汪准备逃出重庆投敌叛国,事先指派陈前往昆明打前站。陈即向侨委会请假,把汪的幼子、幼女连同贵重财物带到昆明,随后将汪的子女送上飞机逃往香港,自己仍留昆明,为汪的叛逃作联络。以后又赶到河内,再转香港,担任联络和交通工作,是汪投敌的一名得力的马前卒。

1939年夏,陈春圃随汪精卫逃到上海,在汪左右处理重要机密。1940年1月,汪精卫集团内部倾轧,高宗武、陶希圣秘密离开上海拆伙而去,并在香港公开披露了1939年冬汪精卫与日本秘密谈判的《中日新关系调整要纲》(草案)全部内容。这时,汪精卫等人正在青岛与伪华北临时政府和伪南京维新政府头目王克敏、梁鸿志举行分赃会议,为了稳住阵脚,陈春圃秉承陈璧君的意旨,以汪随从秘书长的名义发表声明辩解说:"高宗武、陶希圣所发表之文件,只是交涉中间之日方片面提案,既非日方最早之要求,亦非最后折中之结果,而为断章取义之片断记录",妄图抵赖。同时吹捧汪精卫"本于国民之需要与期望,不避艰险,毅然决然以领导和平运动,凡非中国之自由独立与生存之条件者,皆非汪先生所能接受"。又凭空吹嘘"吾人与日方所商订之和平条件,断不损害我国之生存与自由独立,且信必能因此而奠定东亚永久和平之基础,以谋两国之共存共荣"②,为汪投敌卖国诡辩。

1940年3月下旬,汪精卫在南京召开汪记国民党中央政治会议,筹备组织伪政府,陈春圃任"中政会"副秘书长。汪伪行政院成立后,陈

---

① 陈春圃:《自白书补充材料》(1951年8月18日)。

② 陈春圃:《驳斥高、陶在港造谣》,《中华日报》1940年1月21日。

任秘书长,并先后任伪中央执行委员会副秘书长、伪最高国防会议副秘书长等要职。在此期间,又以汪私人秘书的身份,处理行政院内各种重要文件,编列行政院会议及"中政会"会议之议事日程及各种决议。同年8月,汪、日签订了《中日基本关系条约》,使日本帝国主义在沦陷区进行军事、政治、经济、文化的全面侵略,披上条约的外衣。其后,又于11月30日发表了《中日满共同宣言》,公开承认伪满洲国。对于这些卖国条约、协定的签订及所有布告、宣言的发布,陈春圃均"参与谋议"①。

1943年9月,陈春圃调任汪伪南京政府建设部长,主管铁路、邮电、航政、都市建设及水利等。同时,兼任伪中央政治委员会委员及伪中央党部组织部部长,掌管人事大权。1944年4月,伪广东省长陈耀祖被刺殒命,陈春圃由陈公博、周佛海推荐,赴粤继任伪广东省省长兼伪广州绥靖主任。其间因陈为强化日伪的统治卖力,曾被派往日本参拜伊势及热田两神宫,公然无耻地为日本"祈祷大东亚战争的胜利"②。

陈春圃是汪精卫集团中所谓"公馆派"的主要成员之一。1944年11月10日,汪在东京病死,陈公博就任"代国府主席",陈春圃追随陈璧君表示消极。其后,陈公博虽数次委以伪国民政府外交部长、文官长及司法院副院长等职,他均予拒绝,而赋闲于武汉、南京、上海等地。

抗战胜利后,陈春圃自知"无所逃避",于1945年9月17日在上海向国民党军事委员会调查统计局驻沪特派员办事处投案。经军统局解送国民党上海市高等法院,于1946年10月4日以"通谋敌国,图谋反抗本国"罪,被判处死刑,"褫夺公权终身"③。陈不服,请求复判。1947

---

① 《上海市高等法院特种刑事判决》,1946年度特字第三二〇号。
② 《上海市高等法院特种刑事判决》,1946年度特字第三二〇号。
③ 《上海市高等法院特种刑事判决》,1946年度特字第三二〇号。

年 12 月被判为无期徒刑。

　　中华人民共和国成立后,陈春圃留押于监狱,表示认罪服罪,"确认
自己是汉奸,只有服罪认过之一途,此外别无生路"①。

　　1966 年 3 月 19 日,陈病死于上海市监狱。

────────

　　①　陈春圃:《解放后我思想上转变情况》(1951 年 8 月 18 日)。

陈　达

汪仁泽

陈达，字通夫，1892 年 4 月 30 日（清光绪十八年四月初四）出生在浙江余杭县的一普通农民家中，父母都不识字。陈达七岁时，在村里私塾就读，十四岁进余杭县立高级小学，学习勤奋，三年毕业。因成绩优异，被保送至杭州府立中学（后来改名为杭州第一中学），插班读二年级。

1911 年，陈达在杭州考取清华学校公费留美预备班。次年赴北京，在该班学习四年，1916 年毕业后，由该校公费保送到美国留学。先在立德学院学习二年，获得学士学位后，转至哥伦比亚大学攻读社会学系。鉴于我国人口众多而国家落后，人民生活困苦，他抱着谋求解决这些实际问题的愿望，选择了该系的人口和劳工问题专业。1919 年毕业获得硕士学位后，继续在该校研究院深造。其间他发表了有独特见解的论文多篇，引起美国学术界的注意，并得到好评。1923 年，该校授予社会学博士学位。此时曾有人以优越的待遇请他在美继续从事学术研究，但是他本着"人口救国"、学以致用的初衷，决定回国。

1923 年秋陈达回国后，任教于母校清华学校，讲授《社会学原理》。他宣传国人应节制生育，降低人口出生率，以摆脱贫困的现状。他调查了清华园内校工的生活状况，在校刊上发表了调查报告，引起学术界的重视，为文科的研究方法作出了良好的先例。1925 年美国学者发起筹组"太平洋学会"，在夏威夷火奴鲁鲁召开成立大会，陈达以个人会员的身份出席，会后赴福建、广东调查劳工问题。1928 年，清华改为国立大

学,陈达就任该校社会学系教授兼系主任,他聘了著名学者潘光旦等人
到系任教,以加强该系的师资力量。1929 年春,再次到闽粤等地搜集
劳工问题资料,著《中国劳工问题》一书出版。同年冬,被邀往夏威夷大
学讲学,回国途经日本、朝鲜,曾考察当地劳工状况。1931 年 5 至 8
月,陈达在上海、无锡调查工人的生活概况,并研究工厂法。次年他与
友好数人在北平组织妇婴保健会,成立节育指导所,在报刊上创办"人
口副刊",加强了节制生育和提倡晚婚的宣传。在此期间,国民政府任
命陈达为内政部户政司司长,陈达视事数月,以官场人事关系复杂悄然
离去,仍回清华执教。

　　1934 年冬,陈达去爪哇、邦加岛、马来亚、新加坡、暹罗、柬埔寨等
地,从事南洋华侨问题的研究达半年。1935 年夏,他趁休假一年之机,
先至苏联、后又去西欧诸国考察,特别注意调查了德、意等国的劳工状
况,以及苏联的国营工厂和集体农庄的工农劳动情况。他在参观苏联
教育委员会所属的中研院后,曾在纪念簿上题词:"关于苏联的教育工
作,留给我极深刻的印象,苏联的教育家无疑的要陶冶(年青一代的)新
人格,应付新生活。"[1]其后又去印度,调查加尔各答地区的农民状况。
经过这一年的考察,他发表了多种调查报告和有关专论。

　　陈达在人口和劳工问题上认为:达尔文的"生存竞争,适者生存"学
说是不移的定律。他以之运用于我国,提出了生存竞争和成绩竞争的
理论,认为只有取得生存竞争的胜利,才能进一步求得成绩竞争的胜
利;反之,如果能够取得成绩竞争的胜利,一般讲,也就更容易求得生存
竞争的胜利。针对我国人口众多、贫困落后的状况,他认为要达到国富
民强,必须对人口的增长加以控制:"生存竞争与人口数量有密切关系,
因人口有大量的增加,或增加率太快时,对于人民的谋生,当然要发生
恶劣的影响。"[2]对于劳工的就业问题,他也认为如此,因此"人口的数

---

[1]　陈达:《浪迹十年》,商务印书馆 1946 年版,第 139 页。
[2]　陈达:《人口问题》,商务印书馆 1934 年版,第 302 页。

量务求减少"①。他主张实行"对等的更替",即一对夫妇生育子女不超过二个。同时他还主张不断提高人口的质量,人口品质愈提高,社会的经济、文化也就能愈加发展。他这时的人口、劳工理论,还远没有认识到与社会制度、国家性质的关系,因此他的"人口救国论"在当时也和"教育救国论"、"实业救国论"一样,是无法实现的。

1937年抗战爆发后,11月陈达随清华大学南迁长沙,在清华、北大、南开三校合组的临时大学继续任教社会学。1938年初,又随校绕道广州、香港,经海防迁到云南。三校组成西南联合大学,在蒙自上课,陈达除任教社会学外,又兼任清华大学所属的国情普查研究所所长,直至抗战胜利。该所设在离昆明20公里的呈贡县城内的文庙里,陈达携眷住在该庙的后院。该所从1939年初成立后,曾在呈贡县先后举办人口普查试验、人事登记、农业普查(逐户调查耕地面积、灌溉方式、作物种类,然后再选样调查使用肥料、农具及收获物市价等)、户籍及人事登记调查等多项学术性的调查研究工作。每次调查,从拟订调查计划、与各方联系洽谈、训练调查员、巡视、检查工作,直到统计、总结等,陈达都亲自参加。当时交通不便,有些地区尚须骑马代步,有时他一天要骑行八个多小时;同时每周还需上课一二天,因此备极辛劳,曾因劳累过度,在工作途中昏倒两次②。1942年10月至1943年7月,作为学术研究,国情普查研究所又与国民政府内政部、云南省政府合作,进行云南环湖市县户籍的调查工作,动员了工作人员达千余人,调查对象涉及一市三县的60万居民。

抗战胜利后,陈达进行大规模的工人生活现状的调查。1946年,他在上海选择沪南、闸北等五个区,先普查了一千五百多家工厂、十四万多工人;然后进一步深入调查了纺织、面粉、卷烟等40种工业的240家工厂。调查的项目包括工人实际收入、计件和计时工资、工人生活史

① 陈达:《人口问题》,第430—431页。
② 陈达:《浪迹十年》,第301页。

等十二个方面。

　　陈达治学谨严，一丝不苟，严肃认真，坚持实际调查的科学态度。他对所有调查资料，都要经过审核、复查、订正等步骤，然后再分类统计、列表。他为了弄清旧中国自然灾害对人口的影响，查阅了十几种古书典籍和近代资料，包括《图书集成》《通志》《通典》以及海关报告、华洋义赈会会刊、各种报刊杂志等，从而取得了从公元前二百多年到抗战前共计二千多年来水、旱灾的发生次数，并得出比例数越往后越严重的规律性资料。在学术研究上他主张专一。他自从留美时选定社会学中的人口和劳工问题作为自己的专业后，半个多世纪锲而不舍，几乎将自己所有的时间和精力都倾注于此。他曾说："我觉得一个人不容易通，我的办法是一条路，要走一条路才有成绩和贡献。"①1947年初，他应邀往美国参加普林斯顿大学成立二百周年校庆，事后至芝加哥大学讲学。他在国际学术界中具有一定声誉，先后担任国际人口学会副会长、太平洋学会东南亚负责人、中国分会研究干事等职。

　　陈达长期认为自己进行的是纯学术研究，是"清高"的工作，可以不问政治，因此常常自称："我真是一个道地的无党无派者。"但是1946年7月15日，昆明发生了闻一多被国民党特务暗杀事件，使他的政治态度发生了明显的转变。闻一多是他多年的老朋友、老同事，在昆明的住所仅是一墙之隔。那天下午，两人同时出门，3小时后陈达回家不久，闻一多已被暗杀，陈达悲愤填膺。从此他认清了国民党的真面目，不论在平时或课堂里讲到国内现状时，总是直截了当地说："国民党是不行！"1947年2月，他参加了清华、北大13位名教授联合签名的抗议国民党当局侵犯人权的宣言②。1948年6月，他又参加了北平各院校教授104人联名抗议国民党军队在内战中对开封平民滥施轰炸残杀师生

　　①　全慰天:《记陈达教授》,《观察》杂志第2卷第8期(1947年4月19日),第19—20页。

　　②　《观察》杂志第2卷第2期(1947年3月8日)。

的暴行①。1948年底,他拒绝了国民党当局用飞机接他南下的企图,坚持留在清华园,迎接北平的和平解放。

中华人民共和国成立后,陈达开始学习马克思列宁主义,认识到社会学的研究必须以马列主义、毛泽东思想理论为指导,对于资产阶级的社会学,"应该'去其糟粕,取其精华'","好的一部分应加吸收,不好的部分要加以批判"②。1952年他改任中央财经学院劳动经济专修科教授,一年后转任中国人民大学劳动经济专修科教授。次年又改任中央劳动部劳动干部学校教授兼副校长,并被任命为中央劳动部保护司副司长,当选为北京市人民代表。他在中国人民大学校刊《教学与研究》及其他杂志上发表了《上海工人的生活费(1929—1948年)》、《上海的劳资争议与罢工(1937—1947)》、《如何进行专题调查与研究》等多篇调查报告和专论,提出在大专院校恢复社会学系科的建议,并多次从社会学的角度,提出计划生育和提倡晚婚的主张,后者与马寅初从经济学的角度提出的主张不谋而合。1957年5月,他在《新建设》杂志上发表《节育、晚婚与新中国人口问题》一文,再度论述推行节育和晚婚的重要意义和迫切性,并附列了"二十个国家最近出生率"、"日本出生率的下降"、"云南呈贡结婚年龄"等国内外各种统计表十八张以资说明③。1957年以后,陈达继续担任全国政协委员及政协文史资料委员会委员,继续从事人口和劳工问题研究,孜孜不倦地埋头整理资料和撰写著作,完成了一百五十多万字的《抗日战争和解放战争时期工人运动史》、《解放区的工人生活状况》等多种著作。1975年1月26日,他在家沐浴时突然病逝。

陈达一生培植了许多社会学人才,同时也留下了不少研究成果。

①　北平《新民报》1948年6月29日。

②　《关于社会学研究的对象和内容》座谈记录摘要中所记陈达的发言,《新建设》1957年第7期,第40页。

③　陈达:《节育、晚婚与新中国人口问题》,《新建设》1957年第5期,第1—15页。

已发表的著作有 *Chinese Migrations：With Special Reference to Labor Conditions*（Washington D. C. 1923），《中国劳工问题》（商务印书馆1929 年版），《人口问题》（商务印书馆 1934 年版），《南洋华侨与闽粤社会》（商务印书馆 1938 年版），*Emigrant Communities in South China*（New York 1940），《浪迹十年》（商务印书馆 1946 年版），*Population in Modern China*（University of Chicago 1946），《节育、晚婚与新中国人口问题》（《新建设》1957 年第 5 期）。其他学术论文、调查报告约三十余篇用中、英文发表，散见国内外有关刊物上。

陈 蝶 仙

江绍贞

　　陈蝶仙,原名寿嵩,字昆叔;后改名栩,别字栩园,号蝶仙,别署天虚我生。浙江钱塘人,生于 1879 年 7 月 22 日(清光绪五年六月初四)。他的父亲陈福元,以行医和相命为业,并擅长音律①。蝶仙为庶出,7岁丧母。其嫡母喜爱说部弹词,常让他为之诵读。加之塾师也经常教作五七言诗,因此少年时对小说诗词以及音律等非常爱好。十余岁时已能吟咏,曾将自己的习作刊印,题名《惜红精舍诗》。后又将所著辑为《粟园丛书》。他原来也想以科举进身,曾得优附贡生。后放弃科举,悉心著述,以惜红生笔名写一些诗词,在上海《同文沪报》副刊《消闲录》上发表。1895 年主杭州《大观报》笔政,曾著《潇湘影弹词》等作品印行出版。当时写情小说兴起,他受其影响,于 1898 年著长篇写情小说《泪珠缘》,在文坛上初露头角。

　　1901 年,陈蝶仙在杭州开设萃利公司,次年又开设石印局,规模都不大。萃利公司主要销售书籍文具纸张,偶而贩卖一些欧美的化学仪器以及留声机、无声影片等,曾引起守旧亲友们的讪笑和反对。不久,萃利公司收歇,石印局亦因火灾被焚。1907 年,陈前往上海办著作林社,出版文艺杂志《著作林》,至二十余期停刊。他撰写了《花木兰传奇》、《自由花传奇》等小说在该刊发表。

　　1909 年起,陈蝶仙在江浙一带的绍兴、靖江、淮安等县当幕僚和小

---

　　①　陈寿嵩:《先府君行状》,《栩园丛稿》二编。

官吏。民国元年,代理镇海县知事时,往邻县慈溪访友,见遍地乌贼骨,认为用来制作牙粉原料,可不费分文,而取给无穷。便与其四弟蓉轩(名华同,时任镇海警察局长兼罪犯研艺所所长)商议,由研艺所制造牙粉,并呈文上司要求拨款2000元作制造经费,结果遭到训斥,遂愤而辞职,寓居上海,重操文字生涯。

　　当时,正是鸳鸯蝴蝶派兴盛时期,陈蝶仙是代表人物之一。1913年主编《游戏杂志》,次年又主编《女子世界》,同时为鸳鸯蝴蝶派的主要阵地——《申报》副刊《自由谈》作特约撰述。1916年任该副刊的主编。他先后在这些刊物上发表了《玉田恨史》、《黄金祟》等长篇小说。还在鸳鸯蝴蝶派所主编的《礼拜六》等许多杂志上大量投稿,先后发表了《琼花劫》、《井底鸳鸯》等长篇小说。此外还与人合译了《福尔摩斯侦探案全集》等外国小说。他前后所著小说数量达百余篇之多,内容大半都是描写才子佳人的悲欢离合。正如鲁迅所说"良家女子和才子相悦相恋,分拆不开,柳荫花下,像一对蝴蝶,一双鸳鸯,但有时因为严亲,或者因为薄命,也竟至于偶见悲剧的结局"①。陈蝶仙对于文学创作的态度,是当作游戏和消闲。他主编的《游戏杂志》,即以游戏文字著称。他的人生观充满了颓废思想,曾说:"人生于世,实在梦中","李白所谓'天生我材必有用'实虚诞耳。"②他署名天虚我生,号蝶仙,其意皆源于此。当时鸳鸯蝴蝶派作家多以鸳、蝶等取名,也自陈氏始。1916年5月陈加入"南社"。

　　陈蝶仙对于现代科学技术却抱着比较积极的态度。在他主编《申报·自由谈》时,特辟"常识"栏,撰述小工艺日用品制造法,颇得社会人士之欢迎③,后汇集为《家庭常识》八集,印行出版。同时,亲自试制牙

　　①　鲁迅:《上海文艺之一瞥》,《二心集》,《鲁迅全集》第4卷,人民文学出版社1981年版。

　　②　转引自《浙江商务》第1卷第3期(1936年3月)。

　　③　郑逸梅:《天虚我生往事》,《永安》第13期(1940年5月)。

粉,由其子小蝶和时任中学教员的李常觉(字新甫,鸳鸯蝴蝶派作家)协助,以他们共同的稿费收入为试制费用。此时他发现乌贼骨作牙粉原料有伤牙齿,便往舟山群岛岱山一带,向盐场收购制盐中废弃的苦卤,提炼制作牙粉的基本原料碳酸镁。试制成功,每百斤碳酸镁的成本不过十二元左右,仅及日货碳酸镁售价的一半。1917年制成牙粉,定名"无敌牙粉"(蝴蝶之谐音,并以蝴蝶为其商标图案),在农商部登记立案。开始时没有正规的厂房,雇工很少,家人亲友也参加制作,产品委托烟纸店代售,是为家庭工业社之伊始。

自无敌牙粉问世后,销路很好,获利丰厚。1918年7月,正式成立家庭工业社股份公司,资本一万元,陈蝶仙自任经理,小蝶任副理。这时,盐商们见苦卤制粉有利可图,遂趁机抬高卤价。陈为保持廉价的原料,便转而向散户盐民收购,同时将无敌牙粉批发给这些盐民销售。这样,既保持了廉价的原料,又扩大了产品的销路。

1919年五四运动爆发,人民群众抵制日货的热情高涨,充斥中国市场的日制牙粉大受打击,家庭工业社的业务更是蒸蒸日上。这年增资5万元,次年又增资10万元,并建厂房于上海江阴街。1922年资本额达到20万元,在梅雪路购地11亩建总厂,附设印刷、玻璃、制盒等辅助厂。为了取得原料的方便和廉价的劳力,又在无锡、宁波、海宁设制镁厂,在镇江设蛤油、蚊香厂,在太仓设薄荷油厂等。为解决产品包装所需要的用纸,1929年陈蝶仙让李常觉担任经理,自己改任监理,脱身到无锡研究造纸,建成利用造纸厂。之后,又到杭州创建浙江改良手工造纸厂。这样,形成了一个以制粉为中心的包括原料、包装和副产品制造在内的生产体系。陈蝶仙虽然对现代科学技术很热心,但各厂的机器设备能力都很低,他以充分利用廉价劳动力,手工操作来取得高额利润。截至抗日战争前,家庭工业社的资本已达50万元,工人达2000人,产品四百多种。开办二十年间,资本增长50倍。

陈蝶仙自创办家庭工业社后,创作活动大为减少,但仍然在《半月》《红玫瑰》等杂志上投稿,多系一些短篇小说和杂文。1924年,将他 13 岁以来所著诗词曲稿等汇集为《栩园丛稿》刊行。1930 年,他以上海机制国货工厂联合会的名义,创办并主编《机联会刊》,宣传提倡国货,并自撰一些介绍化学日用品制造法以及社会生活方面的杂文。该刊于抗战前停刊。

1937 年"七七"全国抗战开始,陈蝶仙时在杭州。他考虑到上海必遭袭击,便派小蝶向上海市商会提出组织迁厂的建议,并具体安排家庭工业社的迁移。由于李常觉不以为然,只将上海厂的半数资财运往汉口。陈由杭到汉,以汉口为中心,暂行总社业务。"八一三"后,上海总厂和无锡利用造纸厂均被日机炸毁。年底,国民政府西迁,陈亦溯江而上,将汉口厂分别迁设于湖北宜昌和四川重庆(后亦遭日机炸毁)。他还到四川铜梁作改良川纸的试验,生产了四川连纸。又到自流井,利用盐井的便利,制造碳酸镁,到巫陵制造碳酸钙。之后,前往云南昆明,筹建制粉厂。1939 年冬,陈蝶仙在昆明得病,由小蝶护送回上海,于次年 3 月 24 日去世。

陈　朵　如

郑叔屏

陈朵如,名选珍,浙江萧山县人,1888 年 10 月 16 日(清光绪十四年九月十二日)生。父陈子祥,有祖遗田产三百余亩,并在萧山临浦镇开设乾余钱庄、乾泰米行、乾元电厂及义号什货店,这些厂店后来都在日本侵华战争中被毁。

陈朵如幼年就读于表兄钟宾文家,后又从李禹九学。1907 年,与堂兄陈允如相偕东渡日本,先习日文一年,然后考入东京早稻田大学,学习经济、银行等科。在东京,陈结识在山口高等商业学校学习银行学的李铭,志同道合,引为知交。

1912 年 9 月,陈朵如奉父命辍学归国,旋进杭州“中华民国浙江银行”任协理。翌年,陈朵如受聘于浙江甲种商业学校任教,教银行学、银行簿记、银行实践及商业算术等课程。1916 年离开商校,任中国银行浙江兰溪支行行长。

1917 年 3 月,陈朵如应浙江地方实业银行邀请,回杭州任该行总管理处总书记职,兼任上海分行副经理。浙江地方实业银行的前身就是中华民国浙江银行,为官商合办,其业务方向、经营方法以及组织制度、账务核算等,全是钱庄格式,十分落后,连年终年初送迎财神习俗亦未革除。官商董事有鉴于此,邀陈朵如来整顿改革,不久之后,该行面目一新。与此同时,陈提出一种“零存整付”的储蓄方法,客户每月存入 1 元,15 年到期可支取本息 504.66 元。这一种每月节约 1 元的储蓄方法,一般人都易办到,因此受到各界人士欢迎。浙江地方实业银行创办这种存款方法,吸收了不少社会闲散资金,其他银行亦竞相仿效,"零存整付"风靡一时。

1923年3月,浙江地方实业银行官商股东由于增资意见不一,协议官商股分家各自营业:官股称浙江地方银行,商股称浙江实业银行;原上海分行、汉口分行划归商股,海门分行、兰溪分行仍归官股。浙江实业银行以李铭为总经理,设总管理处于上海,另设杭州分行。陈朵如在拆股分家及建行过程中,为浙江实业银行悉心规划,颇多建树。在杭州建行初期,陈并以上海分行副经理身份暂兼杭州分行经理。1927年陈升任上海分行经理,1928年3月参加浙江实业银行董事会任常务董事。陈与李铭配合,相处无间。李着重于外面活动,陈着重在内部擘划,共同决策。1936年,浙江实业银行计划买进一笔地产,李颇属意于上海南京路德义大楼,陈不以为然,未成事实。后来李听取陈的主张,向西班牙天主教会买进了上海旧跑马厅对面大光明一带房地产,连同大光明、国泰、卡尔登三家电影院的营业权在内,因而使浙江实业银行的声誉大增。

陈朵如具有民族气节和爱国主义思想。章乃器在任浙江实业银行襄理期间,曾创办《新评论》杂志,鞭挞时政,鼓吹民主政治,后又参加救国会活动,奔走呼号,日以为常。陈朵如对章乃器的爱国热忱表示同情和赞许,一面在精神上给予支持,一面有意识地减轻他的工作,使他有充分时间进行社会活动。1931年"九一八"事变发生,陈朵如对国民党政府不能抵御外来侵略,十分愤懑,眼看一些党国要人依然热衷于谋求个人发财致富,夺利争权,常自感叹:"国之不存,何来个人幸福!"翌年"一二八"事变日本帝国主义复侵略上海,十九路军奋勇抗击,陈大为感奋,连夜聚集家人赶制棉背心慰劳前线爱国将士。浙江实业银行往来客商中颇多日商,如东华纱厂、裕繁公司、山下株式会社、多田洋行等,都与他关系密切,收付频繁。1937年"七七"事变发展成为全国抗战以后,陈朵如即收缩银行业务,与日商疏远,以至停止往来。1941年3月,浙江实业银行董事长兼总经理李铭出国,将行务托付于陈,陈紧缩业务,谨慎行事。11月陈在归家途中,汉奸特务突予绑架,除勒索巨款外,还图诱陈担任伪职。陈不为恶势力所屈服,匝月脱险。太平洋战争爆发后,敌伪势力侵入租界,陈更加紧缩业务,消极抵制。当时,汪伪储备银行行长戴蔼庐为了笼络商业银行,宴请部分商业银行经理,陈拒不赴宴。

1945年8月抗战胜利,浙江实业银行业务逐渐恢复正常,翌年,将原来的总管理处制改为总行制,以上海分行为总行,设业务、储蓄、信托、国外汇兑四部及稽核、总务二处,各部、处设专人负责,李铭任董事长,陈朵如为总经理。陈以他一贯稳重踏实的作风扩展业务,开创了该行的全盛时期。1948年,浙江实业银行改名为浙江第一商业银行。

陈朵如经营浙江实业银行,善于用人,每一职工的工作能力和工作情况,他均了如指掌。对能力较强、工作勤奋的职工,陈及时鼓励,予以提升重用;对能力较差的职工,则妥善安排适当的工作,使其能够胜任,并鼓励上进。他认为必须使每一职工有安定的生活,才能安心工作。1937年冬至1941年冬的四年间,上海租界形同孤岛,很多职工生活困难,陈拨出专款,办理行员贷金及子女教育费贷金。随后通货膨胀,物价昂贵,职工生活更趋困难,他通过劳资协商,再次拨出资金让工会举办职工消费合作社,以减轻物价上涨对职工生活的威胁。

陈朵如早在抗战以前就参加徐锡骥(徐锡麟的胞弟)主持的聚餐会。他在聚餐会活动中,受到陈叔通、叶揆初的启发、影响和推动,曾在1945至1949年这段时期里,几次从浙江实业银行暗账中拨出款项,通过陈叔通捐献给中共地下组织作为活动经费。上海解放前夕,浙江第一商业银行决策人曾商议是否去港的问题,陈坚决主张留在上海,并且决意要把已开工兴建的大厦建筑工程加速进行。他说:"这也是我心上一件大事,一定要把它做好,房屋是任何社会都需要的。"

中华人民共和国成立后,上海私营银钱业由联营逐步走向合并,为金融业改造准备条件。陈朵如初时对此不无疑虑,但很快就认识到集中经营是必然趋势,并积极说服李铭。当时李旅居香港,对大陆情况十分隔阂。陈与李多次通信,讲明形势,晓以大义,劝李不可迟疑。1950年11月,陈又亲自去港见李进行劝说。回上海后陈决定浙江第一商业银行于1951年11月1日参加十一行联合总管理处。1952年12月4日,公私合营银行成立,陈朵如任副董事长、总管理处副总经理和董事会上海办事处主任。1957年2月,陈担任中国人民银行上海市分行副行长。在金融业社会主义改造过程中,陈做了不少有益的工作,并交出浙江第一商业银行暗账资金美金500万元。

陈朵如先后被推选为中国人民政治协商会议第三届全国委员会委员、上海市人民代表大会代表、全国工商业联合会执行委员、上海市工商业联合会常务委员等。陈平素生活不尚奢华,不讲排场。1948年浙江第一商业银行庆祝建行40周年时,董事会决议买一所花园住宅给他居住,陈坚辞不受。

1961年8月31日陈朵如患癌症在上海去世。

主要参考资料

沈鸣山:《浙江实业银行总经理陈朵如》,中国人民政治资料协商会议浙江省委员会文史资料研究会编:《浙江文史资料选辑》第32辑(浙江籍资本家的兴起),浙江人民出版社1986年版。

陈 公 博

闻少华

陈公博,原籍广东乳源,寄籍南海。生于 1892 年 10 月 19 日(清光绪十八年八月二十九日)。从六岁起,即开始阅读《水浒传》、《封神榜》等旧小说,并涉猎《唐诗三百首》,到九岁时开始读四书;家中雇有拳师教习棍棒。幼年即"淘气不过"。

陈父陈致美曾任广西提督,1897 年解职后住广州。陈致美早岁从军,曾结交会党,受会党的反清思想影响。1907 年春陈致美在革命党人支持下,联络会党和旧部,筹划在广东乐昌举行反清起义。陈公博受其父影响也参与起义活动。起义遭到失败后,陈致美被判处永远监禁。陈公博逃回广州,不久又避居香港,在一家报馆做校对工作。1908 年回广州,考入育才书社,学习英文,1911 年毕业。

1911 年 11 月广东光复,陈致美出狱,当选为省议会议员,兼都督府军事顾问。陈公博靠了他父亲的名气,也成为乳源县的挂名议员。但陈致美认为陈公博的年龄小,阅历不够,让他辞去县议员,投入广州的北伐学生军。1912 年 2 月学生军解散,陈致美又要他弃武习文。9月陈致美病死。陈公博回育才书社任教。两年后入广州法政专门学校学习,还为香港的一家报馆写通讯。

1917 年陈公博考入北京大学哲学系。他在北大三年,自称"养心性,寡交游"①,轰轰烈烈的五四爱国运动,也不积极参加。当时北大校

---

① 陈公博:《我与共产党》,《寒风集》,地方行政出版社1945年上海版,甲196页。

长蔡元培,对新旧思想采"兼容并包"的方针。在新旧思潮的激荡下,陈公博的思想也在发生变化。蔡元培、陈独秀、胡适等都曾给他"一些思想上的影响"①。在北大,他和谭平山、谭植棠等广东同学过从甚密。

1920 年陈公博北大毕业后回到广州,任法政专门学校教员,这时他已开始接受和宣传社会主义学说,并受陈独秀委托,在广州主办宣传员养成所,又和谭平山、谭植棠一起筹办《群报》,作为宣传新思想、新文化的阵地。年底陈独秀到广州,找到陈公博、谭平山、谭植棠等,成立了广东共产主义小组。次年 3 月,他们组建了广州共产党支部,陈公博负责宣传工作,还参与了广州马克思主义研究会和社会主义青年团的组织工作。

1921 年 7 月 23 日,中国共产党在上海举行第一次代表大会,陈公博作为广东代表出席参加。在会议过程中发生法国巡捕搜查会场的情况,他遂带着自己新婚的妻子,不等大会开完就到杭州度蜜月去了。是年,汪精卫在广州任广东教育会会长,陈受到汪的赏识,任教育会评议员。

1922 年陈炯明公开叛变孙中山,上海中共党组织认为陈公博与陈炯明有勾结嫌疑,需要审查,陈大为不满,于是自行宣布脱离共产党。中国共产党先是准备给他留党察看的处分,但他坚持己见,后来陈被开除党籍。是年 11 月陈公博去日本,翌年 2 月由日赴美,入哥伦比亚大学学经济。在这里,他研读了马克思的著作,认为"马克思所说中等阶级消灭的理论绝对不确","马克思的辩证法不确","马克思所谓剩余价值也是片面的观察"②,这就从根本上否定了马克思主义。1924 年 1 月,陈公博完成了题为《共产主义运动在中国》的硕士论文。

1925 年 2 月陈公博在哥伦比亚大学毕业后回国,4 月到革命高潮

①　陈公博:《少年时代的回忆》,《寒风集》,甲 13 页。
②　陈公博:《我与共产党》,《寒风集》,地方行政出版社 1945 年上海版,甲231—232 页。

中的广州任广东大学(中山大学前身)教授,国民党领导人廖仲恺对他寄予期望,于是他加入了国民党。7月广州国民政府成立,汪精卫任主席。由于汪、廖的信任,陈公博担任了军事委员会政治训练部主任和广东省政府农工厅长,参加国民党中央党部的工作。廖仲恺被刺身亡,他又继任国民党中央农民部长。1926年在国民党第二次全国代表大会上,陈当选为中央执行委员。

同年7月,北伐战争开始,蒋介石担任北伐军总司令。陈公博主持总司令部政务局。10月北伐军进抵武汉,陈任湖北省政府财政委员会主任,又任外交部湖北交涉员兼江汉关监督。11月国民革命军占领江西,蒋介石将总司令部设于南昌,把陈调去任江西政务委员会主任。在湖北和江西任职期间,他对共产党领导的工农运动十分不满。

1926年12月,蒋介石企图迁都到他的总司令部所在地南昌,以便把革命政府置于自己掌握之中。但多数国民党中央委员和政府委员却在武汉组织"中国国民党中央执行委员及国民政府委员临时联席会议",决议迁都武汉。陈公博见蒋介石政治上处于劣势,他向蒋献计说:"共党虽然在武汉气势很盛,而军队毕竟附和者不多,若果总司令部能够迁汉,必然可以镇压下去,未来的祸害必然可以预先无形消弭。"[1] 1927年3月,他参加了在武汉举行的国民党第二届第三次中央全会,并当选为中央常务委员、工人部部长。4月上旬,汪精卫到了武汉,陈公博成为汪政治上的坚定支持者。

4月12日蒋介石发动清党反共政变,4月18日在南京成立国民政府,宁汉分裂。7月,汪精卫集团发动"七一五"分共,宁汉合流。9月,宁、汉两派加上西山会议派在南京成立了一个中国国民党中央特别委员会。由于分赃不均,汪精卫又回到武汉组织政治分会,与特委会对立,宁、汉再度分裂。陈公博作为汪的代表,南下广州与粤系军阀张发奎、黄琪翔结合,打起反对特委会的旗帜,电请汪回粤共商大计。11

---

① 　陈公博:《军中琐记》,《寒风集》,甲153页。

月,汪率领顾孟馀、王法勤等不满南京特委会的中央委员到广州,举行国民党第二届中央执监委员联席会议,通电主张召开二届四中全会来解决国民党内部的纠纷。这时广东在桂系控制之下,汪精卫、陈公博利用张、黄与桂系争夺广东地盘的矛盾,策动张、黄发动政变,赶走桂系,控制广州。陈公博任广州军事委员会分会委员兼政治部主任。12月11日,共产党趁广州空虚之际发动起义,陈公博与张发奎、李福林等调动部队把起义镇压了下去。

　　桂系和西山会议派借口广州起义对汪精卫、陈公博等人激烈攻击,汪被迫于1927年12月出走法国,陈则于次年1月到上海。2月,蒋介石利用召开国民党二届四中全会的机会,排除了汪精卫,拉拢胡汉民为他支撑政治门面。陈公博、顾孟馀等汪派人物不甘心失败,麇集上海,以拥汪为旗帜,从事反蒋活动。是年5月、6月,他们先后办起了两个刊物:一个是陈公博主编的《革命评论》,另一个是顾孟馀主办的《前进》。《革命评论》以恢复1924年国民党的改组精神相标榜,对蒋介石的军事独裁统治有所抨击。由于人民厌恶蒋介石反动独裁,《革命评论》在一部分青年学生和知识分子中,曾发生过一些影响。经《革命评论》鼓吹,各地有些刊物起而响应,形成了一股反蒋思想浪潮。1928年冬,反蒋派在上海正式成立“中国国民党改组同志会”,奉汪精卫为领袖,陈公博为实际负责人。

　　1929年3月15日,蒋介石操纵的国民党第三次全国代表大会召开。开会前几天,陈公博和汪精卫(汪领衔,时在国外)等公开发表《关于最近党务政治宣言》,反对圈定指派代表,抨击南京国民政府。各地改组派分子也随着进行抗议活动。蒋介石控制的三全大会五次会议旋即通过了警告汪精卫,停止顾孟馀党籍3年,永远开除陈公博、甘乃光党籍的决定,还以武力镇压各地改组派的抗议运动。此后,改组派便转而策动地方军阀进行军事反蒋。

　　在陈公博等的策动下,张发奎于是年9月在湖北宜昌起兵通电拥汪讨蒋。是年年底,桂系李宗仁与张发奎在广西组织护党救国军。12

月改组派又任命驻郑州的唐生智为护党救国军第四路军总司令,驻蚌埠的石友三为第五路军总司令,起兵反蒋。蒋介石采取各个击破的策略,先则击败唐生智于河南;接着收买石友三倒戈,改组派发动的这次军事倒蒋完全失败。

1930年初,阎锡山、冯玉祥、李宗仁等酝酿反蒋军事大联合。3月,陈公博、王法勤奉汪精卫之命赴山西与阎锡山谈判,并和西山会议派头目邹鲁、谢持等捐弃前嫌,就党务问题进行反复协商。5月,蒋、冯、阎中原大战正式爆发。7月,在汪精卫主持下,反蒋各派在北平召开中国国民党中央党部扩大会议,9月9日成立了以阎锡山为主席的国民政府,与南京政府对峙。但反蒋军事不利,9月18日,东北张学良通电拥蒋,派兵入关,阎、冯军失败。扩大会议很快就散伙了。陈公博"心灰意冷",于11月赴香港,"改组同志会"也无形解体。1931年1月汪精卫宣布解散"改组同志会",陈公博复电赞成。接着陈由香港赴欧洲。

"九一八"事变后,全国人民一致要求团结抗日,国民党各派被迫暂时妥协。陈公博回国后,国民党中央恢复了他的党籍,并在四届一中全会上又当选为中央执行委员。1932年1月,各派成立了所谓"统一合作"政府,形成了蒋、合作局面,汪精卫任行政院长,陈公博任实业部部长。

1935年11月,汪精卫被刺受伤,出国就医;蒋介石自兼行政院长,极力排挤汪派势力,陈公博不得不辞职,旋赴欧洲游历。1937年"七七"事变发生后,陈回国任国民党中央民众训练部部长、军事委员会第五部部长。1938年国民政府撤退到四川后,陈又兼四川省党部主任委员等职。

1938年12月汪精卫已背叛祖国,率其党羽离开重庆逃到越南河内,陈亦尾随至河内并携汪投敌声明(即"艳电")到香港公开发表。

陈公博并不完全赞同汪精卫离开重庆和建立伪政权的做法,所以1939年他仍在香港"徘徊观望"了一个时期,并完成《苦笑录》一书。1940年1月,发生了高宗武、陶希圣携走日、汪密约在香港公布,并宣告与汪精卫叛国集团拆伙的事件,汪精卫处境狼狈。陈公博以其和汪精卫的深厚关系,决心追随汪精卫。不久,陈璧君亲自到香港邀他参加伪政权,他回答:"士为知己者死,我一定跟汪先生走……我随后就到便是。"①到上海后,他又对汪精卫表白:"你既决定牺牲一己,我只有为你分忧分劳。"②

同年3月17日,汪精卫偕陈公博等到达南京。汪伪政权于3月30日正式粉墨登场,陈公博任伪立法院院长兼伪军事委员会副委员长、政治训练部长。嗣后他又兼任伪上海市长、上海市保安司令。

陈公博自参加伪政权后,成为仅次于汪精卫的汉奸头目。1940年5月,为了争取日本尽快承认伪政权,汪精卫组织了"赴日答礼使节团",派陈公博为专使,行前陈发表谈话说,当前对内是如何使全国"共同归趋于建国旗帜之下",对外则"在于谋中日两国朝野深切之相互了解",共同"建设东亚"。12月陈公博为日、汪《中日国交调整条约》签订发表广播讲话,他向日本侵略者献媚说:"我们的态度,首先为中国打算,更为日本打算,最终还为东亚全盘打算。"③1943年4月,汪精卫再派陈公博为访日特使,他到日本后,为日本发动的太平洋战争叫好,表示"深愿竭其人力物力贡献于大东亚战争"④。9月陈公博又陪同汪精卫秘密访日。10月,汪精卫与日本侵略者签订《同盟条约》及附属议定书。

1944年3月,汪精卫因病赴日就医,由陈公博代行伪国民政府主席职务。同年11月汪死,陈公博就任伪行政院院长,代理伪国民政府主席。成为继汪之后的第一号汉奸头目。他在就职时信誓旦旦地叫

①　陈伯衡:《我所知道的陈公博》,中国人民政治协商会议广东省委员会文史资料研究委员会编:《广州文史资料》第4辑,1961年版,第186页。

②　朱子家:《汪政权的开场与收场》第一册,香港春秋杂志社1960年版,第46页。

③　上海《中华日报》1940年12月4日。

④　上海《中华日报》1943年4月8日。

嚷:要奉行汪精卫"手定之政策","无论战争如何推移,时局如何迫切","决不动摇"①。当有人问到汪精卫已死,他代理死人行使职权,势必贻笑中外时,陈公博仍坚持己见。他私下对人说:"我不称主席而称代主席,是我对重庆方面表示的一种姿态。汪先生上演的这台戏,已近尾声,所谓人亡政息,应该结束了。我来继承,是办理收场的,不是继续演出的。"②为此,陈公博在就职讲话中提出了讨好蒋介石的"党不可分,国必统一"③的口号,作为逐步结束伪政权的方针。他要求重整党务,召开一次全国党的代表大会来结束伪政权,但未来得及日本就投降了。日本投降前夕,他调整军事部署,积极反共。除了和国民党军统进行联系外,又和国民党地方军事当局有过相当接触。所有这些,都是为他自己和汉奸们留下一条后路。

1945年8月,日本宣布无条件投降,抗日战争胜利。8月16日,陈公博主持在南京召开的最后一次伪中央政治委员会,通过了伪国民政府解散宣言。8月25日,陈公博乘混乱之机,偕其妻李励庄及林柏生、周隆庠等人,在日本顾问小川带领下,乘飞机逃到日本。经国民党政府交涉,10月13日陈公博等六人被引渡回国受审。

陈公博在监狱中写了《八年来的回忆》一文,为汪精卫和他自己开脱罪行。他迎合蒋介石准备发动全面内战的心理,想以一贯反共的自白获取蒋的谅解,说:"重庆赞成联合剿共,我们也剿共,重庆不赞成剿共,我们也剿共。日本不和共产党妥协,我们也剿共,就是日本和共产党妥协,我们也剿共,我是不惜因为剿共问题和日本翻脸的。"④1946年4月12日,国民党政府将陈判处死刑。6月3日,陈公博在苏州被枪决。

---

① 上海《中华日报》1944年11月21日。
② 巫兰溪:《汪伪政府末日记》,见黄美真编《伪廷幽影录》,中国文史出版社1991年版,第335页。
③ 巫兰溪:《汪伪政府末日记》,见黄美真编《伪廷幽影录》,第335页。
④ 陈公博:《八年来的回忆》,《汪政权的开场与收场》第四册,第205页。

主要参考资料

陈公博:《寒风集》,地方行政社 1945 年上海版。

陈公博:《苦笑录》,现代史料编刊社,1981 年版;香港大学亚洲研究中心,1979 年版。

朱子家:《汪政权的开场与收场》。第一册、第二册、第四册,香港春秋杂志社,1959、1960、1961 年版。

《今井武夫回忆录》翻译组译:《今井武夫回忆录》,上海译文出版社 1978 年版。

上海《中华日报》,1940 年 12 月、1943 年 4 月、1944 年 11 月。

黄美真编:《伪廷幽影录——对汪伪政权的回忆纪实》,中国文史出版社 1991 年版。

陈公博:《四年从政录》,商务印书馆 1936 年初版。

《陈公博周佛海回忆录合编》,香港春秋出版社 1967 年版。

陈 光 甫

江绍贞

陈光甫,名辉德,江苏镇江人,1881 年 12 月 17 日(清光绪七年十月二十六日)出生在一个商人家庭里。1892 年,陈光甫的父亲陈仲衡到汉口祥源报关行任职,他随父到该行学徒,工余跟随比利时人狄来学习英语。1898 年应考汉口海关职员被录取,先到邮局工作,后调江汉关税务司。1902 年到汉阳兵工厂当译员。在此期间,他结识了汉口日本正金银行买办景维行,和景的女儿结了婚。1904 年,通过景维行的活动,陈作为湖北省代表团随员赴美国参加圣路易国际博览会,会后得官费津贴在美国留学,1909 年毕业于宾夕法尼亚大学。当年回国后即在南京举办的南洋劝业会任外事科主任。1911 年到江苏省银行任督察,1914 年离职,转任中国银行上海分行顾问。

1915 年 6 月,陈光甫利用第一次世界大战中,我国民族资本主义工商业有所发展的时机,与信义洋行经理庄得之等人集资七万余元,又得到中国银行上海分行副经理张嘉璈应允,由中国银行向该行存款相助,在沪创办上海商业储蓄银行(简称上海银行),陈任总经理。

陈光甫经营上海银行的方针是"人争近利,我图远功,人嫌细微,我宁繁琐"①,面向社会中下层,以经营小额储蓄存款和小额工商贷款为主,一元即给开储,银元与银两并用。还以"礼券储蓄"、"教育储蓄"、

---

① 陈光甫:与济南分行经理吴祥霖的谈话(1920 年 12 月),上海商业储蓄银行编:《陈光甫先生言论集》,1949 年版,第 34 页。

"零存整取"等办法广泛开辟存款来源。为适应当时新兴工商业发展的形势,又倡办货物抵押贷款,并在业务手续上尽量方便顾客。在银行内部,他提出"服务社会,辅助工商实业,抵制国际经济侵略"的口号作为行训。这样,上海银行的营业得到迅速发展,第二年资本即增达三十万元。1917年增办国外汇兑。1919年资本增至一百万元,1922年资本达二百五十万元。1923年创办旅行部,后扩充为"中国旅行社",是我国自办旅行业之始。1925年,陈光甫受北京政府临时执政段祺瑞邀请,出席善后会议;同时与国民党方面孔祥熙、宋子文等交往密切。

1926年6月,美国垄断企业——金属公司董事长霍却特在上海逗留时,曾向陈刺探南方革命阵营的动向。1927年初,霍却特写信给陈光甫,表示如果蒋介石建立政府,美国是会承认的。于是陈光甫与江浙资产阶级一起,决定以财力支持蒋介石。3月底,蒋由南昌到达上海,与虞洽卿等组"江苏兼上海财政委员会",陈被任命为该委员会主任,通过他从上海的银行、钱庄两业中,为蒋垫借政变经费。"四一二"政变后,陈又为蒋发行"江海关二五附税库券"效力。从此,他得到蒋的赏识,曾界予财政部次长等职。他顾虑与政界靠得太紧,会影响银行的信誉,辞未就。1928年,中央银行建立起,他担任该行理事。11月,中国银行和交通银行改组时,他又分别担任这两行的常务董事和董事。

1929年2月,陈光甫赴英国与英资本家商谈合办企业,并顺道在欧洲一些国家考察金融、商业。6月,受国民政府委派,以资方代表身份出席日内瓦国际劳工大会。1930年他回国后,极力宣扬"劳资合作"。这年上海银行增资,他将新增资本股票的一半派给职员认购,"使行员皆成股东"①。

1931年前后,水旱灾荒遍于全国,陈光甫在上海银行设农村贷款部,与华洋义赈会、金陵大学合办农村贷款。1932年他就任全国财政

---

① 陈光甫:《第一区武汉同人欢迎总经理开会记录》(1931年1月18日),《海光》月刊第3卷第2期。

委员会委员,帮助国民政府发行公债,筹措反共内战经费,还顺从政府的意旨,将内债延本减息。这个时期,他先后担任了全国经济委员会棉业统制委员会主任委员、上海银行公会主席、上海市临时参议员等职。他向官僚权贵靠拢,把上海银行的股票送给孔祥熙,让孔担任银行董事。同时,他还极力向国外活动,以"打通欧美各银行与本行发生直接往来",视为上海银行"新生命的寄托"①。

　　1934年,日本帝国主义为进一步侵略华北,逼迫国民政府恢复北宁路通车。蒋介石通过行政院驻平政务整理委员会委员长黄郛与陈光甫谋划,由中国旅行社出面,与日本国际观光局合组东方旅行社,承办通车事宜。

　　1936年3月,陈光甫任国民政府财政部高等顾问,并被委派为中国币制代表团首席代表,到美国缔结《中美白银协定》。他以中国货币固定对美元的汇率为条件,换取美国收购中国白银,缓解了中国币制改革初期出现的危机。到1936年底止,上海银行的资本已达五百万元,较开办时增加六十多倍,公积金七百五十多万元,存款总额一亿五千余万元,分支行处达八十处左右②。这时,上海银行已由原来一家小银行发展为一个大型的商业银行,成为"南四行"之一。

　　"七七"事变后,陈光甫对内战停止、全国抗战局面的形成感到鼓舞,号召行员的抗战精神。他将总行管理机构迁到香港,上海改称分行,同时把江浙等地一些行处撤销,在西南内地组设新的行处,在重庆设总经理驻渝办事处。1938年,陈光甫由国民政府聘为国民参政员。又由政府派遣到美国借债,签订了2500万美元的桐油借款,并为财政部在国内设复兴公司,在美国设世界贸易公司,由这两个公司负责购销桐油偿还债务。1939年10月陈又奉命以滇锡作抵押,签订2000万美元

　　①　陈光甫:《在管理会上致辞》(1933年1月28日),见《陈光甫先生言论集》,第137页。
　　②　中国银行经济研究室编:《全国银行年鉴》,上海1937年版。

的滇锡借款。1940 年 4 月，又以国内钨矿作抵押，签订2500万美元的钨矿借款。这几项缓解中国政府抗战初期财政困难的借款，引起日本侵略者的注目。他为保全沦陷区的产业，将"上行"总经理一职改由杨介眉代理。

1940 年 6 月，陈光甫由美回国。是年他与章乃器在四川合组上川实业公司。以后陈退出，另组上川工业公司。1941 年 8 月，美、英各自从对华贷款中，拨出一部分作为平衡外汇的基金，建立中美英平准基金委员会，陈任该会主席。上海银行被指定经营外汇特许银行，从中获得利益。陈又通过上海银行在汉口建立的大业公司，从事进出口贸易，也获得了厚利。

1944 年春，陈光甫遵照国民政府财政部令，将上海银行总行迁至重庆。这时，他看到抗日战争胜利在望，便派员去美国订购设备，希望在战后大办工业。同年 10 月，陈由国民政府派遣去美国，参加国际通商会议。他在会上，要求各国对中国战后的农业改革和工业化投资。会后又与张嘉璈、李铭等亲自同美国资本家商谈合办企业。

抗战胜利后，由上海银行、浙江实业银行与美国两家投资公司合办的中国投资公司在纽约开业。该公司资本额 500 万美元，为中国工商企业在美国发行公司证券，吸引外资流入中国，并代美国资本家办理在华放款。原计划在上海设分公司，由于蒋介石发动内战，不仅分公司未能成立，其纽约公司的业务也未能真正开展。1946 年，陈又在美国纽约设立上海银行通讯处，加强与美国银行界的联系。此后他将大量外汇转移到美国，上海银行并代理美国一些银行在华的收付事务。他由于在经济上与美关系更加密切，上海银行最初宣扬的"抵制国际经济侵略"的"行训"，至此就一变而为"促进国际贸易"了。

1947 年 4 月，张群就任国民政府行政院长，陈光甫以"社会贤达"的身份，当了国府委员。为协助张群、张嘉璈（时任中央银行总裁）管理财政，陈出任中央银行外汇平衡基金委员会主任委员、输出推广会副主任委员、美金公债监理会委员等职，参与政府有关财经措施的策划。这一年,由上海银行、浙江实业银行与美资本家合办的国家保险公司在纽约注册成立。

随着解放战争的发展,陈光甫将上海银行的部分资金移往香港分行。1948年,他去曼谷筹设上海银行分行。天津解放后,他曾以"协助解放区经营进出口业务"为名,拨了10万美元给天津分行,借此试探人民政府的政策。1949年1月,代"总统"李宗仁邀请他与颜惠庆、章士钊等人为其私人代表赴北平和谈,陈以"不愿陷入政治漩涡"而没有接受。上海解放前夕,他借去曼谷参加联合国远东经济会议到了香港。

1951年,陈光甫将原上海银行香港分行改为上海商业银行,向香港英国当局注册。他必须取得台湾当局的证明,才能解冻存美资金,1954年去台湾,在台北市设立上海商业储蓄银行总管理处。1965年在台北设立上海商业储蓄银行,正式营业,并在台北定居,1976年7月1日病逝。

陈 光 远

陈德军

陈光远,字秀峰,河北武清崔黄口人。1873年10月8日(清同治十二年八月十七日)生。早年在北京玉器铺为学徒,因与掌柜不睦被辞退。1892年进入北洋武备学堂,毕业后分至小站,任新军督操,后任南洋自强军营务帮办、北洋常备军军政司总务处总办,因体格魁梧,嗓音洪亮,善于恭维逢迎,颇得袁世凯赏识。1904年,任第二镇第四协统领官。1910年,任第四镇第七协协统。1911年署理第四镇统制。辛亥武昌革命爆发,陈光远随冯国璋率部与革命军在湖北黄陂作战,攻陷汉口、汉阳,进取龟山,获赐清廷头品顶戴,以提督记名。1912年1月1日,与清将领姜桂题等十四人联电反对共和;26日,又与姜桂题等四十六人联电请旨立定共和政体。辛亥革命后,因在广水处决部属激起兵变,被段祺瑞革职,经袁世凯长子袁克定从中缓颊,1913年7月调任热河巡防营统领及赤峰镇守使。

段祺瑞任北洋政府陆军总长时,职掌全国军队。然袁世凯自为团长、所创练的模范团,却直属大总统,不归陆军部节制。1914年10月袁世凯任命陈光远为模范团团附及新军督练处督练,以团附代行团长职权。12月又册封陈光远为一等子爵。模范团后改编为陆军第十二师,1916年1月陈光远署第十二师师长。9月,北京政府特加陈光远陆军上将衔。

1917年张勋在北京复辟帝制时,陈光远充任第十一、十二两师督练,驻防南苑。陈光远与张勋之间本有联系,原准备做龙旗响应,后参与段祺瑞等的马厂誓师,参加讨伐,任讨逆中路军司令。张勋复辟失败后,陈光远晋为勋二位,任绥远都统,不久又接办新编陆军督办事宜。

1917年9月,陈光远与其九弟陈光逵率第十二师以及随从前往江西,接替李纯出任江西督军。陈光远与李纯本为北洋武备学堂同学,结盟为把兄弟,但是到江西后,将李纯所派赣南镇守使吴鸿昌、第九混成旅旅长丁效兰及其以下团营长纷纷调换。

段祺瑞再任国务总理后,积极实行武力统一。而冯国璋不欲用兵,主张和平统一。陈光远局促于段祺瑞与冯国璋之间,对于西南用兵消极敷衍,因而屡遭段祺瑞弹劾。1918年2月,北京政府夺其陆军上将衔,但仍任江西督军。1918年徐世昌出任总统。徐自小站练兵以来与北洋军关系密切,对陈光远亦表示好感。为加强与徐世昌的关系,陈光远曾亲赴北京三个月,觐见徐世昌;又通过江西督军公署驻京办公处处长齐协民,与徐保持联络。故在徐的任内,陈光远的督军地位大体上不致动摇。

1919年五四运动爆发后,江西学生举行各种集会和示威游行进行声援。陈光远起初秉承北京政府旨意,对学生运动严加防范。当看到北京政府被迫释放被捕学生时,陈光远深感民气迥非从前可比。5月12日,陈光远与省长戚扬联衔致电北京政府,要求力争青岛,并劝告北京当局毋过摧残士气民心。5月底6月初,南昌商人为反对议员加薪,发动罢市。陈光远一面督饬军警极力维持地方秩序,一面会同省长召集省议长、商会会长和公民代表至督军署劝导告诫。经其调处,南昌商民很快就照常开市。为应付军费开支,陈光远决定开弛米禁,从中抽税以部分补充财政费用。这遭到省内外各界人士的纷纷指责,还一度激起了学生的退学风潮。结果陈光远被迫改为有条件开弛米禁,并由省议会担保实施。

1919年秋,陈光远与直督曹锟、苏督李纯、鄂督王占元、奉督张作霖、吉督鲍贵卿、黑督孙烈臣等结成七省反皖同盟。1920年冬,江西鄱阳县农民反对煤矿占地击毙矿警,聚众抗官,陈光远向北京政府告急。

时张宗昌为中央陆军暂编第一师师长,奉北洋政府国务总理密令,以保护鄱阳煤矿为由,由湖南东进江西,企图驱逐陈光远离赣,结果为陈光远击溃。陈光远的九弟陈光逵趁机将张部缴械。

靳云鹏任国务总理时,各省提倡自治。江西省长戚扬是浙江绍兴人,不安于位,江西人赵从蕃在靳云鹏那里夤缘获得江西省长一职。事前陈光远毫无所知,明令发表后,陈光远表示难以接受,授意其手下的军法处长潘毓桂、九江道尹傅春官等消极抵制。赵从蕃刚到九江走马上任的路上,已意识到陈光远对他不欢迎的安排布置,遂称病暂缓就职。陈光远趁机建议靳云鹏由江西省财政厅长杨庆鋆代理省长。经过一番活动,杨庆鋆如愿以偿。

直皖战争以及后来的第一次直奉战争期间,陈光远多以两面手法,见风使舵,敷衍各方。1921年南方各省高唱联省自治。蒋作宾以鄂人治鄂为由,企图赶走湖北督军王占元。王自知力不能敌,乃与陈光远密订军事同盟。迨鄂战发生,王占元节节败退,急催陈光远出兵醴陵,进攻长沙,以抄敌军后路,而陈光远观望不前,并派其军法科长潘毓桂赴洛阳向吴佩孚请示机宜。吴密嘱陈暂勿出兵,候王占元离鄂,直军到达前线,再行会师。及至吴佩孚率兵南下,陈光远又按兵不动,以谎言搪塞吴佩孚。未几,吴攻占岳州,长沙动摇,陈光远始令所部急出醴陵。这令曹锟、吴佩孚很不满意。第一次直奉战争后直系军阀独霸中央政坛,而陈光远在徐世昌的授意下,却对张作霖大烧冷灶,曹、吴又大为不满。

1922年夏,孙中山北伐,江西首当其冲。此前,李烈钧的代表徐元诰来到江西,会见陈光远,对江西的学生运动公开表示关注。陈光远惶恐不安,担心李烈钧在“赣人治赣”的口号下发起驱陈运动。于是,他一面连连急催北京政府筹拨饷械,并严饬赣省沿边军队妥为警戒,一面利用孙中山与陈炯明关系失和,密派督署秘书长夏同和与陈炯明联络。当时陈光远在赣南布置的兵力,计有第十二师之第二十三、二十四两旅,又第二旅、第九旅及第三旅一部,另有野炮三个营、工兵两个营、辎重两个营,大约两万人。及至北伐军进入江西,陈光远以赣南镇守使岳兆麟为前线指挥官进行抵御。岳昏聩无能，竟至连战失利。早在1922年2月的时候，曹锟、吴佩孚曾因赣防紧急，以绥远都统蔡成勋为援赣总司令，率所部第一师前往应援。又由常德盛率豫省改编一师同往支援。常德盛师军纪不整，不堪一战。而蔡成勋效陈光远故伎，行至与南昌一江之隔的牛行车站，即按兵不动。待北伐军攻克赣州，前锋抵达万安之际，陈光远发表拥黎废督裁兵宣言。1922年6月15日，陈光远向北京政府呈请辞职，随即离开江西，寓居天津租界。

1924年7月，北京政府授陈光远为鉴威将军。9月，第二次直奉之战，曹锟任吴佩孚为讨逆军总司令，陈光远任职司令部军法处。10月，北京政变，曹锟被囚，陈光远自此未再涉足政界。

陈光远一生巧于算计，对于投资营利孜孜以求。从1917年秋到1922年夏江西督军五年任内，每年借陆军部不能如期拨发军队服装费之机，从省财政中每月领取十五万元。据估计，陈光远在赣刮地皮即达六百余万元，当时江西全省税收每年也不过七百余万元。陈光远又通过与北洋政府财政总长龚心湛的姻娅关系，将聚敛所得大量投资北洋实业。举凡华欣纺纱厂、耀华玻璃厂、启新洋灰公司、开滦矿务局、中国实业银行和中原公司等企业，陈光远均有股份。卸任后，陈光远心不外骛，时时关注黄金行情涨落，以为消遣。在天津等地广置房产、地皮，开设银号当铺多处。在家乡武清也占有一万余亩土地。

陈光远有子女八人。其元配赵氏无所出。次配蒋氏，生有四子一女，其女排行第二。三太太生三子。另外他的一个团长作战阵亡，陈光远笃念袍泽，收其独子为义子，抚养成人，并给以一部分遗产。陈光远拥有巨资，他的儿子姻联阀阅，因此家门鼎盛。1939年8月16日，陈光远在天津英租界病故。

主要参考资料

中国第二历史档案馆编：《中华民国史档案资料汇编》第三、四辑，江苏古籍出版社 1991 年第 2 版。

　　刘善庆:《陈光远与江西五四运动》,《江西师范大学学报》1991 年第 1 期。

　　齐协民:《我所知道的陈光远》,中国人民政治协商会议全国委员会文史资料委员会编《文史资料存稿选编·晚清北洋(下)》,中国文史出版社 2002 年版。

　　任启圣:《陈光远事迹概述》,《文史资料存稿选编·晚清北洋(下)》。

　　武清县地方史志编修委员会编著:《武清县志》,天津社会科学院出版社 1991 年 12 月版。

　　《大公报》(天津)1919 年 5 月 15 日。

　　《申报》1919 年 5 月 17 日。

　　《民国日报》1919 年 12 月 17 日。

　　《晨报》1919 年 12 月 24 日。

陈 果 夫

严如平

陈果夫,名祖焘,字果夫,1926 年起以字行。浙江吴兴人,1892 年 10 月 27 日(清光绪十八年九月初七)生。陈家原为吴兴世族,其祖父陈延祐经商;父亲陈其业,字勤士,为清末府学廪生,在乡里授业,后为国民参政员、国民大会代表、全国商联会常务理事;叔父陈其美(字英士)、陈其采(字蔼士)。

陈果夫幼年从父亲及大姑识字,1899 年入塾。1905 年随叔父陈其采往长沙,入明德学堂就读。1907 年初,陈其采调往南京任第九镇正参谋,陈果夫亦至南京,考入浙江旅宁公学预科。是年夏,浙江创办陆军小学堂,陈投考录取,遂习陆军。其时陈其美已留学日本从事革命活动,给他影响甚多,曾寄宣传品嘱其在校散发,传播革命思想。1910 年陈果夫与同学共办油印小报《励言》,并组织"襄义社"以结合同志。嗣后,陈其美命其填具誓书,入同盟会。1911 年夏,陈果夫在浙江陆军小学堂毕业后,继入南京陆军第四中学,在校成立同盟会分部,进行革命活动。

辛亥武昌起义爆发后,陈果夫与陆军第四中学同志前往武汉从军,先守卫汉阳兵工厂,旋调在军政分府军政科办事;嗣后东下上海,跟随陈其美在沪办事,与陈其美的结拜兄弟蒋介石以叔侄相称。1912 年秋,拟赴法求学,因肺病咯血未果。次年 3 月去日本调治了 3 个月。二次革命起,他奉陈其美命在上海招集陆军学堂同学,组织"奋勇军"约二百人,任副司令长。7 月 18 日晚,奋勇军奉派攻击龙华,旋进攻高昌庙制造局,占领西炮台。卒以海军被袁世凯收买,突从右侧发炮轰击奋勇军,加以后援不继,奋勇军退至闸北,被英租界当局缴械而散。

“二次革命”失败后,陈果夫想去德国留学,在上海学习德文近两年。1915年12月初,陈其美率蒋介石等人在上海秘密进行军事反袁活动,陈果夫参与联络通讯、内部抄写等事宜。肇和舰举义未成,陈其美、蒋介石等人退集渔阳里五号总机关部谋议再举,突遭法租界巡捕搜捕,陈果夫与之周旋,使其他人得以越屋逃逸。翌年5月,陈其美被袁党刺杀,陈果夫顿失依恃,返回吴兴。

1918年5月,陈果夫经岳父介绍,至上海入晋安钱庄为助理信房,三个月后代理信房,月薪只有八元。他于次年春天“做了一笔洋钿生意”,十几天就赚了六百余两银子①;此后继续做证券买卖。这期间,他与蒋介石往还甚多。1920年秋,和蒋介石等人合伙从事棉花和证券的买卖。年底,陈又入股张静江、蒋介石等开办的“恒泰号”。翌年5月,复组织“鼎新号”,做棉纱与金银证券生意,佣金收入达二十余万元,直至1922年交易所风潮中垮台。以后陈又开一家纱号,继续从事期货买卖。

1924年第一次国共合作实现后,孙中山在广州创办黄埔军校,以蒋介石为校长。应蒋之邀,陈果夫在上海代为军校采办学生的制服和用品。是年底,被委为黄埔军校招兵委员,在苏、浙、皖一带招募教导队新兵。

1926年1月国民党第二次全国代表大会在广州举行,陈果夫被选为中央监察委员。5月初陈自沪抵穗,参与蒋介石、张静江等人之谋议,于5月15日向国民党二届中央执监委员会二次全体会议提出了“党务整理案”,规定跨党者不得任中央党部各部长等,以排斥共产党人。6月1日,蒋介石兼任中央党部组织部长,陈果夫被派为组织部秘书;7月蒋介石率师北伐,陈即任代部长职。陈并任国民党中央政治会

---

① 陈果夫:《商业场中》,《陈果夫回忆录》,(台北)传记文学出版社1971年版。

议委员、组织委员会委员、财务委员会委员,在广州协同张静江把持中央党部。蒋介石把张静江捧出来做中央执委会的主席,"实际上这人是陈果夫的傀儡"①。陈不仅从谭平山等人手中获得了主持中央党部的权力,还把在中央党部工作的共产党员大批撤换。接着,他把广州市党部和广东省党部控制在手,并派出亲信去赣、浙、沪、滇、黔等地,以及电令湘、鄂、皖、苏来人面授机宜,竭力控制这些地方党部的领导权。陈在广州开办"党政训练所",自兼所长,加紧训练部属。

陈果夫反对国共合作,于1927年初向蒋介石"建议召集中央监察委员全体会议,因为执行委员多数同情于共党"②。这个主张被蒋介石等人采纳。4月2日,国民党二届中央监察委员会紧急会议在上海举行,但到会的监委连同候补监委共只八人③。吴稚晖提出了"共产党连结容纳于国民党内之共产党员同有谋叛证据案",陈果夫、张静江等人即予通过,并发出了"护党救国"通电,成为蒋介石发动"四一二"政变的依据。蒋介石随即于4月18日在南京另立国民政府和中央党部,与武汉国民政府、中央党部对峙。陈果夫到南京主持中央党部秘书处,并筹办中央党务学校。

1928年2月国民党二届四中会议上,蒋介石和陈果夫提出了一个"国民党党务整理计划案",要对国民党员重新进行登记,登记后进行审查、训练,以清除国民党左派和其他反对派系。四中全会后,蒋介石又兼任中央组织部长,仍由陈"代理"。陈即全力"整理党务",下令各级党

---

① 周恩来:《关于一九二四年至二六年党对国民党的关系》,《周恩来选集》上卷,人民出版社1980年版,第123页。

② 陈果夫:《十五年至十七年从事党务工作的回忆》,《陈果夫回忆录》。

③ 国民党第二次全国代表大会于1926年1月16日选出中央监察委员十二名,候补监察委员八名,共二十名,他们是:吴敬恒(稚晖)、张人杰(静江)、蔡元培、古应芬、王宠惠、李煜瀛(石曾)、柳亚子、邵力子、高语罕、陈果夫、陈璧君、邓泽如、黄绍竑、李宗仁、江浩、郭春涛、李福林、潘云超、邓懋修、谢晋。出席1927年4月2日会议的是吴、张、蔡、古、李煜瀛、陈果夫、黄绍竑、李宗仁八人。

部一律停止活动重行"整理",各省市的"临时执行委员会"改名为"党务改组委员会",由中央派往各地的"党务指导委员"代行各地执行委员会职权,把各地党部控制在自己的亲信部属手中。此时,他的弟弟陈立夫已受到蒋介石的重用,先后任国民党中央党部组织部党务调查科主任、军事委员会机要科主任等职。兄弟二人在国民党内部派系纷争中,逐步控制了国民党党务大权,成为国民党内的一个重要派系。在1929年3月召开的国民党第三次全国代表大会上,其他派系对蒋介石指定或包办"选举"代表①的做法以及操纵中央执监委员名额极为不满,有的大闹会场愤然退席,陈果夫竭力协助蒋介石控制选举;自己也获得了中央执行委员、常务委员、政治会议委员、财务委员会委员等多种职衔。旋又任中央组织部副部长、代部长,与陈立夫共同为蒋介石掌管国民党党务,遂有"蒋家天下陈家党"之说。

同时,陈果夫、陈立夫把原先在广州组织的"浙江革命同志会",扩大改组为"中央俱乐部"(Central Club),逐渐形成了以二陈为首的CC系。与此同时,他们把中央党部组织部调查科扩大成为一个特务机构,并在各省市党部指定专人任"肃反委员",从事破坏共产党组织、迫害国民党左派和其他进步人士的活动。嗣后又秘密组织"青天白日团"和"国民党忠实同志会",成为CC的实体组织,参加者必须宣誓永远拥护蒋介石为领袖,拥护蒋的"攘外必先安内"政策。党务调查科后来扩大为调查处,以后又发展成为"中国国民党中央执行委员会调查统计局"(简称"中统"),特务分子遍及全国,长期为陈果夫、陈立夫所实际控制。

陈果夫在国民党第四、五次全国代表大会上,继续被举为中央执行委员、第四届常务委员和第五届中央政治委员会委员,是国民党统治中

---

① 国民党中央规定:第三次全国代表大会的代表,半数由各省市党部选举,半数由国民党中央指定;党员未办登记或未正式成立党部的省市,其代表亦由国民党中央指定。结果366名代表,由国民党中央指定的计289名,占80%;由省市党部"选举"的77名代表,许多也是由蒋介石、陈果夫、陈立夫操纵产生的。

枢的核心人物之一。他除继续主管国民党党务外，还分掌思想文化方面的统治，兼任中央文化事业计划委员会主任委员、中央广播事业指导委员会主任委员以及中政会土地委员会主任委员等职。他曾拟订了一个《文化事业计划纲要》(又称《中国国民党之文化政策》)二十二条，宣称为"建设中华民族之新文化"，要"以忠孝仁爱信义和平为国民道德之项目，以礼义廉耻为国民生活之规律"。他很注意利用广播和电影"宣传党义，普及教育"①，认为这是十分重要而有效的宣传工具，于1928年和1932年创办了两个广播电台。他在1931年就主张国民党要办电影，说将来教育必须借重电影，才易普及而收效迅速。1933年6月，他在蒋介石的支持下，指导筹办"中央电影摄影场"和制片厂。他在主政江苏时督促拍摄"政治教育"影片多本，宣传他的保甲制和警政等。1936年春他命江苏教育厅装置一辆"巡回施教车"开到农村去，白天放广播，夜间放电影，进行政治宣传。他自己还编写过《移风易俗》等"教育电影"脚本。在蒋介石发动"重整国民道德、改变社会风气"的"新生活运动"中，陈果夫担任促进总会指导员。他组织一批人编制《中华国民生活历》，对人民的生活起居都有他的设想。他还编了一本《通礼新编》，规定了各种通用礼节。

　　陈果夫一直在国民党政府中担任要职。蒋介石在1928年10月改组南京国民政府时，陈为16名国民政府委员之一，并任监察院副院长，因蔡元培坚不就院长职，陈实主院事。1932年8月，陈出任导淮委员会副委员长(蒋介石挂名委员长)，主持导淮工程。陈以上下游兼治之策，拟订疏导淮水入海入江的计划，派沿淮12个县片集大量农民从事导淮入海工程——中山河，多时达24万人，3年挖土方工程六千余万立方，河长一百六十余公里；同时兴建活动坝、船闸等。迨至抗战爆发，

　　① 《统一本党理论扩大本党宣传案》(1935年11月16日国民党第五次全国代表大会通过)，秦孝仪主编：《革命文献》第76辑(中国国民党历次全国代表大会重要决议案汇编)，台北"中央文物供应社"1978年版。

许多工程不得不半途而废,淮河淤塞溃溢之患仍未能解除。

1933 年 10 月起,陈果夫当了四年江苏省政府主席。他到镇江就任,大量任用 CC 系的人。他在全省普遍实施保甲制度,清查户口,强化统治。他把各县的"保卫团"与警察队合并为"保卫队",由省保安处统一训练和指挥,自任省保安司令;还推行"壮丁训练",先后集训 60 万人。他下令开办土地呈报,大规模清丈整理地籍,整顿田赋,征收地价税,以增加财政收入。他秉承蒋介石"提倡国民劳动服务"的旨意,开办一批职业学校和"女子生活学校",还办了一所"医政学院"①。在各大中学校,推行"军训制度"、"训导制度"以及"立志宣誓"、"始业教育"。1934 年 4 月,他订了一个以四年为期禁绝鸦片的"禁烟大纲",声言不以筹款为目的,不搞"寓禁于征"。后因日本侵华战争爆发而不了了之。

在蒋介石、宋子文、孔祥熙等人竭力发展官僚资本,成立中央银行和攫夺中国银行、交通银行之后,陈果夫也利用政治特权控制了中国农民银行②,共同垄断全国金融。农民银行在各地遍设分支行,发行公债、货币和收存储蓄等,并以投资和债务关系,取得一批民营银行和厂矿的管理权。陈果夫逐渐成为大官僚资本的代表人物之一。

陈果夫热心倡导"合作运动"。早在 20 年代,他就以孙中山"民生主义"为号召,推行"合作运动",说这是实行三民主义社会经济建设的康庄大道。1928 年 2 月他起草了一个"本党应特别提倡合作运动案",和蒋介石、李煜瀛、张静江联名提交国民党二届四中全会通过。同年 12 月成立"中国合作社",自任理事长。他派干部去各地办"合作社",于 1929 至 1931 年间在苏、浙等省办起了信用(储蓄与放贷)、消费(贩售日用品)、运销、保险、生产(养蚕、养鱼、养猪等)等各种"合作社"三千

---

① 陈果夫:《苏政四年之回忆》,《小意思集》(增订本),正中书局 1947 年 4 月版,第 12 页。

② 蒋介石为筹措"围剿"工农红军的经费,在豫鄂皖三省"剿匪"总部设立农村金融救济处;1933 年该处扩建为鄂豫皖赣四省农民银行;1935 年改组为中国农民银行。

个左右。1936年他在中央政治学校增设合作学院,并开办中央合作人员训练班,专门培植人才。嗣后于1940年成立中国合作事业协会,任名誉会长;以后,又任中央合作事业指导委员会主任委员。

陈果夫始终是蒋介石的忠实部属。他认为"任何组织必须定于一尊",提出了"一个主义,一个领袖,一个组织"的口号。1936年9月,他发起为蒋介石五十岁生日祝寿,发动各界"捐献"飞机。他在江苏到处"募集",连小学生也"捐献"了一架。结果国民党在全国共"募集"了一千二百余万元,命名五十余架。以后他在中央政治学校又发起募建"中正堂"、"介寿堂"。

1937年抗日战争全面爆发,江苏省政府改组,陈果夫离任撤退,经汉口至长沙,翌年2月赴湘西芷江任中央政治学校代理教育长,实际主持校务,训练学生"忠党爱国"、"服从领袖"、"反对共产"①。政校学生毕业后由国民党中央分配到各机关,陈果夫要他们定期写材料或口头汇报,以"毕业生指导部"及"同学会"名义加以控制,自成一体。

武汉失守、抗战转入战略相持阶段后,陈果夫积极支持蒋介石制定和实行《异党活动限制规定》、《处理异党实施办法》等,并授意"中统"加紧特务活动,竭力阻挠和破坏国共合作。以后对于国共重庆谈判及政治协商会议,他皆持消极和反对态度,甚至担心蒋介石会履行政协决议,写信给蒋陈言:"共产党已得到好处,本党已受害",主张撕毁协议。

1939年7月,陈果夫出任"国民政府军事委员会委员长侍从室"第三处主任,为蒋介石掌理全国党、政、军、文各部门高级人事的调查、登记、考核、分配、监督大权。其间又曾任国民党中央组织部长、中央训练团党政训练班办公厅主任等要职。此时陈立夫先后出任国民党中央组织部长、社会部长和国民政府教育部长。在二陈控制下的"中统"更是笼罩整个国民党;在全国的民政、教育系统以及部分建设、交通、财政税

---

① 陈果夫1938年9月15日在中央政治学校开学典礼上的讲话。

收机关和银行(如交通银行和某些私人银行)以及救济、华侨、妇女团体也都有"中统"的触角。

抗战期间,以陈果夫、陈立夫为首的CC系官僚资本获得发展。农民银行和中央、中国、交通银行共同成为国民党的金融统治机构,在抗战头四年的存款总额激增,占全国银行存款总额的80％以上。陈果夫还兼任农业金融设计委员会主任委员。他们在重庆、成都、桂林、昆明等地开办大华企业公司、中国工矿建设公司、华西垦殖公司等多种企业,并利用农民银行向几十家私营企业投资,获取控制权。

在1945年5月的国民党第六次全国代表大会上,陈果夫继续当选为中央执行委员和常务委员。这次大会提出要"结束训政"、"实施宪政",陈乃向大会提出要建立"党营生产事业"、自行筹措国民党经费、"巩固党的经济基础","以党养党"。11月,陈任国民党中央财务委员会主任委员,即以其主要精力用于"党营生产事业"方面,迅猛发展CC系官僚资本。他派出大批亲信骨干去各地,插手接收敌伪物资和企业,改为"党营",陆续开办了太平兴业公司、华美贸易公司以及银行、工厂等达七八十家。他以中国农民银行为核心,控制了一批农业公司,垄断经营农业生产资料和农产品。他还把国民党的新闻、文化、电影、广播等机构一一企业化,收入全归为"党费"。他先后担任中国农民银行董事长、中央合作金库理事长、土地开发公司理事长等职,是"CC"系官僚资本的首领人物。不过他虽然掌控亿万财富,却并不侵占贪污、聚敛私财。

陈果夫自幼体弱,1911年参加武汉保卫战时,在蛇山推大炮因用力过猛,致使肺血管破裂,留下终生不愈的肺疾。他曾几次因病情严重,离职休养。在求医问药之余,他研习医药,撰有《医政漫谈》等。他重视中医中药,主张用中药治疗流行疾病。后期他患肋膜炎日重,曾三次手术,1948年7月卧床不起,肺与肋膜腔已相通。其时,国民党统治摇摇欲坠,陈先渡海去台湾。翌年8月起,他因喉结核症发音嘶哑而不能言语。蒋介石于1950年7月在台湾"改造"国民党时,他被列名为

"中央评议委员"。1951 年 8 月 25 日病故。

陈果夫一生写了各种体裁的文字共一百九十余万字，后被编成《陈果夫先生全集》十册在台湾出版。

陈 鹤 琴

严如平

陈鹤琴,浙江上虞县人,1892年3月5日(清光绪十八年二月初七)生。父亲陈松年,在本县百官镇开小杂货店为生。陈鹤琴六岁丧父后,家境困顿,帮助母亲张氏替人洗衣补助生活。七岁起入塾六载,攻读四书五经。他自幼深受母亲的教诲和传统美德的熏陶,虽然境遇贫困,但他性格开朗,凡事乐观,意志坚强。1906年得姐夫陆锦川资助,至杭州入蕙兰中学,勤奋学习,成绩优异。1911年春考入上海圣约翰大学,同年秋,转考北京清华学堂高等科,被录取。

陈鹤琴负笈北上,进入清华学堂。他得知清华学堂的经费是美国退还的庚子赔款,自己得到如此优厚的学习条件,实是千百万人民脂膏的栽培,萌发了救国爱民的思想。他与几名同学创办青年会,开展社会服务活动,先后开办了校役补习夜校和城府村义务小学,兼任两校校长。在义务教学的实践中,他逐渐树立起热爱儿童与热爱教育的观念。

1914年,陈鹤琴清华学堂毕业,考取庚款留美,8月与陶行知等同船出洋。他原选择学医,在旅途中反复思考,想到自己的志向是要"为人类服务,为国家尽瘁","我喜欢儿童,儿童也喜欢我";而"医生是医病的,我是要医人的",乃确定了学习教育和献身教育事业的人生目标。他抵美入霍普金斯大学,除学本科及英、德、法几种外文外,还选学政治学、市政学、经济学、地质学、生物学等。假期还先后到康奈尔大学、阿默斯特大学的暑期学校兼读心理学、园艺学等自己喜爱的课程,打下了广泛的知识基础,获得了重视实验研究的方法和精神。1917年夏,陈在霍普金斯大学毕业后,入哥伦比亚大学师范学院,专心研究教育学和心理学,对启发式教育和黑人教育的自立精神深感受益。翌年获教育硕士学位,又转入心理系攻读博士学位。

1919年五四运动爆发,远在大洋彼岸的陈鹤琴,为爱国青年奋起救国的精神和"民主"、"科学"的口号所激励。他接受了回国任教之聘约,中断了博士研究论文,于当年8月回国。他先到南京高等师范学校教育科任教授;1923年又任东南大学教务主任。他大力倡导有生气、有活力的校风,介绍美国教育思想有关学生自治的学说及其实施效果,鼓励学生广泛开展课外活动。

陈鹤琴热爱儿童,他在南京执教期间,即开始了儿童心理和家庭教育的实验与研究。1920年初,他与俞雅琴结婚,年底得子一鸣。他就以一鸣为研究对象,对一个儿童身心的全面发展进行跟踪观察和文字、摄影记录,前后达808天。他以此为实验的基础,经过归纳与系统的研究,写出《儿童心理之研究》一书,计二十四章,作为商务印书馆"大学丛书"的一种,分上下两卷于1925年出版。同年,陈的另一本专著《家庭教育》,作为"东南大学教育科丛书"出版。陶行知在《新教育评论》发表《愿与天下父母共读之》一文,认为《家庭教育》"系近今中国出版教育专著中最有价值之著作"。该书融生理学、心理学、教育学的基础理论与知识于一体,以生动具体的事例和深入浅出的道理,提出家庭教育的理论和101条教导原则,受到广泛欢迎。先后再版十余次,直到20世纪80、90年代还多次重版,开我国近现代幼儿家庭教育科学研究之先河。

陈鹤琴于1923年在自己寓所办起南京鼓楼幼稚园,自任园长;翌年又在宅旁购地扩建新园舍。他对幼稚园的课程、教学方法、设备、玩具、教具等进行实验研究,探索适合中国国情及符合幼儿身心发展特点的幼稚教育。1925年该园被定为东南大学教育科实验幼稚园,为我国第一所幼稚教育实验中心。此后陈鹤琴继续进行儿童教育的科学实验与研究,撰写了大量论文。他还撰著《好朋友丛书》14册,主编《少年儿童图画诗歌》12册,与丁柱中共同主编《儿童科学丛书》,又与陈选善共同主编《小学自然故事》40 册、《中国历史故事》40 册。他对少年儿童的教学测验进行了实验研究,编制了中小学各科实验,与廖世承合编《智力测验法》和《测验概要》两书,推进了我国的教育测验。

为推动全国教育界开展幼儿教育的科学研究,陈鹤琴于 1927 年与陶行知、张宗麟等发起组织中国幼稚教育研究会,创办《幼稚教育》月刊(后改名《儿童教育》)任主编。翌年他与张宗麟合编《幼稚教育丛刊》出版。他还受国民政府大学院之聘,负责拟订《全国幼稚园课程暂行标准》。1929 年 7 月他创办中华儿童教育社,任主席。至抗战爆发时,各地成立了六十余个分社,社员逾四千人,为当时全国最大的教育学术团体。

陈鹤琴积极支持陶行知等教育界先进人士组织中华教育改进社,倡导新教育活动。他试验和推广陶行知提倡的"辅导考试自学法"和"连环教学法",教贫民识字,还动员自己的母亲进行试验。1927 年,他支持陶行知创办晓庄试验乡村师范学校,并任该校第二院(幼稚师范院)院长兼指导员;还与陶等合力创办樱花村幼稚园,开辟了乡村幼稚教育的实验基地。1931 年他在上海协助陶创办"自然学园";1934 年支持陶创办"劳工幼儿园"。

陈鹤琴于 1927 年 6 月出任南京市教育局学校教育课长,着力整顿中小学,创办幼稚教育,推行新教育,提倡实验和研究风气,编写和研究教材、教具等。翌年夏,在国人收回教育权的声浪中,陈赴上海主持公共租界工部局华人教育工作,为中国青少年办学。他在任华人教育处处长 11 年间,先后创办 8 所小学(附设幼稚园)、1 所女子中学,并开办 4 所职工学校。他竭力维护国家尊严,经过斗争赢得在工部局学校升中国国旗的权利,并使华童公学得以增设中国籍的校长和副校长,而不再只限外国人;还争取到给 145 所私立中小学以经费补助。

"八一三"淞沪抗战爆发后,日本帝国主义猖狂入侵上海,百万难民涌入租界。陈鹤琴以对难民和难童的一片爱心,投入难民收容所的教育工作,为慈联会难民教育委员会主要负责人和上海国际救济会难民教育股主任、上海国际红十字会教育委员会主任,负责领导开展难民中的儿童教育、成人教育和职业教育。他发起成立儿童保育会,设儿童保育院收容流浪儿童,创办 10 所报童学校和 2 个报贩成人班,组织文化知识学习。他还在难民中推广汉字拉丁化,编写拉丁化新文字的《民众课本》2 册和新文字与汉字对照的通俗读物 15 册,以 3.5 万难民作试教对象,实验新文字教学两个月脱盲。

身居上海租界孤岛的陈鹤琴,心系全国抗日民族解放战争。他参加了共产党人秘密领导的爱国民主人士组织——“星五聚餐会”和“民社”,定期集会讨论抗日形势,商讨开展抗日救亡活动,包括募集药品物资支援新四军,营救被捕的爱国人士等。陈的爱国行动为日伪统治者所不容,被列入暗杀名单。1939 年 10 月,陈离沪去宁波暂避。

1940 年初,陈鹤琴潜往抗战后方江西,在泰和县文江村的大岭山上创办江西省立实验幼稚师范学校及附属小学、幼稚园、婴儿园,以“荒山辟乐园”的创业精神率领师生披荆斩棘,边劳动边教学。他组织师生潜心进行建设中国化、科学化的幼儿教育理论研究,并根据自己多年的教育实践,提出了“活教育”的主张,认为要根据儿童身心发展的特点和规律来进行教育;还于 1941 年创办了《活教育》月刊。

抗日战争胜利后,陈鹤琴返回上海,先任上海市教育局督导处主任督学,负责接管外国人开办的三十余所中小学,并于 1945 年 12 月创办上海市立幼稚师范(后改名市立女子师范)。他还到南京重建遭战火毁坏的鼓楼幼稚园,仍兼园长。为解决难童教养问题,他于 1947 年创立上海儿童福利促进会,任理事长;同时又创办上海特殊儿童辅导院,兼任院长,对聋哑儿童、伤残儿童、问题儿童进行综合性研究和教育。他对蒋介石发动全面内战、加紧反动统治极为不满,在坚持办教育的同时,支持并参加爱国民主运动。他提倡民主办学,主持尊师运动,担任上海市教师福利促进会和市中小学教师联合进修会顾问及生活教育社上海分社理事长。陶行知逝世后,他被推选为育才学校顾问委员会主席。他支持教师和学生的进步活动,保护和营救遭迫害的进步师生,受到反动当局的恐吓和威胁,于上海解放前夕两次遭国民党特务逮捕,后经上海 6 所大学的校长作保才获释。

1949 年 9 月,陈鹤琴出席中国人民政治协商会议,以后继任全国政协第二、三、四、五届委员。他先被聘为中央大学师范学院院长,1952年后任南京师范学院院长;并任政务院文化教育委员会委员、中国文字改革委员会委员、九三学社常务委员、江苏省政协副主席、省人大常委会副主任;1979 年被推选为中国教育学会名誉会长和全国幼儿教育研究会名誉理事长。他大力推动新中国的幼儿教育和师范教育事业,致力于教育科学的研究,1981 年在《家庭教育》一书重版序言中说,"儿童教育是整个教育的基础,关系到我们伟大祖国的命运","我虽然年已九旬,但热爱儿童、热爱教育事业之心十分炽烈"。

陈鹤琴一生教育论著甚丰,超过 400 万字,编有《陈鹤琴教育文集》(二卷)和《陈鹤琴全集》(六卷)出版。

陈鹤琴于 1982 年 12 月 30 日在南京病逝。

主要参考资料

陈鹤琴:《我的半生》,江西教育用品厂 1941 年版。

陈鹤琴:《儿童心理之研究》,商务印书馆 1925 年版;收入《陈鹤琴全集》第 1 卷,江苏教育出版社 1987 年版。

陈鹤琴:《家庭教育——怎样教小孩》,商务印书馆 1925 年版。

《陈鹤琴生平年表》,《陈鹤琴全集》第 6 卷附录。

《儿童教育》第 1—7 卷;《活教育》第 1—7 卷;《心理》第 1—3 卷及《新教育》、《教育杂志》等。

陈 焕 章

郑则民

陈焕章字重远，广东省高要县砚洲人。1881 年（清光绪七年）出生于地主家庭。父亲陈锦泉，是清朝的候补巡检①。

陈焕章幼年在当地书院读书。戊戌变法前夕，康有为在广州"万木草堂"讲学，他投入康的门下受业。康有为曾主张仿照基督教的形式建立孔教，并用孔子"诞辰"纪年；陈十分赞成这个主张。1899 年陈焕章在家乡设立"昌教会"，于陈氏家祠供起孔子牌位，"合一族之男女老少悉入会中"②。

1904 年他到北京应特科考试，中了进士。1907 年被选派赴美国留学，进入纽约哥伦比亚大学经济科。这时，陈焕章同在国外的康有为、梁启超有所联系。他为了对抗孙中山传播民主革命思想，扩大旅美华侨中的保皇势力，在纽约创办"昌教会"并筹款建立孔教义学，自任校董。此后，他以当时美国社会上流行的资产阶级庸俗经济学和实用主义哲学等理论来附会中国的孔孟学说，用英文撰写了一本《孔门理财学》(*The Economic Principles of Confucius and His School*)，全书数十万言，分 36 卷，"就理财以谈孔教"，企图"使天下之人，知孔教之切实

---

① 马呈图等纂修：《宣统高要县志》，肇庆和发自动机印务局 1938 年本。
② 《经世报》，第 1 卷第 1 号。

可行,殆如布帛菽粟之不可离也"①。哥伦比亚大学于 1911 年初授陈
焕章以博士学位,并将此书编入该校法政丛书之内,在世界各地广为
推销。

　　辛亥革命前夕,陈焕章回国,寓居上海。不久,武昌起义爆发。经
过这场革命,结束了中国两千多年的君主专制,建立了中华民国。虽然
政权很快被袁世凯篡夺去了,但在革命的过程中,清朝统治阶级提倡的
尊孔读经遭受了一次打击,再也推行不下去了。陈焕章对于这种状况
很不满意。他受康有为的密信指示,提出创立全国孔教会的主张,并四
处奔走,寻求支持。美国人李佳白立刻予以帮助,把在上海经营多年的
文化侵略机构"尚贤堂"给他作为一个基地。1912 年 7 月陈焕章写了
《论孔教是一宗教》、《论中国今日当昌明孔教》等文章,作为建立孔教会
的纲领,在"尚贤堂"集会进行讲演,制造舆论,说什么"孔教之为宗教
也,数千年于兹矣"②。"孔教者中国之灵魂也。孔教存则国存,孔教昌
则国昌。统中国之历史,亦不过孔教之历史而已"③。提倡在全国各地
"遍立孔教会"。"凡入会者,皆为入教","特设教旗……为黑白赤三
色","以孔子纪年","讲经","发愤传教"④等等。

　　接着,陈焕章纠合了群集在上海的沈曾植、梁鼎芬、姚丙然、麦孟华
等发起组织全国孔教总会。1912 年 10 月在上海山东会馆开成立大
会,不久在上海设立干事会和总会事务所,由陈焕章当主任干事,总揽
会务。孔教会的组织很快得到了袁世凯政府的立案批准,各地也先后
成立了支会和分会。1913 年 2 月起发行了《孔教会杂志》,又由他当总
编辑。

　　1913 年夏,陈焕章到了北京。8 月,他联合梁启超等人向参、众两

　　①　陈焕章:《孔门理财学之旨趣》,见陈焕章讲《孔教论》附录,商务印书馆 1919
年版。
　　②　陈焕章:《论孔教是一宗教》(1912 年),见《孔教论》,第 1 页。
　　③　《中国今日当昌明孔教》(1912 年),见《孔教论》,第 31 页。
　　④　《中国今日当昌明孔教》(1912 年),见《孔教论》,第 59—62 页。

院提出《请定孔教为国教书》，要求"于宪法上明定孔教为国教"，曾得到北洋政府副总统黎元洪和以张勋为首的一些军阀的通电支持，但激起了全国人民的强烈反对，也引起其他宗教团体的不满，结果该案遭到否决。与此同时，陈焕章与孔丘的七十六代孙孔令贻相勾结，于1913年秋"大成节"（孔丘的生日），在山东曲阜阙里召开孔教会第一次全国大会，举行大规模的祀孔典礼。决定"每年大成节，开全国大会于阙里"，并正式确定将孔教总会从上海迁往北京，又在曲阜设立孔教总会事务所。同年冬，陈焕章被袁世凯聘为总统顾问。他与袁的外籍政治顾问美国人古德诺、日本人有贺长雄等一度来往密切，共同利用孔教鼓吹帝制。

1913年11月，康有为从日本回国，被陈焕章等推为孔教总会长，军阀张勋也被推为曲阜孔教总会"名誉会长"。康等早有扶植清废帝复辟的企图，他们把争定孔教为国教作为孔教会活动的中心目标，妄图以此敲开复辟之门。1915年袁世凯在称帝前夕，对孔教会头目们有所疑忌。陈焕章赶快"韬光养晦"，关起门来，写他的《孔教经世法》①。

袁世凯死后，黎元洪继任北洋政府总统，国会重新召开。陈焕章等又于1916年9月再次向国会提出请定孔教为国教的意见书，说什么"中国若果不亡，则孔教必为国教；孔教若不为国教，则中国必亡！"②同时还联合国会议员组织国教维持会，由于人民的反对，再次失败。

1917年夏，张勋与康有为等一起导演的复辟丑剧中，孔教会的头目们也被加官晋爵，封为"大臣"或"尚书"。陈焕章一面对这次复辟阴谋暗地支持，另方面却没有轻露马脚，以备见风使舵。复辟失败后，康有为逃走，陈焕章投靠了重新当权的皖系军阀段祺瑞，被推为孔教总会长的继承人。当年12月他改《北京时报》为《经世报》，作为孔教会机关报，自任总编辑。1918年，在皖系军阀的操纵下，北京召开了御用的

① 陈焕章：《孔教经世法序》，《经世报》，1917年12月25日。
② 《经世报》第2卷第3号。

"安福国会"，陈焕章当上了"安福国会"的议员。

1919 年我国爆发了反帝反封建的五四运动，随后，马列主义在我国迅速传播，新文化运动更深入发展。陈焕章等对此极端敌视，5 月 29 日，他向国会提出一个"尊孔法案"，大叫如不尊孔读经，则"俄国过激派之祸，将遍于中国矣"①。1920 年他又抛出《孔教会教规》，说："孔教不明，则祸机四伏"，"惟孔教然后足以保社会之秩序，身家之平安。"②为了争夺青年，他四处奔走，募款修建北京孔教大学，叫喊"今欲应时势之需要，则不得不速开孔教大学，以正人心，息邪说，拒诐行，放淫辞而承孔圣"③。这一着得到了北洋政府总统徐世昌的赏识，除拨地捐款外，还聘陈焕章为总统府顾问，又授予文虎勋章。20 年代初期，陈焕章还加入了"政学会"，担任该会的财政、交际股委员。

1922 年夏，直奉战争之后，直系军阀控制了北京政权。陈焕章为迎合吴佩孚的"武力统一"政策，急忙抛出《非联省》一文，叫嚷"今夫各省之当服从中央，此法理之公也"④。次年 1 月他从直系军阀控制的北洋政府获得了"大绶宝光嘉禾"勋章。1923 年 9 月，北京孔教大学（校址在北京西城甘石桥）正式开学，陈焕章任校长。他标榜"以昌明孔教，培养通儒"⑤为该校宗旨。他禁止学生谈论爱国，不准阅读一切新文化报刊，对学生思想禁锢极严。1923 年 10 月，曹锟通过"贿选"当上了北洋政府的总统，陈焕章仍被聘为顾问。当年 12 月，陈在《请曹大总统祀天书》中说："大总统躬膺天眷，新正大位，不知者以为议员选之，焕章则以为天选之。"⑥

此后，陈焕章依旧以北京孔教总会和孔教大学为基地，鼓吹尊孔读

---

① 《宗圣学报》第 2 卷第 10 册（1920 年 2 月）。
② 柯璜等编：《孔教十年大事》第 2 卷，1923 年山西宗圣会版，第 102 页。
③ 陈焕章等：《筹建孔教总会堂以办孔教大学启》，《经世报》，第 2 卷第 1 号。
④ 《经世报》，第 1 卷第 6 号。
⑤ 《孔教大学校章程》，《经世报》，第 2 卷第 6 号。
⑥ 《经世报》，第 2 卷第 7 号。

经。1928 年山东曲阜发生了反孔府事件,他与孔德成通信密商对策,并联合一些人联名致电南京国民政府教育部,为保持孔德成的"衍圣公"封号和孔府的封建特权呼吁①。但是,由于陈焕章与孔教会在政治上早已声名狼藉,北洋军阀垮台之后,未能博得国民政府的欢心,陈焕章不得不居留香港。1931 年,他开始从事修订《宣统高要县志》。1933年 12 月病死于香港。

---

① 《孔府档案》卷号 0008437,及 1929 年《陈焕章致孔德成信》。

陈 济 棠

李静之

陈济棠,字伯南,广东防城县(今属广西壮族自治区)人。1890 年 2 月 12 日(清光绪十六年正月二十三日)生。父亲陈谦受,务农为业。

陈济棠幼年在私塾读书,1907 年入广东陆军小学。次年春,由陆小教官邓铿介绍加入同盟会。辛亥广东光复,成立广东陆军速成学校,陈入该校学习。1913 年毕业,在广东军队充任下级军官。1915 年参加讨袁(世凯)倒龙(济光)活动失败,辗转到肇庆投护国军林虎部,任连、营长。1920 年粤桂战争期间,脱离了林虎部。11 月,孙中山返广州重组护法政府,粤军参谋长邓铿组建粤军第一师,陈应邓邀在该师任第四团(团长陈铭枢)第一营营长。

1922 年 6 月,陈炯明叛变,陈济棠继陈铭枢任第四团团长,曾表示支持孙中山。年底,孙中山联络杨希闵、刘震寰率滇桂军入粤讨伐陈炯明,陈济棠与邓演达(第一师工兵营长)、张发奎(第一师第二团营长)等配合滇桂军于 1923 年 1 月重新占领广州。不久,陈升任第二旅旅长。

4 月,桂军沈鸿英部进攻广州,第一师奉命讨伐,溯西江追击。这时,广西青年军官黄绍竑从旧桂系分裂出来,与第一师合作,夹击沈军,攻下了梧州。7 月,两广革命势力在梧州会师,成立西江督办公署。粤军第一师师长李济深任善后督办,陈济棠兼任督办公署参谋长。以后,应李宗仁、黄绍竑之请,陈的第二旅由李济深派驻梧州,协助李、黄统一了广西。1925 年 5 月,杨希闵、刘震寰叛乱,陈旅参加了解决驻西江刘部桂军的战斗。

7月,国民政府在广州成立,粤军第一师扩编为国民革命军第四军,李济深任军长,陈济棠升为第十一师师长。这年秋冬,他参加第二次东征和南征,一直打到海南岛。1926年北伐时,陈师留粤,负责南路绥靖工作,驻防高、雷、钦、廉地区,陈并兼钦廉警备司令。他对孙中山的三大政策很有抵触,曾建议蒋介石举行清党。因时机未到,蒋没有采纳。陈利用权势,支持其兄陈维周在钦廉地区承办各项捐税,牟取暴利,引起各方人士的不满。因此,陈济棠不得不暂时引退,于1927年春到苏联考察。入夏,他返回南京,向蒋介石呈报反苏意见。又在"总理纪念周"上作反苏反共报告。宁汉分裂后,他回到广州,继续进行反苏反共宣传。还促李济深、黄绍竑通电讨伐武汉政府。不久,复任第十一师师长。

同年9月,由贺龙、叶挺率领的南昌起义部队南下入粤,陈济棠积极参加阻击,在汤坑与贺、叶主力激战。11月,发生张发奎和李济深(时任广东省主席、第八路军总指挥)争夺广东地盘的事变。陈济棠站在李济深一边,对张部作战。1928年1月,李济深重回广州,将驻粤各军整编为三个军,陈济棠升任第四军军长兼西区(包括广州市及西区等地)绥靖委员,移驻广州。

1929年1月,蒋介石在南京召开编遣会议。以裁兵建设为名,削弱非嫡系武力,引起各派新军阀强烈不满。3月,蒋、桂酝酿战争。李济深因亲桂系,到南京参加国民党第三次代表大会时,被蒋介石软禁于汤山。陈济棠利用这个机会,通过古应芬、胡汉民向蒋介石推荐,被任命为广东编遣特派员。陈就职后,立刻通电拥蒋,并下令裁撤第八路军总部,限驻粤桂军24小时内离境。不久,蒋介石又加委他为讨逆军第八路军总指挥,取代李济深掌握了广东的军权,与省主席陈铭枢分治广东。国民党三全大会上,陈济棠当选为中央执行委员。为了表示拥蒋,他以9500元购青翠玉石送往南京,供刻制国民政府和国民党中央党部印章。

同年4月,桂系军阀在蒋桂战争中失利,败回广西。不久,和驻粤东拥李济深的粤军第五军军长徐景唐秘密联系,声言讨蒋,进兵广东,5

月上旬席卷了西江各县。陈济棠全力迎击,在花县赤坭、白坭将桂军击败,乘胜追至广西边境;6月,又在东江打败了徐景唐的军队,从而博得蒋介石的信任。他乘机将广东部队改编为五个师,以余汉谋、香翰屏、李扬敬分任五十九、六十二、六十三师师长,成为他的嫡系部队。又将陈铭枢的旧部编为六十、六十一两师,以蔡廷锴、蒋光鼐为师长。

同年秋,张发奎在湖北宜昌举兵反蒋,并转入广西,与李宗仁、白崇禧合会,进攻广东。张、桂军连陷三水、花县,广州岌岌可危。陈济棠受蒋命迎击,12月中旬在花县一带激战,击败了张、桂军。又长驱直追,占领了广西梧州,向广西腹地进攻。

1930年5月初,中原大战爆发。张、桂军为了策应阎锡山、冯玉祥,倾巢入湘,于5月下旬攻下衡阳、宝庆(今邵阳)。6月初占领长沙、岳阳,拟乘胜直下武汉。蒋介石急调粤军救援,陈济棠将蒋光鼐、蔡廷锴、李扬敬三个师从梧州船运至广州,再沿粤汉路进入湘南,从桂军手里夺取了衡州(阳)。桂军怕后路被截断,放弃长沙、岳阳,于7月初退回广西。接着,蒋介石又令粤军北上增援。陈济棠乘机将陈铭枢的嫡系蒋、蔡两师调往津浦线,参加对阎、冯作战,以削弱陈铭枢在粤实力,使广东的军队成为他独家的势力。

陈济棠掌握广东军事大权以后,不断扩充军事实力。他借攻打广西为名,增加了两个独立旅、二个独立团、五个师属教导团,十个旅属特务营。他又秘密向德国、捷克购买了大批军火,但他自知不是蒋的嫡系,时时怕被蒋吃掉。蒋支持的省主席陈铭枢又同他明争暗斗,使他控制广东的野心受到牵制。中原大战结束后,蒋介石要求陈济棠裁减军队,削减军费,更引起陈的不满。

1931年2月,胡汉民因反对蒋介石被蒋软禁在南京汤山。国民党粤系中央委员及西南实力派议论纷纷。亲胡的国民政府文官长古应芬秘密跑到广州,策动陈济棠反蒋。陈济棠一向受到胡、古支持,正欲乘机独霸一方,当即答应,并与古联合驱走了陈铭枢,把广东政权也拿到手中,树起了反蒋旗帜。

　　为了壮大反蒋力量,陈济棠迅速和桂系军阀达成妥协,把粤军撤回广东,组成粤桂联合阵线,又以巨款供给古应芬联络国民党各派反蒋势力,企图在西南组织反蒋政府。4月30日,国民党粤方四监委邓泽如、林森、萧佛成、古应芬联名通电弹劾蒋介石。5月3日,以陈济棠领衔的广东将领十人通电表示拥护。25日,陈济棠等二十余人又联衔通电请蒋介石在48小时内下野。国民党各派政客、粤桂军阀麇集广州,于27日召开"国民党中央执行委员会非常会议",发表讨蒋宣言,另组一个与南京对抗的国民党政府。粤桂军改编为第一、第四两集团军,陈济棠担任广州国民党政府委员、军事委员会常委、第一集团军总司令。事实上,他和古应芬是非常会议的真正主持人。接着,粤桂军向湘赣进兵。南京方面也调兵遣将,准备堵截,战争有一触即发之势。

　　不久,"九一八"事变发生。全国一致要求团结御侮,宁粤双方举行谈判。通过陈铭枢、蔡元培、张继等调停,达成了蒋介石下野、广州结束非常会议的协议。11月,双方分别在南京、广州召开国民党第四次代表大会,各自增选中央执监委,进行政治分赃。1932年元旦成立了以林森为主席的"统一"政府。非常会议撤销后,根据粤方四全大会的决议,在广州设立国民党中央执监委员会西南执行部、国民政府西南政务委员会,仍维持半独立局面。表面上拥戴胡汉民为西南领袖,实际上是陈济棠、李宗仁分掌实权,陈济棠则成了独霸广东的"南天王"。

　　陈济棠为了巩固其地位,首先着手扩编军队,使兵力达到15万人以上。又将西南政务委员会所属的空海军用武力接受过来,独揽了广东陆海空军大权。他把军官教导队扩充为广东军事政治学校,自兼校长,自成系统。在政治方面,他利用元老派林云陔为省主席,派其亲信林翼中等分别控制省党部和民、财、教各厅,掌握实权。在财政上,陈济棠拼命搜刮民财,开放烟赌禁,大肆征收苛捐杂税,用以支付庞大的军费开支和无止境的挥霍。1933年广东颁布经济发展三年计划后,兴办蔗糖、纺织、造纸、水泥等工业,又获取了巨额利润。为了便利军事行动,他还扩展全省交通网,修建海港,发展广州市政建设。在文化思想上,陈济棠大力提倡尊孔读经,宣传"四维八德",要求部下对他举行效忠宣誓。他迷信星相风水,任命重要部属时,有的先要由术士相面。他还不惜耗费大量钱财,设法把他母亲的坟墓迁到花县洪秀全祖坟处。说那里风水好,子孙可永享荣华富贵。

蒋介石为了集中力量对付共产党,暂时对西南半独立状态采取了容忍的态度。1932年3月,蒋介石准备对苏区进行第四次"围剿",任命陈为赣粤闽湘边区"剿匪"副总司令。陈派余汉谋负责赣南"清剿"。1933年10月,蒋介石开始第五次"围剿",陈又担任南路军总司令。11月,福建人民政府成立时,李济深、陈铭枢、蒋光鼐、蔡廷锴电粤桂方面,请一致行动。陈济棠怕失掉广东的地盘,表示"不忍苟同"。不久派兵入闽,配合蒋介石镇压福建人民政府运动。

1936年,日本帝国主义进一步侵入华北。蒋介石高唱"攘外必先安内",决心结束两广半独立局面。陈济棠获悉后,便和桂系联合起来,以抗日为名,发动反蒋的"六一"事变。

5月27日,两广通电反对日本增兵华北。6月1日,西南执行部和西南政务委员会决议呈请南京国民党政府和中央党部领导抗日。2日,通电全国。4日,陈济棠、李宗仁以第一、第四集团军总司令名义率领西南将领三十名通电响应。由于抗日口号深得人心,全国震动,不少人表示同情。

这时西南方面兵力共约三十万,并有飞机一百余架、江防舰艇数十艘。他们将军队改称抗日救国军西南联军,由陈、李分任总司令和副司令,声称要北上抗日。6月8日进入湘南,欲一举下长沙而趋武汉。蒋介石一面电陈济棠迅速撤兵,一面急调兵入湘,于10日抢先控制了衡阳。西南联军北上计划受阻。

6月下旬,蒋介石布置召开国民党五届二中全会,请西南派员出席,以作缓兵之计。同时暗向西南调集军队,并分化和收买陈济棠的部下。7月6日,陈济棠部第二军副军长李汉魂离职赴港。9日,第一军军长余汉谋通电拥护国民党中央,径飞南京。13日,国民党政府及军事委员会同时免去陈济棠本兼各职,派余汉谋为广东绥靖主任兼第四路军总司令。二中全会决议取消西南执行部和西南政务委员会及一、四集团军名义。18 日,被陈济棠视为王牌的广东空军,在司令黄光锐率领下,全体驾机投蒋而去。这对陈是个沉重打击。他当日逃往香港。8 月 30 日出国到欧洲。

同年 10 月,国民党政府发起为蒋介石"献机祝寿"。陈济棠当时在国外,为了与蒋修好,特此献金购机。1937 年 9 月陈济棠回国,蒋介石任命他为国民政府委员。1939 年 11 月国民党五届六中全会,蒋又提名他为中央执行委员和最高国防委员会委员。1940 年 3 月,任命他担任农林部长。他意态消沉,于次年辞职。

抗日战争胜利后,陈济棠受任为两广及台湾宣慰使。1946 年后,回广东从事教育事业,同一些旧部一起创办了珠海大学,后来迁到香港改为珠海学院。

1949 年初,李宗仁任代总统。4 月,改海南岛为特区,任命陈济棠为海南特区行政长官兼警备司令。南京解放后,他反对议和,建议蒋介石复出,一度在广州奔走斡旋。6 月赴海南岛,极力强化统治,想把它造成为"反共根据地"。他命各县市编练保安部队,"进剿"人民游击队。又编练两个美械装备的陆军师,以对抗中国人民解放军。

广州解放前夕,伪广东绥靖公署、广东省政府向海南岛撤退,薛岳、余汉谋分任琼崖防御总司令和副司令,陈大权旁落。年底,李宗仁赴美,陈又与薛、余联电请蒋介石复职。

1950 年 4 月,人民解放军进军海南岛,陈济棠逃往台湾,任伪总统府"资政"、战略顾问。

1954 年 11 月 3 日,陈济棠在台北病故。

主要参考资料

李洁之:《陈济棠治粤始末》,广东人民出版社 1986 年版。

陈 家 鼎

许 进

陈家鼎,字汉元(汗园),又名陈曾,故自号半僧。1876 年 6 月 18 日(清光绪二年五月二十七日)出生于湖南省宁乡县狮顾镇。祖辈务农,到祖父陈玉华始为读书人。父亲陈悔叟以诗礼教化闻名乡里。

陈家鼎少年读书聪敏坚毅,十五岁补博士弟子员。1898 年,入两湖书院,与同窗黄兴、白逾桓等相识,后转考入湖北武普通学堂。戊戌变法失败后,常读王夫之(船山)和南明学者遗著,遂萌发民族思想。八国联军迫订《辛丑条约》后,眼看大好河山日益破碎,痛恨清政腐败,有振兴中华之志。1903 年初,与新入文普通学堂的宋教仁相识。同年秋,陈以成绩优异获保送官费留学日本,入早稻田大学政治经济科,"益肆力于政治学,于西籍无所不窥,尤博通共和宪法原理原则,阐究民生学,注意于社会国家主义"[1],曾获法学士学位[2]。

留日期间,陈家鼎积极参与黄兴主盟的华兴会活动。1904 年黄兴策划长沙起义事泄失败后逃往上海,同年 11 月 7 日,陈家鼎在上海参加黄兴召集的余庆里集会,图谋再举事,因万福华谋刺清吏王之春案突发,与黄兴等先后逃亡日本,继续学业。在日本,与湖南同学黄兴、宋教

---

① 林述庆:《陈家鼎革命大事记》,姜泣群编:《朝野新谭》,江苏广陵古籍刻印社 1995 年影印版,第 82 页。

② 居正、焦易堂:《陈家鼎》,黄季陆主编《革命人物志》第 5 集,台北"中央文物供应社"1970 年版,第 193 页。

仁、陈天华、姚洪业等联络留学生,鼓吹反清革命,宣传民主共和。

1905年夏,孙中山由欧洲到日本,创建中国同盟会,陈家鼎率先加入,并任同盟会总部评议员。是年秋,同盟会总部决定在长江沿线创设机关,陈家鼎奉孙中山命回国筹划,他先后在上海、武汉、长沙参与建立同盟会分会机关。在上海,当时曾由在阜丰公司任职的孙毓筠捐资作经费,先在虹口三元里,后迁往法租界八仙桥鼎吉里夏昕薰家设立同盟会机关,门外挂"夏寓"的牌子,由陈家鼎驻会负责。上海同盟会机关成为当时海内外革命党人活动联络"通消息之大本营"①。

陈家鼎还在长江一带积极活动。在武昌与"日知会"的刘静庵、朱松坪、时功璧等结交,感情甚深,在高升巷圣公会内建立同盟会湖北机关。以后,陈家鼎曾写过《哭刘敬(静)庵、朱松坪两烈士》诗三首,有"何当寻得刘朱墓,大哭当年两鬼雄"、"不堪再过高升巷,宿草斜阳独闭门"②等句。

陈的胞弟家𬭛也是同盟会员,1906年毕业于湖北陆军学堂,充新军教练官,在军内积极联络同志,从事革命。陈家鼎还结识一些长江会党头领,如杨恢、成亚龙、郑先声、马福益等,开展活动。陈家鼎当时担任长江沿岸七省同盟会机关视察,他不避艰险,为创设革命机关和开展革命斗争而努力。

陈天华忧国愤时在日本蹈海自杀殉国后,同盟会公推宋教仁作传,由陈家鼎和苏鹏护送烈士灵榇回国。不久,姚洪业又因筹建"中国公学"受挫,在上海愤投黄浦江而死。湘籍人士原拟将陈天华烈士遗榇归葬新化原籍,陈家鼎认为这是发动群众号召人心的好机会,提议公葬。经电商湖南各界,建议公葬烈士于长沙岳麓山。1906年5月23日,二烈士灵柩运抵长沙。陈家鼎和禹之谟领导群众冲破官绅阻挠,举行了葬礼,万余人参加,轰动一时。后来毛泽东在《湘江评论》上发表文章,

① 居正、焦易堂:《陈家鼎》,黄季陆主编《革命人物志》第5集,第191页。
② 柳亚子编:《南社诗集》第四册,中学生书局1936年版,第367页。

说这是"惊天动地可纪的一桩事"①。

在湘期间，陈家鼎和禹之谟还在长沙创建了同盟会湖南分会，初设天心阁，后移至北正街湘利乾织布公司禹之谟家中。当时青年军人和学生，尊奉禹、陈二人为泰山北斗，一致推举二人为湖南学会会长。邵阳中学堂和唯一学校是他们进行秘密革命活动的两个据点，一时全省人心更加趋向革命。

公葬陈、姚后，陈家鼎、禹之谟拟利用民气进一步发动，组织起义。事泄，禹被捕，陈家鼎翻墙逃入圣公会，得一牧师保护才幸免于难。刘静庵闻讯，自武汉密电告知，湖北官府正亟谋抓捕他，嘱出逃时切不可走武汉。于是陈家鼎化装清吏，由这位牧师护送从小路奔江西萍乡逃亡。清政府命令沿江官府严缉陈家鼎，又迁怒其家，其父陈悔叟经地方乡绅杨翌如等极力保得免②。

陈家鼎潜抵上海后，得到党人高天梅、柳亚卢（即柳亚子）等人掩护，立即与宁调元、杨守仁筹备出版《洞庭波》杂志，这是和《湖北学生界》、《江苏》、《浙江潮》、《云南》、《四川》等杂志一样，同由本省留日学生创办，以本省为刊名的宣传民主革命的刊物。《洞庭波》刊出陈家鼎所撰《二十世纪之湖南》一文，对在湘人中存在的"媚满性之圆足"、"合群性之缺乏"、"保皇性之愚谬"、"守旧性之固结"、"排外性之误看"等谬误，进行了剖析；他针对性地提出"速行悔过"、"首倡起义"、"力讲外交"、"公约自治"和"预备革命"等五法，以为"医治湖南的药石"③。此外，陈还撰写了《禹狱之构成》、《哭亡友姚君洪业》等文。

清吏端方、铁良、瑞澂对陈家鼎等人的革命活动恨之入骨，通令悬赏缉拿。由于无法在沪久留，陈家鼎与宁调元于 10 月 29 日同船再逃

————————

①　刘泱泱：《简论禹之谟》，《益阳师专学报》1986 年第 3 期。

②　林述庆：《陈家鼎革命大事记》，姜泣群编《朝野新谭》，第 88 页。居正、焦易堂：《陈家鼎》，黄季陆主编《革命人物志》第 5 集，第 191 页。

③　《洞庭波》第 1 期，第 3—21 页。

往日本。宁调元在舟中曾有诗云："心绪如焚赋七哀,同舟共济几人才,祖鞭应许君先着,东亚雄飞大舞台。""须知安乐交人易,漫说狂澜砥柱难。唯有使君唯有我,头颅练好铁相看。"诗共八首,题名为《渡黑水洋有作兼赠汉援》①。

那时,孙中山住在东京筑土八幡町,门外写着"高野长雄寓"。陈家鼎向孙中山详细谈了国内情况,并设法营救禹之谟。但不久,禹在狱中被害。继之,萍浏醴起义爆发,宁调元奉派回国策应。陈家鼎等将《洞庭波》改名《汉帜》在东京出版,宣称"此报宗旨,在光复祖国,防护人权,唤起黄帝种魂,扫除白山鞑虏,建 20 世纪民国,还五千年神州;而尤以维持各国公共安宁,鼓吹汉人实行革命为最大要素"②。陈家鼎在《汉帜》第一期上发表了《论各省宜速响应湘赣革命军》等文章,声援萍浏醴起义。《汉帜》曾被认为是当时鼓吹革命最有力的刊物之一。这些杂志散布各省,流入萍浏醴等处尤多,知识青年和青年军人争相阅读,影响甚广。萍浏醴起义失败后,陈家鼎、宋教仁等在东京为此役牺牲的烈士开会悼念。在主编《汉帜》的同时,陈家鼎在东京曾任同盟会总部鼓吹部部长和文学部部长等职③。

陈家鼎通过在内地的革命实践,深知革命必须重视军事方能成功。在东京,他积极联络同盟会中学过军事任过军职的同志,如李烈钧、黄郛、王天培、仇亮等和一些重要党人,每星期天都相约在桑原、城西寓所聚商革命方法。陈又去联络留学东京的振武和士官学校的学员,发现其中有革命思想的人士甚多,就介绍他们陆续加入同盟会。以后辛亥革命时,各地武装起义的领导骨干,有不少就是和陈家鼎来往的人。

萍浏醴起义失败,湖北日知会领导人刘静庵等被捕,革命运动一时受挫,国内形势更险恶。陈家鼎告诫隐伏在湖北新军中的胞弟家鼐,外

---

① 　《汉帜》第 1 号,第 75 页。

② 　1907 年 3 月 30 日《复报》刊的《汉帜》广告。

③ 　林述庆:《陈家鼎革命大事记》,姜泣群编《朝野新谭》,第 94 页。

表上装得糊涂没出息的样子，不引人注意，以便暗中活动。

陈家鼎还在东京寓居的荒井家中，和乔宜斋、仇亮、王延祉、杜羲等组织一极秘密的小团体"血党"，专门对付清廷派来日本追踪诱捕革命党人的侦探。一次，端方派一个名叫刘祝三的来东京，化名金寿山。陈家鼎查清他的来历行为后，派"血党"成员唐声海向日本警署报告，说刘祝三犯"烟禁罪"（吸毒贩毒），使被捕入狱。还有一个朱孟廉，端方叫他先迷惑住陈家鼎、刘揆一。陈立即察觉这是个奸细，就给"血党"同志下了"诛奸状"，以后用了"反间计"将此人剪除。徐锡麟在安庆刺杀恩铭，被派去协助、最后一同殉难者之一的陈墨峰烈士，也是"血党"之一员①。

1908年夏，陈家鼎和宋教仁奉孙中山派遣，带领小组分两路潜回国内，发动起义。宋去台湾转奔大连、沈阳；陈去胶州湾、青岛、山东沿海。临行相约，前后夹击，直捣北京，结果都失败了。陈家鼎在山东的活动，被德国人和清政府侦知，被逼得和几个同志潜入山区僻径赶路。没有吃的，只能嚼几粒生花生维持生命，而气不稍馁②。回东京后，宋教仁一夜到陈寄住的桑原馆寓所，相对饮泣，为失败而痛心。但后来证明，他们的努力还是结出了良果的③。

辛亥革命爆发，江苏独立后，陈家鼎奔走上海南京间，协助宋教仁筹组南京新政府，草拟创制法度。1911年冬，陈家鼎与杜羲等去大连、沈阳，招募人马组织"胡子队"，准备给清王朝最后一击。布置就绪后，因和议定局而作罢④。

1912年3月，孙中山因陈家鼎是首创上海同盟会的老同志，委任他和于右任、姚勇忱、黄郛、褚民谊五人重组光复后的上海同盟会。这

①　林述庆：《陈家鼎革命大事记》，姜泣群编《朝野新谭》，第91页。
②　居正、焦易堂：《陈家鼎》，黄季陆主编《革命人物志》第5集，第191页。
③　林述庆：《陈家鼎革命大事记》，姜泣群编《朝野新谭》，第91、95、96页。
④　林述庆：《陈家鼎革命大事记》，姜泣群编《朝野新谭》，第92页。

是上海同盟会第三次组建，后即为国民党上海交通部①。

同年 4 月 7 日，陈家鼎与胡汉民、廖仲恺、汪精卫、景耀月、孙科兄妹、章士钊等，随孙中山同乘"联鲸"号兵舰自南京去武汉②，9 日到达，参加与黎元洪会晤。

南京临时参议院随政府北迁后，陈家鼎作为湖南省议会选出的参议员，勤劳国事，为人民代言议政，在议院常批评权贵，正气凛然③，曾以铜砚击桌，怒斥宵小，满座皆惊，宋教仁赠以"陈惊座"美名。在北京，80 多家新闻单位联合组成北京新闻团，陈以很高的威望当选为团长。民国初建，舆论十分重要。陈经常和东西方各国新闻记者和各界名流来往，发表很多言论。对于化除国际误解，开展国民外交，争取国际上对民国的承认，做了不少工作④。

同年 8 月，武汉革命将领张振武、方维被袁世凯、黎元洪勾结在北京非法拘捕枪杀，全国愤慨。陈家鼎在参议院中力主弹劾与查办此案，但由于共和党籍议员阻挠而未果。

10 月，陈家鼎在北京主持中央共和纪念会，连续三天盛大庆祝辛亥起义一周年，并向应邀参加的蒙古，西藏活佛热情宣传五族共和的意义⑤。

1912 年冬，陈家鼎因竞选首届国会议员回到湖南，次年初，宋教仁也回到长沙。1 月 19 日，他两同往岳麓山吊念革命烈士并联句作诗，全诗是：

　　①　王耿雄编：《孙中山史事详录》，天津人民出版社 1986 年版，第 246 页；林述庆：《陈家鼎革命大事记》，姜泣群编《朝野新谭》，第 92 页。

　　②　王耿雄编：《孙中山史事详录》，第 266 页。

　　③　居正、焦易堂：《陈家鼎》，黄季陆主编《革命人物志》第 5 集，第 191 页。

　　④　《民国之精华》，第 219 页；林述庆：《陈家鼎革命大事记》，姜泣群编《朝野新谭》，第 95 页。

　　⑤　石芳勤：《谭人凤集》，湖南人民出版社 1985 年版，第 96 页；林述庆：《陈家鼎革命大事记》，姜泣群编《朝野新谭》，第 93 页。

十载有家归不得,而今随尔入黄门。(陈)

更无多泪流知己,别有伤心哭国魂。(宋)

死友已经垂竹帛,生朋无分住桃源。(陈)

元龙豪气今犹在,百尺楼头一汉元。(宋)①

此次陈家鼎经湖南省选为众议院议员。

宋教仁遇刺后,陈家鼎在临时参议院向袁政府提出严厉质询。覃振等17名议员联署此案。陈并以发言人身份接见中外记者,发动舆论,声讨袁党罪行②。

首届国会开幕后,袁世凯遣亲信贿陈50万元"炭敬",嘱"勿为民党所用"。陈当面厉声呵斥说:"我头可断,义不帝秦!"璧还其金。陈组"癸丑同志会",联合两院忠贞的国民党议员合力抗袁。曾写诗寄友人明志:"自从建国出门行,为罪为功百未成,公等应为香案吏,政余犹比玉堂卿;一樽兴到歌还饮,万物春来息又生,为报昔年诸共事,长安虽朔不称臣。"③

"二次革命"失败,陈出亡日本,积极参加护国讨袁。袁世凯死,国会重开,陈再回议院,并兼任宪法起草委员。不一年,护法南下,参加广州非常国会,联络协调各派系矛盾,孙中山深为倚重④。1918年初,被任命为大元帅府参议⑤。在护法的整个历史时期,陈始终和孙中山在一起。1920年11月,陈发表《关于西南大计之通电》,全面阐述对政治、经济、军事、文化、外交等各方面政见,颇具影响⑥。

---

①　郑逸梅:《南社丛谈》,上海人民出版社1981年版,第374页。

②　徐血儿等编:《宋教仁血案》,岳麓书社1986年版,第304、297页。

③　居正、焦易堂:《陈家鼎》,黄季陆主编《革命人物志》第5集,第191、193页。

④　居正、焦易堂:《陈家鼎》,黄季陆主编《革命人物志》第5集,第192页。

⑤　中国社会科学院近代史研究所中华民国史研究室等编:《孙中山全集》第4卷,中华书局1985年版,第319页。

⑥　《陈家鼎关于西南大计之通电》,原件存中国第二历史档案馆。

1922年4月,陈炯明叛变。陈家鼎冒险只身入叛将洪兆麟兵营,责以大义,使洪感愧,乃令士兵缓进。陈遂急入总统府报告孙中山,为孙脱险赢得了时间①。

陈家鼎诗文造诣均深,早期加入"南社",并介绍其弟和三个妹妹入社,一家五兄妹均为"南社"社友,一时传为佳话。

护法斗争失败后,陈家鼎深愤党人不求进取,国事不可为。孙中山逝世后,他伤惋之余,决心不问政事,退隐深居,整理著述。著有政治专著数卷,诗四卷,文六卷,均未及出版。辑印之《百尺楼诗集》、《半僧斋诗文集》后亦散帙。

陈家鼎毕生致力国民革命,"秉性刚直,与人落落难合,而大节凛然,人不敢干以非义"②。1928年1月8日,陈家鼎在北京寓所书斋因煤气中毒猝逝,年仅五十二岁。居正、胡汉民、于右任、戴传贤、张继、吴敬恒、商震等为其卜葬于北京西山四王府③。

---

① 居正、焦易堂:《陈家鼎》,黄季陆主编《革命人物志》第5集,第192页。
② 居正、焦易堂:《陈家鼎》,黄季陆主编《革命人物志》第5集,第193页。
③ 居正、焦易堂:《陈家鼎》,黄季陆主编《革命人物志》第5集,第194页。

陈 嘉 庚

熊尚厚

陈嘉庚,1874年10月21日(清同治十三年九月十二日)生于福建同安县集美社(今属厦门市)。父亲陈如松为南洋新加坡侨商。1882年陈嘉庚就学于家乡南轩私塾。1890年秋去新加坡随父习商。1892年经管其父所开设的顺安米号,任经理。1893年回到家乡完婚,次年在家从师补习。1895年再去新加坡主持顺安店务,其间营业有所发展,除营米业外,还兼营黄梨(即菠萝)罐头和房产业。1900年冬,为了母葬回集美,曾留厦门营建房屋。1903年7月再去新加坡时,顺安号等厂店因管理不善发生巨大亏损,不得不清理收束。

1904年春,陈嘉庚自立门户,先后在新加坡开设新利川和日新黄梨罐头厂、福山黄梨园和谦益米店。1905年秋增设日春黄梨罐头厂。1906年得知种植橡胶树可获厚利,就买了18万粒橡胶种子种在福山园,开始橡胶种植业。同年冬,与人合办恒美熟米厂,1908年改为独资经营。1911年在泰国设谦泰黄厂。次年秋回到集美创办海产罐头蚝厂失败,即与人在厦门伙设大同罐头厂。1913年秋,陈嘉庚复去新加坡。

第一次世界大战期间,陈嘉庚看到橡胶业和航运业利润丰厚,于1915年秋,一面将部分黄梨厂改作橡胶厂,一面租轮和购轮经营航运业,同时兼营白铁买卖,总计在大战时期的四五年内,获纯利达四百五十余万元之多①。1919年到1922年间,陈嘉庚在南洋又增设橡胶厂

① 当时新加坡币值与国币汇率为1∶1,币值相等。

十余处,并大规模地经营房地产业,在国内大城市则设立分店。1924年他扩充树胶制造厂,制造各种车胎、胶鞋、医生用具及各种日用品;又于马来亚及荷属印度各埠自设分店十余处。此外,还在国内厦门开办百货公司、酱油厂及同安、同溪、溪安等公路公司。从 1922 年到 1925年间,陈氏的企业发展到顶峰。他把橡胶厂扩建到爪哇等地,有橡胶园和黄梨园一万五千英亩,各种工厂三十余所,国内外分店百余家,职工二万余人,拥有资产一千二百余万元,成为南洋著名的华侨资本家。

　　1929 年世界资本主义经济危机爆发。1931 年橡胶价格一再下跌,由每担叻币二百多元猛跌至每担七八元。在这种情况之下,加以日货激烈竞争,陈嘉庚公司受到重大打击。1929 年—1931 年卖出橡胶园一万一千英亩,公司负债日多。银行团乘机以债权人资格派代表加入陈嘉庚公司,1931 年 8 月他将陈嘉庚公司改组成有限股份公司。此时陈嘉庚的资产仅剩二百余万元充作股本。其后,又因英、美、日等国相继放弃金本位,国内货币与新加坡货币之汇率,由 1:1 顿成 1.5:1,致使国内数十家分店无法继续营业,1934 年 1 月即相继收歇。此时,新加坡总公司的营业仍继续亏损,业务上则受到银行董事的无理干涉。对此,他宁愿歇业也不愿再受银行团的欺压,乃于 2 月 21 日宣告结束了陈嘉庚总公司。

　　陈嘉庚在经营工商企业的同时,还热心于教育文化事业。致力教育的动机,正如他自己所说的那样:旧中国"门户洞开,强邻环伺,存亡绝续,迫在眉睫,吾人若袖手旁观,放弃责任,后患何堪设想"。"余久客南洋,心怀祖国,希图报效,已非一日"①。从 1913 年起,在集美、厦门、闽南、新加坡,先后创办和赞助了许多学校。

　　在集美,他创办的初级学校有:男女小学和幼儿园;中等学校有师范、中学、水产、航海、商业和农林学校;高等学校有国学专门和水产商

---

　　①　陈嘉庚先生纪念册编辑委员会编:《陈嘉庚先生纪念册》,中华全国归国华侨联合会 1961 年版,第 13 页。

船专科学校；另外还有图书馆、科学馆、体育馆、医院、农林试验场和教育推广部等。

在厦门，于1921年创办了厦门大学；在闽南，他通过集美学校的教育推广部，从1924到1932年，倡办和补助了两所中学和七十多所小学。

在新加坡，先后创办了道南小学、南洋华侨中学、南洋师范及水产航海等校。

陈嘉庚把他个人的收入用于办学的约有一千万元之多，而自己一生却是生活朴素、自奉甚薄，即使在他的企业陷入困境时，也不愿停办学校。其后，企业失败闭歇，才迫不得已于1937年把厦大移交给当时的政府接办，但仍多方筹措经费维持集美各校。抗战胜利后，他筹款修复校舍。解放后，仍然继续关心集美和厦大的教学和建设。

陈嘉庚一向热爱祖国，曾为国家的独立、民主、富强、进步而不断奋斗。1910年春，目睹清政府腐败，毅然剪掉发辫，加入了同盟会。辛亥革命时，被新加坡闽侨举为福建保安会会长，募款支持闽省革命党人和孙中山的革命活动。1924年为了反对日本帝国主义的侵略势力，他在新加坡创办了《南洋商报》，唤起华侨投入反日运动。1928年5月，"济南惨案"发生时，他被新加坡华侨举为"山东惨祸筹赈会"会长，募款赈济受难同胞，积极反对日本侵略者的暴行。1931年"九一八"事变发生，他在新加坡华侨大会发出的通电中表示，"任何人应抱牺牲之决心，以与暴日抗"[1]，激励华侨投入抗日爱国运动。

1937年7月7日抗日战争爆发，陈嘉庚于8月15日发动华侨成立"马来亚新加坡华侨筹赈祖国伤兵难民大会委员会"，以进行持久和多量的筹款，支持祖国人民的抗日战争，被举为该会主席。次年10月，南洋各地华侨爱国团体在新加坡举行"南洋各属华侨筹赈祖国难民代表大会"，成立"南洋华侨筹赈祖国难民总会"（简称南侨总会），又被举

———————————

[1]　郑良:《陈嘉庚》，香港新潮出版社1952年版，第35页。

为主席。华侨总会在陈嘉庚领导下进行筹款,宣传抵制日货及动员华侨司机和机器工人回国服务,极大地推动了广大华侨的抗日爱国运动。1938年10月,当汪精卫发表卖国投降言论时,他紧急发电质问,痛斥汪精卫卖国求荣,是秦桧,并以参政员名义致电重庆国民参政会第二次大会,提出在"敌人未退出我国以前,公务员谈和平便是汉奸卖国贼"的严正主张,他的这一提案获得参政会通过,表达出广大华侨反对投降、要求抗战到底的民族革命精神。1939年春,汪精卫公开投降日本帝国主义,他再次声讨汪的卖国行径,要求通缉汪精卫"以正国法"①。

　　1940年是陈嘉庚政治上发生重大转折的一年。在此以前,他曾寄希望于那个标榜继承孙中山革命事业的南京蒋介石政府。1927年南京政府成立时,陈嘉庚曾为《南洋商报》手订规则,其中有"拥护南京政府为首要目的"的条文,并把它张贴在新加坡《南洋商报》的办公处,以示拥护②。其后,在国内发生的地方势力多次反蒋斗争中,他以"外侮日迫,万万不可内讧"③为理由,劝阻他们不要反蒋。对于中国共产党,因受国民党宣传的影响,信疑参半而"难辨其黑白"。1940年3月,他率领"南洋华侨回国慰劳视察团"归国视察。此行先到重庆,经过亲身的观察,"见蒋介石狡诈独裁",国民党统治集团"贪污专横,残民以逞"④,消极抗日积极反共的种种事实,开始认识到蒋介石的真面目。对蒋介石和国民党中央组织部长朱家骅拉他入国民党,予以拒绝。他鉴于"蒋介石处心积虑谋消灭共产党,实较消灭日寇更为迫切","国共摩擦似有剑拔弩张之势,故决意亲到延安考察中共情况"⑤。5月,陈嘉庚不顾国民党的阻挠到达延安。在延安,他亲眼看到那里的军政人

① 陈嘉庚先生纪念册编辑委员会编:《陈嘉庚先生纪念册》,第1页。

② 陈嘉庚:《南侨回忆录》(上册),南洋印刷社1946年版,第26页。

③ 陈嘉庚:《南侨回忆录》(上册),第41—42页。

④ 陈嘉庚:《南侨回忆录》(上册),南洋印刷社1946年版,"弁言"第3页;陈嘉庚:《陈嘉庚言论集》,新加坡1949年再版,第13页。

⑤ 《陈嘉庚言论集》,第31、36页。

员在共产党的领导下"与民众辛苦合作,同仇敌忾"①,又了解到八路军在敌后奋战的结果,"使敌人在华北势力,仅占交通线及若干大城市而已"②。于是他开始认识到毛泽东领导下的共产党人是真正的"公忠爱国"者,八路军的敌后抗日根据地,才是真正"生聚教训,发愤图强"的场所,从而产生了中国的希望在延安的思想③。这次延安之行,使他转忧为喜,"如拨云雾而见青天"。他"断定国民党蒋政府必败,延安共产党必胜"④。7月返回重庆,他应国民外交协会的邀请讲演"西北之观感",如实讲述陕甘宁边区人民积极抗日,兴利除弊,实现民主化等种种事实,揭穿了国民党的欺骗宣传。这时国民党当局对陈嘉庚的言行极为不满,对他施展恐吓手段。蒋介石甚至亲自出马,声称"陈嘉庚受了共产党的包围"。陈嘉庚对国民党的造谣恐吓全不理会,表示仍要说实话,"至若欲消灭共产党,此系两党破裂内战,南洋千万华侨必不同情"⑤。在他前往云、贵、桂、湘、闽等省视察时,蒋介石曾派国民党中央常委王泉笙以陪伴视察为名进行监视;当这个花招被识破遭到拒绝后,又命何应钦通令西南各省军政官员对陈暗中监视;并电驻新加坡"总领事"高凌百,活动新加坡当局禁阻陈嘉庚回新加坡。之后还派其海外部长吴铁城去南洋破坏陈嘉庚的威信。陈嘉庚回新加坡后,和蒋介石的党徒高凌百、王泉笙、吴铁城等进行了面对面的斗争,领导"南侨总会"团结广大华侨坚持民主和抗战、反对投降和独裁,积极推动南洋华侨抗日爱国运动前进。

①　陈嘉庚:《南侨回忆录》(上册),南洋印刷社1946年版,"弁言"第3页;陈嘉庚:《陈嘉庚言论集》,新加坡1949年再版,第13页。

②　《陈嘉庚言论集》,"自序"。

③　《陈嘉庚言论集》,第13页;陈嘉庚:《新中国观感集》"弁言",新加坡南洋华侨筹赈总会1950年版。

④　《陈嘉庚言论集》,"自序"。

⑤　陈嘉庚:《南侨回忆录》(上册),南洋印刷社1946年版,第191页。

　　1941 年 4 月,为了反对国民党福建省当局的祸闽罪行①,他领导福建华侨组织了"闽侨总会",多次致电重庆参政会及蒋介石吁请改善闽政,撤惩祸闽魁首。同年 12 月太平洋战争爆发后,他负责组织"新加坡华侨抗敌后援总会",发动新加坡华侨积极参加抗日斗争。1942 年 2 月新加坡沦陷时,他在爱国华侨的掩护下躲过了日军的搜捕,避居印度尼西亚爪哇泗水附近的一个小地方。在此期间,他写了《南侨回忆录》一书。

　　1945 年 8 月抗日战争取得胜利。陈嘉庚听到蒋介石"命令"八路军、新四军"原地驻防"不得收缴敌军枪械的消息,无比气愤。9 月,蒋介石采取政治欺骗手腕举行重庆谈判,他识破蒋介石的花招,认为革命人民与反动派"断无合作成功之可能",争取民主只能靠流血斗争②。

　　1946 年 7 月,蒋介石在美国的援助下发动了全面内战。9 月,陈嘉庚致电美总统及参众两院,要求美国迅速改变对华政策,停止援助贪污独裁的蒋政权,勿助长中国内战,撤退全部驻华美军。警告"如不停止援蒋",将视"美国为日本第二"③。并揭露"蒋政府独裁腐败,任用小人,致民生惨苦,……无改善希望";而赞扬"延安政治实行民主化,已获多数民众拥护","任何外来金钱武器,不能消灭"④。对此,国民党则利用其在南洋各地控制的报刊、商会和会馆向陈嘉庚进行百般攻击。为了斗争的需要,他领导"南侨总会"创刊了《南侨日报》。在广大华侨支持下,与国民党的诬蔑展开了论战。从 1946 到 1949 年,陈嘉庚在《南侨日报》连续发表了许多文章,并在各地作报告、讲演,揭露美蒋的种种罪行,支持祖国人民的解放战争。他谴责蒋介石"一党专政,一夫独裁","媚外卖国,消灭异己","较之石敬瑭、秦桧、吴三桂、汪精卫犹有过

　　①　时国民党福建当局以战时统制为名,施行种种苛政,并利用特权组织贸易公司、公沽局、旅运社等机构,残酷压榨福建人民。
　　②　南洋华侨筹赈祖国难民总会编:《南侨正论集》"弁言",1947 年印本。
　　③　《陈嘉庚言论集》"自序",第 103 页。
　　④　南洋华侨筹赈祖国难民总会编:《南侨正论集》"弁言"。

之"，声明"不承认蒋政府之各项卖国条约和伪总统伪宪法"①。他号召南洋华侨投入国内的和平民主运动，反对独裁专制卖国殃民的蒋政府，联合各党各派开展民主运动制止内战，组织联合政府②。1947 年 5 月，他领导新加坡华侨组成"星州各界促进祖国和平民主联合会"，积极支持祖国的民主运动。同时，还领导南洋华侨向英、荷殖民当局展开了反帝反殖斗争。

1949 年 6 月，陈嘉庚应中国人民政治协商会议筹备会邀请到了北京，9 月参加全国政治协商会议第一次大会，被选为常委。10 月，中华人民共和国成立，被选为中央人民政府委员，并任华侨事务委员会委员、华东军政委员会委员。1950 年，他返新加坡刊行所著《新中国观感集》一书，向广大华侨宣扬祖国的新面貌，促进华侨热爱新中国。1953 年 1 月，任华东行政委员会副主席。1954 到 1961 年，曾任中华归国华侨联合会主席，并当选为全国人民代表大会第一、二届常委，全国政协第二、三届副主席。陈嘉庚在团结海外华侨与关怀家乡经济文化建设方面，作出过有益的贡献。

1961 年 8 月 12 日，陈嘉庚病逝于北京。他临终时还殷切关怀祖国社会主义建设事业，并盼望"尽早解放台湾"。

① 《陈嘉庚言论集》，第 99 页。
② 《南侨正论集》，第 160—161 页。

陈　锦　涛

汪乾明

陈锦涛,字澜生,1871 年 6 月 12 日生,广东南海人。早年入香港皇仁书院,毕业后留校任教,后转入北洋大学任教习,1900 年因北方义和团运动爆发,率学生至上海的南洋公学,任数学教习①。

青年时代的陈锦涛忧心国事,主张变革,颇有爱国赤诚。与改良派诸公如梁启超、康广仁、汪康年,甚至早期革命家谢缵泰②等都过往甚密。1896 年 2 月 21 日,当时仍在皇仁书院任教的他曾促成了谢缵泰与康广仁和康党其他成员的聚会,在这次聚会中,他们讨论了"维新须联合与合作的重要性"③。1898 年 3 月,沙俄以干涉还辽有功,迫使清政府与之签订了《旅大租地条约》,规定沙俄租借军港旅顺口、商港大连湾 25 年。稍后又迫使清政府与之签订《旅大租地续约》。听到这一信息,陈锦涛在致汪康年的信中说:"俄人现欲租旅顺,先入而后论租,则租之必矣。租实据之,文言也。不知英、日其如之何耳。"认为俄国人名义上是租借旅顺、大连,但事实上是想永久据为己有。"悲我同种,戮处烹割",喟叹国人在列强的侵凌面前,束手无策,毫无还手之力。陈锦涛

---

① 上海交通大学校史编纂委员会编《上海交通大学纪事 1896－2005（上卷）》,上海交通大学出版社 2006 年版,第 22 页。

② 谢缵泰(1872 年 5 月 16 日—1938 年 4 月 4 日),字圣安,号康如,广东开平人。清末革命家,实业家,中国航空业先驱。

③ 中国人民政治协商会议广东省委员会文史资料研究委员会编:《广东文史资料·孙中山与辛亥革命专辑》,广东人民出版社 1981 年版,第 297 页。

认为,要救国,重在选拔真才实学。现在朝廷虽然已经颁布上谕,改革科举制度,开经济特科以选拔人才,"然科未举行,辑录西学之皮毛,便于抄拾之书,如《时务通考》等已出,则鱼目杂乱,侥幸门开,则人材将不可得矣"。经济特科才刚刚提出,就有专用于应试的、仅有非常肤浅西学知识的应试指南。如果按照这些读物进行考试,显然是不可能选拔出真正的人才的。之所以如此,陈认为这是科举考试的性质所决定的:"盖中国所考实学之策论,多是问其名目耳。若有名目之书查检,则曾学者与未学者不大可分矣。"① 这番议论,可谓是切中时弊的。

1901 年 6 月,由公学总理张元济与北洋大学堂总办王修植推荐并经盛宣怀批准,陈锦涛与其他几个北洋大学堂毕业生和头等学堂学生王宠惠、王宠佑、张煌全、胡栋朝等八人,由傅兰雅②带领赴美留学。陈锦涛入贝克莱大学(即今加州大学伯克利分校)学铁厂工艺,他因年长,又是教员,被指派为领班生,协助傅兰雅管理一同赴美的其他学生。1902 年初,时年三十一岁的陈锦涛觉得自己在留学生中年龄偏大而且身体又弱,继续学铁厂工艺难有成就,于是他向盛宣怀请求转学教育理财,同时主动要求停支薪水,且不再领取学费。盛宣怀照会南洋公学总办汪凤藻,表示同意照此办理③。9 月,由于在美国旧金山湾区的留美中国学生人数渐多,陈锦涛等决定发起成立旧金山中国学生会,并当选为首任总理④。同年,以《中国数学史——一个比较研究》(*A History of Chinese Mathematics, a comparative study*)论文,陈锦涛取得了加州大学理学硕士学位。之后,他赴美东,入耶鲁大学攻读经济。在没有薪水和北洋官费的资助之后,陈锦涛在耶鲁的留学生活不久就陷入了困境,雪上加霜的是,1903 年 4 月 7 日,他接到南洋公学司账来函,要

---

① 　上海图书馆编:《汪康年师友书札》,上海古籍出版社 1986 年版,第 2083 页。

② 　英国传教士,曾旅居中国三十余年,当时任美国加州大学东方文学语言教授。

③ 　《上海交通大学纪事 1896－2005(上卷)》,第 32 页。

④ 　《美洲留学报告》(光绪三十五年五月),第 18 页。

他归还以前预支给他翻译格致一书的酬劳,陈锦涛不得不回信请求通融。后来盛宣怀发文,同意这笔欠款从陈学成回国后谋职所得薪水中扣除①。陈锦涛留学美国,受惠于盛宣怀之处颇多。同年,粤督岑春煊调他回国效力,盛宣怀也曾替他拒绝了这一要求,认为陈锦涛来年六月即可考得博士,北洋大学派出了一百多名学生留洋,从未有一人获得博士学位的,"瓜不待熟而生摘,殊属可惜"②。可能是出于经济方面的原因,陈锦涛最终还是于1903年年底取道欧洲回国。

回国后,岑春煊任命陈锦涛为两广学务委员,负责两广教育方面事务。1904年6月22日,他带领十六名学生搭乘印度皇后号取道加拿大再次赴美③,其中温诚、陈廷麒经引荐进入美国西点军校学习陆军,成为最早在该校学习的中国人。与此同时,他本人也得以有机会能够继续学业,师从美国著名经济学家、数学家欧文·费雪(Irving Fisher,1867—1947),在他的指导下完成了《社会流通的测算》博士学位论文,获得了耶鲁大学经济学博士学位。成为第一个获得耶鲁大学博士学位的中国人。这也使得欧文·费雪对他这位优秀的中国学生印象非常深刻,二十年后他仍然十分关心陈锦涛以及他的博士论文④。

1906年1月24日,陈锦涛前往华盛顿拜见正在美国考察政治的"出洋大臣"戴鸿慈。戴此时正需熟悉美国的留学生帮助他考察美国政治、经济、教育、文化等各个方面,因此"留领暂助数旬"⑤。

在襄助戴鸿慈完成在美国考察之后,陈锦涛回到国内,正好赶上清

①　《上海交通大学纪事 1896－2005(上卷)》,第39页。

②　《上海交通大学纪事 1896－2005(上卷)》,第42页。

③　罗香林:《梁诚的出使美国》,《近代中国史料丛刊续编》第68辑,台北文海出版社1979年版,第271页。

④　朱佑慈等译:《何廉回忆录》,中国文史出版社1988年版,第35页。

⑤　戴鸿慈为"出洋五大臣"之一,奉命出使美、英、法、德和丹麦、瑞士、荷兰、比利时、意大利等国。此时正在美国首都华盛顿特区考察。参见戴鸿慈《出使九国日记》,第一书局1906年版,第63页。

政府举行的第二次回国游学毕业生考试。这是清政府为奖励留学而采取的新政。凡是留学归国人员，如能通过考试，便可赐给相应的功名，授予不同的职位。1906 年 10 月，陈锦涛参加了回国游学毕业生考试。这次考试的主试官是唐绍仪，严复、詹天佑为副试官。四十二人应试，合格的有三十二人，陈锦涛名列榜首，为最优等第一名，获赐法政科进士出身。同期参加考试的颜惠庆名列第二①。此后陈锦涛历任广东视学、京兆视学、大清银行监察、度支部预算司司长、统计局局长、度支部印刷局帮办、大清银行的副监督等职。

在这一时期，陈锦涛主要做了两件大事：

一、引进先进印钞设备与人才。1908 年，为解决白银严重外流，整顿金融体系，缓解财政危机，清政府决定成立度支部印刷局，采用国外先进技术设备，印刷中国自己的纸币。陈锦涛受命担任印刷局帮办，赴美、英、法、德等国考察印钞术，他认为美国所使用的技术最先进，于是从美国购买了当时最先进的印刷设备，高薪聘请了美国著名的钢版雕刻技师海趣，并于 1910 年印制出了中国第一张用钢版雕刻凹印技术印制的纸币——"大清银行兑换券"。这在中国货币史、印刷史上有着划时代的意义。

二、推进中国币制改革。清末以降，由于外币流入，国内币制混乱以及世界金价大跌，而且当时清政府还要还巨额的赔款，导致中国损失巨大，因此币制改革势在必行。清政府认为要进行币制改革，必须要有巨额资金，于是派载泽、盛宣怀、陈锦涛等与英、美、法、德四国银行团进行币制实业借款的谈判。在谈判中，陈锦涛等坚决拒绝与四国分别签约，只同意与美国单独重约；拒绝聘用一个美籍顾问来"帮助"中国。由于陈锦涛拥有相关的专业知识与流畅英语表达能力，这使得中方在谈判桌上拥有一定程度的主动性。他向载泽等力陈聘用外国顾问的利害

---

① 陈学恂、田正平编：《中国近代教育史资料汇编·留学教育》，上海教育出版社 2007 年版，第 63 页。

关系,认为如果中国任用一位美国顾问,那么其他列强就会援例提出同样的要求。陈在谈判桌上的活跃表现让他的谈判对手非常恼火。银行团主要代表司戴德(Willard Straight)说他:"此人受过高等教育,是一个数学专家,能谈论外汇、公债、股票、自然增值、市场以及货币历史等,他一肚子宝学,像个未熟的汤团在锅里乱滚而暴噪横蛮。"[1]虽然后来清政府由于内外交困,不得不作了妥协,但陈锦涛在这次谈判中的表现,给国人留下了比较深刻印象。

此外,陈锦涛还作为中国政府委派的金融专家赴伦敦参加了中、英、美、法、德五国专家、代表共同参加的币制会议,在会上陈锦涛向清政府请示可否乘此机会,与各国专家讨论金汇兑本位制度[2]。

1911年武昌起义爆发后,清政府宣布"维新更始,实行宪政",被迫重新启用袁世凯,要袁世凯组织他的内阁,11月9日,袁世凯内阁组成,陈锦涛被任命为度支部副大臣,陈曾推辞但未获准[3]。

陈锦涛由"洋学状元"入仕,在短短的五年内,就升任度支部副大臣,可谓仕途坦荡,深得当局的器重。不仅如此,在国际上,他也有着不错的口碑。时任英国驻华特命全权公使的朱尔典称"他是由美返国的最著名的留学生之一,而且被认为是一个有真正才能的人"[4]。

民国成立后,中华民国临时大总统孙中山认为陈锦涛为人可靠,"且曾为清廷定币制,借款于国际,有信用"[5]。后来成为袁世凯总统顾问的莫里循当时也认为陈锦涛是中国人中金融学识最为渊博的人[6]。

①　中国人民银行总行参事室编:《中国清代外债史资料(1853－1911)(下册)》,中国金融出版社1991年版,第99页。

②　石抗鼎:《民初之币制问题及其设施》,《商学研究》1942年第1期。

③　《清代野史》第5辑,巴蜀书社1987年版,第22页。

④　胡滨译:《英国蓝皮书有关辛亥革命资料选译》上册,中华书局1984年版,第129页。

⑤　《胡汉民自传》,《近代史资料》1981年第2期。

⑥　Morrison to Braham,5 January 1912,*The Correspondence of G. E. Morrison I 1895－1912* (Cambridge University Press,1976),p. 690.

于是他被孙中山特别指定担任中华民国第一任财政总长。

一个新政府成立之后，最为急切的任务是筹措足够的资金来维持这个政府机构的运转，加之当时革命军兴，又要负担数目庞大的军费开支。所以陈锦涛上任伊始的要务便是为革命政府筹钱。由于当时各省纷纷独立，税收系统崩溃，海关关税又掌握在列强手中，所以南京临时政府的财政极度匮乏。面对这样一个困局，陈锦涛从以下几个方面入手勉力维持：

一、对外借款

陈锦涛作为经济学博士，当然知道举借外债是一件十分危险的事①，在当时条件下，这是唯一一个能够方便快捷地获取资金援助的途径——这也是他能成为民国首任财长的重要原因之一，因为他有相关的经验，"有信用"。虽然陈锦涛在借款一事上尽心竭力，甚至亲自坐镇上海，四处活动，但由于当时政局混乱，西方列强对南京临时政府持观望甚至敌视的态度，借贷到处碰壁。1912年2月21日，财政总长陈锦涛与俄国道胜银行订立一百五十万镑借款草约，但因各方反对，未成立。临时政府最后不得不以极其苛刻的条件，用重要企业如沪杭甬铁路、汉冶萍公司和招商局做抵押，向居心不良的日本借款。但最终也仅得八百多万元，而且大部分还是南北和谈结束之后到手②。

二、发行公债

除了借款，临时政府还决定发行公债以缓解财政危机。1912年1月8日，发行"中华民国军需公债"一亿元。但同样也由于政局不稳，中外商民也大多持观望态度，认购并不踊跃，发行公债实际收入仅一百七

① 陈志奇辑编：《中华民国外交史料汇编》，渤海堂文化事业公司1996年版，第15页。

② 李荣昌：《南京临时政府财政问题初探》，辛亥革命史丛刊编辑组《辛亥革命史丛刊》第5辑，中华书局1983年版，第55页。

十三万元左右①。

三、整理财政

中华民国作为一个现代经济体,必须要有一整套现代财政金融体系才能运作。而现代财政金融体系的核心则无外乎是以央行为中心的银行体系。无论是对外借款还是发行公债都必须通过银行之类的金融机关。因此,陈锦涛把建立一个中央银行作为整理财政的首要任务。1912年1月24日,他在咨临时参议院文中,提出设大清银行清理处,将大清银行改为中国银行,并以中国银行为中央银行。在陈的积极运作之下,1912年2月5日,原大清银行正式改组为中国银行,并继承大清银行作为央行的权利与职责。陈锦涛认为这是"盖借已有之基础,应目前之急需,既以增长民国之实力,又可因其资产为通融,实为民国国家与该银行股东两得兼利之道"②。中国银行成立后,陈锦涛认为西方国家的央行都有专门的条例来规范央行运作,便于政府的监察。"中国银行事同一律,允宜详定条例,以资法司而利推行。"因此他"参酌各国之成规,体察我邦之旧贯",拟订了《中国银行条例》三十条,旨在"严定政府监督之中寓郑重股东之意,总期利国利民不失中央银行之责分,有条有绪以固财政统一之根基"。条例呈送给了临时大总统孙中山,孙中山将此呈咨送参议院,但因临时政府即将结束,参议院忙于北迁,此事不了了之③。此外,陈锦涛还先后呈请筹设兴农银行、农业银行、殖边银行、海外汇业银行、惠工银行、储蓄银行、庶民银行,试图建立以中国银行为核心,以众多专业银行为支撑的现代金融体系。

与银行系统密切相关的是币制体系。晚清的币制改革因辛亥革命

①　李荣昌:《南京临时政府财政问题初探》,《辛亥革命史丛刊》第5辑,第55—56页。

②　中国银行总行、中国第二历史档案馆合编:《中国银行行史资料汇编(1912—1949)》上编,档案出版社1991年,第13页。

③　中国银行总行、中国第二历史档案馆合编:《中国银行行史资料汇编(1912—1949)》上编,第61—65页。

的爆发，还没来得及实施而中断了。陈锦涛试图继续进行币制改革，整理中国当时极其混乱的币制系统。1912年3月9日，他在呈临时大总统文中提出"民国肇兴，革新庶政，而改良币制，尤属要图"。但基于当时的财政状况，陈锦涛也认识到彻底的统一币制是不可能的，只能是暂时发行一批大总统肖像的纪念币，以"新吾民之耳目"。真正整顿币制，只能等到时局大定之后才能进行①。

陈锦涛建立中国现代金融体系的努力，从一开始就遭遇了重重阻力。由于他坚持把大清银行改组为央行，得罪了陈其美等其他银行的支持者，于是他们就极力从中阻挠。时任沪军都督的陈其美因为没有能把他所成立的中华华业储蓄银行改组为央行，对陈锦涛耿耿于怀，图谋报复。1912年3月24日，他找借口逮捕了刚刚成立不久的中国银行的总经理宋汉章，试图借此打击陈锦涛的金融整理计划，在陈锦涛等人的四处奔走之下，陈其美迫于社会压力，释放了宋汉章。

此外，陈锦涛也曾试图收回中央政府税权，要求地方各省把应缴中央的税收，如田赋、关税等上交中央。但是由于南京临时政府始终对各地军政府缺乏有效的约束力，下达的公文自然也就成为一纸空文。

由于南京临时政府缺乏正常的、稳定的财政收入，作为财政总长的陈锦涛虽竭力维持，但仍是"彷徨仰屋，莫展一筹，上无以副公民委托之知，下无以报兆庶疮痍之痛，内之不见谅于部院，外之则重指乎舆情，肺腑无可掬之诚，神明皆负疚之地，抚心五夜，忧来自煎"。他在提交给孙中山的辞呈中痛陈临时政府成立以来财政困难情形：

首先是行政上不统一，"省自为政，人自为谋，号令纷歧，无所取则"。中央财政一直无法管束地方。

其次是地方赋税不能上缴中央，致使"中央孤悬，势同疣赘"。

其三，滥发军用钞票，其害无穷，但中央政府无法予以管束。

---

① 中国第二历史档案馆编：《中华民国史档案资料汇编》第二辑，江苏人民出版社1981年版，第408页。

其四,各地滥发债券,除了上海、湖北两地接受中央财政的整理外,其他各省都置中央财政于不顾。

其五,利益集团的纷争致使币制与银行的整理举步维艰。

其六,无法确立一个合理的预算制度,"盈虚酌剂,无所准绳,出入相衡,难明适合"。

其七,对外借债,也是阻力重重,往往事败于垂成。

显然,这样一个几乎没有任何财政能力的政府是不可能维持长久的。三个月后,南京临时政府失败,孙中山辞去了大总统职务,袁世凯成为新的中华民国临时大总统。陈锦涛也于三月底辞去了财政总长职务。

北京政府成立后,财政问题虽然比南京临时政府时期稍有缓和,但对外债的倚赖却没有什么根本的改变。此时英、德、法、美、日、俄六国组织了六国银行团,意图垄断对华借款权。在对华借款的谈判中,六国银行团提出了非常苛刻的、严重侵犯中国主权的条款。为打破这种霸道的垄断,北京政府决定向其他独立财团借款。从 1912 年 5 月底开始,北京政府就与英国姜克生万国财政社商洽借款事宜,8 月陈锦涛受民国政府委托,到伦敦协助驻英公使刘玉麟进行姜克生借款的谈判①。8 月 30 日,双方签订了借款一千万镑的正式合同。1912 年 10 月,以财政部驻外财政员驻于伦敦。

1916 年 6 月 6 日,袁世凯死后,副总统黎元洪继任大总统,段祺瑞掌握北洋政府实权,进行组阁。6 月 30 日,陈锦涛被任命为财政总长兼盐务署督办,唐绍仪未到任以前暂时兼任外交总长。

随着袁世凯统治的结束,军阀割据局面初步形成,原先依靠袁世凯威权而勉强建构起来的财政体系也随之动摇。加上连年内战,国库空虚,由之而引发的金融恐慌又导致了停兑风潮。因此陈锦涛此次再任财长如同他首任财长时一样,都是中央财政处于极度困顿之时,可谓均为临危受命。英文《京报》评论称,"陈锦涛博士之任命为财政总长也中

---

①　周秋光编:《熊希龄集》,湖南出版社 1991 年版,第 800 页。

外两界之评论无不同声赞成,并望将来遴选其他阁僚一如遴选陈博士之宗旨,即为地择人之意是也"①。尽管明知民国政府的财政前途维艰,"已不可问",但陈锦涛认为"投艰遗大,责无可辞"②。有了第一次担任财长的经验,同时又经过多年的思索,陈锦涛此次受任财长可以说是充满信心有所准备的。他就提出了较为详细的财政计划,提出民国政府的财政整理要分两步走:

第一步是要完成近期目标——"恢复旧状",也就是说要起码恢复到袁氏当政时期的财政状况。要完成这一目标,陈锦涛提出了四项办法:一、是"整理军费政费",即裁减军事方面和政府行政方面的开支。二、是"现在各省征收赋税暂照旧办理",即现行地方赋税征收不变。三、"现在各省认解中央专款解款暂照旧办理",即地方需解送先前所认的款项给中央。四、"暂借外债一万万元"。地方解款仍是杯水车薪,中央财政的大头仍需举借外债。

第二步要达成的远期目标是重新整理财政体系。其中包括建立统一的国家税收体系;建立严格的预算制度;建立统一的金库系统;整理发行公债;确定货币政策;实行烟酒专卖;改革地方各级财税管理体系;整理中央金融机关八项办法。陈锦涛认为"以上所拟计划,以实行预算、统一金库为入手办法;以整理税制、实行烟酒公卖、推行公债、改良税厅为巩固财政基础之中坚;而以整理货币、巩固金融为枢纽"③。

尽管陈锦涛踌躇满志,计划深远,意欲有所作为,但在当时中央政府府院纷争,争权夺利,地方军阀各据一方,纷纷对中央宣布独立的纷乱局势下,他的抱负与计划不可能得到施展的机会。从他1916年6月就职到1917年4月被免职,陈锦涛唯一有所成就的,也许只是举借外

① 张黎辉等编:《北洋军阀史料·黎元洪卷》第11册,天津古籍出版社1996年版,第136页。

② 贾士毅:《民国财政史》,商务印书馆1917年版,第193页。

③ 贾士毅:《民国财政史》,第210页。

债这一方面了。1916 年 9 月 10 日,陈锦涛与农商总长谷钟秀,以中日合办安徽太平山、湖南水口山两矿作抵押,向日本兴亚公司借款八千万元。但这项借款因国会反对而未能成立。11 月 16 日,陈锦涛又通过中国驻美公使顾维钧向美国芝加哥大陆商业信托储蓄银行借款五百万美元借款。这些款项名义上是用来发展交通和实业,但实际上都是维持北京政府行政开支的紧急需要①。

在北京政府内部激烈的政治斗争与官场倾轧中,陈锦涛以入狱三年的代价,结束了他第二任财长任期。1917 年 4 月 18 日,财政总长陈锦涛、次长殷汝骊因炼铜厂事受贿被免职,交法庭审理。6 月 27 日,北京地方审判所判决财政部受贿案,陈锦涛、贾士毅等均处徒刑,并褫夺官吏权终身。10 月 30 日,京师高等审判厅维持地方审判所判决,仍处陈锦涛以徒刑三年,褫夺为官员之资格终身②。虽然这一判决并没有得到认真执行,次年 2 月,陈锦涛便为总统冯国璋特赦,回广东老家休养,但毕竟给陈锦涛的政治声誉造成了难以弥补的损失。

陈锦涛既不得志于北方,乃于 1920 年 5 月就任岑春煊广东军政府的财政总长。1920 年 8 月,因岑力主南北议和,与孙中山意见不合,孙命令驻闽粤军陈炯明率部回广东,驱逐岑春煊、陆荣廷,爆发粤桂战争。结果桂系失败,岑春煊通电全国,宣布辞职,撤销军政府。身为岑春煊一派的陈锦涛也被迫离开广州到上海。1925 年,冯玉祥坐镇张家口,经营西北时,陈锦涛被聘为西北银行的总理。1925 年 12 月,任段祺瑞执政府之财政总长兼盐务署督办,关税特别会议全权代表。同年底,再任许世英责任内阁之财政总长,但其财政政策失

---

① 据《顾维钧回忆录》第 1 分册(中国社会科学院近代史研究所译,中华书局 1983 年版)第 128 页说:"袁世凯之死与黎元洪仓促继任,使国家陷入混乱,国库空虚。北京行政当局必须有钱才能行使职权。陈锦涛作为财政总长急于想从海外获得贷款。"

② 郭廷以编著:《中华民国史事日志》第 2 册,中研院近代史研究所 1984 年版,第 398,429 页。

败，1926 年 1 月去天津。1930 年入清华大学法学院，任经济系教授，兼财政部币制研究会主席。1932 年 1 月，应聘为国难会议委员。1935 年应南京国民政府行政院院长汪精卫之邀，任国民政府财政部币制研究委员会主席。

1938 年 3 月 28 日，日寇将南京、上海及华中地区诸省伪组织合编成立"中华民国维新政府"，设行政、立法、司法三院，行政院下设七部及议政委员会。陈锦涛出任"财政部"部长兼兴华银行总裁。

1939 年 6 月 12 日陈锦涛病死于上海。著有《均富》等书。

陈　炯　明

丁身尊

陈炯明,字竞存,广东海丰县人。生于 1878 年 1 月 13 日(清光绪
三年十二月十一日)。父亲名曦廷,是个商人。

陈炯明于 1898 年中戊戌科秀才。1906 年入广东法政学堂就读。
1908 年以成绩优等毕业。1909 年被海丰县推选为省谘议局议员。在
谘议局的会议上,陈炯明以"仗义执言","建议独多",博得一些社会
声誉。

陈炯明于 1909 年加入同盟会。在同年 2 月 12 日广州新军起义中
参加了一些联络工作。起义失败后,到香港参加党人刘思复等组织的
支那暗杀团。辛亥三月二十九日广州起义,陈担任统筹部(起义领导机
关)属下的编制课课长兼调度课副课长,又负责率领一路敢死队进攻巡
警教练所。在筹备起义过程中,他借口改变起义日期,妄图取消起义。
起义那天,黄兴等人率领一路敢死队冲进两广总督署,同敌人浴血搏斗
时,他竟置众于不顾,单独逃跑出城。

武昌起义后,同盟会南方支部决定在广州和东江、西江、北江和韩
江等地区,组织五路武装起义。陈炯明和邓铿被派到东江组织民军起
义。他们组织了一支民军叫"循军"。旬日之内,参加者达数千人。另
外,同盟会员王和顺也在东江组织民军"惠军",拥众数千人。起义民军
直扑惠州城,声势浩大。仅半月间,惠州所属各县即先后光复。

11 月 9 日广州光复。胡汉民任广东都督,陈炯明任副都督。旋胡
随孙中山赴南京,陈炯明即为代理都督。他以"裁减"民军为名,强行解

散和镇压当时光复广州的其他民军,枪决了老同盟会员、民团总局局长黄世仲和民军首领石锦泉等,然后把自己所属民军改编为两师一旅的正规军。又以绥靖地方为名,对各地民军进行"剿办"和屠杀。但对清廷镇压革命的刽子手龙济光所统率的"济军",则"优礼有加",并委任龙为副绥靖经略。

宋教仁被袁世凯遣人暗杀后,孙中山策划反袁,密电陈炯明做好出兵准备。陈回电以"内部不一致,实力还薄弱"为借口,拒绝出兵。袁世凯因广东鞭长莫及,不便直接用兵,利用陈炯明和胡汉民不和,改用分化瓦解的手段。6月14日宣布撤销胡汉民的都督职务,任命陈炯明继任都督。孙中山和黄兴主张陈炯明乘此把就任都督和讨袁结合起来,在广东举起讨袁旗帜。陈炯明就任广东都督后,致电孙中山说:"广东兵力薄弱,不能首先发难",实则仍采取拖延之计。

7月12日,李烈钧首先在江西湖口宣布独立讨袁。15日,黄兴跟着在南京举兵讨袁。这一天,陈炯明还致电袁世凯,希望调停"北赣两军冲突",要袁"使赣晓然于中央用意所在,不至铤而走险,贻患大局"①。直至18日,他才被迫宣布广东独立。8月4日,他手下第二师师长苏慎初宣布取消广东独立,炮轰都督府,自立为广东都督。他一闻炮声,立即携带巨款乘法国炮艇逃往香港,转赴新加坡。

"二次革命"失败后,孙中山在日本改组国民党为中华革命党,继续举起讨袁的革命旗帜。陈炯明这时在南洋,孙中山再三去信劝其入党,他都加以拒绝。以后,他联合了一批人,在新加坡组织所谓"中华水利促成社",拥前清大官僚岑春煊为首领,在南洋一带与孙中山唱对台戏。1915年12月25日,唐继尧、蔡锷、李烈钧等在云南揭起了护国讨袁的旗帜,各省纷纷响应,迅速形成一个声势浩大的讨袁运动。陈炯明见袁世凯大势已去,回到广东东江一带,组织民军起义,参加讨袁活动。1916年春在惠州附近的马鞍成立了"讨逆共和军",自任总司令。

---

① 《赣案续记》,《近代史资料》1962年第1期(总26号)。

6月6日袁世凯暴卒后,黎元洪继任总统,段祺瑞任国务总理。派朱庆澜任广东省长,陈炳焜任广东督军。陈炯明随即宣布拥护北京政府,声明"军人拥兵自重为国之弊",自愿把他的军队交中央派员改编。北京政府立即对他的声明表示"欢迎",并派张天骥来惠州改编军队,编为二十营。以后这二十营军队又编入朱庆澜的省长亲军。

陈炯明交出军队后,即上北京谒见黎元洪和段祺瑞,深得黎、段的嘉许。黎元洪授予他"定威将军"的称号。但这只是一个空衔头,没有什么实际职权。陈炯明失望之余,转而拟竞选粤省或华侨议员,但均为他人捷足先登。1917年夏天到上海,参加孙中山的护法运动,随后回到广东。

9月1日,非常国会在广州选举孙中山为中华民国军政府海陆军大元帅,设大元帅府于广州。但当时统治两广的桂系军阀,并不真心拥护护法运动。对孙中山的活动,遇事加以掣肘。孙中山极想建立一支陆军。值北洋军阀主战派派兵从福建进攻潮汕,粤省告急。孙中山派人同朱庆澜商量,要他拨还上年陈炯明部被改编为省长亲军的二十营粤军,由陈炯明率领"援闽"。朱同意拨出。

12月2日,孙中山任命陈炯明为"援闽"粤军总司令,并派许崇智、邓铿等相助。1918年1月下旬,陈炯明率部屯驻粤东,兼任惠潮梅军务督办。他把部队扩充至五个支队和两个预备队,约一万人左右。但徘徊不敢前进。为此,孙中山曾多次电(函)陈炯明,催促他从速援闽。

在孙中山的多次催促和全党人力物力的支持下,陈炯明始决心"援闽"。全军举着孙中山的革命旗帜,将士用命,勇敢作战。经过十个月的奋战,打败了福建督军李厚基的北洋军,占领了闽西南二十多个县,建立了一块根据地,称为"闽南护法区"。并利用北洋军阀中的直皖矛盾,与皖系的李厚基达成停战协定。

粤军利用停战机会,在漳州扩编整训,发展至二万余人,编成两个军,以陈炯明为总司令兼第一军军长,许崇智为第二军军长,邓铿为总部参谋长。这时,陈炯明除整军经武外,又标榜"刷新政治"。如创办

《闽星报》,鼓吹所谓"建设新社会",提倡"新文化",以附会五四运动后新思潮的传播。还派遣留学生赴法国勤工俭学。又开公路,辟公园,办学校,设书局,革除一些陈规陋习,等等。漳州一时出现了某些新气象,吸引不少人前来参观。

1920年6月,孙中山从上海派朱执信、廖仲恺到漳州,力促陈炯明回师广东。同时,许崇智、邓铿等也主张粤军回粤。陈炯明一直犹豫不决。8月11日,桂系通过军政府下了进攻福建粤军的动员令,分兵三路进攻粤军,陈炯明才最后下了回师广东的决心。粤军发出的回粤通电中宣称:"粤军今日是为家为国而战,凡一切党派及其他问题,均非所知。"①表示置身于党派斗争之外的暧昧态度。8月16日,粤军分三路进攻桂军。这时粤桂两方在军事力量对比上,桂军占优势。但粤军举着孙中山的旗帜,士气高昂。陈炯明又以"粤人治粤"和"实行民主政治"相号召,因而得到广东人民的拥护。桂系军阀处于政治上十分不利而且四面受敌的地位,士无斗志。10月28日,粤军攻克广州。陈炯明随即回到广州。11月10日孙中山在上海任命他为广东省长兼粤军总司令。

11月下旬,孙中山再到广州组织护法政府。陈炯明曾以种种借口阻止孙中山返粤和国会南迁。如主张军政府暂留上海,就议和办事处行使职权;粤省财政困难,不能负担国会经费,等等。后因迫于舆论,孙中山又坚决表示要返粤,他才不得不表示"欢迎"。1921年4月,广州非常国会选举孙中山为非常大总统。这时,反对孙中山任大总统的,除南北军阀和各种反动势力外,陈炯明则是从内部反对最力的一人。未选举前,他恐吓说,孙中山想当总统,会树敌于全国,连广东这块地盘也将保不住。后来他连孙中山的就职典礼也不参加。

孙中山就任非常大总统后,又任命陈炯明为陆军部长兼内务部长。

①　吴幼彭:《陈炯明率粤军回粤、援桂及叛孙》,中国人民政治协商会议广东省广州市委员会文史资料研究委员会编《广州文史资料》第4辑,1961年版。

这样,连同广东省长和粤军总司令二职,陈炯明便一身兼四要职了。孙中山还以连拉带劝的办法,说服了陈炯明加入国民党,并任命他为国民党广东支部长,使他更加飞扬跋扈,政治野心越发膨胀。当时孙中山的主要目标是进行北伐,统一全国。首先是要肃清桂系军阀,以免它为患广东。而陈炯明则以高唱"保境息民"、"联省自治"来同孙中山相对抗。他派出代表,联系了南北各实力派军阀,很快发展成为反对孙中山的反革命联盟。他还在省内挂出"民治"的招牌,于1921年4月公布所谓《广东自治条例》,并举行所谓"民选"县长。之后,又进一步炮制了《广东省宪法草案》,威迫利诱省议会通过。按照他自己的说法是:"以广东为中国的普鲁士,把中国变成德意志式的联邦。"①这个草案一出笼,立即遭到廖仲恺等人的反对。同时,叫嚷"联省自治"的几个军阀,也存在着不同利害的矛盾,所以始终没能达成协议。《广东省宪法》因而未能施行。

　　桂系军阀自退出广东后,无时不思卷土重来。同年6月,在直系军阀的支持下,分兵三路攻粤。至此,原想与桂系"各守边防,毋相侵犯"的陈炯明,才被迫进行反击。孙中山任命陈炯明为"援桂"总司令,分兵三路进攻桂军。当时粤桂双方在力量对比上,粤方占优势。粤军于6月25日攻占梧州,长驱直入,仅三个多月,大获全胜。

　　粤军攻下广西后,孙中山任命陈炯明为广西善后督办。陈拒不接受。孙中山因据有两广,决定乘胜出师北伐。12月在桂林设立北伐军大本营,拟于明年春天取道湖南,大举北伐。这时,陈炯明已与湖南督军赵恒惕结成反孙联盟。1922年3月,留守广州和坚定拥护孙中山北伐的粤军参谋长邓铿,为陈炯明的亲信部属所暗杀。4月,孙中山决定改道北伐,大本营迁粤。回师途中,孙中山曾于梧州和肇庆两次电召陈炯明会晤,想促他表明态度。他不但不来,反以辞去本兼各职相要挟。

---

　　①　林志钧等:《陈炯明叛孙、联省自治及民选县长》,《广州文史资料》第9辑,1963年版。

孙中山于 21 日下令免去陈炯明广东省长、粤军总司令、广州政府内务部长三职，仍保留其陆军部长一职，希望他能醒悟。陈炯明离开广州赴惠州，同时又令其在广州的部队布防于石龙、虎门等地，又密令在广西的叶举率兵迅速回师广州，对抗孙中山。

孙中山于 6 月初回到广州。为避免引起内战，派人到惠州劝陈炯明返回广州。陈炯明则积极策划武装叛乱，并暗中与直系军阀吴佩孚达成反孙协议：由陈破坏孙中山北伐，吴则畀陈以两广巡阅使之职。陈公开对孙中山表示，愿意留任陆军部长之职，并一再声称，"已催促叶举等部迅速回防，叶等必无不轨行动，愿以生命人格担保"云云。

6 月 14 日，陈炯明密令叶举等布置武装叛乱。16 日凌晨，叛军以大炮轰击总统府和孙中山在观音山住所粤秀楼，妄图一举置孙中山于死地。幸好孙中山于事先得到消息脱险，避于楚豫舰，后转永丰舰。陈见孙中山威武不屈，乃大耍软硬兼施的手段。一面派兵阻击北伐军回师广东，一面又托人送亲笔信给孙中山，称："国事至此，痛心何极，炯虽下野，万难辞咎。……惟念十年患难相从，此心未敢丝毫有负钧座，不图兵柄现已解除，而事变之来，仍集一身，处境至此，亦云苦矣！"还要孙中山"恳开示一途，俾得遵行"①。当即遭到孙中山的严词痛斥。

陈炯明叛变后，北伐军立即回师广东，援救孙中山未能成功。8 月 9 日，孙中山离开广州经香港赴上海。15 日陈炯明回到广州，自任粤军总司令。他的叛变使他在政治上、道义上彻底破产，从此一步步走向失败和灭亡。

1923 年 1 月 4 日，孙中山通电讨陈，组成西路讨贼军和东路讨贼军。粤军第一、三两师及第四师一部起义响应。陈炯明叛军迅速土崩瓦解。16 日，讨贼军攻克广州。陈炯明通电下野，逃到惠州。叛军三四万人退到东江、潮梅一带。不久，陈炯明住到香港，继续进行反对孙

---

① 林廷华：《陈炯明炮击总统府前后的片断回忆》，《广东文史资料》第 3 辑，1962 年版。

中山的政治活动。他对孙中山的联俄、联共、扶助农工的三大政策切齿痛恨。盘踞东江、潮梅一带的叛军,先后对孙中山的革命政权进行多次进攻,均遭失败。1925年2月和10月,革命军举行第一次和第二次东征,彻底打垮了陈炯明叛军。

陈炯明在军事彻底失败后,蛰居香港,鼓吹反共反革命。他拉拢一些人组织致公党,自任总理,提出建国、建亚、建世的所谓"三建主义",对抗孙中山的革命三民主义。1931年"九一八"事变后,他发表《敬告国人书》,说:"目前心腹大患,尤非较轻于日寇,共产党遍布南方各省,随时皆可乘机爆发。"①他还向国民党建议"宁(南京政府)任外交,收复失地,粤任剿共,巩固后方"②,和当时蒋介石的"攘外必先安内"互相呼应。

1933年9月22日,陈炯明病死于香港。

---

① 广东政协文史资料研究委员会、广州哲学社会科学研究所编印:《有关陈炯明资料》,1965年油印本。

② 广东政协文史资料研究委员会、广州哲学社会科学研究所编印:《有关陈炯明资料》。

陈 立 夫

严如平

陈立夫,名祖燕,字立夫,以字行,浙江吴兴人,1900 年 8 月 21 日(清光绪二十六年七月廿七日)生。陈家原为吴兴世族,后家道中落,改经商。父亲陈其业,字勤士,清末府学廪生,授业乡里,后任国民参政员、国民大会代表、全国商联会常务理事等职。陈其美(英士)、陈其采(蔼士)为其二叔、三叔;陈果夫(名祖焘)为其兄长。

陈立夫幼年受父亲启蒙,七岁入塾,读小学、《幼学琼林》及“四书”、“五经”,天资聪颖,学习勤奋,成绩优异。1914 年到上海考入路矿学堂中学部,有志于工矿开采;1917 年以第一名毕业后,考取北洋大学采矿科,负笈北上,刻苦攻读,学业优秀。1923 年赴美留学,入匹茨堡大学,一年即以论文《如何使中国工业化》获采矿学硕士学位。他先后在烟煤层厚薄不同的三个矿区实习,再去斯克拉顿做矿工。他读了孙中山的《实业计划》,在旧金山加入了国民党。

1925 年底陈立夫自美回国,应山东中兴煤矿公司之聘,拟赴鲁出任采矿工程师;但被蒋介石电召至广州,要他任黄埔军校校长办公室机要秘书,在广州的东山公馆处理机要。陈立夫对于与二叔陈其美以昆仲相称的蒋介石难以违抗,乃勉强留粤。其时蒋介石处理廖案和东征奏捷后,已任国民党中央常务委员和国民革命军总监,但他与汪精卫、苏联顾问及中共人士之间的龃龉日增。1926 年 3 月中旬,蒋介石猜疑苏联顾问的某些举措,打算用以退为进的办法,出国去苏考察,要陈立夫同行。在赴长堤码头的途中,陈说:“校长,我们为什么要走?我们有军权在手,可以干啊!"蒋采纳此议,返回东山公馆,决意"干了!"①陈立即与蒋精心策划"中山舰事件",排挤了汪精卫,打击了苏联顾问和共产党人,为后来蒋介石独揽党政军大权打开了通道。

陈立夫作为蒋介石的亲信骨干,其聪敏机灵深获蒋之赞许。1926年7月蒋任北伐军总司令,陈被任命为总司令部机要科科长;未及半年又升任秘书处代处长。他不仅精心处理总司令部内外事宜,还组织机要科人员潜心研究敌方密电码而破译成功,同时自编密码,使他人无法破译,被蒋夸奖为"等于十万大军"②。在蒋介石授意下,陈立夫与担任国民党中央党部组织部代部长的陈果夫把党务调查科改变成为一个专事研究和对付共产党活动的特务机构,以陈立夫为主任,为蒋介石"清党"反共效力。后将该科交其表弟徐恩曾掌管,但仍负主管之责。1935年5月,他又被蒋介石任命为军事委员会调查统计局局长,统辖国民党系统和军队系统的特务活动,权势更大。

蒋介石攫取国民党军政大权后,面临各个派系的争斗和倾轧,虽有黄埔系在手,但在国民党内和政界还缺乏一支听命于己的力量,以至于1927年8月在桂系和汪精卫的逼迫下被迫下野。他懊丧之余,授意陈果夫、陈立夫把原先在广州建立的"浙江革命同志会"扩大改组为"中央俱乐部"(Central Club),联络南京、上海、浙江、江苏等地党政机构的亲信部属,逐渐形成以二陈为首的CC系③。后来他们还秘密组织起了"青天白日团"和"国民党忠实同志会",以"永远拥护蒋介石为领袖"的信徒为成员,成了CC系的实体组织。他们在"党员登记"和"整理"中

---

① 陈立夫:《北伐前余曾协助蒋公作了一次历史性的重要决定》,台北《传记文学》第41卷第3期,第31页。

② 陈立夫:《我的创造、倡建与服务——九十忆往》,台湾东大图书公司1989年版。

③ 陈立夫和陈果夫坚决否认有CC系,说这是"弄假成真不胫而走之称谓"。其实CC是一个有实体、有活动的庞大派系,为国民党内外所公认。参见柴夫编:《CC内幕》,中国文史出版社1988年版。

央党部及地方各级党部中,大量派出和重用 CC 系的亲信力量,逐步控制了国民党的党务大权,使得蒋介石能够在 1929 年 3 月一手包办国民党第三次全国代表大会的召开并操纵中央执、监委员的选举。

1929 年,二十九岁的陈立夫当选为国民党第三届中央执行委员,会后并任中央党部秘书长;旋又任中政会委员兼秘书长。在这个"以党治国"的最高决策机构中,陈为蒋襄赞党国军政大计,还经常"列席"中政会下设之军政、内政、财政、经济、教育、外交等专门委员会的会议,秉承蒋介石的意旨承上启下,权势显赫。他与担任中央党部组织部长的陈果夫共同直接控制党务,因此国民党内外有"蒋家天下陈家党"之说。

陈立夫当选为国民党第四届中央执行委员后,于 1932 年起继陈果夫担任国民党中央组织委员会主任委员,着力于国民党组织的扩展,自称在 1930 年 6 月至 1945 年 4 月的 15 年间,"协助扩大征求党员至五百余万人"①;同时进一步发展 CC 系势力,加强对全国党务系统和教育、文化系统的控制,并向政府机关和警务、司法界扩张。在 1935 年 11 月的国民党第五次全国代表大会上,CC 系控制中央执监委员的选举达到巅峰,陈立夫的选票比蒋介石还多了四票;陈为此十分窘迫,仓皇之中在统计票数的黑板上擦去了一个正字,以比蒋少一票过场。"权重震主",后经多人向蒋说项转寰,陈虽被选为中常委,但没有再任中央党部组织部长和秘书长的要职。

陈立夫在为蒋介石重用于中央党部担任要职近十年间,仍向往用其所学,在经济建设方面一展才华,曾于 1928 年兼任全国建设委员会常委及秘书长,谋划良多;以后终因党务繁重,无力兼顾而辞去经济委

---

① 陈立夫:《我的创造、倡建与服务——九十忆往》,台湾东大图书公司 1989 年版。

员会职务。但他认为自己"既无机会开煤矿,何不转而开开文化矿"①,先于1928年在南京发起创办《京报》,一年半后又创办《时事日报》,后又与陈果夫创办一份《政治评论》月刊,以倡导"一个主义、一个组织、一个领袖"为宗旨。1930年,他又联络友好开办正中书局"为本党宣传主义",任董事长达20年。他对我国传统思想文化古籍也兴致甚浓,研读《易经》后提出"唯生论",谓宇宙内一切生命的生存条件有四:物质、精神、时间、空间,"生"是宇宙的本体,"生生不已"又是"生生不灭"②,人类之求共生共存共进化是历史的根本原动力。他自称"唯生论"超乎唯物论和唯心论之上,先后写出《唯生论》和《生之原理》两书出版。

陈立夫对于日本帝国主义不断扩大对我国的侵略深为忧虑,认为中日之战不可幸免,于1935年间几次向蒋介石建言:应与中共接触,使之共同抗日,并使苏联不致利用中日战争而帮助中共扩展。1935年12月,陈奉蒋之命,化名李融清秘密赴苏谈判,先至马赛再抵柏林;但随后蒋又认为时机未到,命陈自德回国。1936年3月,陈在南京与苏联驻华大使鲍格莫洛夫(Dmitri Vasilievitch Bogomoloff)秘密谈判签订两国互不侵犯条约事,得到苏方"决不帮助中共"③的保证,即与蒋介石商议"着手中共问题的解决"④。他秉承蒋的意旨,交给当时担任铁道部次长的曾养甫负责打通与中共的关系。5月,他向曾口授了与中共谈判的四项条件:(一)欢迎共方的武装队伍参加对日作战;(二)共方武装队伍参加对日作战时,与中央军同等待遇;(三)共方如有政治上的意见,可通过即将成立的民意机关提出,供中央采择;(四)共方可以选择

---

①　陈立夫:《一个用非所学的采矿工程师的自述》,《传记文学》第26卷第6期,第7页。

②　陈立夫:《唯生论》,正中书局1934年版,第29页。

③　陈立夫:《参加抗战准备工作之回忆》,《传记文学》第31卷第1期,第45页。

④　蒋介石:《苏俄在中国》,张其昀主编《先总统蒋公全集》,台湾"中国文化大学"1984年版,第300页。

一个地区试验其政治经济理想①。陈布置曾养甫在同中共北平市委和中共长江局代表分别接触的同时，还与从共产国际回来的潘汉年建立了联系。经过几个月的磋商，11 月 10 日陈立夫在上海秘密会见潘汉年，对于中共方面提出的一系列建议，代表蒋介石答复说：对立的政权和军队必须取消，红军只可保留 3000 人，师长以上的领袖一律解职出洋，半年后回国再按才录用。后来陈与潘又进行两次谈判，答应红军人数由 3000 改为 30000，但坚持一种收编招降的立场和态度。西安事变爆发后，陈于次日要求潘汉年致电共产国际斯大林，促请中共协助释蒋。事变和平解决后，蒋介石直接主持与中共周恩来进行谈判，陈立夫参与幕后谋划。

抗日战争爆发后，陈立夫表示了坚决抗战到底的决心，对中外记者说："民心之向背，才是决定胜负之重要因素"；"我们鉴于士气民意之旺盛，全国上下一心一德，才有此坚决之信心，抗战到底，不到胜利不止。"②他被蒋介石任命为军事委员会第六部部长，负责民众动员和组训；并兼军事工程团团长。

1938 年 1 月起，陈立夫任教育部长达七年之久，主持战时教育事业的维持和发展。他担任部长后，每天上班在先，下班在后，兢兢业业，勤勉处事。他主持拟订《战时教育纲要》及实施要点，作为该部各司工作的大纲，各负其责。当时大量青年学生投奔抗日根据地，为了与中共争夺青年，他组织教育部人员将愿意从军抗日的流亡师生送至军校或军训班，将年幼及愿继续上学者安置入学并供给生活费。他推动各大学在后方单独或联合复校，使大学生可以各回原校；在后方城镇建立一批国立中学及教师服务团，设立贷金制用于衣食住读，以保证十余万师

① 谌小岑：《西安事变前一年国共两党关于联合抗日问题的一段接触》，中国人民政治协商会议全国委员会文史资料研究委员会编《文史资料选辑》第 71 辑，中华书局 1980 年版，第 14—15 页。谌当时任铁道部劳工科长，受曾养甫派遣，直接联系中共代表，并曾秘密去陕北，参与国共双方的谈判活动。

② 《吴鼎昌回忆录》，台湾 1969 年版，第 226—227 页。

生能继续学业,俾使教育事业不因战争而中辍。为推动教育事业纳入正规,陈邀请教育专家拟订了全国统一的大学课程标准,并创议实行全国分区举行大学入学统一考试办法,以改变过去各大专学校课程设置不一、学生水平参差不齐的状况。接着,他又组织专家学者对中学课程的教学课目、时数和课程标准作了统一修订和规定。他还推动建立国民教育制度,在各地增设国民中学及中心国民学校,于1944年公布了《国民学校法》。

1944年11月,陈立夫再被任命为国民党中央组织部长,负责筹备已有十年未开的国民党第六次全国代表大会。凭借根基深厚的CC系,陈力图控制选举,但是遭到三青团系、黄埔系等诸多派系的攻击和抵制,闹得不可开交,后在蒋介石的干预下,大会才开了下来。陈在这次大会上继续当选为中央执行委员和中常委。

抗战胜利后,国共两党重庆谈判,确定举行政治协商会议,集合各党派人士共商国是。陈立夫不以为然,认为:"凡一会议多数通过,而参与者不服从多数而拒绝执行之,此种会议有何意义?"[1]后经蒋说服,才勉强作为国民党八代表之一参加政协会议。他认为国共两党难以合作,认为美国派马歇尔(George Catlett Marshall)来调停国共之间的矛盾也是徒劳无益的。

其时,蒋经国主持的三青团,在蒋介石的默许下,有制约、监督甚至改造、替代国民党之势,在1946年9月于庐山举行的三青团第二次全国代表大会上,更出现了"三青团独立组党"的呼声。陈立夫闻讯后,星夜兼程赶上庐山,向蒋介石进谏力加阻止。1947年2月,陈被蒋任命为中央组织党团指导委员会主任委员,受命调整党团双方的关系。但在竞选国大代表和立法委员的过程中,党团两方激烈争斗,加剧了对立之势。蒋介石于无奈之中决定实行党团合并,结果名曰统一实则内部

---

① 陈立夫:《我的创造、倡建与服务——九十忆往》,台湾东大图书公司1989年版。

争斗更加激烈,陈立夫与蒋经国的矛盾日深。

嗣后,陈立夫重任中政会秘书长,又兼经济改革委员会主任委员,虽全力以赴,但无补于蒋介石发动内战造成的困顿之局。1948 年 5 月任立法院副院长,年末又任行政院政务委员,但对濒于崩溃的国民党统治更无回天之术。

陈立夫于 1949 年追随蒋介石撤往台湾后,支持蒋介石整顿党务、政务,重新出山主政。但蒋在"改造"国民党时,倚重陈诚、蒋经国等人,而把陈立夫排斥在"改造委员会"之外。陈于 1950 年 8 月离开台湾,旋去美国,在新泽西州林湖城定居,与友人合办了一个养鸡场;经营之余,潜心研读中国古籍,编成《四书道贯》在美国出版。他还在哥伦比亚大学担任高级研究员,协助该校建立中国近代史研究机构。直到 1969 年 4 月,在蒋介石、蒋经国等人再三劝说下,偕眷属回台湾定居,一再表示希望平平静静度过余年。他挂名"中华文化复兴运动推行委员会"副会长等头衔,但表示自己"已不懂政治"①。他读书自娱,一时热衷于中医药,对推动文化学术的发展也表现得颇为热心。研读古籍之余,又撰著出版《孟子之政治思想》、《人理学》、《国父道德言论类辑》、《儒家研究言论集》、《孟子之道德伦理思想》、《中国文化概论》等。晚年还撰著出版了回顾自己一生的《我的创造、倡建与服务》、《成败之鉴》。

晚年的陈立夫虽然不再过问政治,但蒋介石还是给他"总统府资政"、"国民党中央评议委员会主席团主席"等虚衔,蒋经国及国民党的一些人也尊他为元老。两岸关系缓和以后,他对于海峡两岸文化、学术和民间来往的交流活动,表现得十分热心。他为早年与自己政见迥异的张西曼的家属题字云:"爱其所同,敬其所异,忍小异而争大同则无争,无争则家和而事兴矣。"②表达他捐弃前嫌、期盼"和平统一"的愿望。2002 年 2 月 8 日,陈立夫病逝于台北。

---

① 孙彻:《蒋陈世家》,台湾群伦出版社 1986 年版,第 139 页。
② 《张西曼纪念文集》插页,中国文史出版社 1995 年版。

陈　廉　伯

熊尚厚

　　陈廉伯，字朴庵，1884 年（清光绪十年）生，广东南海人。其祖父陈启源在家乡创办广东第一家机器缫丝厂继昌隆缫丝厂，在广州开设昌栈丝庄。父亲陈蒲轩，继承祖业，是个丝业富商，与外国商人交往甚多。陈廉伯幼入私塾读书，十二岁时，秉承祖父之命跟外国人学英语，其后毕业于香港皇仁书院并入英籍。十六岁时，入英商广州汇丰银行工作，为人机灵，受到重用，后升为买办。与此同时，他还兼本家丝庄的司理。1905 年起，陈以广州昌栈丝庄司理身份，相继加入广东商会、广州商务总会，成为当地商会中的活跃人物。1908 年，与南洋巨商张弼士等，发起创办广东保险公司，担任公司协理佐理财务。与此同时，他扩大昌栈丝庄的生丝收购，联络广州几家大丝商统一购销，垄断当地的生丝买卖。次年，因广州银号发生金融危机，银根奇紧。他利用汇丰银行贷款从中渔利，还大做炒卖银砖的投机生意；之后又依靠汇丰银行，私铸银币，操纵金银市场。

　　由于陈廉伯能从汇丰银行得到借支，又了解国际市场的行情，且联合数家丝商形成垄断，对产丝、用丝、收购及丝绸商店进行控制，所以在十年左右获利达数百万。除丝业外，他还经营航业、矿业、纸业，以及茶叶、桐油、猪鬃、烟草、竹制品、草席等土特产品，成为广州的出口巨商。在清朝末年，陈廉伯已是一个买办巨商。

　　民国初年龙济光盘据广东时期，陈廉伯通过英商汇丰银行帮助龙发行新币，在经手造币厂铸造银毫中获利甚巨。1915 年，他任巴拿马万国商品赛会广东出口协会总理、广州出口洋庄商会总理、赴美实业团团员;后任广东丝绢公会、矿业公会、输出业协会等会长;还曾被袁世凯授以二等嘉禾章。1917到1920年旧桂系统治广东时期,他与两广巡阅使兼督军陆荣廷、省长朱庆澜、海军上将萨镇冰等交往频繁,借以抬高身价。同时,还多方捐资医院、赈济会、慈善会;在家乡创办克勤义学、女子职业学校,以提高自己的社会声誉。

陈廉伯以其汇丰银行广州分行买办和广东丝绢公会、广东输出业协会等会长身份,长期活跃于广州商界,早有组织武装商团从事政治活动的企图。清末他曾向广东巡抚张鸣岐请求组织商团未获允。1912年广州商团组成后,他一再从事商团的组织工作,利用担任广州粤商公安维持会(清末名商团公所)理财课主任之机,支垫商团经费,并借款数万元购置枪械武装商团。1915年,他当上了广东总商会会长后,于1917年任粤商公安维持会代理评议长,更加极力武装商团。1919年8月,正式当上了粤省商团军总团长,从而完全掌握了商团的实权,次年于各地扩充商团,设立分团。

广东历年驻有客军甚多,他们四出强取豪夺,苛捐杂税及各种名目的摊派层出不穷,商人受害甚大。具有政治野心并受英国帝国主义指使的陈廉伯,利用商人的此种怨恨心理武装商团,并别有用心地将怨恨转嫁到广东革命政府头上。1924年5月下旬,广州市政府公布"统一马路两旁铺业权办法",陈廉伯借机煽动各地民团与商团一起,向广东革命政府示威,同时秘密纠集各地商团召开联防会议,筹组联防总部自任总长,以佛山大绅商陈恭受和邓介石为副总长。随即利用商团加强商界武装,暗中向香港的德商顺金隆洋行购买枪支弹药,密谋进行叛乱。有些英国人唆使陈买军火练军队,用以反对广东政府。其在香港的报纸表示愿帮助他"组织商人政府",甚至说要让陈廉伯做"中国的华盛顿",煽动陈等反对广东革命政府。7月下旬,陈等派出大批商团巡查队日夜出巡,并定于8月13日发动叛乱,暗中派遣刘渔北上勾结直系军阀吴佩孚,议定一俟推翻广东政府后,陈廉伯即上台任广东督军。

8月上旬,陈等加紧其武装叛乱的准备工作,又向英商南利洋行密谋购买大批军火。广东政府获悉此等严重情况后,于8月9日扣留了陈等利用挪威商船私运的军火。8月13日,陈指挥商团举行示威,竟用"训令"、"指令"行文,强迫商人罢市,"请孙(中山)下野",要求"发还枪械"。次日,商团千余人前往大本营请愿,广东政府立即下令通缉陈廉伯。陈逃到沙面租界,一面暗中派人与盘踞在粤东的陈炯明勾结,由陈炯明的心腹马育航于港、汕之间进行联络;一面煽动商人再次请愿,要求发还枪械,18日广州银钱业在商团胁迫下罢市。嗣后由陈恭受出面将商团总部改设佛山,各地商团迫令商人罢市,并再次要求发还枪械、允准商团总部成立及取销对陈廉伯的通缉令等。广州的工农和革命士兵,主张坚决反击。8月29日,孙中山和国民党左派决定对商团的叛乱采取镇压政策,下令对商团发动攻击。但驻在广东的滇军范石生、廖行超和福军李福林等不听从孙中山的命令,站在"中间"立场进行调解,要求与商团妥协。9月上旬,国民党左派廖仲恺被迫辞省长职,改由胡汉民接任。胡答应依手续发还商团的枪械,之后商团的叛乱气焰愈狂。孙中山感到在广州的处境十分危险,乃于9月下旬以反直北伐为出路,率兵开往韶关。陈廉伯趁机加紧叛乱活动,10月4日在佛山召开地方豪绅代表会,组成"全省临时大会",向广东政府提出发还扣械等六项要求,并以电文、传单攻击广东政府,宣称将于10月10日举行第二次罢市,再次阴谋推翻广东革命政府,建立"商人政府"。

10月10日,在广州各界庆祝"双十节"并游行之际,陈廉伯以商团名义发出"罢业宣言",强迫商人罢市,贴出"打倒孙政府"、"驱逐孙文"等标语,同时派出商团向游行群众开枪,打死工团军和学生多人。广州驻英总领事此时亦向广州大元帅府提出"最后通牒",停泊在白鹅潭的英国军舰还把炮口对准广东政府,并扬言如果广东政府镇压商团,英舰将炮击广州市区。在此危急情况下,中共和广大工农、革命士兵再次支持孙中山。时任黄埔军校校长的蒋介石,也坚决主张镇压叛乱。

10月14日,孙中山采取断然措施,组设革命委员会下令解散商团,以黄埔军校学生为骨干,武装广大工农,调回在韶关的北伐军,再次下令通缉陈廉伯,次日由蒋介石率部将商团的武装叛乱镇压下去。陈廉伯急忙组织反扑,要求港英政府支持,但港督见势不妙不作表示;陈又请军阀洪兆麟、叶举以武力援助,结果是洪无兵可调,叶指挥不动桂军,江门驻军梁鸿楷改取中立态度;原同情和支持商团的范石生、廖行超经孙中山劝告后改变态度;此时,在各地的商团,有的有言论而不敢行动,有的与当地驻军冲突自顾不暇;它如先施、大新、真光等大公司,银业界的梁朗秋、洋行的罗雪甫和关国士等早就不赞成商团叛乱。陈廉伯发动的武装叛乱,到头来成了孤家寡人,顿即遭到彻底失败,只好于 17 日逃亡香港。

陈廉伯逃到香港后,开设宝元银号,主要靠经营投机炒卖牟利。1928 年起,他担任了南洋兄弟烟草公司香港公司监理。在陈铭枢任广东省长的时候,他组成香港观光团到广州活动,后于广州设宝元银号分号。1931 年,他升任南洋烟草公司香港公司督理,并与该公司简英甫等合办大用橡皮公司。他从南洋公司得到大笔交际费,和军阀、官僚、买办等密切交往。与此同时,还以竞捐手段,先后当上了香港东华医院副总理、总理。一时在香港的商人中,陈仍被视为殷商巨富,一些外国商人愿委托其做代理人。但此时的陈廉伯实际外强中干,除做投机买卖外,主要是挪用南洋烟卓公司巨款,款额达数百万元。1934 年夏,陈滥用南洋公司巨款事被人检举,公司立即召开紧急会议,罢免其督理职务,同时决定组成股东团彻查,并向港督提起控告,悬奖捉拿其归案。陈廉伯被港警逮捕,旋经人保释后逃往广西。他在广西与旧官僚龚政等经营华林、裕华两金矿,假名陈朴园任公司总经理。经办两三年无利可获,于是返回香港做假古董生意牟利。

在抗日战争爆发前夕,陈廉伯与日本驻港总领事暗中往来。抗战爆发后,他在香港为日军侵华张目,替日军的侵华做宣传。日军侵占香港的前夕,他竟然上书港督,要求将香港"和平"转让给日本,为此被香港警方逮捕。日军侵占香港后,他从监狱获释。1942 年 2 月,日本在香港成立占领部总督部,3月组设"华民代表会"为其咨询机构,他被日军指定为四成员之一,高唱"中日亲善"、"共荣"、"提携"。在日军侵占香港的时期,他仰仗日本侵略势力继续做投机买卖。

1945年8月,日本无条件投降,陈廉伯感到留在香港不会有好下场,遂与日本高级官佐乘日轮"白银丸"去日本。船刚离港即在铜鼓湾触雷沉没,陈廉伯和日轮"白银丸"一起葬身海底。

主要参考资料

《广东扣械潮》,香港华字日报社1924年编印。

周康燮主编:《一九二四年广州商团事件》,香港存萃学社1974年版。

陈果:《广州商团叛变后的陈廉伯》,中国人民政治协商会议广东省委员会文史资料研究委员会编《广东文史资料选辑》第19辑,1965年版。

陈　箓

刘清涛

　　陈箓，字任先，号止室，光绪三年三月二十二日（1877 年 5 月 5 日）出生于福建闽侯一望族之家。十五岁时考入福州马尾船政前学堂学习法语。十七岁考入武昌自强方言学堂学习，于二十三岁毕业后，留校任法文教习。1901 年湖北创设译书局，陈箓为译员，后奉派留学法国，入巴黎法律大学。1903 年毕业，清政府派五大臣赴欧洲考察宪政时，调充译员，游历各国。1906 年，获巴黎大学法律学士学位，是第一位在法国获得法律学士学位的中国留学生。之后曾在海牙万国保和会和荷兰使馆任职。回国后，陈箓在外务部、法部、北京大学等机构任职，并参加清政府学部举行的留学生考试，被授予法政科进士，后又被授予翰林院编修，曾历任法部制勘司主事、外务部考工司掌印郎中等职。

　　1912 年中华民国成立后，陈箓被任命为外交部政务司司长。1913年 12 月，陈箓被任命为中国驻墨西哥全权公使。1914 年，中俄决定就外蒙问题进行交涉，鉴于陈箓任政务司长期间曾经手外蒙古问题的中俄交涉，对此较为熟悉，北京政府任命他为“会议全权专使”。但由于会议延期，此期间陈箓又赴澳门处理水陆界务，当年 9 月回京后，才赴恰克图谈判。

　　辛亥革命后，沙俄策动外蒙古“独立”，并于 1913 年 11 月与外蒙古当局签订《俄蒙协约》，规定了沙俄在外蒙古的广泛权利。《俄蒙协约》的签订，激起了中国各界的强烈反对。袁世凯政府迫于俄国的压力，于1913 年 12 月与俄国签署了《中俄声明文件》，实际上追认了《俄蒙协约》的内容,俄国承认中国对外蒙古的宗主权,但仍留下一些遗留问题待决。

自1914年9月8日始,中、俄、蒙三方在恰克图开议谈判,至1915年6月7日,费时达9个月,会谈四十余次,才最终签订了《中俄蒙协约》22条。恰克图《协约》重申了前"声明"的内容,使中国保持了名义上的宗主权,却失去了在外蒙的实际统治权。不过,陈箓也使得外蒙古放弃"国号"与"皇帝"称号,由中央政府册封,宣布撤销"独立",并获得由中央政府派遣大员驻守库伦等权利。

恰克图《协约》签订后,1915年陈箓被任命为驻扎库伦都护使加陆军中将衔,次年又兼外蒙册封使之命。自1915年10月赴任,1917年5月回京,历时一年零七个月。在任期间,陈箓努力促成中央政府对哲布尊丹巴的册封仪式,这在一定程度上表征了中国对外蒙古的主权,并促进了中央政府与外蒙古的关系。陈箓还积极维护在外蒙古的内地商人与居民的权益,显示了其才略。在库伦期间,陈箓坚持写日记,记录每日的公私活动以及外蒙古政治、经济等各方面状况,留下了《蒙事随笔》、汉译《蒙古逸史》等著作,成为研究该时期外蒙古地区历史不可缺少的史料。

1917年陈箓回京,任战时国际事务委员会委员。次年,在和议筹备处、参战事务处任职,7月出任外交部次长。12月,外交总长陆徵祥代表中国出席巴黎和会,陈箓遂以外交部次长代行外交总长职位。巴黎和会期间,中国正当权益遭到践踏,激起国内民众空前的爱国热情。担任代行总长的陈箓无能为力,可谓备受煎熬。终于1920年2月中旬,陈箓辞去外交部次长一职,9月被北京政府任命为驻法国全权公使。

然而,陈箓在驻法公使任上,正值中国留法勤工俭学学生为生存权益和国家利益而斗争的运动。但是,由于其性格的软弱,陈箓未能鼎力维护为留法勤工俭学学生的权益,并陷入学生斗争的漩涡中。第一次世界大战后,法国经济受到重创,加上随之爆发的经济危机,使得越来越多的工厂倒闭、工人失业。此时来法勤工俭学的学生大多失去了工作,面临着退学和生计无法保障的绝境。而此刻的留学组织者法华教育会中的一些人员中饱私囊,侵吞给予学生的生活费用。这引起了学生的强烈不满。学生请愿不成,陈篆又接到北京政府训令,将经济无法自给的学生遣送回国,这无疑是对广大勤工俭学学生下了最后通牒。被逼迫到最后境地的学生终于发起运动,1921 年 2 月 28 日,在蔡和森等人的领导下,四百多名勤工俭学学生来到使馆前进行请愿,让陈篆向北京政府转达求学权的要求。陈篆一方面召来法国警察将学生驱散,另一方面又向学生妥协,部分答应学生们的要求,每人给三个月生活费,尽量帮助学生向学校交涉,允许他们暂时留校学习。但陈篆仍然动员学生回国。此时的学生运动引起各界的同情,法国政府亦想拉拢讨好这些留法学生,随之法国政府出面暂时解决无工、无学学生们的生活费用问题。然而随之而来的一起事件,却让法国政府很快翻脸。1921年 6 月,法国报纸传出法国将向中国政府贷款三亿法郎,以中国的印花税、验契税作抵押,以滇渝铁路建筑权、全国实业购料权作交换。此举引起留法勤工俭学学生与旅法各界华人的拒款斗争,陈篆被要求说明真相,但其却不敢出席反对借款的集会。其秘书在代其出席集会时被愤怒的旅法华人痛打一通,在学生与旅法华人的斗争下,最终由秘书代表陈篆签订反对借款。留法学生此举使得法国政府迅速变脸,法国外交部很快通知中国驻法使馆,称法国政府已订好 1400 个船位,要使馆分两批将留法勤工俭学学生遣送回国。陈篆怕这一计划引起更大的反抗,没敢执行。但接下来勤工俭学学生又掀起了返回中法里昂大学的运动。中法里昂大学本为勤工俭学学生设立,但此刻该学校却抛弃勤工俭学学生,另从中国招收一批官费生和自费生来入学就读。此举引起学生们的抗议,陈篆开始表示赞同学生运动,但当学生到达里昂大学时,却遭到了法国警察的逮捕,随后法国分批将一些学生押送回国。此事件使陈篆受到了批评,成为合谋遣返学生的"公敌"。1922 年 3 月 20日,一名留法学生枪击陈篆座车,所幸没有击中。陈篆做驻法大使一直到 1928 年 7 月,在此期间还曾充任北京政府的国联代表。这位素有"法国通"美称的公使,在驻法 8 年的时间中并没有留下多少光辉的篇章。

1927 年南京国民政府成立,不久便解除了陈箓驻法公使职位。回国后,陈箓先住在北京,1929 年曾受华洋义赈会委托赴南洋募捐。1934 年移居上海,11 月南京国民政府外交部聘其担任顾问。1936 年,改聘为条约委员会副委员长。1937 年上海、南京沦陷后,陈箓留在了上海。此时,已经年逾六十岁而不甘寂寞的陈箓,成为日伪拉拢的对象,并很快下水,出任 1938 年在南京成立的"中华民国维新政府"外交部长一职,同时,他的儿子陈友涛也担任了伪外交部的总务司司长。陈箓还凭借以前在北方任职时的关系,斡旋于"南京伪维新政府"和北京的傀儡政权"中华民国临时政府"之间,极力说服南、北合流,以扩大伪政权的力量。

由于陈箓地位显赫,他的投敌产生了恶劣影响,这促使军统决定除掉他。由军统上海局局长王天目策动,王天目手下行动组组长刘戈青组织实施。经过几个月的准备行动,在透过陈箓两名保镖处获得情报之后,于 1939 年 2 月 18 日,农历除夕之夜,刘戈青带领军统人员进入位于上海愚园路 668 弄 25 号的陈箓家中,开枪将正在客厅会客的陈箓刺杀,并当场留下写有"抗战必胜,建国必成,共灭奸贼,永保华夏"大字的纸条。陈箓被刺,成为轰动一时的事件,在当时造成了很大的影响。

主要参考资料

陈箓等著:《止室(任先)先生年谱·诗存》,沈云龙主编《中华民国史料丛刊》三编第 80 辑(796),台北文海出版有限公司 1995 年版。

樊明方:《陈箓在库伦》,《西域研究》2007 年第 1 期。

[美]魏斐德著、芮传明译:《上海歹土——战时恐怖活动与城市犯

罪,1937—1941》,上海古籍出版社 2003 年版。

　　张允侯著:《留法勤工俭学运动》,上海人民出版社 1980 年版。

　　石建国:《陈箓:从外交精英到汉奸外长》,《世界知识》2008 年第4 期。

陈　明　仁

萧栋梁

陈明仁,字子良,湖南醴陵人。1903年4月7日(清光绪二十九年三月初十)生于地主家庭。幼读私塾,1914年读高中一年级,1920年入长沙兑泽中学,毕业后回家乡小学教书。在长沙时曾受讲武学校友人的影响,羡慕军校生活。1924年初,携族叔引荐信南下广州,经广州大本营陆军讲武学校教育长、醴陵同乡李明灏批准,破例录入该校第一期第四队学习。同年9月,孙中山赴韶关准备北伐,陆军讲武学校校长程潜任攻鄂军总司令,不能兼顾校务,讲武学校三、四队学生转入黄埔军校,一、二队学生提前毕业充当赣军干部,学生对此不满,推陈明仁、李默庵等为代表,面见蒋介石要求到黄埔军校学习,获蒋支持,被编入黄埔军校第一期第六队。1925年初毕业后,编入教导二团第五营任见习排长,参加第一次东征陈炯明之役。围攻淡水时,陈作战英勇,被提升为少尉排长。7月,转入国民革命军第一军第二师第四团三连任中尉排长;9月参加第二次东征,带病指挥全排攻打东莞东门,抢占高地,缴敌一个营的枪械,为全团攻入东莞立下战功,升任连长。10月,在攻打惠州战斗中,组织奋勇队率先攻城,当团长刘尧宸牺牲后,他受命组织队伍于次日冲上惠州城,为全军攻克惠州又立战功。在庆功会上蒋介石亲发口令:吹军号三遍向陈明仁敬礼,并任命陈明仁为第四团第三营营长。

惠州一役获蒋赏识,陈从此步步高升。曾先后担任黄埔军校入伍生中校营长、上校大队长、陆军第十师二十八旅五十六团上校团长。

1929 年 4 月及 10 月先后参加蒋桂战争和蒋冯战争。1930 年任陆军第十师二十八旅少将旅长。1931 年任第三独立旅旅长,7 月参加蒋介石与石友三之战,率部在河北巨鹿击溃石友三两个步兵师和一个骑兵师,次年升任陆军第八十师副师长兼步兵第二三八旅旅长;8 月率部参加对中国工农红军鄂豫皖苏区的第四次"围剿",被红军击溃。1933 年 11 月率部进攻李济深、蒋光鼐、蔡廷锴领导的福建中华共和国人民革命政府。后移驻延平参加对工农红军闽赣苏区的第五次"围剿"。1934 年 5 月任陆军第八十师中将师长。同年夏,该师二三八旅被红军击溃,后被军长蒋鼎文以"大量吃缺、不服调遣"而免职,调庐山军官训练团学习,任第一大队副兼中队长。不久,任驻赣第四绥靖司令部参议、陆军第二师参谋长等职。1935 年春被调到陆军大学第十三期学习,9 月兼任军事参议院参议。

　　1938 年春,陈明仁从陆军大学毕业后,任军政部部附及第六补训处处长。6 月改任预备二师师长,加紧督练官兵,提高了部队战斗力,后率部参加武汉会战,在九江与来犯之敌猛打硬拼,坚持完成战斗任务,受到蒋介石的嘉奖。预二师番号曾一度被取消,部队拨给第八军建制。后从四川调入三个团,重组预二师,陈仍任师长。1939 年 3 月,所部移驻湖南后,陈先后兼任芷江、潭湘、衡未等地的警备司令。1940 年春参加桂南会战;在广西昆仑关战斗中,在第三十八集团军十四个师大溃败的情况下,陈率预二师孤军苦战六昼夜,所部死伤七千余人,最后亲自指挥输送营官兵丢下辎重尽数取出手榴弹,用肩挑背负冲上山头,对逼进指挥所的日军投掷数以千计的手榴弹,击退了日军多次进攻,获得了蒋介石的进一步信任。

　　1940 年夏,该师奉命入川,陈以政治手腕与不听国民党中央节制的川军周成虎结为"知己",接管了周的防区,统一了川南八县,任川南清乡司令官。1941 年冬率部开往云南昆明附近修筑工事,因供应困难,部队着装破烂,遭前往视察的蒋介石指责,陈不服,与蒋顶撞,被改任第十一集团军第七十一军副军长,明升暗降,陈拒不赴任。后经蒋

"慰勉"，陈才走马上任。1942年冬，中国远征军成立，七十一军是首先用美式装备武装起来的十二个军之一，划归远征军系列。陈与军长钟彬率部进驻云南保山，部署两师建立江防阵地，坚守怒江3个险要渡口，与日军隔江对峙达两年之久，使日军未能越怒江一步。在此期间，曾兼任驻滇干训团大队长、将官研究班主任副教育长等职，并率七十一军高级将领到印度蓝姆伽美国步兵战术学校受训。1944年5月，率部越过怒江，进攻龙陵方面日军，参加打通滇缅路的战斗。陈指挥八十七师围攻松山要塞日军时，撤换了作战不力的师长，督率所部全歼敌守军，扭转了战局，号称"战争之花"的日军旅团长松井少将战败剖腹自杀。日军曾调兵妄图解龙陵之围，陈则率部乘胜从攀枝花、惠通桥渡过怒江，从滇缅路主攻龙陵。他令各师组织敢死队历八昼夜轮番攻击，在友军全力支援下歼敌千余人，俘敌百余，攻克龙陵。1945年1月，又率部攻击坚守畹町门户——回龙山的日军，在指挥炮兵猛轰回龙山日军主阵地的同时，猛击日军后方三台山，断其机动增援。又令航空兵轮番俯冲扫射回龙山高地，掩护步兵冲锋，攻占了友军围攻一周未下的回龙山主峰，歼敌八百余人。随后与友军配合，攻击中缅边界的畹町。旋即任七十一军代军长，率部与驻印远征军新一军等在中国畹町和缅甸芒友胜利会师，打通了被日军切断的滇缅公路。1945年6月，正式升任七十一军军长。陈以能打硬仗驰名。

抗战胜利后，1946年1月，陈奉命率部开赴东北参加内战，兼任东北第五绥靖区司令官。1947年4月15日，七十一军从永吉向长春沈阳之间的战略要点四平进发，途经金家屯以北大洼地区时，八十七师被解放军歼灭一个团，后续部队被截成数段，全师溃散。陈率七十一军直属队及八十七、八十八两师残部共两万余人退守四平。6月，中国人民解放军东北野战军七个师约十万兵力围攻四平，陈破釜沉舟，拼死抵抗，坚守四十余日，与解放军巷战十余昼夜，最后核心阵地被突破，其胞弟、辎重团长陈明信被俘，四平大部被占领，连警卫团也被歼4/5。后蒋介石急调五十三军增援，东北野战军方撤四平之围。陈因坚守四平博得蒋介石的青睐,升任第七兵团中将司令官,颁给"青天白日"勋章。旋因美国顾问对以美援粮食构筑工事提出抗议,国民党辽北省政府主席亦因守城问题与陈意见相左,四平工商界对死守造成损失也有控告,陈被撤销第七兵团司令官。1948年3月5日,调任总统府中将参军闲职,陈明仁从此与蒋介石产生隔阂。

陈闲居南京期间,思想苦闷,七十一军高级将领纷纷致信劝他不要白为蒋介石卖命;一些同乡好友鼓励他抓一点实力作"资本"另谋出路,胞弟陈明信亦从东北被释回到南京转告同乡李立三寄语陈明仁"不要再替蒋介石卖命,要为劳苦大众打天下";老友温汰沫更是朝夕劝他团结朋友另谋出路。这些都给陈明仁以重大影响,他感到"人民需要和平","军人应该靠拢人民"。1948年10月他在南京明孝陵与友人秘密集会,表示了不愿再跟蒋介石走下去的愿望。随着解放军发动辽沈战役,蒋军节节败退,南京政府摇摇欲坠。陈对蒋政权绝望,终日以酒浇愁,先后拒绝了胡宗南、刘峙等请他出任兵团司令的邀请。10月下旬,陈被任命为华中"剿总"副总司令,协助总司令白崇禧筹组华中"剿总"长官部,兼任武汉警备司令及第二十九军军长。不久,国民党恢复七十一军,加上二十九军,成立第一兵团,陈兼兵团司令官。陈口喊"坚决保卫武汉,战至最后一人",暗中却与湖南程潜遥相默契,倾向和平。

随着解放军发动的淮海、平津战役胜利进行,蒋军主力大部被歼,白崇禧利用和平幌子倒蒋,陈明仁预感自己不宜在白崇禧手下久留,更增长了另谋出路的思想。1948年底,正与中共合作谋和的长沙绥靖公署主任程潜采纳程星龄建议,派刘斐赴武汉建议白崇禧将第一兵团调往湖南整训,既可控制三湘又可作为广西的屏障,获白崇禧批准。1949年2月18日,陈明仁率二十九军、七十一军来湖南整训,并兼任湖南省政府委员,与省主席程潜来往密切;经程潜、程星龄开导,中共湖南地下党组织派其亲信李君九、温汰沫等解释中共对起义人员既往不咎、立功受奖政策,特别是7月章士钊从香港写给程潜的信中转达了毛泽东主席对陈明仁守四平一事"会谅解",绝不追究,"只要他站过来就行了,我们还要重用他"的话,使陈明仁消除了顾虑,受到了鼓舞。同时,陈明仁继担任华中军政长官公署中将副长官兼第一兵团司令官之后,又兼任长沙警备司令。后因白崇禧逼程潜去邵阳,陈又奉程潜之命代理湖南省政府主席,7月30日被广州国民党政府任命为湖南省政府主席兼长沙绥靖总司令及省保安司令。陈明仁则派程星龄去平江邀请解放军第四野战军谈判代表李明灏到长沙商谈起义事宜。8月1日,蒋介石派国防部次长黄杰、政工局长邓文仪携亲笔信到长沙叫陈珍惜"光荣历史",死守长沙,"对卖身投靠分子,应羞与为伍,必要时,不惜大义灭亲,将之明正典刑"。陈亦虚与委蛇,表示要"与共军血战到底",博得黄、邓连声称赞。陈送走黄、邓后即召集省政府官员表示:"决不违背人民(要求和平的)意愿,我一定要使大家在长沙市内听不到枪声!"传出了湖南和平解放的信息。8月2日,陈明仁按照人民解放军要求,将第一兵团和保安部队撤出长沙市区及交通要道。次日与汪士楷、温汰沫等草拟告第一兵团官兵及蒋介石、阎锡山、顾祝同、白崇禧等的起义电文,并以陈明仁个人名义发出。8月4日,与程潜领衔发出起义通电,指责蒋介石独揽政权,背叛孙中山遗教,破坏和谈等罪行,宣布"率领全湘军民,根据中共提示之八条二十四款,为取得和平之基础,贯彻和平之主张,正式脱离广州政府,今后当依人民立场,加入中共领导之人民民主政权,与人民军队为伍,俾能以新生之精神,彻底实行革命之三民主义,打倒封建独裁、官僚资本与美帝国主义,共同为建立新民主主义之中国而奋斗"。当晚派人将长沙附近驻军地图送往长沙春华山人民解放军第十二兵团代表驻地,洽商和平接管长沙事宜。随即率所部官兵七万七千余人归附人民,对湖南和平解放作出了重要贡献。

毛泽东、朱德复电嘉勉,称赞"诸公率三湘健儿,脱离反动阵营,参加人民革命,义声昭著,全国欢迎"。并任命陈明仁为湖南省临时政府主席兼湖南省军政委员会委员,中国国民党人民解放军第一兵团司令员。旋兼中国人民解放军湖南军区副司令员和长沙市军管会副主任。9月3日,应毛泽东邀请赴北京出席全国政协第一次会议,并在会上发言,还分别受到毛泽东、朱德、周恩来的接见。10月,部队整编为两个军和六个师,接着改编为中国人民解放军第二十一兵团,陈任兵团司令。并被任命为中南军政委员会委员。1950年被任命为湖南省人民政府委员,12月率部由浏阳移驻醴陵集中整训。12月率部开赴广西参加剿匪,历时五个月在广西南部小瑶山及其周围的同正、隆安、万承、钦廉、百色、天峨地区歼匪三万余名,缴枪37716支,完成了剿匪任务。1952年春,第二十一兵团改组为水利工程队司令部,参加荆江分洪工程建设,圆满完成任务。同年10月,该部与其他部队合并,编为中国人民解放军第五十五军,陈任军长,率部从桂林开赴湛江,担负防卫任务。1955年9月,陈明仁被授予中国人民解放军陆军上将军衔和一级解放勋章。他先后被选为第一、二、三届全国人大代表,第一届全国政协委员,第三、四届全国政协委员、常委,第一、二、三届国防委员会委员。

1972年陈患癌症,经治疗无效于1974年5月21日在北京病逝。

主要参考资料

王成斌等主编:《民国高级将领列传》(三),解放军出版社1989年版。

中国人民政治协商会议湖南省委员会文史资料研究委员会编:《湖南文史》第35辑(湖南和平解放专辑),1989年版。

陈 铭 枢

邱 涛

陈铭枢,字真如,广东省合浦县(今属广西壮族自治区)人,生于1889年10月15日(清光绪十五年九月二十一日)。父陈均镕出身秀才,以教书为生。陈铭枢七岁启蒙,十五岁入公馆文治高等小学读书。

1906年8月,陈铭枢考取广东黄埔陆军小学第二期。不久,经陈汉柱介绍加入同盟会。其时,陈从谭嗣同的《仁学》中知晓"'真如'的名词"①,以之作为自己的字号。1909年夏,陈在陆小毕业后升入南京陆军第四中学。

辛亥武昌首义后,南京起义受阻,陈铭枢偕蒋光鼐、陈果夫等军校同学十余人赴武昌,编为中央第二敢死队在汉口参战,嗣后任黄兴卫士,随黄兴回到上海。不久,陈到姚雨平的广东北伐军任连长。南北和议告成后,到保定军官学校第一期学习。

1913年"二次革命"爆发,陈铭枢南下广州参加讨袁。二次革命失败后,陈与方声涛等人亡命日本。1914年他在日本东京黄兴主持的军事学校"大森浩然庐"学习军事,后又入革命党人创办的政法学校学习。1915年陈铭枢从日本回国,在南京从欧阳竟无学佛。护国战争爆发后,他参加方声涛部云南护国军,任连长。1918年,陈脱离方声涛部,任肇军游击营营长。1920年,粤军回师广东驱逐桂系,陈在阳江起义,被陈炯明委为陆军游击第四十三营营长。1921年,在邓演达等帮助

① 朱宗震等编:《陈铭枢回忆录》,中国文史出版社1997年版,第7页。

下,陈铭枢所部接受改编为新建的粤军第一师第一旅第四团,任团长。1922 年 6 月陈炯明叛变,在孙、陈矛盾中,陈铭枢保守中立。不久即脱离部队,到南京再度向欧阳竟无学佛。

陈铭枢在南京学佛期间,国内形势发生重大变化。孙中山与苏俄合作,改组国民党,国民革命运动兴起,而陈炯明只能盘踞东江地区。在好友邓演达等劝说下,陈铭枢决定归附孙中山。1924 年 10 月,陈铭枢策动陈炯明系机关报香港《新闻报》社长兼总编辑陈秋霖归附孙中山,震动很大。回到广州后,陈出任粤军第一师参谋长兼第一旅旅长。1925 年 2 月东征陈炯明,陈旅立下战功。6 月,刘震寰、杨希闵滇桂军叛乱,东征军回师广州讨伐,蒋介石和陈分任右、左翼指挥。平定刘、杨之乱后,广州大元帅府改组为国民政府,所属各军统编为国民革命军,粤军第一师扩编为国民革命军第四军,陈铭枢任该军参谋长兼第十师师长。1925 年 10 月第二次东征,陈在南路平定陈炯明部,进驻廉州、北海。

1926 年春,广东国民政府筹议北伐。3 月 9 日,陈铭枢和白崇禧到长沙争取唐生智服从国民政府,获得成功①。5 月,广东国民政府军事委员会决定出兵入湘援唐,北伐战争序幕揭开。6 月下旬,陈铭枢所部第四军第十师集结于湘南前线,8 月 19 日与叶挺独立团等获平江大捷。8 月 26 日,担任主攻的第四军向粤汉铁路重镇汀泗桥发起攻击,陈铭枢指挥第十师血战汀泗桥,于翌日击溃吴佩孚部。随后又乘胜攻克贺胜桥。陈铭枢以卓著战功成为北伐名将,第四军以英勇善战被誉为"铁军"。

10 月 10 日武昌光复,陈铭枢出任武汉卫戍司令;第十师扩编为第十一军,陈任军长。此后,国民党领导内部发生迁都之争,武汉方

---

① 参见:《湘省输诚国民政府》,《广州民国日报》1926 年 4 月 14 日。亦见:贾廷诗等访问纪录:《白崇禧先生访问纪录》,(台北)中研院近代史研究所 1985 年版,上册第 39、40 页,下册第 796、797 页。

面反蒋情绪日趋激烈,陈铭枢不愿反蒋,于1927年3月脱离武汉国民政府,转赴南昌,依附蒋介石。"四一二"政变后,蒋介石在南京成立国民政府,陈任南京国民革命军总政治部副主任,代理部务,负实际责任。在宁汉分立时期,陈铭枢成为蒋介石的宁方要员。随着"七一五"武汉"分共"和宁汉合流,陈辞职并随下野的蒋介石赴日。11月2日,应蒋光鼐、蔡廷锴之请,陈铭枢从日本回到福州,重任第十一军军长。

12月,广东政局动荡,张发奎和黄琪翔发动政变。国民政府下令讨伐张、黄,陈铭枢任东路总指挥,回师广东,与张发奎部血战东江获胜。1928年2月,陈任广州政治分会委员。12月,陈被国民政府任命为广东省政府主席,与第八路军总指挥陈济棠分掌粤省政军。他提倡文化教育事业,创办广东戏剧研究所,由欧阳予倩任所长;又以巨资接办上海神州国光社,创办《读书杂志》,并筹办广东艺术学院和大剧院等。

陈铭枢对蒋介石为首的国民党统治,全力拥护和支持。在1929年1月南京编遣会议前夕,他响应蒋介石号召,主动裁军缩编,把第十一军三个师缩为一个师、一个独立旅;并按自己先已表示的"军民分治、党政合作"①原则,将第十一军军部撤销,本人亦辞去军职,蒋光鼐、蔡廷锴两部归陈济棠节制。是年3月,李济深在南京被蒋介石囚于汤山,陈电蒋要求释李;但他反对粤军将领谋议起兵反蒋。他亦反对桂系反蒋,拥护中央的"统一"。11月,陈铭枢助陈济棠部署军事,在花县一带击败张发奎和桂系联军,结束了广东境内的粤桂战争。1930年5月,中原大战爆发,陈铭枢指示旧部蒋光鼐、蔡廷锴听从蒋介石号令。6月,他与陈济棠击溃来犯的张发奎部和桂系联军。战事刚结束,蒋、蔡两部即调到津浦线与阎军作战,克济南,并正式编为第十九路军,蒋光鼐任总指挥。

---

① 《陈主席在联合纪念周中报告》,《广东省政府公报》第138期,第149页。

　　1931年1月,陈铭枢发表《广东民国二十年行政计划之旨趣》,在民政、自治、财政、建设等方面提出一系列计划。2月,蒋介石扣留胡汉民于南京汤山,反蒋声浪骤涨,陈反对粤军将领起兵反蒋,并与在江西的蒋光鼐、蔡廷锴达成拥蒋的一致意见。4月,陈济棠与胡汉民派同汪精卫结合,筹谋召开"非常会议"反蒋,他因不附和,被迫卸粤省主席职,离穗赴港,旋往日本。6月初陈铭枢回国,蒋介石命他到江西重领第十九路军,并委任他为"剿赤"右翼军总指挥官,参加第三次"围剿"中央苏区。陈到赣州,即同蒋光鼐、蔡廷锴、戴戟等联名发出通电,拥护中央"统一"。随着十九路军在与红军作战中失利,兵力渐感疲惫;同时陈在战斗中深感蒋的军事指挥能力差,且赏罚不公,对陈部这样的非嫡系部队处处压制。十九路军在广东方面断绝军饷供应的情况下,蒋介石也未予补给;且蒋调拨给陈统率指挥的各军,实际上仍由蒋直接下令,陈只能掌握自己的基本部队。这使陈对蒋的专权独裁产生不满,不得不考虑十九路军摆脱窘境的问题。8月,陈铭枢在吉安军中与邓演达建立联系,对反蒋问题进行密商,并通过杨杏佛与蔡元培联系反蒋,确定反蒋计划:决定利用蒋介石要陈铭枢出兵图粤的机会,另开局面,即"俟军队进入粤北,即急转潮、梅,占领东江和闽南一带;然后推蔡元培领衔,我与择生共同署名,发表对时局宣言,呼吁和平,以停止内战,一致对外相号召;对宁粤双方则采武装调停办法,建立第三势力,以图控制整个局势"①。

　　9月中旬,十九路军集中于赣,正在陈密令蔡廷锴准备按反蒋计划行动之际,"九一八"事变爆发。陈感到国势危殆,蒋介石又请他出来调停与广东之争,乃打消反蒋计划。9月28日,陈与蔡元培等赴港,调停宁粤分裂;30日,陈出任京沪卫戍司令长官,所部十九路军调防宁沪一线,成为拱卫南京国民政府政治、经济核心地区的重要军事力量。10月,陈作为南京五代表之一出席宁粤上海和平会议,会议决定宁粤双方

---

　　①　朱宗震等编:《陈铭枢回忆录》,中国文史出版社1997年版,第44页。

分别召开国民党第四次全国代表大会,选举产生中央委员。由于新选出的粤方中央委员坚持以蒋介石下野作为到京的先决条件,12 月 15 日,国民党中央临时常会决议蒋介石辞职,推选林森代理国民政府主席,陈铭枢代理行政院长。在随后召开的国民党四届一中全会上,选孙科为行政院长,陈为行政院副院长兼交通部长。由于蒋、汪对孙科政府均采取拆台态度,孙科、陈铭枢等通过《中央政治会议特务委员会组织大纲》,于 1932 年 1 月 14 日成立中央政治会议特别委员会,规定除重要方针由中政会决定外,紧急政务皆由特委会处理①。但是孙科和陈铭枢均无力解决外交和财政方面的重重困难。1 月 18 日,蒋、汪等在杭州西湖举行"烟霞洞会议",决定蒋主军、汪主政,重掌国民政府大权,陈铭枢被迫辞去行政院副院长职。

日本帝国主义自"九一八"事变后,侵占我国东北全境,又蓄意进行挑衅。十九路军于 1 月 23 日在上海举行秘密会议,陈铭枢派人指示十九路军"如日军向我防地进攻,即在原地抵抗消灭之"②。1 月 28 日深夜,日军在闸北向十九路军翁照垣部发动突袭,我十九路军就地奋起抵抗,"一二八"淞沪抗战爆发。29 日,陈密电蒋光鼐、蔡廷锴、戴戟,要他们继承十九路军光荣传统,并表示即来沪共赴国难。在全国人民声援下,十九路军广大官兵抗日意志高昂,不畏牺牲,奋勇作战,并在张治中第五军的增援下给日军以沉重打击,迫使日军不断增兵,并三易主帅。只因蒋、汪和何应钦等军政首脑一味主张避战,依赖国联调停,拒不再发援军,使十九路军和张治中第五军孤立无援,被迫于 3 月 1 日开始退出淞沪,最后中日双方签订《淞沪停战协定》。

陈铭枢对于蒋介石实行"攘外必先安内"方针,使淞沪抗战以妥协求和告终,深为不满;而蒋、汪联袂出山后又迫使陈陆续辞去行政院副院长、交通部长及军委常委等职;蒋还下令免去陈铭枢京沪卫戍司令长

① 《国闻周报》第 9 卷第 5 期。
② 朱宗震等编:《陈铭枢回忆录》,中国文史出版社 1997 年版,第 73 页。

官之职,并于 6 月裁撤京沪卫戍司令长官公署,调十九路军到福建"剿共"。半年间局势的跌宕起伏和连遭挫折,使陈同蒋介石的矛盾更为加深。10 月下旬,陈铭枢被迫赴欧洲游历。欧洲之行使他对共和制度有了新的认识,对蒋的独裁专制更加不满。

1933 年 5 月,陈铭枢由欧洲返抵香港,一面与国民党内反蒋各派联络,一面派人和中共建立联系,筹划反蒋事宜。10 月 26 日,陈派徐名鸿作为福建省政府和十九路军全权代表,与中共及红军代表潘汉年订立《反日反蒋的初步协定》。11 月 20 日,陈铭枢联合李济深、冯玉祥等反蒋势力在福州召开中国各省人民临时代表大会,22 日成立"中华共和国人民革命政府",公开宣告同以蒋介石为代表的南京国民政府彻底决裂。陈铭枢任人民革命政府中央委员兼文化委员会主席、军事委员会委员兼政治部主任等职。他又组织"生产人民党",任总书记。但是在蒋介石强大的军事进攻下,十九路军难以抵御,陈与李济深等被迫离开福州,亡命香港,坚持近两个月的福建人民政府即告失败。

1935 年 7 月下旬,陈铭枢联合李济深、蒋光鼐、蔡廷锴等在香港组建中华民族革命同盟;推动抗日反蒋运动。1936 年 9 月 3 日,陈以团长身份率中国代表团出席布鲁塞尔国际和平运动大会(即国际反侵略运动大会),当选总会理事。会后访苏,并会见中共驻共产国际代表王明。

1937 年抗日战争爆发后,国民政府解除了对陈铭枢等人的通缉。陈从香港回到广州,参加抗战。9 月 21 日,被蒋委任为军事委员会参议官。为表达团结抗战的诚意和拥蒋抗日的决心,他主张解散中华民族革命同盟,并积极向蒋介石进言,以求能对抗战作出贡献。1938 年 1 月 23 日,国际反侵略运动大会中国分会在汉口举行成立大会,由陈铭枢主持,大会呼吁世界各国援助中国,制裁日本,大会推举陈等为分会理事。他还担任国民外交协会主席。在此期间,陈为抗战奔走呐喊,与中共方面也广泛接触,频繁会见王明、周恩来等中共领导人。

由于蒋介石坚持独裁,固执成见,使陈铭枢对蒋完全失望。1938

年8月17日,他致书蒋介石表示"不愿陷入党政派别斗争的漩涡,现决潜修学问,访教逸贤"。随即入川隐居于重庆北碚"作养晦之计"①。但他仍时刻关注着抗战时局。为了交流对国内外形势的认识,1943年2月与谭平山等发起组织国民党民主派人士的座谈会,定期举行。8月陈与李济深、谭平山等着手筹组"三民主义同志联合会",简称民联。这一系列活动,陈都在幕后进行,以防蒋破坏。

　　1945年8月,日本无条件投降。陈铭枢在兴奋之余,对蒋介石国民党的独裁统治、内战政策持批评和反对态度,对中国将来的发展有了新的认识,更进一步参与民主运动。10月28日,"民联"在重庆举行第一次全体大会,陈铭枢当选常务干事。1946年2月,陈与李济深等在重庆秘密聚会,策划反蒋民主运动,任军事委反小组成员。6月,全面内战爆发,"民联"公开抨击蒋介石的内战政策,并从组织上与国民党决裂,转入地下活动,陈更多地从事幕后工作。11月,蒋介石召开一党包办的"制宪国大",陈坚决拒绝参加,并断言"这是蒋介石最后唱的一出热闹戏,是回光返照罢了"②。此后陈参与国民党各民主派组织的联合活动。1948年元旦,中国国民党革命委员会在香港成立,陈任中央执行委员。民革成立后,"民联"仍作为一个独立组织继续活动,陈铭枢以其在国民党军政两界中的特殊地位,积极从事国民党军政人员的策反工作。1948年9月济南战役中吴化文部起义,1949年初浙江省主席陈仪策反汤恩伯(未成),1949年5月上海代理市长赵祖康的弃暗投明,1949年8月湖南省主席程潜起义等等,他都在其中起了相当重要的作用。

　　1949年9月,陈铭枢至北平出席中国人民政治协商会议,并代表民联发言。中华人民共和国成立后,他任中央人民政府委员。11月,

① 朱宗震等编:《陈铭枢回忆录》,中国文史出版社1997年版,第135页。
② 霍实子:《我所知道陈铭枢的若干事》,中国人民政治协商会议河北省委员会文史资料研究委员会编《河北文史资料选辑》第12辑,河北人民出版社1983年版。

任民革常委。1950年9月,他出任中南军政委员会农林部副部长,不久升任部长。1953年1月,他任中南行政委员会副主席。翌年初,陈铭枢调京工作,任民革理论政策委员会主任委员。9月,当选第一届全国人大代表。12月,任全国政协第二届委员会委员。1956年6月,在第一届全国人大第三次会议上,补选为人大常委会常委。1957年10月,陈铭枢被定为"右派分子"(1962年4月摘除"右派分子"帽子,1978年平反),只保留全国政协委员和民革中委职务。

1965年5月15日,陈铭枢在民革中央参加座谈会时心脏病突发,抢救无效,在北京逝世。

陈 其 美

黄德昭

　　陈其美,字英士,浙江吴兴人,生于 1878 年 1 月 17 日(清光绪三年十二月十五日)。他的祖父陈绚是个乡绅。父亲陈延祐在本地经商。陈其美六岁入塾读书,十四岁至崇德县石门镇善长典当铺当学徒,1903年春转到上海同康泰丝栈当助理会计。在当时民族危机十分严重,革命思潮广为传播的影响下,陈也表示了对现状的苦闷,尤不满于自己的职业,另找出路。1906 年夏,陈到了日本东京,入警监学校。在这里他认识了留日学生中的一些革命青年,也结交了后来与他有密切关系的蒋介石。同年冬加入同盟会。开始了他的政治活动。次年改入东斌学校学习军事。

　　1908 年春,陈奉派归国。往来浙沪及京津各地,联络党人。1909 年到上海接办作为革命机关的天宝栈,策动江浙一带的革命运动。同年夏,同盟会员身兼浙江龙华会首领的张恭等拟发动浙江起义,邀陈共同策划,因叛徒刘师培向江督端方告密,机关遭破坏,张恭被捕,起义被迫停止。其后,陈又先后在上海创办《中国公报》和《民声丛报》,还协助于右任、宋教仁等办《民立报》,进行革命宣传。并在上海加入青帮,以青帮大头目身份,设秘密机关,负责联络长江流域的革命活动。1911 年 4 月,黄兴、赵声等发动广州起义,陈应邀到香港参加。当起义失败,他以上海新闻记者的名义,独自跑到广州活动,险及于难。随后,陈经香港回到上海,继续谋在长江起事。同年7 月,与宋教仁、谭仁凤在上海成立同盟会中部总会,他被推为庶务部长。

10月10日武昌起义爆发,接着湖南、江西、陕西、山西及云南等省相继独立。因清廷派重兵南下,武汉方面的战局出现了对民军不利的情况,武汉党人"亟望各处响应"。陈其美往南京、杭州谋响应,而两地党人希望上海先发动。陈联系的青帮、商团和士绅,到这时已集聚了一定力量;同时奉黄兴之命来沪的光复会员李燮和(时任上海光复会总干事),对驻沪湘籍防军也已运动成熟。11月1日,陈与党人集议,正式决定先在上海起事。2日又分别与上海立宪派人物李平书(清末任上海自治公所董事兼江南制造局提调)及李燮和商讨,决定次日发动起义。11月3日,上海民军起义爆发。上午,闸北民军率先起义,占领巡警总局。下午,陈派敢死队进击清军兵工厂——江南制造局。局内守军赞拒各半,总办张楚宝又负隅顽抗,一时未能攻克。陈令暂停攻击,自己冒险闯进制造局,试图用口舌劝说敌军放下武器,结果为敌军所拘禁。李燮和闻讯,急令民军进攻,市内群众纷纷前往支援,经过激战,第二日晨制造局被攻克,陈得救出险,上海也随之光复。11月6日,他由上海绅商及会党代表拥戴为沪军都督。

上海光复后,杭州、苏州、镇江也次第宣布独立;但南京仍为清军张勋部盘踞。时陈其美以沪军都督身份与苏、浙、镇各军首领共同组织联军,推新军将领徐绍桢为联军总司令,会攻南京。12月2日,南京克复。25日,孙中山从海外回抵上海,陈参加独立各省代表在南京议定设立临时政府。同时,联络立宪派首领张謇等人组织共和统一会,谋求全国统一为宗旨。上海、南京的光复,稳定了辛亥革命胜利的基础,后来孙中山对陈其美所起作用曾予高度评价:"时响应之最有力而影响于全国最大者,厥为上海。陈其美在此积极进行。故汉口一失,其美能以上海以抵之。由上海乃能窥取南京。后汉阳一失,吾党又得南京以抵之。革命之大局因以益振,则上海其美一木之所支者,较他者尤多也。"

陈其美早先在德福里秘密工作时,他就"纵情声色"[1];在都督府中"凡是稍优之缺,悉数以湖州人充之"[2]。并与意气相投的蒋介石及黄郛三人结成异姓兄弟。陈在上海光复之初,就立即排挤走了光复会总干事李燮和,特别是到1912年初,为了派系权力之争,竟秘密刺杀了当时在江浙一带具有较大影响的同盟会及光复会的著名领袖陶成章。为了杀陶,他暗嘱蒋介石设计,由蒋收买了光复会叛徒王竹卿,于1月14日凌晨,将陶刺死于上海广慈医院[3]。此外他还曾多次派兵镇压上海周围的青浦、南汇、昆山、崇明等地农民的抗租斗争,并禁止上海制造局工人反抗虐待的斗争,严禁工人参加"制造工人同盟会"的组织活动。

1912年2月,清帝退位,陈其美认为革命已成过去,"此后共和巩固,已无冒险者可为之事"[4],幻想从事"实边"(指开辟边地)建设。3月,袁世凯出任临时大总统,为了解除陈的兵权,调他出任唐绍仪内阁的工商总长,陈以结束沪军事迟未就任,后乘唐内阁倒台,于7月1日辞工商总长职。7月31日,被袁解去沪军都督职务。

1913年3月,宋教仁被袁世凯密谋杀害后,以孙中山为首的一部分党人,主张立即起兵讨袁。陈其美与另一些党人表示反对,以为民国已经成立,主张依据法律求得解决。6月,袁世凯明令将江西、安徽及广东民党三都督免职,国民党人被迫于7月举行反袁的"二次革命"。陈在江西、南京等地党人发难后在上海起兵;7月16日,陈被推为上海讨袁军总司令,19日宣告上海独立。上海讨袁军几次攻打制造局。都

---

① 何仲箫:《陈其美年谱初稿》,《陈英士先生纪念全集》卷一,1930年版,第5页。

② 龙浩池:《致陈其美书》,上海社会科学院历史研究所编《辛亥革命在上海史料选辑》,上海人民出版社1981年2版,第961页。

③ 毛思诚:《民国十五年以前之蒋介石先生》(1937年版)第一册载:陈"决先除陶,以定革命全局",蒋"以陶案之故……避往日本"。另可参看马叙伦:《石屋续沈》(上海建文书店1947年版),第74页;黄炎培:《八十年来》,文史资料出版社1982年版,第90—91页。

④ 陈其美:《与共和建设会等团体书》,《陈英士先生纪念全集》卷二。

不能得手。吴淞方面的讨袁军，也相继失败。9月，各省讨袁军完全失败，党人纷纷逃亡海外。陈仍留上海租界活动，11月间，应孙中山电召前往日本。

陈其美到日本时，孙中山正在总结革命失败的经验，准备把国民党改组为中华革命党，继续进行反袁斗争。陈其美完全赞同入党者都要立誓约，打手模，绝对服从孙中山的规定。1914年7月。中华革命党成立，他被任为总务部长。

在此时期，陈其美为反袁进行过多次军事活动。1914年1月，他潜入大连，成立奉天革命党机关部，联络东北党人，进行东三省革命。由于袁世凯警探的阻挠和日本官厅的压迫。没有活动机会，不得已于3月返东京。同年夏，欧战起，日、德在我国胶州湾开战，陈以袁世凯在江浙一带兵力少，有隙可乘，又请孙中山经营长江方面，委派夏尔屿、范光启及吴藻华分别负责浙、沪和江苏的军事发动。不久，各地都陆续失败。

1915年2月，陈其美回上海主持长江方面的军事。经营半年，仍未得手。是年秋，袁世凯帝制阴谋日益暴露，陈又至东京，与孙中山计议在敌人比较空虚的西南起兵，并以广东作为发难目的地。10月，陈返国经过上海，党人以上海敌海陆军归附日众，留他在上海主持。经电请孙中山表示赞同，并派他为淞沪司令长官。于是，他即取消西南之行，改在上海组织总机关部。陈认定如不将当时上海镇守使郑汝成除掉，就不能有所作为，于是在11月10日，命党人王晓峰、王明山将郑刺死于外白渡桥。12月5日，他和杨虎等发动肇和兵舰起义，动用了中华革命党的绝大部分力量，但未获成功。

云南护国讨袁军兴以后，陈其美继续策动过一些零星的反袁军事行动。1916年4月，曾计划在上海发动海陆军起事，未果。同时另派杨虎到江阴、夏尔屿到浙江举事，杨因孤立无援失败，夏以谋泄被害，江浙军事陷于停顿。而陈其美的反袁活动，颇为袁世凯所忌恨，曾悬重赏募人刺杀。陈屡起屡败后，经费困难。袁探得知，假设鸿丰煤矿公司，利用民党叛徒李海秋见陈,伪称鸿丰拟把一块矿地向外商典押借款,如陈能从中介绍,事成愿以借款四成助作军费。陈未察觉是计,允为介绍。到约定的签字日——5月18日,被袁所收买的张宗昌派程国瑞按计将陈刺杀于萨坡赛路14号寓所①。

---

　　① 蔡寅:《英公被刺案情概要》,《陈英士先生纪念全集》卷一;王翰鸣:《张宗昌兴败纪略》,中国人民政治协商会议全国委员会文史资料研究委员会编《文史资料选辑》第41辑,中华书局1963年版。

陈 其 尤

吴　仁

陈其尤，别号定思，又名丽江。1892年（清光绪十八年）生于广东海丰县东笏社。1903年，入海丰县高等小学堂甲班就读，四年后毕业。1908年，十六岁的陈其尤入广州博济医学堂学习，于此始接触到革命党人，于1911年加入同盟会，暗号为恢字辈。其时，同盟会正组织广州起义，革命指挥机关派陈其尤与其同乡陈潮（黄花岗七十二烈士之一）等住在广州旗下街，任务是当广州起义打响时，纵火烧毁旗人聚居的旗下街，以动摇敌之军心，乱其阵脚。

1911年4月8日，广州将军孚琦于省城被温生才刺杀毙命，广州当局紧急戒严，军警大肆搜捕，陈其尤因无眷属掩护，被强令迁出旗下街。遂与胡佩源、何少卿一起被派往另一个起义的秘密据点，总督署右侧的莲塘街，以姐弟关系为掩护。起义前数日，陈又被调到仙湖街始平书院，看管一秘密储藏军械弹药处。

4月23日，起义总指挥黄兴自香港秘密抵达广州，在小东营五号设立指挥部，部署武装起义。旋因内奸告密，起义计划被泄露，"乱党准备起事"消息已见诸报端。仙湖街、始平书院一带突然有巡警日夜巡逻，陈其尤见状立刻往司后街陈炯明公馆报告一切，适黄兴也在座。陈其尤谓：起义尚无确期，万一巡警闯入书院，后果不堪设想。建议给该处守卫人员发放利刃数把，以应付突变，得到黄兴、陈炯明首肯。

由于形势发生变化，广州全城戒严，起义计划被打乱，原定兵分十路进攻改为兵分四路，在准备不周的情况下，起义指挥部仓促下令于4

月 27 日 5 时 20 分发难。陈其尤与同乡陈某因懂得广东话且熟悉道路，被派到陈炯明率领的"选锋"督队这一路，约定当日 4 时在司后街陈公馆集合，而后进攻军警教练所，夺取枪械，争取学员反正。然因机关被破坏，陈其尤等迅速撤离，躲进广府中学宿舍青云书屋同乡处藏身。翌日清晨，一队巡警搜到陈其尤住处，将其揪住盘问搜查，幸陈留有发辫，巡警将其放过，得以逃往香港。不久，清政府派凤山为广州将军，同盟会探知后决定除掉之，遂派陈其尤和能制造炸弹的革命党人李熙斌两人主其事。行刺人是经陈其尤推荐的志愿者广州两粤医学堂的女学生周惠普。广州将军衙门位于惠爱中路。历来清廷将军到任都是从长堤上岸，尔后乘轿取道归德门转惠爱路抵将军署。故此，陈其尤等将狙击点选在归德门。但凤山赴任广州，另选僻静的仓前街抵将军署，虽侥幸躲过陈等的设伏狙击，但为在此设伏的另一组革命党人李沛基等炸毙。

　　1911 年 10 月 10 日武昌首义。10 月下旬，陈其尤参加了由同乡陈炯明、邓铿领导的惠阳淡水起义。11 月，陈其尤随起义军攻占了惠州城，迫使广州都督府宣布独立。

　　民国建立后，广东都督胡汉民以陈其尤有功于民国，派其留学日本。陈入日本中央大学政治经济学系深造，1916 年归国，任职北京政府财政部。1917 年 7 月，陈其尤辞去公职，南下追随孙中山护法革命。12 月，孙中山于广州组织援闽军，陈其尤任粤军总司令部机要秘书。1918 年 5 月，援闽粤军向福建发展，陈其尤还先后出任闽省东山、云霄两县县长，并负责筹办《闽南日报》。1919 年，陈作为粤军驻厦门鼓浪屿代表，负责寓居上海的孙中山与粤军之间的联系工作。同年，陈代表粤军赴上海与孙中山洽商回广东事宜。俄国十月革命后，列宁派代表来华，陈其尤在漳州参加了接待代表的工作。

　　1920 年 8 月，孙中山令援闽粤军回师广东讨伐桂系军阀。10 月 28 日，粤军攻克广州。陈其尤出任潮梅、汕头海关监督兼海关外交特派员。1922 年，陈炯明背叛孙中山，旋即赴香港，陈其尤也随之到香港。

1931年,陈其尤加入致公党,参加在香港召开的致公党第二次代表大会,陈炯明被推为该党总理,陈其尤为中央干事会负责人之一。1933年9月,陈炯明死后,致公党中央的实际工作均由陈其尤、陈演生负责。

早年陈其尤任职粤军时,与蒋介石交厚。抗战伊始,陈其尤是国民政府驻香港特派员。香港是南京政府对外购买军火的重要渠道,负责军火采购的是孔祥熙的长子孔令侃,从军火交易中捞取巨额回扣。陈其尤对此无法容忍,遂于1938年初向南京国民政府揭发孔的行为,要求严惩。然陈的举报反见异于蒋介石,蒋要陈其尤飞武汉向其汇报工作,结果被军统戴笠逮捕,囚于贵州息烽,1941年移至重庆,才获得市区范围内的自由。

1941年,陈其尤获释转居重庆,但仍处处受到刁难。1942年初,陈于重庆与少年时的好友、时任《新华日报》社医药卫生顾问的黄鼎臣邂逅,由此开始接触到中共人士。中共驻渝代表周恩来等给予陈以极大的支持和帮助。

1944年,中共南方局通过黄鼎臣向陈其尤建议,中国致公党是华侨爱国力量的一个基础组织,应尽快恢复起来,以便为战后和平民主及复兴祖国的建设事业中发挥更大的作用。1945年,抗日战争取得胜利。国民党蒋介石集团在美国等的支持下,挑起了大规模的内战。中国共产党及广大民主进步力量团结一致,掀起了反卖国、反内战、反独裁的民主运动。陈其尤在中国共产党人的启发和帮助下,逐渐认识到只有共产党才能把中国引上光明的道路。陈其尤和在重庆的一些致公党的同志,认为有必要恢复致公党的组织生活,以便通过这个组织发动海外侨胞,特别是洪门人士,使他们参加到争取中国民主建国的运动中来。

1946年初,陈其尤摆脱特务的监视,和黄鼎臣等先后来到香港,与在香港的老致公党员陈演生等酝酿恢复致公党的活动,提出整顿致公党务,并加入以中国共产党为领导的人民民主统一战线的行列。1946年11月1日,陈其尤以致公党中央干事会名义致电美国总统杜鲁门,呼吁美国政府改变其助长中国内战的错误对华政策,停止对蒋介石集团的军事援助;11 月 2 日,发表《中国致公党对时局意见》,11 月 19 日再次发表声明,反对国民党当局不顾政协会议决议和全国人民的意愿,擅自召开伪国民大会,指出国民党这一行径将引起全国分裂的危险,国民党应对此负全部责任。致公党愿同其他爱国党派一道为实现和平建设新中国而共同努力。并再次呼吁美国政府应停止对中国内部问题的干涉。

在中国共产党的支持和帮助下,中国致公党第三次代表大会于 1947 年 5 月在香港召开,这次大会一致议决加入以中国共产党领导的人民民主统一战线,修改党章,会议选举李济深为中央主席,陈其尤为副主席,并主持日常工作。致公党"三大"发表《大会宣言》,揭露蒋介石集团加紧勾结美国实行独裁统治的罪恶,致电美国总统杜鲁门,要求撤退驻华美军,停止对国民党的一切物质援助,指出中国内政问题应由中国人民自行解决,无须外国人干涉。

1948 年 1 月 1 日,中国国民党革命委员会宣告成立,宋庆龄当选为名誉主席,李济深为主席,陈其尤为致公党主席。5 月 5 日,陈代表致公党同其他各民主党派的负责人及无党派人士,于香港联名通电,响应中国共产党的"五一"号召,拥护召开新政治协商会议和成立民主联合政府。5 月 6 日,中国致公党还单独发表《响应中共中央"五一"号召宣言》,公开批驳了某些民主人士第三条道路的幻想。

11 月 23 日,陈其尤接受中共的邀请,离开香港北上,于 12 月 19 日抵达沈阳,随即致电中共中央负责人毛泽东、朱德、周恩来,代表致公党成员向中共中央致敬。陈进入东北解放区后,除积极参加新政协的筹备工作之外,还到各地进行参观,目睹了解放后城乡的新气象。1949 年 1 月 22 日,陈其尤与李济深等五十五人联名发表对时局的意见,表示愿在中国共产党领导下,为早日建立新中国而奋斗。1 月 28 日,致公党发表拥护毛泽东主席关于时局声明的通电。2 月 25 日,陈其尤从东北抵达北平。6 月 15 日,参加了新政治协商会议首次筹备会议,担负起草政府组织大纲，以及新中国国旗、国徽、国都和纪年方案等的审查工作。

1949年9月21日，陈其尤作为致公党的首席代表出席了中国人民政治协商会议第一次全体会议，他在大会发言中说：中国人民政治协商会议的召开，实在是适合今天中国人民迫切的一件大事，也是中国历史上空前的创举。中国人民受三座大山的压迫与剥削，是到了极点，"民不聊生"四个字也不足以形容这种惨状。要使全国人民及海外华侨从上述三种压迫之下完全获得解放，除了通过像人民政协这种广泛而深入的民主统一战线的组织形式，以进行长期斗争是无法取得的。陈对中央人民政府组织法确定中华人民共和国是工人阶级领导的、以工农联盟为基础的、团结各民主阶级及中国境内各民族的人民民主专政的国家，表示称道。他认为，"这样非常明显地把我们的团体和人民民主专政的形式规定出来，实是很适合于中国的客观环境。政府的组织形式，不是资产阶级的那一套，所以没有什么三权相互制约的那些叠床架屋的机构。这充分说明，我们的政府将是极有效率的，而不是官僚形式的。我们惟盼大会迅速依照这个组织法，选出中央政府，以进行全国的建设"。陈其尤认为，《共同纲领》是三个文件中最为重要的一个，是百余年来我国无数志士仁人梦寐以求和牺牲生命换来的，可以说它是我们现阶段的大宪章①。

1950年、1952年，1956年的致公党第四、五、六次代表大会上，陈其尤当选为中央主席团召集人或中央主席。解放后，陈其尤还任第一届全国人民代表大会代表，第二、三届全国人大常务委员会委员；全国政协第二、三、四届常务委员会委员。

1970年12月10日，陈其尤在北京病逝。

---

① 《中国致公党首席代表陈其尤发言》，新华书店编辑部：《中国人民政治协商会议第一届全体会议讲话、报告、发言》，新华书局，1949年版。

主要参考资料

王培智:《陈其尤与中国致公党》,广东人民出版社2004年版。

中国人民政治协商会议全国委员会文史资料研究委员会编:《辛亥革命回忆录》(一),中华书局1961年版。

韩信夫等主编:《中华民国大事记》第1册,中国文史出版社1997年版。

广东政协文史委编:《广州百年大事记》(上),广东人民出版社1984年版。

中国致公党中央宣传部:《致公通讯》1987年第2号。

陈 启 天

李义彬

陈启天,乳名翊林,谱名声翊,在小学和中学读书时学名国权,辛亥革命时从军改名春森,1912 年入大学后又改名启天,字修平,笔名明志、致远。湖北省黄陂县陈牌楼村人。生于 1893 年 10 月 18 日(清光绪十九年九月初九),其父陈子俊经营榨油业兼地主。

陈启天 1900 年入家塾接受启蒙教育,1905 年下半年进入新式学堂,就读于武昌湖北高等农务学堂附属高等小学,翌年秋转入新设的黄陂县道明小学,1910 年春考入湖北高等农务学堂附中农科。1911 年辛亥革命爆发后,陈启天投考北伐第二军宪兵队,从军半年,后退伍还乡。1912 年秋,入武昌中华大学政治经济特科,攻读政治、经济、法律等课程,对宪法课用功尤多;同时从名儒刘文卿修习"阳明学",坚持每星期日参加刘举办的"文会",听讲经学和理学;1915 年夏于该校毕业。1917 年到中华大学中学部任教,时中学部主任为恽代英。陈从教学中"渐觉未学教育而当教师,未免自误误人",乃于 1920 年投考南京高等师范教育专修科,录取后未立即入学,先应聘赴长沙湖南第一师范任教,1921 年春才去南京高师(后改名东南大学)报到。在五四运动推动下,1919 年秋,陈启天经王光祈介绍,与恽代英、余家菊等一起加入少年中国学会,并于 1923 年至 1924 年间担任该会执行部主任。"五四"以后,新文化统一战线开始分裂,知识分子队伍出现分化。这时,陈启天接受了国家主义,在政治上急剧右转。1922 年,少年中国学会通过在杭州举行的年会和《少年中国》杂志,讨论学会方针问题。陈启天等主张学会只从事社会活动,反对邓中夏、黄日葵、高君宇等提出的从事政治活动的主张。少年中国学会内部这场政治活动与社会活动的争论,实际上是"五四"时期李大钊与胡适关于马克思主义与改良主义论战的延续。1923年,陈启天撰《何谓新国家主义》一文,宣扬国家主义,攻击马克思主义。该文先在同年12月少年中国学会南京年会上宣读,后在《少年中国》杂志上发表。

1924年6月,陈启天从东南大学毕业后,即赴上海,就任中华书局新书部编辑,主编月刊《中华教育界》。同年9月,中国青年党的首脑曾琦、李璜等从欧洲归国,将该党活动中心从法国移到国内。陈启天与曾、李既同是少年中国学会会友又都主张国家主义,他们于10月10日在上海共同创办《醒狮》周报,以鼓吹国家主义,进行反共、反苏、反马克思主义宣传。陈启天是该报主要撰稿人之一。他在《醒狮》第4号上发表《醒狮运动发端》一文,鼓吹"国家主义是目前中国拨乱救亡的唯一良药",说它可以"振作国民的精神,激励国民的感情,团结国民的意志,以求洗刷国民的耻辱"。他在这篇文章里还提倡阶级合作,反对阶级斗争,说"在国家主义的旗帜下,无论何种职业的国民均可一致趋赴,协力图强,否则阶级划分,争斗益烈。国内混乱的局面无由廓清,而国际干涉的惨祸终难幸免"。

1925年7月,陈启天经曾琦介绍,参加中国青年党,党号无生。同年8月,陈去山西出席中华教育改进社年会,结识常燕生,介绍其参加中国青年党。在陈的建议下,青年党于10月成立中国国家主义青年团,作为外围组织。他还发起成立国家教育协会,冀以影响教育界人士。1926年7月,他在上海参加中国青年党第一次全国代表大会,被选举为中央执行委员兼训练部主任。此后,长期从事青年党的宣传、训练工作,接连不断地到处讲演,并在《醒狮》周报上发表文章,进行"国家主义"的宣传。

1925年的五卅运动推动了全国规模革命高潮的兴起,中国共产党的影响也迅速扩大。陈启天害怕广大青年将接受和信仰共产主义,即在《醒狮》周报第 44 号上撰文,对那些"热心救国而又无确定的主义的青年"们说:"解决目前中国的国事,不是共产主义,便是国家主义。"他在分析了共产主义和国家主义的三大分歧点后,断定"共产主义……处处不及国家主义",所以他"毅然决然主张国家主义,反对共产主义"。早在 1922 年 7 月中国共产党第二次全国代表大会上就明确宣布,在半封建半殖民地的中国,革命要分两步走,第一步先进行反帝反封建的民主革命,待这一革命成功后,才能转入第二步社会主义革命。陈启天和当时的其他反共分子一样,把中国共产党经过长期奋斗才能实行的最高纲领歪曲成现时的行动纲领,无中生有地说中国共产党在当时就要实行共产主义,认为这是"绝对不能实现的。若要勉强实现,必招共管之祸"①。以此来恐吓广大青年不要信仰共产主义,不要接受共产党的领导和影响。

在当时的革命斗争中,青年学生是一支重要力量,起着先锋作用。有的学校当局(如上海同济大学),为了制止学生参加爱国运动,竟强迫学生填写誓约书。陈启天看到"这种高压的手段","不但不能制止学生爱国运动,而且足以增加学生反抗",于是他就向那些学校当局建议:对于学生"与其一味压制不如相机指导",其主要内容是让学生"认清爱国运动的正当方向只有国家主义。凡与国家主义相反的主义如共产主义、赤化的三民主义……都是亡国主义","防止共产党和赤化的国民党员闯入教育界","要根据国家主义的目的手段与政策,指导学生的爱国运动,以代替共产党的亡国运动指导"②。由此可见,陈启天不仅攻击马克思主义,也攻击孙中山的新三民主义;他不只是反对共产党,也反对改组后的中国国民党;企图把当时的学生爱国运动纳入青年党的

---

① 陈启天:《国家主义与共产主义的分歧点》,《醒狮》周报第 44 号(1925 年 8 月 8 日)。

② 陈启天:《为北京惨案再告全国教职员》,《醒狮》周报第 78 号(1926 年 4 月 10 日)。

轨道。

1926年7月北伐战争开始。北伐军所向披靡,迅速击溃了军阀吴佩孚、孙传芳的主力,把革命从珠江流域推进到长江流域。革命的迅猛发展,在革命区域内反对国家主义派的斗争广泛展开,使陈启天极为恐慌。同年11月,他辞去中华书局职务,从上海乘船前往重庆。他入川后,恰逢刘湘等在四川"易帜",摘下五色旗,换上了"青天白日"旗。在此形势下,他无法在四川公开活动,便于1927年1月悄悄返回上海。3月北伐军进入上海,陈启天和曾琦先后去北京,并暂将《醒狮》周报移至北京出版,由陈启天代编。陈在北京还主办党务训练班,主讲国家主义、政党与政治运动等课程。7月,他又潜回上海,参加青年党第二次全国代表大会。

"四一二"政变后,陈启天一再呼吁蒋介石放弃北上进攻孙传芳、张作霖的行动,劝蒋不要"汲汲于争鸡虫之得失"而"放松共产党",希望蒋和北洋军阀、青年党结成联合阵线,共同反共。他声称:"蒋介石和国民党的目前大敌,不是北方实力派,而是共产党","我们对于国民党倒共的工作,可在联合战线上充分予以援助。"①陈还鼓动全国的"各种反共的军事势力(蒋军包括在内)""克期会攻武汉",消灭武汉革命政权,否则必"同归于尽"②。陈启天的公然献策未被蒋介石采纳,他被迫离开上海,前往张作霖统治下的北京,公开投靠北洋军阀。8月,经同党余家菊介绍,化名陈止韬,前往败退到济南辛庄的金陵军官学校任教,为孙传芳培养军队骨干(还在南京时,陈启天就曾接受该校总办万鸿图之约,去讲演过国家主义)。1928年4月,蒋介石率军第二次北伐逼近济南,该校被迫再次北迁,在滦州与奉系军阀的东北讲武堂合并,这时陈

①　陈启天:《救国的联合战线与国家主义者的态度》,《醒狮》周报第129期(1927年4月23日)。

②　陈启天:《苏俄不许共产党退出国民党与中国的前途》,《醒狮》周报第134期(1927年5月21日)。

启天方离去,于同年6月从海路返回上海。8月,在上海参加青年党第三次全国代表大会,仍被选为中央常务委员兼训练部主任。同年,以明志笔名出版《反俄与反共》一书,对中国共产党极尽攻击污蔑之能事。

1929年初,陈启天再次入川。他一面以陈修平名义在张澜主持的成都大学讲授社会学、中国近代教育史,一面从事青年党的党务活动。同年5月,又离川返沪。8月,接替李璜主办青年党的党务学校"知行学院",担任院长并亲自讲授课程,直到1930年6月。

1930年8月青年党第五次全国代表大会决定成立中央检审委员会,以监督中央执行委员会,陈启天被选为该会委员长。7月27日工农红军第三军团在彭德怀指挥下攻占长沙,青年党为了和共产党领导的武装斗争相对抗,由陈启天提议成立了"湘鄂赣反共救民会"。该会在宣言中申明它的三项任务是:"联合全国反共分子使立于同一战线之下";"领导社会民众,使为扑灭共匪之主力";"研究反共具体方略,示国人以准绳。"①陈启天在上海创办了以攻击污蔑工农红军、反对共产党领导的武装斗争为宗旨的《铲共半月刊》,并以"湘鄂赣三省党务特派员"名义到九江、南昌、武汉等地,会见国民党军政学界头目,搜集"匪况和剿匪状况"②。之后,他就连篇累牍地发表文章,恶毒攻击共产党,向国民党反动派献计献策。在一篇题为《怎样才能彻底肃清共匪?》的文章中,针对蒋介石几次派兵"围剿"红军连遭失败的教训,提出了七条"确实有效剿匪办法",这就是:"在政治上彻底革新","在吏治上须彻底整饬","在清乡上须实行保甲","在教育上须积极灌输救国的思想于青年脑中","在党务上须暂时取消各县党部","在外交上须继续与俄绝交","在军事上不急于进剿。"他同时也批评蒋介石的独裁政策,认为"中国当前的大患,不仅在共匪,而且在执有政权与军权的人们绝少公心与真心"。他说:"当权者不拿出真心和公心来想办法,是自己要塌

① 《铲共半月刊》第4期(1930年11月10日)。
② 《由江西到湖北》,《民声周报》第25期(1932年5月21日)。

台,任何人也不能维持他。"①字里行间流露出他甘愿投效而未获青睐的怨望心情。1931年他把胡林翼、曾国藩、左宗棠全集中有关镇压太平天国的内容摘录出来,先在《铲共半月刊》上发表,后汇编成册出版,书名为《胡曾左平乱要旨》,供"围剿"红军的国民党军队参考。

"九一八"事变后,国内阶级关系发生重大变化。陈启天在上海创办《民声周报》,提出"政党休战"口号,想与国民党蒋介石停止党争,握手言和。这时,他一面主张抗日,一面继续持反共反苏立场。1932年初,国民党政府决定召开国难会议,陈启天是被邀会员之一,但他未出席会议。1932年夏,青年党召开第七次全国代表大会,由于内部派系矛盾,陈启天与曾琦、李璜、左舜生等均未选入中央担任职务。1933年,他仍在上海办《民声周报》和《铲共半月刊》。1934年9月,陈在武昌家中曾被国民党逮捕,解往南昌,10月即被释放。1935年初由上海去日本东京养病五个月。回国后在上海参加青年党第八次全国代表大会,又被选为中央常务委员兼训练部主任。会后,在上海接替常燕生主编《国论》月刊,并在这个刊物上多次发表文章。在《夹攻中的奋斗》一文中,他污蔑共产党"是用抗日的幌子来骗人",反对国民党再次"联俄容共"。他主张要在"夹攻中奋斗":"一面积极准备抗日,一面彻底肃清匪患"②。

"七七"事变后,陈启天从上海迁居武汉。1938年4月,青年党通过和国民党交换公开信,正式获得了合法地位。同年6月,陈启天担任教育部战时教育问题研究委员会委员。7月,国民党政府在武汉召开第一届国民参政会第一次会议,陈启天作为参政员出席会议。8月,由武汉迁居重庆。在抗日战争期间,一直滞留四川,担任历届参政会参政员。1944年还在中华大学文学系讲授"韩非子研究"。

抗日战争胜利后,青年党于1945年11月在重庆召开第十次全国

---

① 《铲共半月刊》第26、27期合刊(1932年9月10日)。
② 《国论》月刊第1卷第11期(1936年5月20日)。

代表大会,陈启天被选举为中央常务委员兼秘书长,协助主席曾琦主持青年党的党务。1946年1月,政治协商会议在重庆召开,陈启天作为青年党的五名代表之一出席会议,并与曾琦、余家菊等联名提出"关于改革政治制度实行政治民主化案"和"关于停止军事冲突实行军队国家化案"。在1月16日的会议上,陈对青年党的后一提案作了说明,强调"促进民主也非先军队国家化不可,枪杆子之下无民主,拿队伍讲民主宪政,很危险"①,为国民党的"先军队国家化,后政治民主化"伴唱。会议期间,他参加宪法草案审议组工作。在讨论宪草时,尽力替国民党帮腔,后来他写道:"讨论宪草原则时,我与慕韩先生出席说明自治法须以宪法及立法院通过的'省县自治通则'为依据。同时出席该小组委员会的王若飞、秦邦宪,以我们的主张大不利于共产党的割据,起而无礼谩骂。"②

1946年5月5日,青年党中央党部随国民党政府还都,迁往上海。先一日,陈启天由重庆飞往上海,又转赴南京,设立青年党南京办事处。同年11月,蒋介石召开"制宪国民大会",陈启天和曾琦、左舜生一道提出了青年党出席伪国大名单,陈也出席了伪国大,是大会的四十八名主席团成员之一,并兼任会议副秘书长。

1947年4月,国民政府改组。青年党正式参加南京国民政府,陈启天先任"国民政府委员",5月18日改任经济部长。同年8月,青年党在上海召开第十一次代表大会,陈启天被选为中央常委。1948年3月,蒋介石召开"行宪国民大会"时,陈启天作为上海市代表出席,是会议主席团成员。4月13日他向会议作经济部施政概况报告。会后,行政院改组,经济部改名工商部,陈启天仍任部长。同年12月,辞去部长职务,移居上海。1949年4月,曾亲往浙江奉化溪口,劝已经"引退"的蒋介石复出,收拾败局。中国人民解放军渡过长江解放南京后,陈启天

① 《新华日报》1946年1月17日。
② 陈启天:《寄园回忆录》,台湾商务印书馆1965年版,第286页。

逃离上海,经广州飞往台湾。

　　陈启天到台后,1950 年复任青年党秘书长兼代主席及伪总统府"国策顾问"、台北"故宫博物院"理事等。同年 10 月他辞去青年党的职务,随后主编《新中国评论》月刊。1969 年夏,又当选青年党主席,直至 1984 年 8 月 10 日病逝于台北。

陈 渠 珍

张永攀

陈渠珍,原名陈开琼,1882 年 9 月 22 日(光绪八年八月十一日)生于湖南凤凰厅镇竿城(今凤凰县),祖籍江西德安县。明末清初其先祖迁徙至湖南浏阳,后又迁徙于麻阳龙家堡,在祖父陈宏文时期,迁徙到湘西凤凰的镇竿城。陈渠珍的祖父陈宏文曾中秀才,在镇竿城的茶叶坡开设一家药铺,生意兴隆后迁至岩脑坡,原配郭氏于 1809 年去世,续弦许氏,生二子,次子名陈茂林。陈茂林早年在镇竿衙门当差役。咸丰年间太平军从广西进军湖南,陈茂林随清军征讨,在援驰长沙、防守南京等历次战役中,均立下军功,职务由守备、游击、副将,到总兵、重庆镇使,授三品武功将军。同治末年,陈茂林回到湘西苗疆,任凤凰营都司,常驻黄丝桥镇守边关。陈茂林有一妻二妾,小妾南川金氏,陈茂林五十四岁时生陈渠珍。

陈渠珍为陈茂林独子,故得到家人的珍爱。1888 年,陈渠珍六岁,入黄丝桥蒙童馆读书。1894 年 9 月 11 日,陈渠珍十二岁,其生母金氏病故。1897 年陈茂林去世,陈渠珍随大娘李氏、二娘邵氏返回镇竿,在西门坡学馆学习"四书"、"五经"。少年的陈渠珍学习颇为刻苦,每日勤学不辍,1901 年以"品学兼优"被选送到沅州(今芷江)府著名的"沅水校经堂"学习,名人熊希龄、谭凤章均出于此经堂。1903 年湖南省筹办长沙武备学堂,时年二十一岁的陈渠珍报名参试,但未被选中,该年秋,再次应试,终于进入长沙武备学堂附设的兵目学堂。陈渠珍入武备学堂后,认为原名"开琼"不好,遂改名为"渠珍",意为"沟渠中的珍宝",希望自己的才能早日被人发现。1904年,以舆地、算学等科目优异而升入武备学堂将弁班学习。1906年,陈渠珍在武备学堂毕业后,分配到宁乡任见习军官,约半年后,调回长沙任湖南新军第四十九标队官。在此,他萌发反清思想,加入了同盟会,但不久便辞去标队官职务,回到凤凰,坐观形势变化。

在家乡居住一年后,其友人约他去湖北见总督赵尔巽,以谋求出路,赵尔巽看到陈颇有才能,将其推荐给川滇边务大臣赵尔丰。陈渠珍在长沙小住几日后,便与好友林修梅等五人乘船至宜昌,进入三峡,至成都拜见了赵尔丰,但赵疑心陈渠珍等五人为同盟会成员,"不即擢用",陈渠珍遂滞留在成都等候差命。不久,赵尔巽调任四川总督。恰好,湖南凤凰的老乡田应诏,在四川任讲武堂监督,与赵尔巽时任新军协统的钟颖等人素有私交。陈渠珍于是以老乡身份拜访田应诏,述入川苦闷之境,遂得到田的引荐面见钟颖。于是,陈渠珍前往新军协统钟颖所部任第六十五标队官,驻防百丈邑,并将妻子刘次湘接到成都。

陈渠珍驻防的百丈邑是连接川藏的重要通道。陈渠珍在闲暇之余,对西藏很感兴趣,询问西藏的山川风俗,参考图籍,恰好此时西藏局势多变,清宣统元年中央政府决定派遣钟颖率领川军2000人赴藏,陈渠珍给钟颖及时呈上了西征计划书,"对于藏事规划颇详尽",钟颖对此大加赞赏,立刻召他回到成都,委任他为援藏一标三营督队官,并给予了一些生活资助。

1909年7月,陈渠珍随钟颖正式挥师进藏,行军途中颇为艰难,据其在1936年撰的《艽野尘梦》记载,劳役四处逃亡,虽出重金,但难于雇佣到役夫,此后,过雅安、泸定、大相岭、打箭炉,50天后到达昌都。此后,又经过恩达、类乌齐、三十九族地方,年底到达拉里。

陈渠珍等人至工布江达后,在脚木宗驻扎半月。得知珞瑜产大米,遂绕行到墨脱县一带考察。在工布的彭措家聚会时,遇到了彭措的侄女西原。西原从此成为陈渠珍的姬妾,跟随其在西藏活动。其后陈渠珍驻防卡拖。此时,内地的辛亥革命爆发,陈渠珍准备率领湘西子弟百余人回内地。按照原计划,陈渠珍与爱侣西原本来准备取道昌都返回湘西,但在路过工布江达时,友人孟林认为,赵尔丰知晓藏军叛变后,派三营前往拉萨防堵。陈渠珍遂率领湘西籍军士115人从藏北前往青海绕道而行。随后误入羌塘高原,冰雪无边、黄沙漫天,人员不断死亡,经过通天河,进入青海境内,粮辎全尽,到达柴达木时仅剩下七人。羌塘之旅因为迷路绕行,历时二百余天,期间经历了难以想象的困境。到达西安后,又贫困交加,万里相随的伴侣西原不幸染天花而殁,陈对之感情深厚,"号哭几经皆绝"。

　　西原在西安去世时,已是1912年2月,陈渠珍在西安滞留了一月,下葬西原后,盘缠全无,依靠亲友接济才凑齐回凤凰的路费,该年3月,陈渠珍回到家乡。此时,田应诏已是湘西镇守使,接见了陈渠珍,不久便任命陈为湘西军官团教练,该军官团有青年军官一百多名,仿北洋武备学堂而建,学员基本都为凤凰人,每期半年,共为两期。

　　随着袁世凯称帝的步伐日益加紧,全国人民的反袁呼声也越来越高,湘西镇守使田应诏也准备策划反袁,陈渠珍反对,但中营游击滕代春却认为陈渠珍"小小参谋,参是参非",从此二人交恶。陈于是离开镇竿,出奔四川,投靠四川酉阳张子青,当时革命党人石青阳正在四川发动护国运动,组织护国军。张子青便将陈渠珍贵推荐给石青阳,从此陈以税务局长的名义,在川东招募护国军。但田应诏旋又来电酉阳,邀请陈渠珍回到凤凰。陈渠珍回到凤凰后,建议田应诏"北看袁项城,南观孙中山",审时度势。从此,陈渠珍成为田应诏的高参,负责训练军队。1916年蔡锷、李烈钧发动护国运动后,陈渠珍建议湘西暂守中立,北通北京政府,但在暗中交往黔军。1915年12月护国军向麻阳进攻,陈渠珍率领一个团兵力驻扎风、麻交界的村寨,配合护国军乘势掩杀北军。北军失败后,陈渠珍又报北京政府说,湘西军队因兵力分散、装备落后,无法及时协助北军,于是袁世凯又援助田应诏枪支千余,此后,田应诏和陈渠珍的湘西军在北军和护国军的拉锯战中大发横财,北军丢失的枪支弹药大多落入湘西军之手。陈渠珍也越发得到田应诏的欣赏。

1916年5月,湖南宣布护国独立,5月24日,湘西镇守使田应诏宣布湘西独立,任湘西护国军总司令,陈渠珍任护国军参谋长。1917年7月张勋复辟失败后,冯国璋代理大总统,段祺瑞任总理,重新掌握北京政府实权。段祺瑞上台后拒绝恢复《中华民国临时约法》和国会,9月,孙中山号召的护法战争开始。

当时,田应诏的势力范围是凤凰、乾城、麻阳、泸溪等县,而张学济以湖南辰沅道尹,兼守备司令身份,盘踞沅陵、古丈、辰溪等县,绥靖镇守使谢重光盘踞永绥、保靖、永顺、龙山等县。护法运动开始后,张学济立即派人赴广州谒见孙中山,表示愿意在湘西响应护法,孙中山于是任命张学济为湘西护法军总司令。1917年11月10日,田应诏在凤凰也宣布护法独立。12月张学济挥师常德,与北军陈复初作战,田应诏采纳陈渠珍的意见,前往援助。1918年9月,吴佩孚通电南北议和后,湘西出现了短暂的偏安局面。陈渠珍利用这一时机,把自己在湘西军官团的学生、亲朋安插到各团、营任要职,逐渐控制了田应诏所部护法第一军的权利。恰好此时,田应诏看到军政界斗争变幻莫测,逐生去意,去长沙安住。于是,陈渠珍计划逐渐驱逐湘西的其他地方势力,便带部队至麻阳,一方面派部下田共阶至永绥与永绥茶峒协台宋海涛联络,唆使他夺取屯租占有权,用兵赶走谢重光,占领永绥城。结果,谢重光出走云南,退出了湘西政治军事舞台。同时,陈渠珍在原防区抓紧剿匪,争取得到湖南省长谭延闿的信任。不久,陈渠珍被谭延闿任命为湘西剿匪总指挥,指挥部设立在麻阳,随后陈又担任湖南十三区清乡四路长官、湘西巡防各军统领兼十县剿匪总指挥,并命令龙山驻军与地方武装在湘鄂接境一带,"严防堵剿入境之任何部队"。

1920年陈渠珍从麻阳来到保靖,认为该地是割据称雄的好佳地,便将湘西巡防各军统领部和剿匪司令部迁到保靖,并召开十县长会议,认为湘西应该施行"保境安民"的方针,剿匪应该"招大股,吃小股","招老股,灭新股",启用包轸等人剿匪,经过两年剿抚的活动,北河流域的土匪均已肃清,湘西十县从此安定。经过剿匪,陈渠珍的军队扩充到一万五千人。当时,谭延闿派兵图湘西,进取辰州,其他各军纷纷倒向谭延闿,张学济依然反谭,遂处于孤立境地,于是割据湘西南芷江、黔阳一带的四川军阀周则范派部将蔡钜猷、刘叙彝,出兵赶走张学济,占领沅陵。1920 年 12 月,张学济遭北洋军湖北督军王占元所收买的"神兵"的猛烈进攻,阵亡于来凤城外的中坝垅。陈渠珍收编了张学济的部属一千多人。至此,陈渠珍成为湘西境内最大的一股势力,逐渐控制湘西全境,开始了积极的地方治理。

1921 年开始,陈渠珍派参军长刘伯齐等二十余人前往山西考察学习阎锡山的"保境安民"政策,并聘请留日学生策划湘西自治,发展教育,改进旧学,增设新学。在经济建设方面,主持制定《湘西十县乡自治联合筹办实业案》,包括开垦荒地,改良种子、勘察土质,建立农业试验场、开办工厂和矿业等十八大端,尤其重视湘西发展桑麻、桐油、茶叶等,禁烟土。使得湘西经济迅速发展,而陈渠珍本人却生活极为简朴。

1922 年春,广州军政府令川东边防军总司令石青阳入川组建军队,路过湘西,欲借陈渠珍兵马,因陈渠珍与他在四川之旧情颇深,遂派第二支队长贺龙随石青阳前往四川,贺龙入川后成为川东边防军旅长,此后战功不断,直至加入共产党走上革命的道路。1924 年 9 月,唐继尧、熊克武假道湘西出师北进,但不久孙中山逝世,熊克武放弃了北伐的计划,准备经过黔、桂入粤,陈渠珍暗中受到湘军总司令赵恒惕的密令向熊克武进攻,但遭到惨败。熊克武胜利后,经过凤凰,进入镇竿城。此时,久居长沙的田应诏突然又想从陈渠珍手中取回湘西的控制权力。陈渠珍于是请辞,居于木江坪的猫儿口。

田应诏重新上台后,原投奔于熊克武的陈渠珍部属田义卿又扬言要进攻凤凰,派三千兵马前往活捉陈渠珍,但未能成功,湘西于是大乱,民众怨声载道,要求田应诏下台。田应诏于是再请陈渠珍出山,自己遥领湘西镇守使返回长沙居住。在田闲居凤凰时期,陈渠珍仍然每日请安拜访,可见为人之周全。

1925 年夏,陈渠珍回到镇竿,重新整编部队,将八千人编为三个团、两个营,并争取湘西周边的其他势力援助。此时,贺龙已任澧州镇守使,陈渠珍通过桑植人陈慕素与贺龙取得联系,贺龙主动让出绥保、永各县防地。此后,陈渠珍集中兵力攻打田义卿。田义卿此人在湘西口碑不佳,1917 年,田义卿驻守龙山时,实行征收鸦片税,牟取私利,还命令百姓普遍种植,所以湘西百姓普遍痛恨之。1919 年被陈渠珍委任为保靖营参将兼保靖巡防司令不久,便对陈渠珍生二心。1925 年 7 月 24 日,湘西善后都督叶开鑫在沅陵设宴伏击,刺了田义卿。

1926 年起,澧州镇守使贺龙等人成为湖南省长赵恒惕的排挤对象,赵恒惕命陈渠珍讨伐贺龙。陈渠珍表面上发表了一道讨贺通电,并派兵驻守永顺,让贺龙顺利通过永顺而入四川。1926 年,陈渠珍消灭了凤凰岗水洞著名的"三五八"土匪集团,擒杀土匪二百余人。1926 年 2 月,湘西巡防军统领陈渠珍改称湘西屯边使。3 月,唐生智代理湖南省长,原支持田应诏的赵恒惕下台,陈渠珍遂任湘西镇守使,兼屯边使。

陈渠珍早在北洋军阀占领长沙,废弃"宪制"时,因担心被革命洪流所席卷,急电省政府表示参加北伐。时任贵州省省长、川黔边防督办等袁祖铭也背离吴佩孚而投向北伐军,担任北伐左翼军前敌总指挥,进入黔东铜仁。陈渠珍为避免与之冲突,率部退避龙山。8 月,袁与陈达成联合协议,陈任国民革命军北伐左翼军前敌副总指挥,设部沅陵,袁给陈渠珍军部分军械子弹。陈的实力进一步增强。然而袁参加北伐,实为投机行为,并不督军北进,而屯军常德,该举引起唐生智的不满,密报蒋介石,蒋介石密令唐生智等人处决袁,1927 年 1 月 31 日,袁在常德赴宴时被部将周澜设伏兵枪杀。陈渠珍本来属于袁祖铭的一个阵营,但因不久唐生智任第四方面军总指挥,准备东征讨伐蒋介石,所以并未对陈渠珍用兵攻击,反而积极拉拢陈渠珍。

1927 年 1 月 16 日,陈渠珍任国民革命军第十九独立师师长,编制为四个团。1927 年 5 月 21 日,马日事变发生,武汉开始"分共"。在此之前,陈渠珍虽然身为地方军阀,却能尚能热情对待湘西的共产党员,甚至支持工作。但是,马日事变发生后,陈渠珍的政治风向转向国民党右派,"严饬所属,缉办共党",一个月内杀害了不少革命志士,导致了"辰州惨案"。1928 年 4 月,湖南清乡督办公署成立,全省分为 11 个区,每个区兵力是一个师。陈渠珍以第十九师长兼任第八区司令,负责麻阳等九县的"清乡"任务。

1928 年 4 月,蒋桂战争结束,陈渠珍受到蒋介石的重用,被委任为武长萍铁路警备队第一警备军司令,仍驻守湘西。1929 年 6 月底,陈渠珍为恢复其对桑植的统治,进攻桑植,贺龙红四军先在南岔歼灭陈部向子云旅一部,缴枪数百支,后在赤溪渡口全歼该旅,缴枪千余支。贺龙红四军因此获得了建军以来的空前胜利,巩固了根据地,部队迅速扩大到近四千人。

1930 年中原大战爆发后,湘西远离战区,民生安宁,俨然是陈渠珍的一个独立王国,甚至连何键也无法在湘西插足,陈渠珍也引起了蒋介石的重视。陈渠珍在南京蒋介石侍从室任主任的同乡贺耀组帮助下,得到国民革命军第三十四师师长一职,月薪 3 万元,并从南京政府处补充了部分武器装备,在蒋介石的授意下牵制何键。1931 年,三十四师的编制已经扩充到 6 个旅和 16 个团,又将 7 个县的屯务军大队改编为 5 个独立营。此时,陈渠珍已有兵力两万五千多人,并在南京设立办事处,积极展开活动,反对何键。

1931 年开始,陈渠珍开始狠抓军队建设,写出《军人良心论》一书,作为官兵必读的科教书和行动指南,施行"精神与技术并重",兼采黄埔军校、湖南讲武堂、贵州崇武学校和日本士官学校的教育方法之所长,建立了军官教育堂、经武学堂、模范营、特火大队、卫士大队,建立修械所和军用皮革制服厂,举办无线电台培训班,建立一千三百多人的"军事督查大队",归自己直接指挥,到 1934 年陈渠珍的军队已增加到三万多人。

为了控制湘西农村全部,陈渠珍以加强农村建设和"防共"、"剿贺"为名,制定《农村建设方案》,于 1933 年建立了"湘西十三县农村建设分会"和"农村建设研究所",培养了乡村镇长和民团骨干一千多人,并且大力发展乡村教育和中医学校。1931年陈渠珍为了增加地方财政,与何键联合在沅陵秘密开办吗啡厂,年生产一千余担烟土,大发民财。

1934年1月,何键勾结贵州王家烈的黔军,唆使黔军东伐铜仁,得逞后,直取湘西陈渠珍,但遭到陈的猛烈反抗。交战中双方各有胜负、僵持不下,王家烈的部队也伤亡极大,1934年2月王家烈决定与陈渠珍和解,并赔款20万元,此次混战中,黔军降附陈渠珍的有五个师的四千余人,波及湘西十个县城,作为战争后方的凤凰、麻阳等地,民穷财尽,"湘西农村银行"也被迫倒闭。

1933年贺龙攻占鹤峰后,陈渠珍曾经派人暗中联络贺龙,希望与贺龙合作,但遭到红六军团政治部主任夏曦的拒绝未能成功。1934年11月,红军占领永顺县后,何键令陈渠珍全力"堵剿"红军,达到一箭双雕的效果。陈渠珍不得已受命后,成立"湘、川、黔联合办事处",陈为主任,组成"湘、黔、川剿匪指挥部",11月13日,陈渠珍收复永顺,但四天后,陈部中红军埋伏,被红军围歼千余人,并重新失去永顺县城。1934年底,红军在湘鄂川黔革命根据地的部队发展到二万一千多人,而陈部多次遭到惨败,湖南省长何键于是找借口欲拔掉陈,于1934年12月给蒋介石呈报,认为湖南"剿共"失败,主要责任在于陈渠珍,并且收买了陈渠珍的重要将领顾家齐,以师长职位拉拢顾家齐投向何键。

1935年元月,何键移驻常德,以"追缴"红军为名,调遣大批军队,进入湘西,布防在陈渠珍防区的周围,对陈部进行了分割,当时陈部因为奉命"剿灭"红军,分驻于永绥县、保靖县、龙山等地,陈渠珍深感自己已无能为力,被迫举行军事对策会议,但顾家齐等人已投向何键。元月24日,何键发布了八项命令,要求陈部三十四师按乙种师三旅六团编制改编,遣散缴外人员,收缴枪支和地方散枪,由于陈的部队从三万多人被压缩到五千多人,行政权力也被削减掉。陈考虑到自己的实际情况,被迫接受命令,将部队调到乾城、所里一带集中,进行整编改制。从此,三十四师归二十八军指挥,陈虽然名义上是师长,但具体事务由顾家齐代理,陈不能过问部队事宜,被指定在乾州办理屯务。从此,陈对湘西的军事控制消失。其苦心经营多年的三十四师不久也被调离湘西,抗日战争正式爆发后,被调到浙江进行集训,在著名的嘉善抗日战役中,伤亡官兵 3000 人,其中凤凰的陈渠珍部下就八百余人。

陈渠珍被何键摘下"湘西王"的桂冠后,并不甘于受制于人,利用自己的屯务处长身份,组织屯务军,将 24 个屯务大队发展到二千多人,不久缩编为三个营、三个直属大队、11 个县大队,共千余人。1936 年春,屯务军整编结束后,陈又开展剿匪工作,湘西社会逐渐安定下来。此外,陈还亲自抓审核屯租事宜,准备在永绥县和凤凰县进行催缴屯租,但遭到七县屯务指挥宋濂泉组织的民团反抗。1936 年 6 月,爆发了陈渠珍与宋濂泉之间斗争的永绥事变,双方各有伤亡,但湖南省政府有意偏袒宋濂泉部,陈渠珍愤然辞去屯务处处长一职。1936 年 9 月,陈渠珍携带家眷,从乾城至沅陵,乘船至长沙,就任省府委员、长沙绥靖公署总参议。

在长沙闲居期间,陈渠珍追忆约三十年前赴西藏、与西原结为情侣、征讨波密、误入羌塘高原的事迹,写成《艽野尘梦》。抗战爆发后,敌机不断轰炸长沙,陈渠珍迁往南岳避居。不久,蒋介石让何键离开湖南,调任内政部长。张治中任湖南省主席后,素为欣赏陈渠珍的才能,暂委任他为湖南民救处处长。1938 年 3 月,张治中为了进一步安定湘西、开发湘西,决定撤销湘西绥靖处,设置湖南省政府沅陵办行署、行署主任暂由陈渠珍担任。1938 年 4 月,陈渠珍回到湘西就任,当地有万人前来相迎,陈做了抗日宣传大会。陈渠珍就任后,开始收编各种游杂部队,清剿土匪,安定社会秩序,开展抗日救国宣传,大力发展生产,改善民众生活。在收编游杂部队中,共收编 233 个大小武装集团二万余人,从而结束湘西"革屯"运动,得到张治中的高度信任和赞许。

1938 年 11 月,因为长沙突发"文夕大火",全城付之一炬,陈渠珍将湘西绥靖公署机关迁至乾城,沅陵设置绥靖公署办事处。不久,陈在得到张治中的推荐后,前往重庆拜见蒋介石和陈诚,但遭到冷遇。在遭到陈诚等人的谗言后,蒋介石准备扣留陈渠珍,但在军事委员会办公厅主任贺耀组的担保下,陈渠珍前往四川南川居住。在滞留重庆期间,周佛海还拢陈渠珍投靠日本,陈严词拒绝之。陈渠珍住在南川,一家十多口人,衣食费用都感到困难,于是开办了一所"三一棉毛纺织厂",不久由于抗战日益紧张、物价飞涨,工厂被迫关门。1944年,通过张治中等人活动,陈渠珍被允许迁居贵州印江。

　　抗战胜利后,陈渠珍于1945年11月回到凤凰。因生活所困,他变卖了田地房产,在北门外安装四部水力轧花弹花机和小型的棉花混合纺纱厂。但因生意萧条而倒闭,其小女儿也因病夭折。1949年1月,湖南人民和平促进委员会成立,准备进行爱国自救活动,陈渠珍任副主任委员。

　　但是,1949年3月,陈渠珍利用湘西各派武装力量内部斗争的机会,在凤凰县长田名瑜的委托下,成立了凤凰县防剿委员会,自任委员。不久,陈渠珍开始招募兵丁,收罗旧部,成立湘鄂川黔四省边区自卫军政委员会,自任主任。兵力达到二千多人,并召开湘西善后会议,企图重新割据湘西。1949年7月,解放军迅速解放了常德等15县,湖南宣布和平解放,9月初,陈渠珍携家眷避居于凤凰县黄丝桥天王庙坐观局势变化。

　　沅陵解放后,湖南省军政委员会和解放军四十七军非常重视对陈渠珍的争取,先后派出多人前往湘西做陈渠珍的统战工作。1949年10月下旬,陈渠珍在得知中华人民共和国已经成立后,召集了凤凰的军政首脑会议,决定和平起义,11月9日,凤凰县治安委员会向湖南省军政委员会和湘西军区发出了《凤凰县和平解放代电》,当天,解放军进入凤凰县城,就此湘西全境正式解放。

　　1950年6月,陈渠珍应邀赴北京参加全国政协第二次会议和中央民族事务委员会会议,受到毛泽东和贺龙等人的接见,并由民革中央主席李济深介绍加入民革,任民革中央团结委员。1950年10月,陈渠珍还送两个儿子参加抗美援朝,并且协助湘西军区剿匪。1952年,陈渠珍患喉癌,于2月8日去世。

陈渠珍的主要著作有《芜野尘梦》、《军人良心论》、《廖天一庐日记》、《湘西教育曙光》、《湘西十三县农村建设方案》等。

主要参考资料

陈渠珍:《芜野尘梦》,西藏人民出版社,1999年。

陈同初:《回忆先父陈渠珍》,中国人民政治协商会议湘西土家族苗族自治州委员会文史资料研究委员会编《湘西文史资料》第2辑,1984年。

鲁岚:《陈渠珍》,湖南省人民出版社,1989年。

袁家春:《陈渠珍长期统治湘西的原因》,《怀化师专学报》1994年第2期。

李烈主编:《贺龙年谱》,人民出版社,1996年。

廖报白:《湘西简史》,湖南省人民出版社,1999年。

陈 去 病

杨天石

陈去病，原名庆林，字佩忍，又字巢南、病倩，别号垂虹亭长，笔名有季子、醒狮、大哀、南史氏、有妫血胤、东阳令史子孙等。江苏吴江县同里镇人。1874年8月12日（同治十三年七月初一日）生。祖上世代经营榨油业。

陈去病是遗腹子，自幼靠母亲教养。七岁入塾，二十二岁考中秀才。当时，正值中日甲午战争的第二年，陈去病感怀时事，诗中已有"北海血千里，腥风吼石鲸"之语①。1898年，在同里组织雪耻学会，响应维新运动。参加者有柳亚子的父亲柳念曾等四十余人，"鸡鸣风雨，磨砺一堂"②，活动一直延续到义和团运动兴起之后。1902年，参加蔡元培等发起的中国教育会，组织同里支部。次年2月赴日本留学。

当时中国留日学生的政治活动渐次兴起，陈去病到日本不久，风闻广西巡抚王之春出卖利权，邀请法军镇压会党，东京中国留学生为此掀起拒法运动。陈去病致书同里教育会，引证西汉霍去病"匈奴未灭，何以家为"的名言激励众人，他在信里写道："时值沦胥，强俄瞰北，英睒于西，法、日图南，德据东海。匪我族类，实逼处此。瓜分之惨，行将实验。使霍氏当此，不知其当若何痛心，拼于一决！"③自此，便以去病为名。

---

① 陈去病：《谒师吉庐，谈谦竟日，谨呈两律》，《浩歌堂诗钞》卷1，1924年版。
② 陈去病：《革命闲话》，《江苏革命博物馆月刊》第6期。
③ 《日本留学陈君去病致友人书》，《苏报》1903年4月30日。

拒法运动波澜未平,为反对沙俄吞噬中国东北的"拒俄"运动又高潮陡起。陈去病报名加入拒俄义勇队,申请开赴东北杀敌。清政府不仅拒绝学生们的爱国要求,而且蛮横地下令镇压,陈去病愤而立志反清。他在同乡会刊物《江苏》杂志上撰文,力陈革命必不可免,表示只要有陈涉一人首倡,他就要"仗剑相从"①。夏秋间归国,任教于上海爱国女学。课余辑录《扬州十日记》、《嘉定屠城记》等为《陆沉丛书》,绘图加批,作为反清宣传品,曾流行一时。

1904年3月,陈去病在吴江县周庄创办东江国民学校,以"保存国粹,阐发旧学,养成武健之风"为宗旨②。同年夏,著《清秘史》。暑假后学校因经费短缺停办,陈去病到上海任《警钟日报》编辑,宣传民族危机,呼唤同胞亟起救国。当时,京剧艺人汪笑侬正在编演改良新戏,陈去病认为这是"开通民智,提倡民族主义,唤起国家思想"的好办法③,积极为之鼓吹。九月,创办《二十世纪大舞台》杂志,发表传奇、班本、艺人传记及小说等。陈去病也亲自撰稿,以万福华枪击王之春事为题材,写了"时事壮剧"《金谷香》。因内容激烈,故刊物出版第二期后即被禁止发行。不久,《警钟日报》也被封闭。陈去病躲到客栈里,同一群清朝官吏酬酢往还,虚与委蛇,得以免祸。

陈去病因在上海无法立足,于1905年春至镇江承志中学任教。他写诗自励:"吾舌尚存笔尚健,阳秋著述未嫌烦"④。7月,开始在《国粹学报》上发表诗文。自《陆沉丛书》出版之后,陈去病一直潜心研究明清之际的历史,并大量收集明末抗清英雄吴易⑤、夏允彝、夏完淳及东林、复社诸人的著作和手迹。1906年,他应徽州府中学堂之聘,途经芜湖,

---

① 陈去病:《革命其可免乎》,《江苏》第4期。

② 《东江国民学校简章》,《警钟日报》1904年4月10日。

③ 《〈二十世纪大舞台丛报〉组织简章》,《警钟日报》1904年10月3日。

④ 《国粹学报》第6期。

⑤ 易,一作易,此据柳亚子考证,见柳亚子著《怀旧集》,上海耕耘出版社1947年版,第179页。

由刘师培介绍,加入中国同盟会。到校后,为纪念黄宗羲,与教员黄宾虹等组织黄社,盟词为:"遵梨洲之旨,取新学以明理,忧国家而为文。"其间,曾经皖南入浙,放舟新安江上,探寻宋遗民谢翱西台痛哭遗址。10月5日,在江上为张煌言作就义二百二十六年周祭。所至之处,一一作诗志慨,磨砺反清意志。11月,苏、浙两省掀起废除苏杭甬铁路草约,拒绝英款,收回自办的运动,陈去病参与组织江苏铁路协会,积极动员苏州人士认股办路,自保利权①。

1907年4月,陈去病在苏州偕高旭、朱少屏等凭吊明抗清英雄张国维祠。同月,写成《明遗民录》。该书是一部专题传记总集,凡例规定:入清后"隐居不仕,长为农夫以没世者,皆为搜罗,入之录中;其或曾叨一第及身受一职者,如侯朝宗之伦,虽文学彬彬,亦概所屏斥"②。5月,到上海主持国学保存会会务,参与编辑《国粹学报》。8月15日,与吴梅、刘三等十一人组织神交社。在《神交社雅集小启》中,陈去病盛赞明末结社之风,公开指斥清朝统治者的文网,表示要联络天下志士,"轩眉扬鞬,把臂入林,欢然上下其议论"③。同年冬,与柳亚子、高旭、黄节等在上海酒楼小饮,决定成立南社,借文学鼓吹革命。"南者,对北而言,寓不向满清之意。"④

著名女革命家秋瑾遇难后,陈去病不胜哀悼,1908年2月,他在杭州与徐自华等会葬秋瑾于西湖岳飞墓东侧,建议组织秋社。事后赴绍兴,任教于绍兴府中学堂,又与学生宋琳联络越中革命党人组织匡社。4月25日为南明永历皇帝被清军杀害之日,陈去病再到杭州,祭扫张煌言墓,并"南向哀号",哭吊永历。当日写成《永明皇帝殉国实纪》,文中称:"爰纪确闻,以告同志,庶几勖勉,用报大仇,则吾皇天上帝、社稷

① 王伯敏:《黄宾虹二三事》,《浙江文史资料选辑》第11辑,浙江人民出版社1979年版。
② 《国粹学报》第28期。
③ 《神州日报》1907年7月29日。
④ 《南社长沙雅集记事》,《太平洋报》1912年10月10日。

神祇,泊我高祖、列宗、永明诸皇在天之灵,必阴相佑之,以策成功。"①7
月4日,发起举行秋瑾遇难周年祭,革命党人因之聚集西湖,清朝地方
官吏以为即将起义,逻骑四出。陈去病不得已逃往汕头,任《中华新报》
编辑。同年冬,清政府勒令迁移秋瑾墓,徐自华发电告急,陈去病仓促
北返。但秋瑾灵柩仍被迫迁往绍兴。

　　1909年春,陈去病因腿疾住院,治疗半年,自此一足跛瘸。出院后
到苏州张家授馆,积极从事建立南社的准备。他先期发表《南社诗文词
选序》、《南社雅集小启》等文,表明主旨,公开号召。11月13日,与柳
亚子等十九人聚会于虎丘张国维祠,正式成立南社,陈去病被选为文选
编辑员。此后,社务迅速发展,活动前后延续三十年,社员总数达一千
一百八十余人。1910年,陈去病任教于杭州浙江高等学堂。次年3
月,宋琳、周树人(鲁迅)等在绍兴组织越社,陈去病为该社作叙,鼓励同
人以百折不回之志,力挽狂澜,拯救祖国,同时希望南社由越而闽而粤,
不断发展②。

　　武昌起义的爆发使陈去病无比振奋。11月21日,他在苏州发刊
《大汉报》,反对与清廷议和,主张北伐。1912年1月,至绍兴主编越社
机关报《越铎日报》。不久,改任杭州《平民日报》编辑。国民党发动"二
次革命"期间,陈去病任江苏讨袁军秘书。1918年,赴广州参加护法,
先后担任非常国会秘书长、参议院秘书长等职。护法失败后,陈去病郁
郁返里,筑浩歌堂,吟咏其中。1922年再赴广东,随孙中山北伐,任大
本营前敌宣传主任。6月,陈炯明叛变,陈去病被迫离粤,到南京任东
南大学讲师。1924年,出任江苏临时省党部委员。同年,冯玉祥发动
北京政变,溥仪被逐出宫,陈去病于11月随孙中山北上,任清理清宫古
物委员。

----

①　《民报》第23号。

②　发表在《南社》第4集上的《越社叙》未署年月,此据陈津门录送全国政协的
抄件,但"辛亥"误作"辛丑"。

　　孙中山逝世后,右派势力逐渐抬头。1925 年 12 月,陈去病与人联名通电支持西山会议派。南京国民党政府统治时期,陈曾任江苏文物保管委员会苏州分会主任、江苏革命博物馆馆长、中央党史编纂委员会委员等职。此后,他对国民党统治渐生不满。1931 年,以年老多病为由辞去各项职务。1932 年,在苏州报恩寺受戒。10 月 4 日病逝。

　　陈去病作诗推尊"唐风",反对清末以模拟宋诗为主的"同光体",尤其反对"闽派"的代表郑孝胥;作文则推崇王夫之、黄宗羲、顾炎武三家,反对桐城派。

　　著有《浩歌堂诗钞》等,其他文章杂著散见于清末至民国时期的报纸杂志上。2009 年其外甥张夷等编有比较完备的《陈去病全集》。

主要参考资料

　　陈去病:《浩歌堂诗钞》,1924 年版。

　　陈绵祥:《先考佩忍府君行略》政协吴江市委员会文史资料委员会编《华夏兴亡在匹夫——纪念陈去病诞辰 120 周年》(《吴江文史资料》第 14 辑),1994 年版。

　　金世德:《陈去病先生年谱》,青浦金世德律师事务所 1935 年印行。

陈　群

朱佩禧

陈群,字人鹤,乳名荣福,又号中之。1890 年出生于福建闽侯一个商人的家庭。其父陈炳麟在福州霞浦街经营美昌纸号,其母林莲花原是烟花中人,后被其父纳为侧室。陈群初读私塾,后考入福建高等巡警学堂,毕业后又进入私立福建法政学校。1911 年底福建光复后,陈群参加了福建学生北伐军,随军驻于福州东门外的东岳庙。学生军裁撤后,积极从事宣传演讲,开始立志从政。

1913 年,陈群赴日本早稻田大学留学,获法学士、文学士学位①。留学期间,参加孙中山领导的中华革命党。1915 年,办《福建群报》。1916 年回到上海,在环龙路四十四号中华革命党总部充干事,与徐苏中、彭素民、刘纪文、林焕廷等共事。护法战争期间,奉孙中山之命准备前往漳州从事秘密活动,不料行前被控制上海的皖系军阀卢永祥逮捕。陈拒绝卢永祥的招降,险些被其处决,后因南北议和而脱险。1917 年 9 月起,历任广州大元帅府秘书、军政府秘书、大本营宣传委员、大本营国民党党务筹备委员、国民党上海政治分会委员、黄埔军官学校政治教官。1919 年 11 月 1 日在《建设》杂志第一卷第三号发表了《欧洲十九

---

① 周佛海著,蔡德金编注:《周佛海日记》上编,中国文联出版社 2003 年 8 月版,第 226 页注释。

世纪文学思潮一瞥》,对 19 世纪欧洲文学的发展历史进行了研究①。
陈群的一生带着不少文人雅士的色彩。他多才多艺,尤擅诙谐之作。
有一次在吃饭时,梁寒操发言谓"简又文"可对"烛之武",陈自谓"陈人
鹤",可对"老狗熊",可谓双绝②。

　　陈群作为早期的国民党党员之一,深得孙中山信任。1921 年,孙
中山在广州任非常大总统时,陈任总统府秘书。1922 年 6 月,陈炯明
叛变,炮轰总统府,他追随孙中山上了永丰舰。1922 年 11 月,林森任
福建省长时,陈奉上海总部之命回福建活动,半年后与黄展云先后离闽
赴沪。1923 年,陈群担任广东大元帅府(大本营)宣传委员、国民党党
务筹备委员、党务处处长。黄埔军校成立后,陈群担任军校三民主义教
员,并结交胡汉民、古应芬、蒋介石等实力派人物,由此得以在政界崭露
头角。谷应芬执掌广东省政务厅时,陈群充该厅民政科科长。该厅举
办警官学校和课吏馆,谷即令陈充校长和馆长。

　　1926 年,蒋介石发动第二次北伐战争,陈群担任北伐军东路军白
崇禧部队的前敌总指挥部政治部主任。1927 年,前敌总指挥部派员检
查稿件时,和记者之间发生了纠纷。为此,4 月 8 日,陈群代表政治部
招待新闻界四十余名记者,缓和与舆论界的关系。在会上,他表示:国
民党实行三民主义,容纳共产党加入,是加入后实行三民主义;如果加
入国民党的共产党员,不遵守三民主义,专实行共产主义,则国民党不
能容纳。他要求记者勿载反三民主义、诬蔑或离间国民党领袖、或动摇
国民革命军、抵触革命军所属之各机关的稿件。同时谓国民党仍尊重
农工组织,惟农会应由真正农人组织,工会应由工人组织等③。

　　1927 年 3 月下旬,奉蒋介石密命,陈群、杨虎、王柏龄三人与上海

――――――――

　　①　《欧洲十九世纪文学思潮一瞥》(1919 年 11 月 1 日),D2‐0‐1384‐179,上海
市档案馆。

　　②　上海书店出版社编:《民国世说》,《论语・选萃・札记》卷,上海书店出版社
1997 年 1 月版。

　　③　《东路军前敌政治部招待报界》,《申报》1927 年 4 月 9 日。

黑社会杜月笙、张啸林、黄金荣"三大亨"以及结拜兄弟刘志陆等取得联系，秘密实施"清党"。4月11日晚，陈群、杨虎等三人与上海三大亨在"刘关张桃园结义"图前祭告天地，喝酒结义。4月12日凌晨2时开始攻击上海总工会，占领了总工会下属各工人纠察队据点和总工会办事处。13日，陈群、杨虎主持成立"工会组织统一委员会"，特派董福开、袁逸、费公侠、唐尧卿、程致、蔡公时、李子峰、刘公畏、王次宾等为专员①。1927年4月18日，陈群任上海警备司令部军法处处长、上海"清党委员会"主任委员，此外还担任上海军法处长、国民党中央执行委员会宣传部驻沪办事处主任。4月19日，陈群在《申报》上发表给上海县商会公函，为稳定上海秩序，保障孙中山的扶助农工政策得以实行，不准资本家滋生事端②。4月29日，国民党中央常委会决议任命他为上海特别市党部临时分会委员兼任执行委员，其中陈群、潘宜之、吴倚巷为常务委员，陈布雷任中央执委会书记长。陈群还担任国民革命军东路军总指挥部政治部主任兼东路军前敌总指挥部政治部主任③。此时他俨然是上海国民党党部要人。4月下旬，陈群、杨虎、杜月笙率领一支二百多人的"清党"流氓队伍，在芮庆荣指挥下，乘"新江天"轮前往宁波帮助蒋鼎文"清党"。大肆捕杀三天，公然悬赏捕杀共产党人和工人领袖，命令军警"严密查缉"，制造了"宁波一城腥风血雨"。

　　5月1日，陈群和杨虎、潘宜之联名发三份电报质问武汉国民政府：一、汪精卫何时到宁（南京）；二、忠告孙科到宁；三、促中山夫人宋庆龄离汉（武汉）。他积极从事"驱逐共产党"、"打倒武汉派"的清党运动。5月10日，他对福建省福州市党部清党运动给予回函，要铲除破坏中国国民党的共产党，同时应扫除土豪劣绅等旧势力，不要任意筹张、扩

　　①　《总指挥部政治部命令》，《申报》1927年4月13日。
　　②　《总指挥部政治部保障劳工之通函》，《申报》1927年4月19日。
　　③　《市党部临时执委员就职记》，《申报》1927年5月4日。

大清党运动等①。5月11日,蒋介石抵沪,命陈群主持上海政治工作,任杨虎为上海警备司令。陈手下成员有张秉辉(任秘书)、李公朴(主宣传)、杨键(主总务)等人。他与杨虎组织大刀队,不数日即杀四百余人②。杨虎曾一日枪杀十人,其中六人是共产党员③。可见"清党"时所用手段至为酷虐,被时人讥为"狼虎成群"④。另外,1927年5月,杨虎和陈群在上海成立总指挥,由政治分会负责,主张淞沪一带严禁彩票,清算公赌的陋风⑤。

"四一二"事件,陈群帮助蒋介石取缔了共产党,可是,国民革命军总司令蒋介石削弱了陈群的权力,这是因为陈群是党内游离分子,他更接近胡汉民、孙科。胡汉民南下前后与陈群建立了联系,陈群此时坚定地反蒋,奉胡汉民为领袖,服膺其领导,是胡所能依靠的主要力量,多次被派往各地办理"新国民党"党务与宣传工作。5月8日,蒋介石取消陈群东路军前敌总指挥部政治部主任的职务,专办上海前敌政治部事务、上海群众运动与工人训练事宜⑥。1927年5月20日,陈群辞去总指挥部政治部主任职务,仅担任政治分会和东路军前敌政治部主任。6月3日,上海工会组织统一委员会成立,陈群发表了攻击共产党的训辞⑦。

1927年6月15日,经政治部主任陈群核准,拨款给"上海学生联

①　《陈群对闽省清党运动之复电》,《申报》1927年5月10日。
②　李文滨:《陈群其人》,中国人民政治协商会议福建省委员会文史资料编辑室编《福建文史资料》第14辑,1986年版,第164页。
③　《一周大事日记》(1928年7月7日),《国闻周报》第4卷。
④　李文滨:《陈群其人》,第164页。
⑤　《杨虎陈群主张严禁彩票》,《申报》1927年5月10日。
⑥　《陈群专办上海前敌政治部》,《申报》1927年5月8日"兹录蒋总司令来电如下:'陈人鹤兄鉴,东路军现改为第一路,兄在沪日多,不能并兼,兄应在沪专办理前敌政治部及上海群众与工人训练,第一军政治部主任另行派人,以分兄之劳苦,中正虞'"。
⑦　《陈群对于工会统一会训辞》,《申报》1927年6月6日。

合会"经常费每月两千元,半月领取经费一千元①。7月18日,陈群参加上海学生联合会暑期讲学所举行学生开学典礼,他担任联合会名誉主任,与主任胡越、市党部黄惠平等三百五十人参加并发表训词,要求学生重视研究学问,关注政治变迁等②。此时北伐进行如火如荼,南北局势复杂,政治部主任陈群设法支持和控制上海学生运动及舆论宣传③。1928年8月起,胡汉民与蒋介石合作,但1931年2月28日,蒋介石因政见不一而将胡汉民软禁起来,陈群与蒋介石之间遂成敌对关系。1931年12月,蒋介石第二次下野。陈群、何思毅(又名世桢)等人即迎胡汉民来沪,并租马思南路二幢楼房给胡居住。

　　1931年,孙科组阁,陈群被委任南京警察厅厅长,1932年1月任内政部政务次长。1月24日,孙科内阁倒台,陈辞去内政部次长和警察厅长职返沪。1932年1月28日,日本向驻扎在上海的国民党第十九路军发起攻击,淞沪会战爆发。在沪战之际,日本制定"以华制华"的策略,于2月9日唆使陈群、陈中孚、王亚樵、陈友仁、任援道等在上海暴动,由日本军部发给枪支一万支、机枪两百挺,以驱逐吴铁城,夺取上海市政权,造成傀儡地方政府。日本政府甚至决定如果吴铁城率保警抵抗,即将其枪毙或逮捕。据马超俊回忆,当夜12时,有人向他报告,马立即密报孙科,孙科马上电话邀请陈群、陈中孚、陈友仁等前来,严加责询,随后劝说他们:不可因个人之权力,与一时之意气,做万世之罪人。陈等表示服从,取消前议;到天亮,陈等返回,

　　①　《陈群准拨学联会经常费》,《申报》1927年6月15日。
　　②　《上海学生联合会暑期讲学所举行开学典礼》,《申报》1927年7月18日。
　　③　《陈主任致李秘书长电》,《申报》1927年7月26日。电文内容如下:上海第二路总指挥部政治训练部李秘书长鉴,现据《申报》载有何澄俞应麓电:"请派代表往北京。又有奉天希望以何成濬或李石曾代表前去之新闻。查我方并未派人赴北京或奉天,接洽任何事项除饬各报对于此项类似之消息禁止登刊外,应切实办理,以免混淆听闻,是为至要。"

将所集人员解散①。

1932年1月胡汉民回粤,但间有到沪与何思毅、吴洗戈、柯筱庭、陈群等会议倒蒋,陈群在宝建路十七号的私邸被用作机关,在沪响应西南政务委员会与国民党西南执行部在两广的活动。直到1936年5月12日胡汉民在广州病逝后,陈群等在上海机关才告结束。此后,陈群先后出任上海法政学院总务长、浦东中学校长。1933年12月开始担任国华商业银行和交通银行的法律顾问,获得的报酬是每年银币五百元②。他在上海购置群贤别墅群(三十八幢);开办上海华通书局;创办正始中学;组建联合律师事务所。然而,他所办的这些"实业"不能维持他日常的生活开支,群贤别墅也因押款而全部易主。所以陈群寻找时机,准备在政治上东山再起。

1937年7月7日,抗日战争全面爆发,日本人冈田尚、冈田清兄弟先后来沪,拉拢陈群投日,陈群遂开始与梁鸿志商讨投敌附逆、组织伪政府之事。上海《文汇报》披露此事后,一些有识之士联名电告陈群,劝其悬崖勒马,速到内地共同抗日,但陈群以眷属均在沪狡言辩解,示不能从③。1938年3月27日,在上海新亚酒店成立了"中华民国维新政府",梁鸿志、温宗尧分任行政院、立法院院长。陈群以国民党党员身份参加,任内政部长,负责维持上海治安工作,表现活跃。4月9日至7月6日间又兼代教育部长。

伪维新政府设于上海期间,陈群携妾住在新亚酒店,虽每日三餐享用十元一桌的饭菜,但出入酒店均须向日军岗警出示出入证。陈群身边还有日本人派的宪兵、便衣各一人跟随左右,以"保护"陈群。后来,陈群发现这两个人经常在汽车里偷看他与梁鸿志的会议记录,以后

　　①　马超俊、傅秉常口述,刘凤翰等整理:《傅秉常、马超俊口述自传》,大百科全书出版社2009年版,第108页。

　　②　《国华商业银行总行聘请陈群为法律顾问的文书及法律顾问契约》,Q278-1-165-1,1935年1月,上海市档案馆。

　　③　李文滨:《陈群其人》,第167页。

就索性每次将会议记录分送给日本各部门。1939年9月12日，重庆国民政府文官处下令，陈群、缪斌、褚民谊、何世桢、梅思平、高宗武、丁默邨、林柏生和李圣五九人先后附逆降敌，全国军政机关一体严缉归案，全国最高法院给上海第一特区地方法院下达通缉令，除高宗武撤销通令外，其余都成了"汉奸"①。

1940年，汪伪国民政府成立之际，陈群担任"还都筹备委员会"副委员长，褚民谊任秘书长。"还都筹备委员会"内设总务、接收、布置、运输、招待、警卫六个组，陈群担任招待组组长。1940年3月30日，汪伪政权出台，伪维新政府寿终正寝。在权力中枢的伪行政院各部长人选中，原维新政府的人中只留了陈群一人做内政部部长。当时曾有人议论说："陈老八外表吊儿郎当，一副玩世不恭的样子，其实工心计，有手腕，与佛海等也敷衍得很好，汪政权中人也深怕他在日人面前捣鬼，破例任其为'内长'，正所以示羁縻也。"1940年1月8日，《周佛海日记》记载："晚访陈人鹤，谈中央政府组织三步骤及办法甚详。此人将来必须设法拉拢，否则阻碍必多；惟本晚余所言者仍嫌太多，以后当慎之。"②1940年4月6日，"晚赴人鹤处，谈治安费问题。人鹤主暂从现状，勿与日地方军人冲突。查其意甚善，外传渠（陈）取旁观，幸灾乐祸，殊不对也"③。可见，周佛海是设法利用陈在维新政府中的人事脉络和资源。

1942年，汪精卫主张行政简单化，各部只设一次长，但各部次长均不愿辞职，矛盾迭起。在这种情况下，汪又力主王敏中为伪内政部次长，陈群只好"委屈求全"，让自己手下人辞职，用了汪派人。1943年9月，伪江苏省省长李士群被暗杀后，汪精卫征得日本方面同意，调陈群

---

①　《江苏高等法院第二分院关于最高检察官令通缉附逆陈群等九名的文件》，Q181-2-701，1939年，上海市档案馆。

②　周佛海著，蔡德金编注：《周佛海日记》上编，第226页。

③　周佛海著，蔡德金编注：《周佛海日记》上编，第276页。

出任伪江苏省省长,伪内政部部长一职由梅思平接替。1944年3月12日,伪国民党中常会八十七次会议决定改组江苏省党部,任命陈群为主任委员①。1944年8月,汪精卫临死前对伪政府人事重新做了安排,陈群调任有职无权的伪考试院院长。期间,他担任过"宪政实施委员会常务委员"、"中日文化协会常务理事"等职。

陈群是个大收藏家,抗战期间收集了不少善本。1941年3月,陈群开始在南京颐和路修建书库,1942年2月完工。楼建成后,陈群请汪精卫题写了"泽存书库"的匾名。泽存书库建成后,收集旧图书达四十余万册之多,其中善本四千四百余册。库中还收有汪精卫寄存的五千多册书,其他汪伪政府官员,也在这里寄存了一大批图书。其后,"泽存书库"被国立中央图书馆接收,成为该馆北城阅览室。解放战争后期,被运送到台湾的那些珍籍,就出自这里。那些没来得及运走的泽存藏书,后来都收藏在南京图书馆的古籍部,共约万余种。陈群自杀前,写信给私交甚笃的马超俊(当时担任南京市市长),信中大意说:"平生为革命奋斗,至今为功为罪,希望在九泉之下,请总理评断。自己一生不聚私财,仅存图书数万册,全部捐赠南京市立图书馆。"马超俊不禁感叹:"可惜他走错一步,实在令人惋惜!"②

1945年5月,陈群听到纳粹德国投降的消息,他知道,德国的下场就是日本的下场,也是他的下场。在日本投降前夕的那段日子里,他一反平日玩世不恭的常态,常常与众妾回忆往事,哀叹道:"事蒋难,投敌较此更难。"1945年8月12日,陈公博、周佛海等电召在上海的陈群赴南京商议。陈群劝陈公博以伪军实力足可与蒋介石政府相抗,自立一方,可是周佛海反对,陈公博最后也不同意。陈群因感无望,下了自杀的决心。8月16日深夜,陈群预先立下遗嘱,并附上给蒋介石的一封信。信中谓:行者、居者各因其时,君行能远走高飞,

① 周佛海著,蔡德金编注:《周佛海日记》下编,第871页注释。
② 郭廷以、王聿均访问,刘凤翰记录:《马超俊、傅秉常口述自传》,第120页。

我既不能行飞,只有居于失地,时也,命也。望君勿前门拒虎后门进狼（前者指日伪，后者指共产党）。又请求蒋介石一切由他负责,勿株连附和者。

8月17日,陈群服毒自杀。

陈　三　立

杨天石

　　陈三立,字伯严,一字散原,江西义宁(今修水)人。1853 年(清咸丰三年)生。1882 年在参加乡试时被陈宝琛从落第卷中选拔中举。1886 年中进士,任吏部主事。其父陈宝箴,历官浙江按察使、湖北按察使等职,戊戌变法时任湖南巡抚,是旧官僚中推行"新政"较积极的一个。在办时务学堂、算学馆、《湘报》、南学会和罗致谭嗣同、梁启超、黄遵宪等"新党"的过程中,陈三立曾尽过一些力量。因此,赢得一定的社会声誉,与谭嗣同、徐仁铸、陶菊存等被合称为"维新四公子"。但在当时,陈三立就不喜欢梁启超等津津乐道的"民权"说,认为它会带来"后灾余患"①。变法失败,陈三立被加上"招引奸邪"的罪名,和他父亲一起革职②。于是回到江西南昌,筑室西山。一年后。迁居南京。1900 年义和团运动发生,八国联军入侵,陈三立曾动员张之洞、刘坤一等勤王互保,"投间抵隙,题外作文,度外举事"③。

　　"凭栏一片风云气,来作神州袖手人"④。1900 年以后,清政府开复了陈三立的原职,但他不肯出来任事,专力于诗、古文辞的写作。1904 年起,与罢职官僚李有棻共同创办江西铁路公司,兴建南浔铁路,

①　陈三立:《清故光禄寺署正吴君墓表》,《散原精舍文集》卷 5。
②　《湘报》第 174 号(1898 年 10 月 12 日)。
③　《陈三立致梁鼎芬密札》,香港《明报月刊》第 9 卷第 10 期。
④　梁启超:《诗中八贤歌》注引,梁启超《饮冰室文集》卷四十五(下),中华书局 1989 年版《饮冰室合集》第 5 册,第 13 页。

先后任协理、总理、名誉总理等职。1908年，与汤寿潜等共同发起组织中国商办铁路公司①。同年，鼓吹"提倡佛教，当视凡百事业为尤急"②，和沈曾植等倡立袛垣精舍，捐金给佛教居士杨仁山，计划选送人员赴印度学习大乘佛教。

1909年，陈三立以诗稿交给郑孝胥，请他删定。晚清诗坛，有所谓"同光体"，属于这一流派的诗人不专宗盛唐，而以模仿宋诗为主。陈三立是其重要代表。"我诵涪翁诗，奥莹出妩媚"③。他的诗模仿唐代的韩愈、孟郊和宋代江西诗派的鼻祖黄庭坚，以生涩硬拗的风格写枯寂萧瑟的感伤情怀。表达上，要求隐晦深微，像橄榄似的耐于咀嚼；用词上，则避熟恶俗，"语必惊人，字忌习见"④。对于陈三立的诗，郑孝胥大为捧场，说是："源虽出于鲁直，而莽苍排戛之意态，非可列之西江社里。"⑤当时，革命派中也有人誉之为"吏部诗名满海内"⑥。

辛亥革命后，陈三立迁居上海，曾列名于孔教会和张謇发起的中华民国联合会。他和沈曾植、梁鼎芬、朱祖谋等遗老组织超社、逸社，经常在作品中指责革命，倾吐对清王朝的留恋之情，因此，受到以柳亚子为代表的南社诗人的抨击。

1915年，陈三立迁还南京。1923年至1924年一度住在杭州，此后住在南京或庐山，长期过着隐逸生活。1932年，日本侵略军进攻上海，在民族危机日益加深的情况下，他忧愤时事，日夜不安，曾于梦中大呼杀敌。同年，国民党政府邀他参加"国难会议"，不赴。1933年迁居北平，时已年过八十岁，白发盈头，在见到年轻时的座师、同为遗老的陈宝琛时，却仍然坚持行三跪九叩礼。其后，郑孝胥、罗振玉曾拉他到伪满

---

② 《神州日报》，1908年8月5日。

③ 陈三立：《为濮青士观察丈题山谷老人尺牍卷子》，《散原精舍诗集》。

④ 陈衍：《石遗室诗话》。

⑤ 《散原精舍诗序》。

⑥ 《无生诗话》，《民呼报》，1909年6月7日。

洲国去当汉奸,被拒绝。1937 年卢沟桥事变发生,北平、天津相继沦陷,日本侵略者再次派人拉他,多方游说,他都不理睬;侦探每天在门前窥伺,气得他让仆人拿着扫帚驱赶①。同年 9 月 14 日,尿闭症复发,陈三立拒不服药,绝食 5 日死。

生前著有《散原精舍诗集》、《散原精舍文集》。

子衡恪为著名画家;寅恪为著名历史学家。

---

① 汪东:《义宁陈伯严丈挽诗》,《国史馆馆刊》创刊号。

陈 少 白

娄献阁

陈少白,原名闻韶,号夔石。1869 年 8 月 27 日(清同治八年七月二十日)生于广东新会县。其父陈子桥是个乡绅,晚年加入基督教。四叔梦南亦为基督教徒,曾翻译西书供陈少白阅读,对他的影响较大。

陈少白六岁起在家课读,1884 年以后从族兄心夔、翰周及陈源泉等人读经书,学做八股文。1888 年入广州格致书院学习。他擅长文学,能歌赋,会书画,有"才子"之称。但度量偏狭,出语尖刻,不易与人共事。

1889 年底,陈少白因事赴香港,得区凤墀介绍,结识孙中山,时孙肄业于雅丽士医院附设的西医书院。翌年 1 月,孙推荐陈亦入该书院学习。两人交谊甚深,曾拜盟为兄弟。孙居长,写信给陈时皆以"吾弟"称呼。1892 年孙中山毕业离校,陈因不喜医术也辍学。当时与他们同道的还有尤列、杨鹤龄。四人常在一起谈论反清革命,被人视为大逆不道,称为"四大寇"。

陈少白离校后,随同孙中山一道从事革命活动。孙先后在澳门、广州等地行医和开设药局,陈奔走其间,助孙维持店务。他们寻找救国道路,有民族民主思想,但也受了当时风行的改良主义思潮的影响。1894 年 1 月,孙中出写了《上李鸿章书》,经与陈少白商酌修改后,于 6 月携至天津求见李鸿章,想对朝政实行自上而下的改革。李不予理睬。孙失望之余,便出走檀香山去联络华侨宣传革命。陈帮助孙结束了药局事务。

1894年11月,孙中山在檀香山建立革命团体兴中会。随即致书陈少白,要他在香港开展革命活动。翌年初,孙抵香港,陈少白及陆皓东、郑士良等人均入兴中会,誓言"驱除鞑虏,恢复中华,创立合众政府"①。同时吸收辅仁文社的杨衢云、谢赞泰等人参加。在香港中环士丹顿街十三号成立了兴中会总部,对外称"乾亨行"以掩人耳目。他们经过商议,决定在广州发动武装起义,由孙中山赴广州担任军务,陈少白、陆皓东、郑士良、邓荫南等佐助,杨衢云驻香港负责后方接济及财政。孙、陈等在广州以农学会的名义设总机关,展开了各项筹备工作,联络广东各地的会党、绿林和防军,决定在10月26日(阴历九月初九)起义。结果因谋事不密,走漏了消息,致使这次起义未及发动即遭失败,陆皓东等人被捕牺牲。陈少白脱险,与孙中山、郑士良等东渡日本。

在日本横滨,孙、陈、郑结识侨商冯镜如等,成为同志;并建立起兴中会分会,以冯为分会长。不久孙、郑离日,陈少白在日本剪辫易服,取名服部次郎,助冯镜如编纂《英华字典》及办理兴中会分会事务。同时先后活动于横滨、东京等地,与日本志士曾根俊虎、宫崎寅藏等相识。

1897年秋孙中山复至日本,陈少白与孙中山、尤列、杨衢云等人常以横滨三余轩和修竹寄庐为游息议事之所,商议扩大革命力量。陈少白曾赴台湾活动,组织兴中会分会;但会员不多。翌年他再去台湾,筹得了一些捐款。戊戌政变后,康有为、梁启超逃至日本。日本志士热心促进以孙中山为首的革命党和康梁改良派的合作,陈少白代表革命党与康梁等人多次会谈。陈指出:"清政府已不可救药……今日局面,非革命,国家必无生机"②,劝康等改弦易辙,共同实行革命大业。但因康有为坚持保皇立场而未果。

1899年秋,陈少白奉孙中山命到香港创办《中国日报》。他在香港租定报馆发行所,由日本购来机器、铅字,经过数月筹备,于年底出版。

---

①　郑东梦主编:《檀山华侨》,檀香山1929年出版,第30页。

②　陈少白:《兴中会革命史要》,中国文化出版社1941年版,第86页。

这是中国最早的革命报纸,陈为报社第一任社长和总编辑。《中国日报》宣传革命思想,发表《民主主义与中国政治革命之前途》等文章,影响较大;针对保皇派报刊上的一些谬论进行批驳,在理论上展开了交锋。该报首次改变从前中文报纸直排长行的惯例,采用横排短行的版式,后来为国内报纸效法。陈少白还主持出版十日刊《中国旬报》。他克服了许多困难,对兴中会初期的革命宣传工作作出了贡献。

与此同时,陈少白还积极从事联络会党工作,为革命积聚力量。他首先加入粤三合会,被封为白扇①;其后又加入哥老会,被推为龙头之龙头②。同年冬,陈少白促成哥老会首领杨洪钧、张尧卿、李云彪到香港,与兴中会、三合会领导人会晤。并于翌年春在港召开联合大会,决定共同组成兴汉会,选孙中山为总会长,而陈为实际主持人。

1900年义和团运动在北方兴起,八国联军大举入侵,东南各省督抚谋求互保。英国政府香港当局有意策动两广总督李鸿章"自主",派人与陈少白秘商,希望孙中山的革命党与李合作组织"独立"政府。孙、陈等赞同此策,致函港督提出平治章程。结果因李鸿章北上,合作尝试落空。此后,革命党便加紧进行武装起义的准备。同年夏,孙中山两次乘船至港,召集陈少白、杨衢云、郑士良、史坚如等人在船上开军事会议决定在惠州和广州同时发难,由陈等在港负责接济。《中国日报》社遂成为起义的大本营,党人出入络绎不绝。后起义失败,不少义士逃到香港,陈设法予以安置。

由于起义和善后用款较多,《中国日报》社的开支十分困窘。1903年《中国日报》并入李纪堂办的文裕堂印务公司,陈为公司经理之一,仍负责报务。1904年,陈针对保皇派徐勤在香港出版《商报》散布保皇扶清谬论,以《中国日报》为阵地与之斗争,发论十数篇进行批判。

陈少白在主持《中国日报》、《中国旬报》的同时,与程子仪等创办天

---

① 白扇是三合会要职之一,为该会的军师,有设计指挥之权。
② 龙头是哥老会山堂的首领,龙头之龙头即首领的首领。

演公司,开办彩南歌戏班,招收青少年学员加以训练,排演《文天祥殉国》等新戏,宣传民族民主革命思想。此后,陈同戏剧界继续保持联系。辛亥革命前夕帮助黄咏台等组成香港振天声白话剧社,亲自为剧社编写《自由花》、《赌世界》、《鸣不平》等具有爱国主义和反封建内容的剧本演出。

1905 年同盟会成立后不久,孙中山即派冯自由、李自重赴香港,与陈少白等共同商量组织香港同盟会分会。他们以兴中会为基础进行改组,吸收新同志参加,于秋冬间正式成立,会所设于《中国日报》社。众举陈少白为分会长,郑贯公为庶务,冯自由为书记。香港分会一向兼管西南各省党务军务以及联系海外交通等,分会长一职责任重大。

这一时期,陈少白的革命活动相当广泛。他在反对美国取缔华工苛约的抵制美货运动中,任香港各界拒约会的顾问和谈判代表。他支持港商陈席儒、陈赓虞、杨西岩等人组织的粤路股东维护路权会,反对粤督岑春煊将粤汉铁路收归官办的决定,在《中国日报》上仗义执言。并常常亲自为该会撰写计划、文电,备受赞佩。

1906 年 8 月,文裕堂印务公司破产,《中国日报》社改组,陈少白辞社长职,由新股东推冯自由为社长,陈仍负监督之责。陈同时辞同盟会分会长职,亦由冯继任。

陈少白此后热衷于经营企业。1908 年他因维护粤汉路权获得酬金 9000 元,便以此款在九龙牛池湾购置田产十余亩建农场,并筑房屋移家居住。1910 年他又任香港商工局顾问及四邑轮船公司司理。1911 年武昌首义,广东独立,胡汉民为都督,任陈少白为外交司长,但他几个月后即辞去。不久,他发起组织粤航公司,被推为总司理,收回外人所租码头一座,购买法轮两艘,航行于广州香港之间。1915 年他又与李煜堂设立上海保险公司,任主席。1919 年粤航公司停办,他买下了该公司联兴街口之大码头。后来他到广州时,多居于码头事务所。

孙中山于 1921 年 5 月重返广州就任非常大总统,聘陈少白为总统府顾问,同时应聘的还有尤列、杨鹤龄。孙中山令广东当局重修广州越

秀山文澜阁,供陈、尢、杨居住,称"三老楼"。同年 10 月,孙赴广西准备
督师北伐,陈随行襄助有关事务,但不久即辞职回乡。

1922 年以后,陈少白在故乡新会县外海乡任民团保甲局长、乡事
委员会主席、乡长兼新会第四区区长等职,热心于整理乡政、兴修公路、
筹办中小学等乡事建设。他曾遍游南北各地名胜,吟诗撰文,1929 年
著述《兴中会革命史要》一书。

1934 年秋因病至北平休养,12 月 23 日去世。

陈　绍　宽

陈贞寿

陈绍宽,字厚甫,福建闽县(今福州)人,生于 1889 年 10 月 7 日(清光绪十五年九月十三日)。父陈伊黎,在晚清海军中任中士管轮。陈绍宽童年在乡劳动,十岁入私塾读书,十五岁考入福州格致书院,十七岁入南洋水师学堂学习航海。平日以勤学见称,成绩优异,深得教习器重。

1908 年,陈绍宽在水师学堂毕业后,被派往"通济"舰见习,授海军少尉。1911 年任"联鲸"炮艇二副兼教习,升海军中尉。民国成立后,充"镜清"练习舰驾驶大副,授海军上尉。1913 年,他先后任"江亨"舰副长、"肇和"舰驾驶大副、"应瑞"舰航海正、"湖鹏"鱼雷艇艇长等职。翌年,调任海军总司令部副官,升海军少校。

1915 年春,陈绍宽被派往美国学习,时第一次世界大战已发生。次年他被派赴欧洲观战。1917 年北京政府对德、奥宣战后,他奉派赴英调查英国战时实用飞机、潜艇状况。次年春,又赴法、意调查海军。5月,他参加英国海军潜艇队作战,受到英国海军当局的赞赏,战后英政府特赠予欧战纪念勋章。

1918 年秋,陈绍宽任驻英使馆中校海军武官兼留学生监督。翌年2 月兼任巴黎和议中国代表团海军委员,4 月参加伦敦国际海道会议。10 月,陈卸任回国,就任"通济"练习舰舰长。

1922 年第一次直奉战争后,陈绍宽以助直有功,被北京政府任命为海军总司令部参谋长,晋授海军上校。次年调任"应瑞"舰长,升海军少将。1926 年 9 月升任北洋海军第二舰队司令，驻泊南京，指挥长江各舰艇。不久，北伐军推进至江西，陈曾派舰溯江而上，协助孙传芳与北伐军作战，并派舰供孙传芳设统帅部之用。北伐军迫近上海时，海军总司令杨树庄已暗中联络北伐军，曾征求陈的意见，陈表示反对。后来，第一舰队司令陈季良在福建首先发难，陈迫于形势，才跟随倒戈。1927 年 4 月 10 日，他率舰截击孙传芳部，将渡江孙部两团悉数歼灭，为蒋介石在南京成立国民政府立了一功。

蒋介石发动"四一二"政变后，6 月，唐生智回师武汉准备东征讨蒋，蒋介石令陈绍宽率舰封锁长江上游马当等处，昼夜梭巡。8 月底，投靠奉系的孙传芳部渡江反扑，先后占栖霞山、龙潭，陈绍宽率舰在龙潭、栖霞山间沿江防守，配合守军力捣孙部阵地，并率舰截断其归路。10 月，李宗仁等下令讨伐唐生智，陈绍宽奉派率"楚有"等舰西进攻击唐军，于次年 1 月攻克城陵矶，占领岳州，收降"楚振"舰，为奠定湖南的局面立了功。

1928 年 12 月，国民党政府设立海军署，委陈绍宽为署长，晋升中将。次年 1 月，蒋介石在南京召开军事缩编会议，成立编遣委员会，3 月设海军编遣办事处，陈为编遣委员会委员。他秉承蒋的意旨提出海军收支统一、人事统一。后来蒋介石奉行"分而治之"的策略，只做到形式上统一了番号，原属奉系的第三舰队（原称渤海舰队）和粤系的第四舰队仍雄踞一方，各自为政。1929 年 3 月，蒋桂战争爆发，陈绍宽率"楚有"、"咸宁"两舰护送蒋介石赴武穴，先后攻破郝穴、马家寨、观音寺三道防线。蒋占领两湖后，任命陈兼湘鄂政务委员会委员和湖南省政府委员。

同年 4 月，国民党政府正式成立海军部，陈绍宽任政务次长兼代部务，次年又兼任海军江南造船所所长。1932 年 1 月，就任海军部长，晋升海军上将。1935 年 7 月，陈兼任国防会议委员，11 月当选国民党中央执行委员。1937 年 3 月作为副使参加英王乔治六世加冕典礼。

陈绍宽在出任海军要职的几年中，对建设海军，作出了一定贡献。

旧中国从晚清到北洋军阀的覆灭,海军总吨位仅有三万多吨,陈任内新造和改造大小舰艇30艘,吨位增至五万多吨,添造了"宁海"、"平海"等新舰。他派军舰分段测绘我国江海领域,编绘出版出海图、航海指南等,不再向英国控制的海关购买出海图。1930年海军部正式接管淞澄水道测务,争回测量权,还接收东沙群岛灯塔等。对于引港业务,陈认为事关国家主权和军事机密,遂创设引港传习所,培植引水人才,逐步收回了引水权。

陈绍宽主持海军部工作后,把我国西沙群岛划为海军军事区域,派出海军人员管理。1931年底,法国殖民主义者乘日本发动"九一八"事变之机,公然向我国照会声称七洲岛属越南政府,应注意越南对该岛之"先有权"。1932年3月,我国海军部会同外交部严词驳斥,严正指出"七洲岛即华语所称西沙群岛,确属我国领土"①,并指出:"民国二十年四月,香港远东气象会议开议时,安南观象台台长法人勃鲁逊(E. Bruzon)及徐家汇法国天文台主任劳积勋(L. Froc)亦向我国代表声请,由中国建筑西沙观象台,依法律上之解释,该地为我国领土,毫无疑义。"②陈指示海军部着手筹建气象台,于1936年在该岛建成,进一步维护了祖国领土完整。

1932年"一二八"淞沪抗战爆发,日本悍然发动海陆空三军协同行动的立体战进攻上海,陈绍宽秉承蒋介石意旨,密令各舰队"应守镇静"③。2月3日日舰炮击吴淞各地,中国海军均奉命"不准还击"。一艘日军运输舰搁浅于白龙港三日之久,陈也未派舰前往轰击。高昌庙海军哨所在执行戒严任务时,对强闯我江防警界线的一艘日船下令停航未果,开枪击中其船长福田(重伤而死),日海军舰队司令盐泽向我方

　　① 《海军大事记》,福建省政协翻印本,第73页。
　　② 《海军大事记》,福建省政协翻印本,第99页。
　　③ 中国现代史资料编委会:《从"九一八"到"七七"国民党的投降政策与人民的抗战运动》,上海人民出版社1958年版,第7、8页。

提出最后通牒,经双方秘密谈判,我国海军承诺赔偿抚恤费二万元了结。由于陈在淞沪抗战中按兵不动,受到了各方爱国人士的责难。1932 年 4 月,李根源等 42 人在"国难会议"上指责海军各舰"除鸣礼炮外,别无其他效用"①,要求把海军部及所属海军机关学校工厂一律取消,把海军高级负责人员一律罢斥,并要求冻结海军经费。陈对提案人反唇相讥,一时纷呶不休。后来,又由于他打算聘请日本教官创办海军大学,遭到"应瑞"舰长林元铨等人的联名控告,指控其把海军军事教育权委诸敌人。陈奉行蒋介石不抵抗政策,自堕声誉。

"七七"事变时,陈绍宽正在欧洲考察海军。中国抗战形势既定,他立即迅速回国。由于当时中国海军实力单薄,无法向优势的日本海军进行主动出击,他执行防御战略,下令破除航行目标后,即以军舰、商轮、趸船以及民船、盐船等堵塞港道,配合要塞阻遏敌舰深入,以拱卫京畿。日本侵略军于 11 月 12 日占领上海后,因江阴封锁,军舰暂时受阻,不能一鼓而下南京。但日军一面由陆路迂回,一面派大批飞机向守卫江阴封锁线的我国舰艇轰炸,不久就突破江阴阻塞线。南京沦陷后,陈又在马当构筑第二道阻塞线,以保卫武汉。这时,已没有什么军舰和商船可资阻塞,只能在江流湍急的马当用"投石填江"的办法垒成一个个石塔,并施放水雷 800 枚,添设武汉区炮队,安装拆下的舰炮十尊,以黄陵矶白浒山为阵地,阻碍敌舰前进。1938 年 6 月,日本侵略军迂回前进,迫近马当,要塞司令传令毁除炮件退却,第二道阻塞线拆除。敌攫取九江后,又窥伺田家镇,陈遂决定利用长江水流下趋之势,布放漂流水雷向敌舰展开游击战,并亲临葛店督战,但力量有限,收效不大。不久武汉陷落,陈随即撤至长沙,奉命负责构筑湘阴阻塞线。1940 年 6 月,敌避开我雷区,迂回攻击宜昌,荆宜失陷,我残存的舰艇无法西上,相继被炸沉没。陈绍宽惨淡经营的海军大部被毁。

1938 年 1 月,蒋介石下令撤销海军部,改组为海军总司令部,陈绍

---

① 中国第二历史档案馆卷号 4236,目录号 1,机关代号二。

宽为海军总司令,隶属军政部。何应钦、陈诚相继任军政部部长时,对海军在经费、人事等方面多加掣肘,使陈奈何不得。1945年4月,陈奉命随宋子文赴纽约参加筹组联合国大会,任中国代表团海军顾问。此时军委会下令撤销海军陆战队第一旅及第二旅第三团番号,人员就地由军管区收编。陈回国后呈请恢复,蒋介石非但不准,又令撤销第二旅番号。7月,陈绍宽以抗战胜利在望,请求拨款整修留在后方的舰艇,蒋介石亦未予批准。

日本投降后,陈绍宽被派赴南京参加9月3日受降典礼,但委派的海军总接收员却不是陈绍宽而是曾以鼎。陈气愤之余,自行命令曾国晟为接收海军大员。当时,日本长江舰队旗舰"安宅"号乘隙偷驶出吴淞口,被美国第七舰队截获押驶返沪,陈亲自接收,改名"安东"号;并接收日本"宇治"炮舰,改名为"长治"号。这时,八路军从烟台渡向辽东半岛,蒋介石命陈率"长治"号前往渤海堵截,陈借口舰只需要修理,拒不奉命,蒋遂决心去陈,于同年12月26日下令裁撤海军总司令部,免去陈海军总司令职,在军政部下设立海军处,由陈诚兼处长,负责接收海军总司令部,还派陆军中将冷欣为监交员,派陆军警卫连代替海军警卫站岗,迫陈去职。1946年1月31日,陈被迫交接。2月,陈闻蒋来南京的当日,决然离宁,归隐福建家乡。

居官廉洁自守的陈绍宽解甲归田后,既无妻室,又无家产,孑然一身。虽然他有军事委员会委员、国民政府战略顾问委员会委员的虚衔,但从未就职。他在乡种植蔬菜、花果、粗衣淡饭,悠游林下。解放战争后期,陈和中共地下组织建立了联系,提供了很多重要情况,并策动海军一部分官兵起义,为人民解放事业作出了贡献。福州解放前夕,他不顾蒋介石的胁迫,断然拒绝前往台湾。

中华人民共和国成立后,陈绍宽先后任华东军政委员会委员、福建省人民政府副主席、副省长,第一、二、三届全国人民代表大会代表,福建省政协副主席,民革中央副主席等职。

1969年7月30日,陈绍宽在福州病逝。

主要参考资料

曾国晟口述、林勖贻笔记:《我所知道的陈绍宽的资料》,福建省政协文史资料未刊稿。

池仲祜:《海军大事记》,中国史学会主编《中国近代史资料丛刊·洋务运动》(八),上海人民出版社 1957 年版,第 510—512 页。

张日章:《旧海军的时代有关陈绍宽的一些轶事》,福建省政协文史资料未刊稿。

陈 树 藩

张学继

陈树藩,字柏森,亦作柏生、伯生,祖籍湖南宁乡,后落籍陕西安康,1885年(清光绪十一年)生于一个小商贩家庭。七岁开始随叔父在家塾读书。1905年,陈树藩入西安陕西陆军小学堂第一期学习。1908年,陈树藩与同学张钫等三十人被保送到直隶保定的陆军速成学堂深造,陈树藩入炮科。1910年,陈树藩毕业返回陕西,被分发到陕西陆军第三十九混成协某标任军械官。

1911年10月10日,武昌起义爆发,消息传到陕西,陕西革命党人井勿幕、张凤翙、钱鼎、朱彝铭、常仲昭、张钫等联合哥老会及"刀客"首领张云山、万炳南、刘世杰、陈殿卿、马玉贵等密谋发动起义。西安将军文瑞、陕西护理巡抚钱能训等极度恐慌,为了防止新军起义,一方面调可靠的巡防营进城担任防守任务,一方面将革命力量较强的新军部队调离西安,分散革命力量,收缴新军官兵手中的武器弹药,派出侦骑四处捉拿革命党人,西安城内空气紧张。新军起义前夕,同盟会陕西支部长井勿幕亲自约陈树藩密谈,劝他加入革命阵营。陈树藩意识到清王朝气数已尽,欣然同意加入同盟会。

10月22日上午11时,起义爆发,陈树藩领着起义新军及时冲进军装局弹药库,取出急需的子弹和炸弹,分头占领陕西巡抚衙门等机关。陕甘总督升允在混乱中出城逃往甘肃,西安将军文瑞逃进满城顽抗,钱能训与其他官吏逃进老百姓家中躲避,钱能训后来被拿获,六营巡防兵全部缴械投降。起义军当天占领了除满城外的西安全城。第二天黎明,起义军猛攻满城,文瑞指挥满籍旗兵拼死抵抗,战至下午3时,满城被攻破,文瑞投井自杀。西安宣告光复。

西安光复后,哥老会控制了局面,同盟会处于边缘化地位,光复后推举的军政领导人,除秦陇复汉军政府大统领张凤翙为同盟会员外,两个副大统领及六个大都督都是哥老会头目①。自认为在起义中立了大功的陈树藩没有得到相应的职务,陈一怒之下跑到渭北投井勿幕,自任陕西东路招讨使。1912年,陕军陆军编为两个师又四个独立旅,陈树藩所部被编为独立混成第四旅,陈树藩任旅长。

白朗起义军因受到北洋优势兵力的围追堵截,在中原无法立足,于1914年3月中旬攻克豫陕门户荆紫关进入陕南,一路攻占商南、武关、龙驹寨、商县、孝义等地,随时可能进攻西安,陕西都督张凤翙眼见省城难保,连连向袁世凯告急,并请求邻省出兵协剿,这就为袁世凯控制陕西提供了机会。袁世凯立即任命其心腹将领陆建章为“西路剿匪督办”,毅军将领赵倜为会办,分别率领北洋陆军第七师和毅军由潼关进入陕西,为袁世凯撤换张凤翙埋下了伏笔。白朗起义军越过秦岭后,乘渭南一带空虚,挥师西进,一路势如破竹。4月,陈树藩所部独立混成第四旅在醴泉县境内与白朗起义军展开激战,致使白朗起义军损失近千人。接着,陈树藩所部又在邠县境内与回帅的白朗起义军展开激战,再度重创白朗起义军。白朗痛心地说:“吾率数千之众,纵横皖、鄂、陕三省两年之久,从未损好兄弟如此之多。”②

1916年6月,袁世凯调张凤翙、张钫入京任职。随即任命陆建章为陕西都督(不久改为陕西将军)。陆建章为人心狠手毒,杀人如麻,人称“陆屠户”。陆建章上台后,第一大事就是改编和吞并陕军。陈树藩

---

① 两个副大统领是万炳南、钱鼎。六个大都督是:兵马大都督张云山,粮饷大都督马玉贵,军令大都督刘世杰,东路征讨大都督张钫,西路征讨右翼大都督万炳南兼,西路征讨左翼大都督张云山兼。

② 杜春和等编:《白朗起义》,中国社会科学出版社1980年版,第383页。

为了保全自己,给陆建章及其子陆承武献上一批上等烟土和古玩珠宝,还和陆承武结拜为兄弟,取得了陆氏父子的欢心,结果,陈树藩的独立混成第四旅得以保存,而其他的两个师和三个独立混成旅均被陆建章裁减吞并。

1915年5月,陈树藩升任陕南镇守使。陈树藩表面依附陆建章,但同时也秘密收留了一些被陆建章裁下来的民党官兵,掩护一些被陆建章追捕的民党人士。陆建章得报后,密令陈树藩逮捕军中的民党分子。陈树藩权衡得失,将王飞虎、郭坚等军官暗中放跑,然后谎报王等已潜逃。

1916年1月,陈树藩调任陕北镇守使。陆建章因为积极拥护袁世凯称帝,被封为一等伯爵。5月初,陕西模范监狱犯人越狱,陆建章派军警沿途搜捕逃犯,就地正法,许多行人、乞丐亦被误杀,西安城内尸横街头,血水四流,惨不忍睹。陕西人民怒不可遏,发起"反袁逐陆"运动,渭北各县声势尤其浩大。陆建章命陈树藩率部由同州、蒲城向西,命陆承武率"中坚团"由西安往北,南北夹攻渭北郭坚、曹世英等反陆武装。陈树藩已经意识到陆建章倒台是迟早的事,因此,决定倒向民党一边。陈树藩部下胡景翼在富平发动夜袭,将"中坚团"缴械,并活捉了陆承武。在胡景翼、郭坚等人的拥戴下,陈树藩于5月9日就任陕西护国军总司令,宣布陕西独立。陆建章见大势已去,决定和平解决。经过谈判,最后达成两项交易:陆建章向北京政府保荐陈树藩出任陕西督军;陈树藩则负责释放陆承武,保护陆家生命财产安全,并安全送出潼关。随后,陈树藩亲自护送陆承武回西安,又亲自护送陆家老少出潼关,但他等不及北京政府的委任,便于5月18日自任陕西督军,通电全国。6月6日,袁世凯在全国人民的唾骂声中死去。6月7日,陈树藩即通电全国,取消陕西独立。7月,北京政府正式任命陈树藩为陕西督军。自此,陈树藩投靠皖系军阀首领段祺瑞,成为皖系军阀集团的一员干将。

1916年7月,黎元洪继任大总统,推行"军民分治",任命老同盟会员李根源为陕西省长,段祺瑞暗中授意陈树藩发动陕西人反对李根源到任,但是没有成功。李根源就任省长后,陈树藩处处与李根源作对,并派亲信监视李根源的行动。1917年5月29日,段祺瑞被黎元洪免去国务总理,陈树藩当即通电宣布陕西"独立",脱离中央。6月,陈树藩将李根源强行赶出陕西。7月,段祺瑞平定张勋复辟,重新组阁,陈树藩以督军兼省长,集陕西军政大权于一身。陈树藩把持陕西军政大权后,积极扶植个人势力,打击革命力量,他把同学、老乡刘世珑、曾继贤、张宝麟、张飞生、张丹屏等提升为旅长、团长,而民党及刀客出身的将领普遍受到压制,引起他们的严重不满。他们响应孙中山护法号召,在陕西建立靖国军,开展以驱逐陈树藩为目标的军事斗争。

　　1917年11月25日,焦子静等在白水县通电宣布自立,建立陕西护法军,并发表讨伐陈树藩的檄文。12月4日,龙驹寨驻军王明敏打起护法旗帜。12月11日,陕西警备军分统领耿直趁西安城空虚,发动倒陈军事政变,首先派骑兵排长行刺陈树藩,没有成功。接着,耿直率六百人的警卫军与陈树藩三千之众激战一昼夜后,主动退出西安。21日,郭坚在凤翔通电宣告独立,就任陕西护法军西路总司令。1918年1月25日,张义安在三原宣布独立。1月27日,曹世英、胡景翼在三原发表檄文,斥责陈树藩"实为共和之蟊贼",随后组织陕西靖国军,曹世英、胡景翼分任陕西靖国军左、右翼总司令。

　　陕西靖国军蜂起,陈树藩的宝座岌岌可危。为解燃眉之急,陈树藩以陕西省长为饵,引河南镇嵩军统领刘镇华入陕,虽然暂时解除了靖国军对西安之包围。但是,陕西靖国军没有被消灭,反而越来越壮大。1918年8月8日,于右任、张钫被靖国军将领曹世英、胡景翼、郭坚、卢占魁、高峻、樊钟秀等推举为陕西靖国军总司令和副司令。靖国军占领了三原、兴平、周至等广大地区,迫使陈树藩退出渭南。

　　1919年春,南北和会在上海召开,陕西问题成为和会的焦点问题之一,南方代表强烈要求北京政府撤销陈树藩的职务,以解除陕西老百姓的痛苦,北方代表团团长也认为陈树藩"不洽舆情"①,对此也表示同情,但因为段祺瑞在幕后替他撑腰,北京政府也奈何不得。

1920年7月中旬,直皖战争爆发,不到一个星期,皖系彻底战败,段祺瑞下台,陈树藩失去靠山。为了保住地位,他又派亲信携重礼奔走张作霖、曹锟门下,改投直、奉军阀。同时,为了讨好靖国军,将1918年9月诱捕囚禁的靖国军第四路司令胡景翼释放。陈树藩为改变困境,于1921年3月率部袭击靖国军,结果遭到失败,驱陈斗争更加高涨。陕西旅京、旅沪学生纷纷集会,决心铲除陕西祸根陈树藩。4月,陕西靖国军各路将领通电北京政府,痛斥陈树藩祸陕罪行,呼吁各界"共剪凶顽"。把持北京政府的直、奉军阀也决定不再保陈树藩。5月25日,直系军阀操纵北京政府宣布免去陈树藩的督军职务,调至北京任将军府将军,同时任命直系第二十师师长阎相文署理陕西督军。

对于北京政府的任免令,陈树藩拒不接受。曹锟、吴佩孚大怒,让阎相文带领第二十师及吴新田的第七师、冯玉祥的第十六混成旅入陕以武力驱逐陈树藩。当时,陈树藩认为自己手下有三个师,加上刘镇华的镇嵩军三个师以及地方军队,总兵力有十几万,足以抵挡入陕的直军。然而,他未料到,一直和他称兄道弟的省长刘镇华早已暗中投靠了曹锟、吴佩孚。当直军一进潼关,刘镇华便引导直军直逼西安,由于刘镇华部将张治公网开一面,陈树藩才得以逃出西安。7月5日,直军进入西安。陈树藩还想指挥部队反扑,然而,驻守咸阳的刘世珑师和驻守兴平的张金印师很快战败投降,陈树藩只得率卫队骑兵连逃往汉中,投奔陕南镇守使张宝麟。

8月23日,生性优柔寡断的阎相文因为应付不了陕西的复杂局面,在做了不到三个月的署理督军便吞服鸦片烟自杀,两天后由第十一师师长冯玉祥接任署理陕西督军职务。为人果断的冯玉祥随即派第十

①　中国科学院近代史研究所近代史资料编辑组编辑:《一九一九年南北议和资料》,中华书局1962年版,第169页。

一、第七师由宝鸡、安康两路夹攻汉中,陈树藩仓皇逃往四川。最后,陈树藩撤下跟随的残部,经万县到汉口,再转上海当寓公。

此后,陈树藩凭借在陕西任上搜括来的巨额钱财,在津、沪、杭等地当寓公。抗日战争开始后,拒绝当汉奸,避走四川。抗战胜利后回杭州居住,曾反对蒋介石发动内战。

1949 年 11 月 2 日,陈树藩在杭州病死。

陈　叔　通

万江红

　　陈叔通，名敬第，字叔通，1876 年 8 月 7 日（清光绪二年六月十八日）出生于浙江仁和县（今杭州市）。他的父亲陈豪，字蓝洲，号止庵，是清朝同治年代优贡出身，工诗善画，颇有文名，曾先后任湖北省房县、应城、蕲水和汉川的知县。陈叔通幼年启蒙于家学，受到良好的教育，十七岁考中秀才。1902 年中举人，翌年中进士，点了翰林，并授翰林院编修。

　　1904 年，陈叔通由进士馆资送东渡日本，在东京法政大学攻读政治和法律，并接触到兴中会的革命思想。1906 年夏陈叔通回国，在杭州创办了当地第一所女子学堂，用以提倡妇女教育，并参与创办杭州《白话报》。

　　1910 年，陈叔通担任清政府资政院民选议员。在资政院，他目睹清政府的腐朽，开始逐步倾向于革命党。他曾入梁启超组织的宪友会，后参加陶成章为首的光复会。其间，陈从事过一些文化教育事业，并根据日本法政大学的讲义，编写成《政治学》和《法学通论》两书，后于1914 年由上海群益书社出版，署名陈敬弟。

　　1912 年中华民国成立，陈叔通由浙江省推选为第一届国会议员；同时他还担任《北京日报》经理，为共和奔走四方。袁世凯攫取临时大总统职权，尤其是光复会领袖陶成章被刺，使陈叔通受到很大震动。他发起成立民国公会，其政纲为保持中华民国之统一，促进民国之进步，保证国民之权利，大力发展国民经济等。与此同时，他还加入国民协进会。同年 4 月,民国公会与共和协进会及民社合并,组成统一党。1913
年,他当选为第一届国会众议院议员。4 月,共和、民主、统一三党又合
并组成进步党,为国民党外的第一大党。翌年,袁世凯设政事堂,陈叔
通任政事处礼制官,并为《国民公报》主笔。袁世凯图谋称帝利用进步
党为其服务,但陈叔通等人联络各方人士积极反袁。

1915 年冬,袁世凯以高薪收买陈叔通,陈坚决拒绝,并参与讨袁活
动。是年 12 月,梁启超居住上海,策划反袁,陈叔通担任了梁与各方人
士联系的任务。梁在上海停留七十多天,陈叔通等人起着"参谋本部"
的作用。

1916 年 3 月 22 日,袁世凯宣布撤销帝制,仍想保住大总统职权,
并呼吁停战议和。陈叔通在上海立即指出,袁的求和是阴谋诡计,要求
国人切勿轻信。为此,陈向梁启超建议:袁世凯必须退位,由黎元洪继
任大总统;起义各省尽早建立联合机关,统一军事指挥。梁启超到广西
后,陈叔通又起着"后勤总部"的作用。他对"出征"在外的"党人"十分
关心,多次写信给梁,谓"先生左右不可无一人,各方面均宜小心","北
京以重金购公甚急,千万慎重"①。他对前方的战事也十分关注,时刻
关心着前方的粮饷军械。他在给梁的信中提到:"松坡(蔡锷)前敌军械
必不足,有何法以济之?"说"逆料前途尚有人战事,请时以此告滇黔,此
时筹饷筹械仍为甚急,万不可稍懈"②。

袁世凯死后,继之而起的是军阀混战,陈叔通非常失望。他应挚友
张元济的邀请,到商务印书馆工作。进入商务印书馆后,看到该馆的下
属三个所——编译所、发行所、印刷所互不相关,无一个统一机构,于是
提议设立总务处,负责三个所的联系工作。他自荐任总务处的工作,规
定三所所长定期会谈,协商制订统一执行的年度计划和规则、办法。

---

① 丁文江、赵丰田编:《梁启超年谱长编》,上海人民出版社 1983 年版,第
777—778 页。
② 丁文江、赵丰田编:《梁启超年谱长编》,第 777—778 页。

1922年,陈叔通担任商务印书馆董事,不久离去。为酬其对商务的贡献,董事会于1924年赠陈6000银元。

1927年陈叔通在上海任浙江兴业银行驻行董事,负责经理办公室主任的工作。蒋介石在南京建立国民政府后,多次派吴鼎昌等人请陈到南京任职,他均予拒绝。在咏严子陵的诗中有"附凤攀龙徒取辱,何如大泽一羊裘"之句,表示不愿与蒋介石等人同流合污。

1932年1月28日,日本侵略上海,十九路军英勇抗击,陈叔通积极参加了募捐劳军和各种支前活动。1937年抗日战争全面爆发后,他与张元济、项揆一等在上海积极支援抗敌,发起募捐;11月上海沦陷,他困居租界。1941年12月太平洋战争爆发后,日军进入上海租界,他终日深居简出,闭门谢客。日伪认为他是清末翰林,又曾留学日本,企图要他出任伪上海维持会会长,陈叔通坚守民族气节,拒不事敌,四处躲藏,匿居于友人家。后来,陈秘密参与筹组上海市各界人民团体联合会的工作。

抗战胜利后,陈叔通积极投身民主运动。他在赵主教路(今五原路)大通别墅包达三家中,定期举行双周聚餐会,讨论时局,传递消息。参加这个聚餐会的有马寅初、马叙伦、周建人、包达三、胡子婴等人,周恩来也曾到聚餐会讲话。以后,中共上海负责人张执一派李正文以大学教授名义,常来参加这个聚餐会,给大家分析、介绍形势。陈叔通在聚餐会上发言激昂,态度坚决,立场鲜明,表示拥护共产党。此时,他虽靠出卖字画补贴家用,但尽力向友人募捐,用以接济青年学生,并资送进步青年学生前往解放区。

1947年5月,上海学生发起声援南京学生的"反饥饿、反内战、反迫害"运动,结果遭到军警的毒打和逮捕。陈叔通与唐文治、张元济、叶景揆、陈汉第、李拔可、张乾若、胡藻青、钱自严、项兰生十位老人发起了营救活动。6月3日,陈叔通亲自起草了抗议书,由十人署名后分送上海市市长吴国桢、上海市警备司令宣铁吾、国民政府行政院院长张群等,要求无条件释放被捕学生,是为著名的"十老上书"。国民党当局迫于舆论的压力,8月初不得不释放全部被捕学生。

面临国民党反动统治的白色恐怖,很多民主人士潜赴香港,陈叔通仍留在上海,但经常同香港的友人秘密通讯,与马叙伦通信更多,研究对时局的对策。当国民政府于1948年8月发行金圆券强令人民兑换时,他在给马叙伦的信中说,这一掠夺,只是为渊驱鱼,有利于加速解放的进程。蒋介石几次欲加害陈叔通。陈布雷以同乡关系告诉陈叔通说:"今后你若再活动,我就无能为力了。"陈叔通一笑置之,反而托人捎口信答复陈布雷说:"我劝你早日洗手,弃暗投明,否则将无好下场。"三大战役后,国民党统治濒临崩溃,一些御用文人政客发起了所谓"千人通电",要求停止战争,并请陈叔通签名,他严词拒绝。陈叔通作诗说:"姑息终贻他日患。"

1949年1月,陈叔通秘密离开上海去香港。临行前对浙江兴业银行总经理项叔翔说:"你要把银行保护好,并联络同业,为解放军进城后接收工作做好准备。"2月28日,陈叔通在中共香港分局的安排下,乘船离港北上赴解放区。在石家庄,他受到毛泽东、周恩来等人的欢迎和接见。从此,积极投身到建立新中国的活动中。5月11日,陈叔通作为产业界代表人在北平参加了新政协筹备会首次预备会议。15日参加新政协筹备会第一次全体会议,并讲了话。次日,新政协筹备会第一次会议召开,陈被推选为二十一人的常委之一。当日晚,筹备会常委会举行第一次会议,被推选为筹备会副主任。不久上海解放,陈叔通被聘为上海市顾问,向上海人民积极宣传共产党的方针政策。6月他又和黄炎培、盛丕华等发起成立上海工商界劳军分会,筹集物资,慰劳解放军。

9月21日,中国人民政治协商会议开幕,陈叔通于23日下午代表全国工商界发了言。27日陈叔通担任大会五人执行主席之一,主持通过了《中国人民政治协商会议组织法》《中华人民共和国中央人民政府组织法》及四个决议案:定都北京、采用公元纪年、以《义勇军进行曲》为国歌、以五星红旗为国旗。

中华人民共和国成立后，陈叔通任中央人民政府委员会委员。此后历任中国人民保卫世界和平委员会副主席、中华全国工商业联合会第一、二、三届执行委员会主任委员、第一届全国人大常务委员会副委员长、第二、三、四届全国政协副主席。

陈叔通一生喜好收藏图书字画和金石文物。解放后，他把全部珍藏都捐献给了国家，包括他多年努力收集并影印出版的《百梅集》。

1966 年 2 月 17 日，陈叔通在北京病逝，终年九十岁。

主要参考资料

蔡端：《陈叔通在护国运动中》，《人民政协报》1984 年 6 月 20 日。

陈叔通：《回忆商务印书馆》，蔡元培著《商务印书馆九十年：我和商务印书馆，1897—1987》，商务印书馆 1987 年版。

方行：《十位爱国老人营救被捕学生》，中国人民政治协商会议上海市委员会文史资料工作委员会编《上海文史资料选辑》第 58 辑，上海人民出版社 1988 年版。

郑逸梅：《陈叔通与张叔通》，《团结报》1985 年 4 月 27 日。

胡子昂等：《怀念爱国老人陈叔通先生》，《人民日报》1984 年 8 月 12 日。

陈 树 人

陈 民

　　陈树人，原名政，又名韶，字树人，以字行。别号二山山樵、葭外渔子、得安老人等。广东番禺人，生于1884年2月9日（清光绪十年正月十三日），出身于较富裕的书香门第。早年接受传统的旧式教育。十七岁师从广东著名国画家居廉学画。二十岁与居廉的侄孙女居若文喜结连理，与居家关系极深。陈树人酷爱大自然，提倡到大自然中去写生作画，号其画室为"美自然室"。后与高剑父、高奇峰兄弟共同创立岭南画派。该派注重实景写生，吸取西画技法，强调表现时代精神，不受传统观念束缚，树立起改革国画的旗帜。

　　陈树人热爱绘画艺术，也关心政治时局，对清朝政府的腐败深为不满，自1900年开始就支持反清斗争。1904年在香港先后出任革命党人刘师复等人创办报纸《广东日报》以及《有所谓报》、《时事画报》主笔，用文字抨击清政府的腐朽统治，宣传革命主张。

　　1905年10月，孙中山从日本横滨赴越南河内，途经香港，由于港府禁令，不能登岸。陈树人和陈少白等人秘密登船拜访，由孙中山亲自主持同盟会宣誓式，令陈树人等一一举手加盟。不久，他与高剑父同赴日本留学，进京都美术学校，期间，受校长冈仓觉三的影响，仿效他倡导的新日本画，在传统画的基础上，引入西洋画技法，进而形成自己的"新国画"的理论和画风。1911年毕业回国，出任广东优级师范和广东高等学堂国画教员。1913年二次革命失败后，陈树人再次东渡日本，入东京立教大学文科，获文学士学位。此后，曾任同盟会所办的横滨华侨学校教员,并参与编辑《国民杂志》,反对袁世凯称帝。

　　1916年,陈树人被孙中山委任为国民党驻加拿大党务负责人,负责在加拿大和美国华侨中展开宣传联络工作,为武装起义筹募经费。翌年,担任加拿大不列颠哥伦比亚省维多利亚城国民党海外党报《新民国报》主编。

　　1922年陈炯明叛变,孙中山避驻永丰舰。是时,陈树人刚回到香港,闻讯后,随即赶赴永丰舰,誓与孙中山共生死。旋即奉命返港,对叛乱真相进行宣传。孙中山脱险在上海召开商讨改组国民党会议,陈树人奉命出席,并参加九人改进案起草委员会。翌年,出任国民党党务部长,被孙中山指定为改组国民党的"特别会议"九人之一。1924年国民党进行改组时"他反对右派,并努力帮助廖仲恺工作"①。此后至1927年,陈树人在广州四任民政厅长,二次代理广东省主席并兼任国民政府秘书长。他为人耿直,温文儒雅,虽身居高官,却始终保持洁身自好的文人画家风度,清廉自守;繁忙的政务,也未能转移他对绘画艺术的爱好,喜结交画家文人,常忙里偷闲,组织清游会,游山玩水,吟诗作画。由于他与高剑父兄弟早年都参加同盟会的反清斗争,随着革命的发展,在革命政府的支持下,他们的画作,广受欢迎,他们又创办美术院校,广收弟子,多所成就,在中国现代美术史上留下深深的痕迹。1927年大革命失败后,陈树人与何香凝、经亨颐共同组织"寒之友社",以岁寒三友共勉。

　　1928年后,陈树人参加国民党改组派反对蒋介石的活动,与汪精卫私交甚好。1930年出席在北平召开的国民党扩大会议,是时,汪精卫联合冯玉祥和阎锡山,在军事上公开与蒋介石对抗。

　　1931年12月,陈树人被选为国民党中央执行委员会候补委员。自1932年起任国民党中央海外部部长兼华侨事务委员会委员长。至1940年,海外部长一职由吴铁城取代,自己留任华侨事务委员会委员长至

---

　　①　何香凝:《陈树人先生小记》,《人民日报》1957年6月30日。

1947年，但因本人身为广东人，又与汪精卫的关系，以及与国民党内西南派的胡汉民、陈济棠等人交往甚密，故而得不到蒋介石的信任。1939年汪精卫投敌时，陈树人不徇私情，拒绝汪的拉拢，坚持民族气节。抗日战争期间，陈树人一直在重庆，曾作长江三峡之游并写生作画，《夔门秋色》是这时期的代表作，他以单纯的线条，使山形轮廓多成方形，钩出山石的奇危峻伟，整幅画面清新而富有诗意。这期间，他也写了不少诗，抒发诗人的爱国情怀和对抗战必胜的信念。当日机对重庆的狂轰滥炸，造成全城死伤累累的惨状，激起诗人无比的悲愤，有"此景铭心兼刻骨，毋忘代仇告儿孙"，日寇"冀由己人何能活，不义多行必自亡"①的诗句。1945年5月，国民党在重庆召开第六次全国代表大会，陈树人当选为中央执行委员会委员。抗战胜利后，随国民政府迁回南京。

1947年秋，陈树人脱离政界，返回广东，专心绘画。当年10月4日病逝于广州。

陈树人的美术作品誉满中外，他1931年创作的《岭南春色》获比利时万国博览会优等奖。巴黎博物馆、柏林博物馆、莫斯科及圣彼得堡的博物馆，也都购藏其画作。遗作有《陈树人画集》(4辑)、《陈树人近作》、《陈树人国画选集》等，以及《寒绿吟草》、《专爱集》、《战尘集》、《自然美讴歌集》等诗集。

主要参考资料

黄季陆主编：《革命人物志》第5集，台北"中央文物供应社"，1970年，第287页。

李铸晋，万青力著：《中国现代绘画史·民国之部》，上海文汇出版社，2003年。

---

① 陈汉平：《抗战诗史》，团结出版社1995年版，第303、443页。

陈 天 华

周天度

　　陈天华，字星台，又字过庭，别号思黄，湖南新化县下乐村人。1875年（光绪元年）生。母亲很早去世，父亲陈善，是个落第秀才。陈天华幼年替人放牛，或卖些零碎东西，藉资糊口，过着十分贫苦的生活。十五岁才入蒙塾。他喜爱当时民间流行的弹词小说，这是他稍后成为通俗宣传家的重要原因之一。1896到1897年间，他随父到新化县城居住谋生，仍以做小贩维持生活。后经人帮助，得入资江书院就学，不久考入提倡新学的新化求实学堂。当时正值维新运动在湖南迅速开展，新学广泛流传，陈天华"拾阅新学中书报残纸，慨然欲任天下事"①。1903年初，由所在学堂出资送他去日本留学。

　　到日本后，入东京弘文学院学习师范。当年4月，沙俄违约不撤走它在1900年侵入中国东北的军队，企图永远强占我国东北三省，陈天华十分悲恸，曾啮指写血书表示抗议。留日学生掀起拒俄运动，组织了拒俄义勇队，随后转变为"排满革命"的军国民教育会，他是这些活动的积极参加者，和黄兴一道被举为归国革命运动员。当年冬，陈天华回国。

　　1904年2月，他随同黄兴、宋教仁、刘揆一等在长沙创立华兴会，参与谋划在湖南举行反清武装起义，曾往江西游说防营统领响应起义，并与刘揆一等从事联络会党首领马福益的活动。起义事泄失败后，复

---

① 　徐佛苏：《对于陈烈士蹈海之感叹》，《新民丛报》1906年第2号。

逃往日本。

1905 年 8 月,同盟会在东京成立,他是发起人之一,被推为会章起草员,并参与了《革命方略》的拟定工作。《民报》创刊,他任撰述员。同盟会成立和《民报》发刊后,革命影响日益扩大,清政府便要求日本政府镇压中国日学生的革命运动。是年 11 月,日本政府文部省颁布了《取缔清韩留日学生规则》,留日学界群起反对,陈天华愤而于 12 月 8 日在日本大森海湾蹈海自杀,想以他的死来激励人们的觉悟。临死前,他写了一篇“绝命辞”,勉励人们“去绝非行,共讲爱国”①,并留有给留日学生总会的一封信,要求他们坚持斗争。

陈天华是出色的资产阶级革命宣传家。他青少年时代即以光复祖国为志,“每读中西史志,于兴亡盛衰之感,则涕泗横流”②,有着热烈的爱国主义思想感情。19 世纪末 20 世纪初年,帝国主义的疯狂侵略和清廷的反动统治给中华民族带来的严重民族危机,给他以很大刺激。在留日期间,他看到祖国“主权失矣,利权去矣,无在而不是悲观”③。于是作书报以警世,积极从事爱国革命的宣传活动,以唤起国民共同挽救国家民族的危亡。他在《猛回头》结尾的一首诗中沉痛地写道:“瓜分豆剖逼人来,同种沉沦剧可哀。太息神州今去矣!劝君猛省莫徘徊。”表达了他对时局的忧虑和对同胞的期望。他的著述除散见于《民报》等报刊上的一些短文外,出版行于世的尚有《猛回头》、《警世钟》、《狮子吼》、《国民必读》、《最近政见之评决》、《最近之方针》、《中国革命史论》等书。其中《猛回头》、《警世钟》两书,写于 1903 年,通俗易懂,流行广泛,在革命宣传中发生的作用最大。在这两本小册子中,他陈述了帝国主义瓜分和灭亡中国的灾祸,指出清朝的腐朽黑暗统治及其所奉行的

① 《陈天华绝命辞》,刘晴波等编《陈天华集》,湖南人民出版社 1958 年版,第 155 页。

② 宋教仁:《烈士陈星台小传》,《民报》第 2 期插图背页。

③ 《陈天华绝命辞》,刘晴波等编《陈天华集》,第 154 页。

"宁赠友邦，勿与家奴"的投降卖国方针，是造成这种危险局势的根源。他历数清朝专制政府的罪恶。并一再申述，清朝的统治早已名存实亡，现在的朝廷已成为"洋人的朝廷"，它只不过是帝国主义的"守土官长"，完全是按帝国主义旨意办事的，只有把它推翻，才是救亡图存的唯一出路。他说："你道今日中国还是满洲政府的吗？早已是各国的了！那些财政权、铁道权、用人权，一概拱手送与洋人，洋人全不要费力，要怎么样，只要下一个号令，满洲政府遂立刻奉行。"①"请看近来朝廷所做的事，哪一件不是奉洋人的号令？我们分明是拒洋人，他不说我们与洋人作对，反说与现在的朝廷作对，要把我们当做谋反的叛逆杀了。"②因此，"我们要想拒洋人，只有讲革命独立，不能讲勤王"③。爱国和革命，反对帝国主义与反对清朝封建专制统治，两者不可分，他把这个思想说得最为透彻明白。

陈天华不仅论证了反对帝国主义的必要性，无情地鞭挞了"拱手降洋"、屈服于外国侵略者的清朝统治者，而且还指明帝国主义并不可怕，是能够打败的。他说："其实洋人也是一个人。我也是一个人，我怎么要怕他？……只要我全国皆兵，他就四面受敌，即有枪炮，也是寡不敌众。""只要我人心不死，这中国万无可亡的理。"④他号召全国民众团结一致，同仇敌忾，"洋兵若来，奉劝各人把胆子放大，全不要怕他。读书的放了笔，耕田的放了犁耙，做生意的放了职事，做手艺的放了器具，齐把刀子磨快，子药上足，同饮一杯血酒，呼的呼，喊的喊，万众直前，杀那洋鬼子，杀投降那洋鬼子的二毛子"⑤。

陈天华当时对帝国主义的理解，当然还只是停留在感性认识上。他着重从政治上去揭露清朝政府的反动卖国，指明革命的必要性，但未

---

① 《警世钟》，《陈天华集》，第 70 页。
② 《猛回头》，《陈天华集》，第 38 页。
③ 《警世钟》，《陈天华集》，第 70 页。
④ 《警世钟》，《陈天华集》，第 66—67 页。
⑤ 《警世钟》，《陈天华集》，第 66 页。

能摆脱种族主义的偏见。此外,他把"中等社会"作为可以依靠的革命力量,对广大工农劳动群众的力量认识不足,这些都是不可避免的时代和阶级的局限性。

由于陈天华的《猛回头》、《警世钟》等作品深为群众所喜爱,清朝官府曾严厉查禁,不准阅读,但他的小册子仍然在长江流域广泛流行,传诵一时。

1906 年,陈天华的灵柩运回湖南,长沙学生及其他各界万余人,手执白旗,高唱哀歌,送葬于岳麓山。

陈 调 元

侯鸿绪

陈调元,字雪暄,直隶(今河北)安新县人,1886 年 11 月 12 日(清光绪十二年十月十七日)生。1904 年入北洋速成武备学堂,毕业后赴武昌任陆军第三中学堂教习,1909 年任保定陆军通国速成学堂地理教官。

1913 年 3 月,袁世凯派人刺杀了国民党代理理事长宋教仁。7 月,孙中山在上海宣布武力讨袁。袁世凯坐镇北京指挥北洋军分三路南下,委冯国璋为江淮宣抚使兼第二军军长,督率所部沿津浦路狙击讨袁军;陈调元在冯军任职。9 月初,冯军与张勋"辫军"攻占南京,烧杀抢掠,纵兵所欲。12 月,冯继张勋任江苏都督后,南京依然兵乱不止,骚扰地方,商绅诉状督府,遂组建宪兵营,委派陈调元为宪兵营营长。从此,陈开始握有兵权。当时,有在徐州率众投降的原光复军团长张宗昌,不甘雌伏,见陈得势,遂曲意逢迎。不久,冯国璋在江苏扩军,陈向冯进言:"张宗昌虽出身绿林,但豪爽过人,具猛将之才,颇堪重用,不宜久置等闲之职。"[①]经陈推荐,冯派张宗昌主招兵事,后委张任江苏新编第一旅旅长。张深感陈荐引之情,跪邀陈结拜金兰之交。

1916 年 6 月袁世凯死后,皖系首领段祺瑞以国务总理的名义掌握

---

① 谭昆山:《陈调元反动的历史》,中国人民政治协商会议安徽省委员会文史资料研究委员会编《安徽文史资料选辑》第 7 辑(北洋军阀和国民党统治前期史料专辑),1982 年版。

北洋政府大权,10 月冯国璋被选为副总统,仍兼江苏督军,任命陈调元为北洋军第七十四混成旅旅长,驻兵徐州。

1917 年 7 月,张勋复辟失败,黎元洪下野,冯国璋以副总统代理大总统职,段祺瑞仍为国务总理,控制北京政府。其时皖系和直系在长江中下游各省争夺激烈,江苏督军李纯于 1920 年 9 月任命陈调元兼任徐海镇守使,为江苏收回了徐州。

1920 年 10 月,直系军阀齐燮元继李纯任江苏督军。陈调元与齐曾为北洋武备学堂同学,遂攀附靠拢,而齐也想收揽人心,拥兵自重,故荐举陈为苏鲁豫皖四省"剿匪总司令"。陈受命后,以"清乡"为名,对四省农民暴动和大刀会组织进行了残酷镇压。

1924 年 10 月第二次直奉战争爆发,冯玉祥回师北京发动政变,曹锟、吴佩孚兵溃失势。11 月 17 日,陈调元拥护齐燮元领衔通电称:"在武昌组织护宪军政府,不承认冯玉祥回北京后所发命令。"①此时,奉军乘机大举入关,张宗昌的第二军为先锋部队南下。陈调元见直系势蹶,江苏政局难支,自己孤守徐州势难招架,即派员暗通张宗昌。有人报知齐燮元,齐半信半疑,即电陈赴宁开会。陈见齐生疑,便伪称辞职:"调元承巡帅知遇,畀以重任,矢志不辞劳怨,忠于巡帅,忠于团体。奈自愧愚直,不善逢迎权贵,致遭嫉视,只有退位避职,另计贤能。"②声泪俱下。齐半疑之心顿释,备加劝慰,促其速返徐州坐镇。

1925 年春,张宗昌军抵达徐州边境,陈调元当即率部撤出徐州,退至砀山、萧县一带。5 月,陈降奉军,所部扩编为第六师,陈任师长。7 月,张作霖任命杨宇霆为江苏军务督办,委陈为军务帮办。但奉军高级军官对陈多有歧视,苏督杨宇霆曾下令陈的车子不准直入督署,陈"必

①　《辛亥革命以来大事录》"1924 年 11 月 17 日",载《中国百科年鉴》编辑部编:《中国百科年鉴,1980》,中国大百科全书出版社 1980 年版。

②　谭昆山:《陈调元反动的历史》,中国人民政治协商会议安徽省委员会文史资料研究委员会编《安徽文史资料选辑》第 7 辑(北洋军阀和国民党统治前期史料专辑),1982 年版。

须在门口下车"①。陈羞愧难忍,对友人哭诉:"我小名也是帮办,这种态度叫人何以忍受!"②9月,浙江督办孙传芳密派幕僚杨文恺赴南京,说陈反奉,"许于战胜之后优予酬报"③。陈与杨文恺一拍即合。10月初,孙传芳举兵向松江、上海进攻,奉军邢士廉师一触即溃。陈闻孙在上海得手,立即在南京动作策应。一日,陈设宴召请督署参谋长臧式毅和奉军师长丁喜春以及团营长们,正在酒酣之时,陈的部队突然冲入,不废一弹,俘获臧式毅、丁喜春及所有在场的军官。16日,陈迎孙军进入南京,孙传芳委陈调元为第八军军长,率兵过江进击奉军,相持在宿县一带。11月5日,孙传芳在南京宣布成立浙赣闽苏皖五省联军总司令部,自任总司令,任命陈为皖军总司令。陈调元把皖系倪(嗣冲)军的五个旅逐步并为己有,军势大增,一时成为直系军阀中引人注目的风云人物。

　1926年7月,国民革命军挥师北伐,进占湘、鄂,挺进江西。孙传芳急命陈为第五方面军总指挥,出兵赣西堵击北伐军。陈在蚌埠接任新职,于出兵前夕,将新近逮捕的共产党员杨兆成绑赴军前杀害"祭旗"。11月,驻合肥北乡的一部分地方军队举行武装起义;接着,六安、霍邱、太湖的民军暴动;防守九江的周凤岐第三师又哗变倒戈。陈调元急忙撤军,分兵镇压。与此同时,陈以"讨赤"为名,派兵镇压开展革命活动的省教育会和第一师范学校的师生,封闭安庆政法专科学校,捣毁《通俗教育报》社。不久,江西的孙军全军覆没,福建亦为北伐军所占,浙江告急,孙传芳投奔张作霖,亲赴天津密商抗御北伐军事宜。12月6日,陈调元迎张宗昌率直鲁军南下,并向张表示,愿将津浦路南段收入、浦徐货捐、凤阳关税、正阳关与芜湖港盐厘、两淮盐款等悉交鲁军筹饷。

---

　①　刘翼飞:《杨宇霆督苏被逐记》,中国人民政治协商会议全国委员会文史资料研究委员会编《文史资料选辑》第35辑,中华书局1963年版,第118页。

　②　刘翼飞:《杨宇霆督苏被逐记》,中国人民政治协商会议全国委员会文史资料研究委员会编《文史资料选辑》第35辑,118页。

　③　杨文恺:《孙传芳反奉联奉始末》,《文史资料选辑》第35辑,105页。

同日,安庆数万人聚会,声讨"孙传芳擅委皖军总司令、省长,实行征服政策,宰割安徽,蹂躏皖人",并决议"电告陈调元、王普(省长),请勿轻率从事"①。陈调元通令缉拿大会组织者王亚樵等,镇压"闹事"者,把大批进步工人、学生投进监狱。21 日,孙传芳、陈调元与张宗昌在南京会商,决定以陈调元部在皖境沿江防御国民革命军东下,直鲁军由皖进攻九江,孙传芳以全力对浙②。议毕,陈返安庆布置。

此时,北伐军分路进击,迫近皖南地区,孙传芳频频电令陈调元急速出兵皖南。陈看到北伐军势不可挡,孙军已是强弩之末,奉鲁军不可信赖,乃暗派师长范熙绩去武汉向北伐军输诚。孙见陈不听号令,疑其有变,派人送去 20 万元,以为笼络,并召陈赴南京议事。陈到达南京后,孙一面笑脸款待,一面电令驻大通的第十一旅旅长孙东云接替陈职。陈调元早有戒备,知情后立即潜赴下关,乘兵舰直驶安庆。1927年 3 月 5 日,陈调元乘舰行至芜湖,宣布就任国民革命军第三十七军军长兼北路总指挥③。3 月 9 日,陈乘舰至安庆,但所部第一混成旅哗变,陈闻讯不敢登岸,即赴九江与蒋介石会商军事。蒋派王天培率第十军协助陈攻入安庆。不久,陈统兵三个师由芜湖渡江袭击津浦路鲁军侧面。

4 月 12 日蒋介石发动"清党"反共政变,随即在南京建立国民政府,陈调元奉行蒋介石"清党"反共的命令,在安庆等地逮捕、杀害共产党人和各界进步人士,白色恐怖笼罩安徽。

8 月,孙传芳利用国民党新军阀内部分裂的混乱局面,分兵三路渡江,在栖霞、龙潭一线与国民党军展开激战,陈调元伏兵乌衣,狙击孙军。11 月,陈被任命为安徽省主席。1928 年 4 月,蒋介石会同冯玉祥、

① 邹义开编《安徽大事记资料》上册,安徽省地方志编纂委员会 1986 年印行,第 208 页。

② 《申报》1926 年 12 月 23、25 日。

③ 李振华辑《近代中国国内外大事记》,《近代中国史料丛刊续编》第 67 辑,台北文海出版社 1979 年版,第 4924 页。

阎锡山、李宗仁的兵力,向以张作霖为首的旧军阀发动总攻击,陈调元任第一集团军第二军团总指挥,担任津浦路正面攻击。陈部先是扼守青山关、莱芜口,击溃鲁军杜凤举部后,乘胜追击,沿吴桥、南皮、沧州一线前进。蒋介石到北京后,即宣布要实行"裁军建设",召开编遣会议,以削弱其他派系的军队,扩充自己的实力,与冯玉祥等人出现新的矛盾。陈调元唯蒋之马首是瞻,欣然奉命把所部缩编成第四十六师,驻兵安徽,渐得蒋之信任。

1929年4月,日本在济南一线的驻军定期撤回,冯军孙良诚部前往接防。蒋介石唯恐冯军占有青岛海口,与己不利,抢先宣布陈调元为接收青岛之中央特派员,同时"密电日军,暂缓撤退"①。5月,蒋任命陈调元为山东省主席。10月,冯玉祥誓师讨蒋,兵分八路南下。蒋介石调兵遣将抗拒冯军,委陈调元为"总预备队军团总指挥"。翌年5月,冯玉祥与阎锡山联合一线,共誓讨蒋,中原大战揭开战幕。初战,冯军连克数城,攻势猛烈。蒋介石在柳河召开军事会议部署退却,陈调元却在会上力主反攻,并自告奋勇,愿从右翼攻冯,以分陇海线晋军兵力。蒋立即任命陈为右翼军总指挥,参与鲁西考城战役,击退石友三部;接着,孙殿英军溃退,梁冠英、张印湘等通电附和,蒋军颓势得以扭转。9月,张学良通电拥蒋,率兵进关,战局急转直下。11月,蒋再次任命陈调元为安徽省主席。

蒋介石在战胜冯、阎之后,即向工农红军接连发动了五次军事"围剿"。陈调元竭力奉行蒋的"剿共"部署,不断派兵进攻鄂豫皖红军根据地。1930年12月,陈派兵从六安、苏家埠、霍山三路出击,对红军根据地发动"围剿"。1931年2月,陈再次调集军队,进攻苏区,直扑金家寨(即今金寨县),"枪杀群众一万七千多人"②,然后占领麻埠、独山、诸佛庵。与此同时,陈加强在安徽全境的反动统治。同年4月,中共安徽省

---

① 宋哲元:《西北军志略》,《近代史资料》1963年第4辑。

② 《1931年5月23日沈泽民给中央的报告》,存安徽省档案馆第34卷。

委代理书记王步文等 13 名共产党人被捕,陈下令组织特别法庭,亲自审讯,先以高官厚禄劝降,继而施加电刑、火烙等种种酷刑,最后下令将王步文等在安庆杀害。

陈调元在安徽为弥补军费之不足,强行勒征米盐捐税,公开贩卖鸦片,遭到安徽人民的反对。1931 年春,安徽各界民众组织请愿团,赴南京向当局控诉,列举陈在安徽强征米盐捐、勒民种烟公开买卖的事实,呼吁:"请免陈职,以苏民困。"[①]5 月 31 日,陈被迫电蒋"请求辞职",承认自己"政治无办法"[②]。6 月,蒋任刘镇华为安徽省主席,以平息安徽民愤;另委陈以国民政府委员的虚衔。1934 年 1 月,蒋在第五次"围剿"工农红军时,任命陈为赣粤闽湘鄂五省"剿匪"预备军总司令。同年 12 月,陈出任军事参议院院长。

陈调元到南京后,成为蒋介石的高级幕僚。1936 年秋,随蒋去西安视察。西安事变时,陈调元与陈诚等同被拘禁。此后,陈调元长期患病,抗战时随政府内迁,辗转至武汉、重庆,未再担任实职。1943 年 12 月 18 日,病死在重庆北碚寓中。

———————

①　李振华辑《近代中国国内外大事记》,第 669 卷,5471 页。

②　谭昆山:《陈调元反动的历史》,中国人民政治协商会议安徽省委员会文史资料研究委员会编《安徽文史资料选辑》第 7 辑(北洋军阀和国民党统治前期史料专辑),1982 年版。

陈 万 运

张 志

陈万运,浙江慈溪人,1885 年 9 月 15 日(清光绪十一年八月初七),生于一个小商人家庭。幼时在家乡读过几年私塾,十五岁到上海一家烟纸店当学徒。陈为人稳健、机智,善于辞令。在学徒期间,工作勤奋,对珠算和心算都有过人本领。

清朝末年,大批洋货倾销我国市场,其中洋烛也是重要商品之一。以后英美商人在我国设厂制造,我国各地对洋烛逐渐采用,销路日广。棉线烛芯,一名洋烛芯,系制造洋烛的主要原料之一,英美制造商须从海外购进。当时日商中桐洋行经营烛芯,供不应求,营业颇佳。陈万运和沈九成、沈启涌①三人,认为制造洋烛芯不失为一条生财之道,而且是中国手工业可以做到的。于是他们各出资本 150 元,于 1912 年 4 月在上海士庆路,开办一所烛芯手工作坊。小屋一椽,艰苦创业,不断改进,遂使"金星牌"国产烛芯问世。不久这种国产烛芯逐渐在市场上能与舶来品相抗衡。因为是三人合伙经营,当时的"实业救国"论正很时髦,所以就取名为"三友实业社"。

1914 年第一次世界大战爆发,战事绵延,英商洋行进口烛芯中断,亚细亚火油公司及美孚洋行等所属在华洋烛制造厂向日商进货,日商

---

① 陈万运和沈启涌是烟纸店伙友,沈九成原是上海市高裕兴蜡烛店学徒。见朱梦华:《记三友实业社》,中国人民政治协商会议上海市委员会文史资料工作委员会编《文史资料选辑》第 17 辑,中华书局 1964 年版,第 182 页。

居奇抬价。当时"三友"社所产国货烛芯质地较好,售价仅及日货之半,且在国内市场上已有相当声誉,英美洋行所属工厂转向该社大笔定货,并透支资金,俾能扩大生产。虽然三友实业社生产的烛芯,仍是供洋商在华工厂,然而这对日货烛芯是一个有力的冲击。

陈万运在此期间努力经营,营业兴旺。三友实业社于1915年3月增资至8400元,改组为无限公司;同年12月再增资至3万元,并改组为股份有限公司。1917年该社在引翔港(今属上海市杨浦区)购地三十多亩,建造规模较大的工厂,增添机器。除生产烛芯外,并生产毛巾、被单等其他棉织品,进一步与日货"铁锚牌"毛巾在市场上开展竞争。该社所产"三角牌"毛巾,终以产品精良,质胜舶来,遍销中外,盛名历久不衰,而日货"铁锚牌"毛巾在我国市场上卒告绝迹。"三友"的产品有力地冲击了日货的销路,招致日本侵略者对它的仇恨。1932年"一二八"事变时,该社引翔港工厂首当其冲,惨遭焚掠,不是无因的。

陈万运在"三友"担任经理,居于领导地位,为我国民族轻工业的发展,作出一定贡献。但该社生产烛芯原料,一度采用日货棉纱;该社所需一部分高级棉纱,如32支纱和42支线,因当时国产稀少,也一度仍采用日货,暴露了在半殖民地的旧中国民族资本企业对外依赖性的一面。

陈万运为了办好企业,经常住在厂内,和工人同桌吃饭,常去车间与工人、技师研究生产业务,有时工作到深夜。几十年来,他为办好企业摸索了一整套经验,如发行所门市部的安排,新设备的添置,经营方法的更新,会计制度的改革,新产品的试制,广告宣传的利用,工厂管理的加强,得力店员的培养等。在剧烈的市场竞争中,由于陈万运经营管理得法,使企业得到很大发展。从1912年到1931年的20年间,该社资本额从450元激增到200万元,即增加4400多倍,发行所遍设全国各大中城市。自1920年起,陆续增制各种日用棉织品。如全幅被单、透凉罗蚊帐及不褪色布匹等,皆为该社首创产品。有的产品还畅销南洋市场。

　　"三友"招收职工注意吸收知识青年。在设厂之初,"三友"曾向杭州中学一次选取毕业生十余人,其中有后来成为陈得力助手的李道发。李在1924年研制回纹浴毯织造成功,使毛巾业获得重大进步,对国产毛巾的革新作出了贡献①。青年进厂后,陈安排他们业余学习语文、数学、技术课程,并提倡正当娱乐,提倡书法。因此早期的三友实业社给上海毛巾业造就了不少人才,如该社继任经理王家珍,太平洋织造厂李道发、赵才生,民光织造厂项立民,大赉被单厂吴骏声,源康祥毛巾厂黄葆康,萃众毛巾厂范家骏、阮树敏,大生被单厂高成源等,都是上海毛巾被单业掌握技术的佼佼者。陈还多次招收中华职业学校毕业生,充实三友实业社,使他们担任管理职务。

　　"三友"在发展过程中,曾向安徽及江苏泰兴农村雇佣了大量女工和童工,发给的工薪很低。在引翔港厂内,来自农村的童工最多时达五百多人,约占全厂工人半数。当时摇纱女工每日工资4角5分,而童工只有2角左右。"三友"在雇佣童工一项上,每年多获利四五万银元。

　　"一二八"事变后,由于引翔港厂被毁于日本侵略者的焚掠,"三友"把生产集中于杭州"三友"纺织印染厂,陈万运带同李道发去杭主持。原杭厂因管理不善,一度质量下降,产品积压,资金周转不灵,经陈等整顿、改进后,新产品不断出厂,名闻全国的"西湖"毛巾、"2323"永不褪色细布及彩色印花被单等相继问世,产销两旺,从而使杭厂经营获得好转。

　　陈万运在经营"三友"期间,与五洲药房、家庭工业社、中华珐琅厂等共同发起组织机制国货工厂联合会,并参与主持《机联会刊》的发行工作,对宣传提倡与推销国货作过一定贡献。

　　"七七"事变后,杭州沦陷,"三友"杭厂亦被日军强占管理,其后日方一再逼迫该社"合作",均为陈所拒绝。陈万运一度避居杨梅岭,后潜

---

　　①　中国百货公司华东区公司编:《上海市百货工业产销概况》,1950年10月版,第22页。

行返沪,深居简出。他情愿放弃杭厂,也不与敌人合作。

在沪宁沦陷后,上海的租界成为"孤岛"之际,"三友"因生产停顿,存货渐少,难以维持职工生活。陈等决定制销中药,权且过渡。所制成药主要有三友补丸、马宝、救苦丸、方便丸等;以后并代销他厂部分棉织品①,惨淡经营。太平洋战争爆发后,日军趁机占领上海公共租界,实行经济统制,进行残酷掠夺,"三友"更趋困境,终以生产停滞,入不敷出,资金几乎耗尽。1943 年底,"三友"杭州染织厂因无力经营,出盘给国华投资公司和新亚建业公司。

抗日战争胜利后,"三友"企业恢复,陈辞去经理职务,改由王云甫及王家珍分任正副经理,但因资金不足,周转困难,已无恢复当年魄力。"三友"虽称恢复旧业,实徒具虚名而已。这反映了在旧中国民族工业的坎坷遭遇。

陈万运一生自奉俭朴,经常短褐布衣,五十岁以后茹素,不饮酒,不出入游逸场所。1950 年 10 月 17 日在沪去世。身后无长物,棺椁墓葬都由"三友"实业社为之安排。

---

① 据李道发回忆,"三友"当时代销太平洋织造厂及民光织造厂部分棉织品。

陈 望 道

邓明以

陈望道,原名参一、融,字任重,笔名佛突、雪帆、晓风、张华等,浙江义乌人,1891年1月18日(清光绪十六年农历腊月初九)出生于一个农民家庭。祖父、父亲主要务农,同时兼营靛青的制作和买卖。他六岁入私塾,攻读儒书,并在课余帮助耕种,直到十六岁。

1906年,陈望道入县立绣湖书院学习博物与算术。其时他目睹清政府的腐败,深感忧虑与愤懑。以后受"科学救国"、"实业救国"思潮影响,在1907年回到故乡分水塘,随同乡间先进青年一起兴办村学。次年,他考入金华府中学堂,专攻理科。他学习勤奋,成绩优异。后来,他认为"要实现救国的理想,必须借助欧美的科学"①。为此,于1913年先后在上海某补习学校及杭州之江大学学习英语。1915年初赴日本留学,先在东亚预备学校学习日文,继而进东京物理夜校,早稻田大学法科、东洋大学文科,最后毕业于中央大学法科,获法学士学位。

留日期间,陈望道非常关心国内政治。激于爱国热忱,与留日同学积极投入反对袁世凯卖国独裁的斗争。课余,他开始对马克思主义著作进行学习和钻研,接触了新思潮,逐渐"认识到救国不单纯是兴办实业。还必须进行社会革命"②。1917年俄国十月革命胜利,在留日学生中曾引起强烈的反响。这时,他结识了日本著名学者早期的社会主

---

① 陈望道自述。
② 陈望道自述。

义者河上肇、山川均等，并和他们一起开展宣传十月革命和传播马克思主义的活动，热烈向往十月革命的道路。

1919 年 6 月陈望道从日本回国，受浙江第一师范学校校长经亨颐的聘请，任语文教员。这时"五四"的浪潮已冲击到了浙江，他立即投身于新文化运动，和其他进步师生一起，对封建文化和旧的习惯势力，进行勇猛的冲击。他们还积极提倡新文化、新道德，改革国文教授，却遭到了顽固势力的反对。他和夏丏尊、刘大白、李次九三位进步教员被目为"四大金刚"。不久，第一师范的一个学生施存统在他的指导下，发表了《非孝》一文，从而在浙江教育界引起了轩然大波。省教育厅以所谓"非孝、废孔"的罪名，并以"公妻、共产"等骇人听闻的诽谤，强加在该校进步师生的头上，下令将"四大金刚"撤职查办。这一反动措施遭到校长经亨颐等人的抵制和抗拒，浙江省当局竟悍然出动军警包围学校，制造了流血事件，酿成了闻名全国的"浙江一师"风潮。由于得到全国声援，最后迫使政府当局收回了"撤职查办的成命"，但陈望道等也不得不因此离开学校。

陈望道经历了"浙江一师"这场风潮，受到一次深刻的锻炼和教育，"认识到所谓除旧布新并不是不推自倒、不招自来的轻而易举的事情"①。于是，他就在这一年年底回到故乡分水塘，潜心研究新思潮，完成了马克思、恩格斯《共产党宣言》的翻译工作。

1920 年 4 月，陈望道应《星期评论》社的邀请到上海担任编辑。旋该刊因故停办，又应陈独秀的邀请，参加《新青年》的编辑工作。这年的 5 月至 8 月，他与陈独秀、李汉俊、李达等酝酿组织上海共产主义小组，在此之前先组织了马克思主义研究会。不久又发起成立中国共产党，陈是中国共产党上海发起组成员之一。同年 11 月，他又参与 SY（社会主义青年团）的筹建工作。

上海共产主义小组成立后，随即开展了马克思主义宣传活动。首

---

① 陈望道：《五四运动与文化运动》，《文艺月报》1959 年 5 月号。

先出版了由他翻译的《共产党宣言》。这是马克思主义第一个中文全译
本。8月15日创刊《劳动界》,在工人群众中开展马克思主义宣传。11
月7日,创刊党的内部刊物《共产党》月刊,通过该刊宣传共产主义,介
绍共产党知识。

　　在中国共产党创建期间,陈望道还翻译了《空想的和科学的社会主
义》一书,以及《马克斯底唯物史观》、《唯物史观底解释》、《劳农俄国底
劳动联合》、《劳动运动通论》等文章,对传播马克思主义起了积极的
作用。

　　1920年12月,陈独秀赴粤,上海共产主义小组由陈望道和李汉俊
负责。陈独秀离沪时,把《新青年》的编辑事务交给陈望道。《新青年》
自第八卷第一号起,正式改组成为中国共产党上海发起组的机关刊物,
其明显的马克思主义方向,遭到胡适等的反对。陈望道在李大钊和鲁
迅的支持下,与之开展针锋相对的斗争。这期间,陈参加上海工人运
动,在共产主义小组内出任劳工部长一职。先后协助组织了上海机器
工会、印刷工会,以及纺织、邮电工会。1920年5月1日,他参加了在
澄衷公学举行的上海首次纪念国际劳动节的活动。以后又连续数年参
加"五一"节的纪念活动,并发表演讲。他还亲自到沪西工厂区参与开
办职工补习夜校和平民女学。

　　为了扩大上海共产主义小组的宣传阵地,陈望道取得了《民国日
报》副刊《觉悟》主编邵力子的支持,后来他担任了《觉悟》的编辑,在该
刊上增加了介绍苏俄和宣传马克思主义的内容。此外,他还主办《民国
日报》另一副刊《妇女评论》,鼓吹妇女解放,提倡叛逆精神,指出妇女解
放必须走世界无产阶级社会主义革命的道路。

　　1921年中共"一大"召开前夕,陈独秀与李汉俊发生了争执,并牵
涉到陈望道。对此,陈望道十分气愤,他坚持要求陈独秀予以澄清并公
开道歉。陈独秀不允,陈望道就请求脱离组织,并因此而未去出席党的
代表会议。当时他以为不参加组织同样也可以革命。

　　1921年11月间党的"一大"召开后,上海、广东等地相继建立区执

行委员会。上海成立了中共上海地方委员会,陈望道为第一任书记。

1923年至1927年,陈望道在中共创办的上海大学担任中文系主任。五卅运动中,上海大学被英国租界当局武装占领,学校被迫转移。邓中夏去广东领导工人运动,陈接任了上海大学教务长和代理校务主任,领导全校师生继续投入反帝斗争。1927年"四一二"政变发生后,上海大学被查封。在革命斗争激烈的时刻,上海大学能够屡仆屡起,陈望道是作出一定贡献的。

陈望道还积极从事高等文化教育工作,他从1920年9月起就在复旦大学任教。1927年上海大学停办后,他出任复旦大学中文系主任。1929至1930年,他在中共的领导下创办了中华艺术大学。在他任职期间,"左联"在此召开了成立大会。

由于陈望道较早接受马克思主义,因此很注重运用新的立场观点方法进行教学与科学研究。他主张改革传统的以熟读和模仿为主的语文教学方法。在关于白话文的普及和提高、新文艺的发展以及文法修辞的研究方面,他发表了许多进步见解。他是我国最早提倡使用新式标点符号的学者之一。1923年,他发表了《作文法讲义》,系统地阐明了文章的构造、体制和美质。他对美学、因明学、伦理学等都很有研究,著有《美学概论》、《因明学》等书。他还努力介绍国外的社会科学学说和新兴的文艺理论,作为宣传新道德、发展新文学的借鉴,译有《艺术简论》、《文学及艺术之技术的革命》、《社会意识学大纲》、《苏俄文学理论》等重要著作。

他在1928年及其后一段时间,和友人汪馥泉等创办"大江书铺"出版进步书刊,成为当时推动左翼文艺运动的重要据点。在鲁迅的支持和帮助下,大江书铺出版了陈望道编辑的《文艺理论小丛书》和《艺术理论丛书》,发行了《大江月刊》和《文艺研究》季刊。

1931年,陈望道在复旦大学等校任教时积极保护左派学生,南京国民政府密令加以暗害,他被迫离开了复旦大学,因得避地专心从事《修辞学发凡》的著作。该书于1932年由大江书铺正式出版,它是我国

第一部有系统的兼顾古今汉语文的修辞学专著。

1932年"一二八"事变发生后,上海人民成立各界民众抗日救国联合会。2月3日,陈望道与鲁迅、茅盾、叶圣陶、郁达夫、丁玲、胡愈之等43人联名发表《上海文化界告世界书》,抗议日本帝国主义的暴行。2月8日,上海"中国著作家抗日会"成立,陈望道被选为秘书长。这是一个爱国统一战线组织,他在中共地下组织的领导下,团结广大爱国知识分子投入抗日救国斗争。

1933年7月,陈望道应聘赴安徽大学讲授"文艺理论"课,半年后又因当地特务控制森严难以继续任教而离职。于1934年2月回到上海,担任左联《文学》杂志的编委工作。

陈望道与乐嗣炳、胡愈之、陈子展、叶绍钧、曹聚仁等12人共同发起"大众语运动",提出白话文必须进一步接近活的口语,主张建立真正以群众语言为基础的"大众语"和"大众语文学"。他写了《关于大众语文学的建设》、《文学和大众语》、《建立大众语文学》等多篇文章,提出了许多建设性的意见。

1934年9月他在鲁迅的支持下创办《太白》半月刊,这是实践大众语的刊物。《太白》与林语堂等为迎合保守势力而鼓吹的所谓"化沉痛为悠闲"的幽默小品及提倡半文不白语录体而创办的《论语》、《人间世》等相抗衡,把小品文作为武器去揭露和批判当时黑暗的现实。《太白》半月刊办得很有生气,首倡在刊物上用民间的"手头字",首创"科学小品",开辟"掂斤簸两"的栏目,专登匕首式的杂感。鲁迅曾赞扬这个刊物说:"杂志上也很难说话,现惟《太白》、《读书生活》、《新生》三种尚可观,而被压迫也最甚。"①《太白》仅战斗了一个年头,就被迫停刊了。

《太白》终刊后,陈望道在1935年8月来到桂林良丰广西省立师范专科学校任教,并担任该校中文科主任。1937年抗日战争爆发,他立

---

① 鲁迅:《致吴渤》(1935年2月14日),《鲁迅全集》第13卷,人民文学出版社1981年版。

即从广西回到上海,参加中共领导的上海文化界联谊会,从事抗日救国运动。抗战初期,他留在上海,推动拉丁化新文字运动,组织"上海语文学会"、"上海语文教育学会"等进步语文团体;热情支持"上海新文字研究会"等组织。他是上海战时语文运动的一位重要领导者和组织者,1939年11月,敌伪势力已侵入租界,他不顾敌人的威胁,以"上海语文教育学会"的名义举办"中国语文展览会",不仅是对青年宣传文字改革,实际也是对广大群众进行爱国主义教育。这期间他还编成《中国文法革新论丛》一书,实为中国文法革新研究方法讨论的集结。

1940年秋,陈望道为避免汪伪汉奸的迫害,从上海经香港转赴抗战后方,回到当时迁校于重庆北碚的复旦大学中文系任教。1943年起任新闻系主任,前后长达八年之久,他为了进一步"充实新闻教学的设备与内容,使有志于新闻事业的青年更能学以致用",亲自在重庆募捐筹建了一座"新闻馆"。馆内设有编辑室、印刷室、图书资料室、会议室以及收音广播室共十余间。"新闻馆"的建立是新闻系历史上的一个创举,它为新闻教育事业的发展起了很大的作用。"新闻馆"落成于1944年,4月5日开馆时于右任特地发来"新闻自由万岁"的演讲词。《新华日报》为复旦新闻馆开幕专发了"为新闻自由而奋斗"的贺电。这时,他和中共地下组织建立了密切的联系,经常给进步学生以支持和帮助,营救受国民党反动派迫害的进步学生。为此国民党学校当局不断对他施加压力,校长扬言要把他赶走。

抗战胜利后,他随复旦大学复员回上海。在当时学校进步力量和反动势力十分激烈的斗争中,他继续配合中国共产党的地下工作,开展活动。1947年,他首批加入中共地下组织领导的上海大学教授联谊会,积极参加"反饥饿、反内战、反迫害"的民主运动。1948年他被推选为上海国立大学赴南京请愿代表团的成员。上海解放前夕,"大教联"理事会改选,他出任理事会主席。

中华人民共和国成立后,陈望道历任复旦大学校务委员会副主任、华东军政委员会委员、华东军政委员会文化教育委员会副主任和华东文化部部长,复旦大学校长、华东行政委员会委员、华东行政委员会高教局局长等职。他又是全国人民代表大会第一至四届代表,第四届全国人大常务委员会委员,中国人民政治协商会议第一、二届全国委员,第三、四届全国常委,政协上海市委员会副主席;以及上海市人民政府委员会委员,上海市第三、四届人民代表。他还担任民盟中央副主席、民盟上海市委员会主任委员等职。

1957年6月,陈望道重新加入中国共产党。

陈望道还担负着许多学术职务,历任中国科学院哲学社会科学学部委员、国务院科学规划委员会语言组副组长、华东作家协会理事、上海市哲学社会科学联合会主席、上海新文字工作者协会主席、上海语文学会会长等职,仍然坚持学术研究工作。后来,他在复旦大学筹建了语言研究室,并亲自主持这个室的工作,以促进语言科学研究的开展。1960年,他担任修订《辞海》的总主编。1973年,由上海人民出版社出版了他写的《论现代汉语中的单位和单位词》、《汉语提带复合谓语的探讨》两个单印本。1976年秋,他在病榻上完成了《文法简论》一书的定稿工作。

1977年10月29日陈望道在上海华东医院病逝。

主要参考资料

陈望道:《关于上海马克思主义研究会活动的回忆》,《复旦学报》1980年第3期。

陈望道:《党成立时期的一些情况》,《党史资料》1980年第1辑。

陈望道:《党的建立时期情况》,同上。

陈望道在1951年思想改造运动时的小结。

施复亮:《中国共产党成立时期的几个问题》,《党史资料》1980年第1辑。

陈　仪

严如平

陈仪，字公侠、公洽，号退素，浙江绍兴人，1883 年 5 月 3 日（清光绪九年三月廿七日）生。父陈炳镛，商人。陈仪幼年好学，随叔父陈荪阶在杭州，勤读经史典籍。稍长，在绍兴怡丰钱庄学徒，三年后再去杭州，入浙江求是书院读书。他目睹清廷窳败，国势日衰，思以学军报效国家。1902 年获官费留学东渡，先入成城学校，随即转入陆军测量学校学习，1906 年入日本陆军士官学校第五期炮科，后又转为炮兵射击学校第四期生。他在日本投身反清革命活动，加入光复会，与徐锡麟、秋瑾、蔡元培、蒋尊簋等人结识。经过五年的留学生涯，陈于 1907 年学成回国，在清政府陆军部任二等科员。

1911 年 10 月武昌首义，浙江于 11 月光复，1912 年 1 月蒋尊簋继汤寿潜为中华民国浙江都督，陈仪应蒋之邀南下，出任都督府军政司司长，主持后勤事宜，处世谨慎，工作负责。1914 年陈应召去北京，任政事堂统率办事处参议。翌年袁世凯筹谋称帝，参政院参政蔡锷潜离北京经天津去云南举义护国，袁派陈出京追蔡。陈至天津小作逗留，以"追不到"回京了事。不久陈辞职归里。

袁世凯死后，北洋军阀不同派系纷争迭起，陈仪大失所望，于翌年携带眷属再去日本，入陆军大学深造，计三年，以优异成绩毕业。回国后，政局更呈纷乱，陈一时无所适从，乃定居上海，与友人合资兴办裕华垦殖公司任经理，并接办丝绸商业银行和钱庄。

1924 年 9 月，孙传芳在江浙战争中率军自闽入浙，陈仪被推为地方代表劝孙息兵,以免战火祸民。孙敬慕陈留日学军多年,学识高深,乃请陈出任浙江第一师师长,率部驻宁波,不久移驻杭州。陈着力训练队伍,整肃风纪,提高素质,增强战斗力。在翌年11月固镇和宿县的战役中,陈率浙一师打垮了张宗昌部鲁军,被孙传芳任命为徐州总司令。1926年10月,孙传芳镇压了浙江省省长夏超的独立,任命陈仪为浙江省省长。陈期盼桑梓能免于战祸,谋求浙江自治甚力。其时北伐军次第光复了湘、鄂、赣、闽,正向皖、浙推进,陈仪派员先至奉新向蒋介石输诚,后于12月17日被任命为国民革命军第十九军军长。孙传芳获悉后,迅即解除了陈仪的军权,将其扣押至南京软禁。后得孙传芳的高级军事参谋蒋方震等人营救,陈始获释潜至上海。后被国民政府军事委员会任命为江北宣慰使,以收拾孙传芳军残部,陈未赴任。

蒋介石在南京掌握军政大权后,陈仪于1928年3月被任命为考察委员长,率代表团赴德国考察军事,并洽购军械;兼至奥、法、意、荷等国考察政治、军事,11月回国。1929年4月任军政部兵工署署长,5月升任军政部常务次长;1931年1月起任军政部政务次长。

福建事变后的1934年1月,陈仪被国民政府任命为福建省政府主席,10月兼全省保安司令,1939年3月并兼驻闽的第二十五集团军总司令。他主闽近八载,竭力革除官场积弊,建立新的人事制度,规定县、区公务人员和警察都需经过训练的人员充任,提出一套格言:"工作是道德,忙碌是幸福,闲空是堕落,懒惰是罪恶。"①他逐渐增强政府对社会经济的控制。推行粮食"公沽"政策,田赋征实,规定粮食公卖,禁止自由流通,城市居民食粮计口供应,以期保证军民对粮食的基本需要;在抗战时期进一步实行"统制经济",从生产、销售到运输,全部由省"统制",增加财政收入。他努力兴办教育,新建了医、法、农、师范、音乐等高等院校,还在全省推行国语运动。他虽然勤于政事,清正廉洁,洁身

---

①　高岱:《陈仪与福建省人事制度》,《陈仪生平及被害内幕》,中国文史出版社1987年版,第77页。

自好,但不能遏止许多官吏的贪污腐化。有些官员在执行"公沽"政策和"统制经济"等政策时,横征暴敛,欺压民众;米商则乘机囤积居奇,百姓叫苦不迭。1940年,旅居南洋的侨领陈嘉庚在福建考察访问时,对陈仪的许多政策措施严加抨击,一些乡绅也乘机向重庆控告。中统、军统等派系首领亦因其部属在福建受到遏制而对陈仪物议不迭。惟蒋介石赏识陈仪之勤政与廉正,于1941年11月,将陈仪调重庆任行政院秘书长,并兼国家总动员会议主任。后因与行政院副院长孔祥熙龃龉不断,于1942年底改任党政考核委员会秘书长,不久又兼中央训练团教育长。

　　1943年11月,中美英三国首脑举行开罗会议,通过《开罗宣言》,确定战后台湾归还中国。国民政府于翌年4月成立台湾调查委员会,陈仪被任命为主任委员,主持关于接收台湾的研究和设计工作。他在中央训练团设置台湾行政干部训练班,从各机关在职人员中选调120人培训4个月,期满仍回原机关工作,听候召唤。他对未来的接收工作多有规划,主张应有特殊的行政体制,以应付台湾这个被日本侵占实行殖民统治半个世纪的行政省的特殊环境,实行"行政长官制",并向蒋介石建议:一、为了保证台湾不受大陆通货膨胀的影响,中中交农四大银行暂不插足台湾,仍运用原来的台湾银行管理金融;二、接收事宜,概归长官公署统一办理;三、无需在台湾驻扎重兵[1]。得到蒋的核准。1945年7月26日,中美英三国波茨坦宣言促令日本无条件投降,重申《开罗宣言》应予执行。8月15日日本无条件投降,8月29日国民政府特派陈仪任台湾行政长官兼台湾警备司令部司令,接管被日本殖民统治达50年之久的台湾,并负责台湾日军受降事宜。

　　陈仪接受任命后,于10月24日飞抵台北。他在机场向中外人士发表讲话说,自己来台湾,不是为做官,而是为做事;对台湾的建设抱有信心,决心修明政治,铲除贪污和一切弊政;要求台湾同胞合作,共同努

①　葛敬恩:《接收台湾纪略》,《陈仪生平及被害内幕》,第113页。

力建设新台湾①。次日,他代表中国政府接受日本第十方面军司令官兼台湾总督安藤利吉的投降,庄严宣布:"从今天起,台湾及澎湖列岛正式重入中国版图,所有一切土地、人民、政事,皆已置于中国政府主权之下。"②

陈仪主政台湾,一时集行政、军政、司法大权于一身,而且有权办理中央行政③。他主张台湾实行自治,草拟了《三年自治计划》,准备较快建立各级民意机关。在接收了占全省90％的工商企业、70％的土地后,在固有的金融独占体系和专卖制度基础上,他实行"统制经济"政策,省外贸易由贸易局进行,特产品及烟、酒等由政府专卖,并大量开设国营公司,推行国有化。他重视文化教育,竭力弘扬和传播中华文化,力除日本殖民统治的奴化意识,大力推广国语,并计划增设农、商、法、师范等专科学院。他兢兢业业,全身心投入公务,期求把台湾建成实行三民主义的模范省。但是他独居高位,刚愎自用,对台湾的社情、民情之复杂性认识不足,尤其是战后经济的恢复和发展难如人意,不能体察民间的舆论与疾苦;随同他来台的部属,大都是闽地官吏,许多人以胜利者、大恩人自居,盛气凌人,贪婪腐败,作威作福,欺压民众。还由于蒋介石在大陆发动了全面内战,军需开支巨大,台湾的粮食蔗糖等大枇运往大陆,本岛物价飞涨。所有这些,均使台湾本省人民大失所望,由欢欣而不满而愤怒。

1947年2月27日傍晚,台湾省专卖局的武装缉私人员在台北延平路殴打一女烟贩,激起围观市民的公愤,在争执中一市民被开枪打死;翌日数千人至行政长官公署请愿要求撤销专卖局,惩办凶手,结果

① 杨鹏:《台湾受降与"二二八"事件》,《陈仪生平及被害内幕》,第90页。

② 《中央日报》1945年10月26日。

③ 国民政府1945年9月21日公布之《台湾省行政长官公署组织条例》第三条规定:湾省行政长官公署受中央之托,得办理中央行政。台湾省行政长官对于在台湾之中央机关,有指挥监督之权。《国民政府公报》第862期,台北成文出版社1972年版。

因守卫军警开枪,引发全市暴动,蓄积的愤怒顿即迸发,并迅即波及全省各市镇,广大民众纷纷起义,反抗国民党暴政。陈仪对这一突发事件手足无措,广播讲话中强调和平解决,并表示迅速改革行政制度。随着各地动乱的迅猛发展,民众包围政府殴打公务人员,直指国民党统治,陈仪担心有"其他政治背景"①,于3月2日致电蒋介石"祈即派大军,以平匪氛"②。蒋介石立即复电"照准",下令驻扎在江苏美械装备的整编第二十一师,"全部开台平乱"③;并派国防部长白崇禧赴台"权宜处理"。整编二十一师由美国军舰和飞机运送至基隆、高雄,立即分赴各地血腥镇压民众。他们"展开了广泛的毫无区别的屠杀行动","任何被认为想躲避或逃跑的人,都被射倒;任何地方士兵只要看到有可以要的东西,就开始掠夺"④。血腥镇压持续了一个多月,"无辜民众横被枪杀,将尸首抛入海中或抛弃田野"⑤,为数甚众。国民党以屠杀维护了对台湾的统治,身为台湾的行政长官兼警备总司令的陈仪难辞其咎。

台湾"二二八"事件后,陈仪被解除台湾行政长官等本兼各职,至南京被聘为国民政府顾问,其后回到上海。时蒋介石发动的全面内战频频失利,全国人民反内战反迫害的运动此起彼伏。陈仪赋闲在家,深居简出,广泛阅览书籍报刊,密切关注时局。在反省自己主政台湾失败的

---

①　《陈仪生平及被害内幕》,第100页。

②　《陈仪致蒋介石电》(1947年3月2日),见何汉文:《台湾二二八起义见闻纪略》,中国人民政治协商会议湖南省委员会文史资料研究委员会编《湖南文史资料选辑》(修订合编本)第2集,湖南人民出版社1981年版。

③　《蒋介石致整编第二十一师师长刘雨卿电》(1947年3月2日),见何聘儒:《蒋军镇压台湾人民起义纪实》,中国人民政治协商会议全国委员会文史资料研究委员会编《文史资料选辑》第18辑,中华书局1961年版。

④　司徒雷登向蒋介石提出的《关于台湾局势的备忘录》(1947年4月18日),见《中美关系资料汇编》第1辑,世界知识出版社1957年版,第944页。

⑤　台湾旅京沪七团体给国民政府监察院的呈文(1947年4月1日),国民政府监察院档案,中国第二历史档案馆藏。按:"二二八事件"中死亡人数,诸说不一,数百、数千、数万之说皆有。

同时,对国民党蒋介石的统治也有若干思考。

1948年6月,国民政府任命陈仪为浙江省主席。陈仪此时年已六十有五,又经台湾风波,先被蒋介石召去南京受命之时,即以体力衰弱、不胜繁剧相辞,建议起用壮年人士;但蒋以浙江情况复杂,形势日紧,需要老成等词相勉。陈仪谋划与汤恩伯联手掌控军队,避免战祸,加惠家乡父老,乃承允任之,走马上任之时,即对人明言:"既有倦鸟归林之感,又想在有生之年为桑梓办一些好事。"[①]他草拟了《浙江建设十年计划》,提出了兴建铁路、开发矿产、实行"二五减租"、开垦三门海涂、发展渔业整顿渔市、开办农民学校等多项改革措施。他毅然释放了被特务机关非法逮捕的十位爱国民主人士,否决了"枪决"百余名政治犯的呈签,训示各县长和警保人员要尊重爱护教师和青年学生,不得任意扣人捕人;对"孙文主义革命同盟"等爱国活动给予支持。他一如既往,兢兢业业,事必躬亲。

陈仪重主浙政只半年余,国民党统治已濒临崩溃之势。三大战役的结果,人民解放军已饮马长江。蒋介石眼看京沪杭等地均已危在旦夕,特任命汤恩伯为京沪杭警备总司令,在长江下游地区部署庞大兵力以图抵抗。陈仪默察时局趋势和人心向背,担心富庶的江南毁于战火,并在国民党革命委员会李济深、朱蕴山、陈铭枢等人及中共方面的推动下,决定策动汤恩伯起义。汤早年受过陈之资助东渡日本留学和提携,曾跪拜称陈为"恩师",誓言"生死与共"[②]。陈于1949年1月28日派外甥丁名楠携其亲笔信赴上海面见汤恩伯,向汤提出五项条件:"甲:一、尽先释放政治犯;二、保护武器军需及重要物资;乙:一、约定X地区,在区外停止暂不前进;二、依民主主义原则,于X月内改编原有部

　　①　陈文瑛:《和父亲最后相处的日子》,《陈仪生平及被害内幕》,第170页。1948年7月初,陈仪接见《东南日报》记者时也说过这样的话。
　　②　〔美〕包华德主编:《民国名人传记辞典》,中华书局1981年版,第3册第9页。

队,改编所属部队;三、取消 XXX(按指战犯名义),给予相当职位"。并
提出"开放长江若干渡口,迎接解放军过江"①。汤假意表示不日赴杭
面谈,却把陈仪的亲笔信向蒋介石告密。时已下野在奉化的蒋介石派
蒋经国到杭州试探虚实,陈仪坦诚地对蒋说:"你父亲最好暂时到南美
去休养,等形势的变化;如果将来对他作出适当的安排,再请他回
来。"②已经撤移到广州的国民政府遂遵照蒋介石的密令,于 2 月 17 日
改组浙江省政府,免去陈职。23 日,陈在上海寓所被捕。他慨然对家
人说:"我一生糊涂,只有这次做对了! 你们不要为我难过。我死亦无
憾。"③

　　陈仪被捕后,被押往衢州拘禁,阅读进步书刊不辍。写信给他的女
儿说:"我一生淡泊,别无希冀,所念兹在兹者,为人民,为国家,想把我
未尽之生命,作涓滴之贡献。我现在仍觉得时间不够,因为要补充我的
不足,需要读的书很多,总是读不了。"④4 月 28 日被解送至台北,后转
移至基隆。1950 年 6 月 9 日,蒋介石在台湾组织特别法庭加以审讯,
定罪名为"勾结共产,阴谋叛乱"。6 月 18 日,陈仪自谓"人死,精神不
死",慷慨就义。

　　①　丁名楠:《一九四九年初陈仪策动汤恩伯起义的经过》,《陈仪生平及被害内
幕》,第 159 页。
　　②　杜伟:《浙江解放前夜的陈仪》,《陈仪生平及被害内幕》,第 157 页。
　　③　郑文蔚:《陈仪之死》,《陈仪生平及被害内幕》,第 184 页。
　　④　陈仪致陈文瑛信(1949 年 3 月 15 日),陈文瑛藏,第 185 页。

陈 宧

马宣伟

陈宧,名宽培,字养钿,号二庵,湖北省安陆县人,1870年3月(清同治九年二月)生。陈自幼聪明好学,勤奋机智,中清拔贡并考取中书。但他恃才好事,行为不检,引起乡人的厌弃,不能在家乡立足,乃离家到武汉另谋出路。

1897年,陈宧考入湖北省武备学堂,毕业后分发北京任武卫前军管带。1900年八国联军进攻北京,陈宧游说各方,乘机率领部队与清军右翼翼长姜桂题取得联系,奉命"拱卫京师",受到清政府的重视。1903年四川总督锡良调陈宧任帮统入川训练新军。1906年,陈宧练成常备军六个营、工程兵一个营后,出任四川新军第三十三混成协统领兼四川武备学堂会办。次年3月,锡良调任云贵总督,陈宧随同调任云南新军协统兼云南讲武堂堂长。1909年2月,锡良任东三省总督,陈宧任奉天督练公所总参议。次年初任东北新军第二十镇统制官,驻防奉天。他与吴禄贞、蓝天蔚同领兵关外,有"湖北三杰"之称。同年4月12日,清廷谕"陆军员外郎陈宧,着以四品京堂候补,仍回奉天充当统制差使"[1]。1911年他奉命赴德国考察军事,回国后因锡良已病辞东三省总督,由赵尔巽接任,他遂退而蛰居北京。

辛亥革命后,袁世凯任大总统,陈宧经锡良推荐,任总统府参议官。其时袁世凯派陶云鹤去解散驻烟台的蓝天蔚部队,耗费十万元无结果,

---

① 彭惠中:《回忆陈宧》,原件藏全国政协文史办。

乃改派陈宧前往。陈宧与蓝天蔚商定:不许假手各级长官,直接召集士兵谈话。后仅由烟台商会拨三万元,便将蓝部资遣完毕。袁世凯赞叹地对左右说:"北洋军中竟无此人才!"①自此陈宧受到袁世凯的重视。当时参谋总长一职由副总统黎元洪遥领,黎欲推荐一位次长代理部务,先后保荐哈汉章、万廷献、刘一清皆未获袁准许,直至黎会意保荐陈宧,袁世凯立即任命,这使鄂籍军人甚妒。不几天,黎元洪忽又电保哈汉章任次长,袁世凯将黎之电报给陈宧看。陈不知所措地说:"我下去就准备交代!"袁世凯笑道:"为什么要交代? 民国初创,不许无故更动大员!"②陈宧代黎元洪执行总长权,成为袁世凯心腹军事幕僚长,被授陆军中将衔。他利用历官川、滇等省的关系,拉拢云南都督蔡锷、广东都督龙济光、四川都督胡景伊等,因而更受袁世凯的器重。1914 年 5 月,袁设立陆海军大元帅统率办事处,陈宧以参谋部代理总长的身份任办事员,负责西南组,凡是云、贵、川等省的有关军事问题,都由陈负责研究并提出意见,供袁选择。他为袁世凯谋划甚多,颇得赏识。1915 年初,袁世凯欲称帝,为取得西南的赞同,决定派陈入川,2 月正式任命陈宧为毅威将军、会办四川军务,并拨三个旅随陈入川。袁面谕说:"二庵,西南半壁山河从今天起,我算托付给你了!"袁还让长子袁克定与陈宧拜为把兄弟,并给陈 200 万元③。5 月 21 日,陈宧抵重庆才两天,袁世凯任命陈兼四川巡按使。6 月 22 日,袁世凯又下令:特任陈宧署四川巡按使、成武将军兼行督理四川军务。至此,陈宧迅速掌握了四川的军政大权。

　　陈宧上任后,竭力排除异己,首先将四川财政厅长、代理巡按使刘莹泽拘押起来;继又下令逮捕了国民党人董修武、唐宗尧,共和党人黄云鸿、印焕门,进步党人彭兰村及林冰骨、邓孝可等。他对督署、川军的

①　吕建之:《陈宧入川》,原件藏全国政协文史办。
②　吕建之:《陈宧入川》,原件藏全国政协文史办。
③　吕建之:《陈宧入川》,原件藏全国政协文史办。

长官进行部分撤换,从而迅速控制了四川的军政大权。陈宧还宣布治川方针:一、整顿吏治;二、恢复交通;三、清乡剿匪;四、收回滥发的军用票。

1915 年冬,陈宧在全川实行"大清乡",名为剿匪,实际上是对二次革命失败后潜伏在川的革命队伍进行清剿。他将川军分发到川东、川南;将北洋军派到川北和下川东水路一线。他部署川军打头阵,北洋军当监军,借以分化、削弱川军。他为袁世凯阴谋复辟帝制效力,在四川成立筹安分会,并自兼四川国民会议选举监督。在 11 月 16 日全省146 名代表投票决定国体之日,他派出大批军警进行警戒,并亲自到场监视,强迫代表们投票"一致赞成帝制"。31 日,他上袁世凯劝进电,并发出拥袁称帝的通告,还宣布成都戒严令。袁世凯当上皇帝后,他于1916 年 1 月 12 日发出拥袁称帝电,袁世凯特封他为一等侯。与此同时,陈宧又审时度势,暗中与蔡锷有密使密信往来。1915 年 12 月 25日,蔡锷在云南成立护国军,声讨袁世凯,随即率护国军第一军入川。1916 年 1 月,护国军攻克叙府,蔡锷连电陈宧,力劝采取一致行动反袁。陈宧派督军署顾问刘一清、副官长邓汉祥、旅长雷飙等暗中与蔡锷通气,"以血诚约滇军,不相侵犯"①,还汇去 60 万元,以助护国军之军饷;同时,又派督军署参谋长张联棻与驻重庆的长江上游总司令曹锟联络,左右逢源,以求自保。

在全国一片反对声中,袁世凯被迫于 3 月 22 日宣布取消帝制,但还竭力想要保留大总统宝座,多次通过陈宧致电蔡锷,希望"化干戈为玉帛",均遭到蔡锷严词拒绝。3 月底,陈宧一面与蔡锷签订局部停战协议,一面静观事态的发展。4 月 16 日,冯国璋发出劝袁世凯退位的铣电,四川省议会 70 名议员 5 月 1 日联名上书陈宧促其表态。陈宧身边的刘一清、邓汉祥等人都主张独立;随陈入川的冯玉祥率全旅表示不

---

① 转引自任一民主编:《四川近现代人物传》第 2 辑,四川省社会科学院出版社1986 年版,第 137 页。

愿作战。同时,号称"十八路诸侯"的温江、郫县、崇庆、灌县等地的民军已向成都附近发起攻势。在这种情势下,陈宧于5月3日、12日连电劝袁世凯退位;5月22日发出宣布四川独立电,改称都督,成为宣布独立的第六个省。

袁世凯视陈宧为心腹,当接到四川独立的通电后,大为意外。5月24日,袁世凯下令陈宧开缺入京筹商善后,同时特任川军第一师师长周骏为益武将军署理四川军务,周骏立即率部向成都进攻。6月6日,袁世凯在众叛亲离的忧愤中死去,7日黎元洪接任大总统职。8日陈宧电黎元洪表示拥护,并通电取消四川独立。24日,北京政府宣布蔡锷督理四川军务兼署民政长,命陈宧、周骏来京另候任用。陈宧26日退出成都,经重庆到达武汉。7月6日,北京政府任命陈宧为湖南督军兼署省长。由于湖南人民强烈反对,陈宧不敢入湘,躲进汉口租界,嗣后回到北京被黎元洪授予将军府将军闲职。1925年4月任北京政府军事善后委员会委员。

此后,陈宧闲居北京、天津,以读书自遣。著有《念园文钞》、《念园诗钞》十余册①。他常参加燕京大学教授洪煨莲等组织的藤花会,赏花赋诗。

抗日战争爆发后,北平不久即告沦陷,陈宧拒绝日伪的拉拢,保持了晚节。1939年10月24日在北平病逝。

①　田子渝等主编:《中国近代军阀史词典》,档案出版社1989年版,第307页。

陈 友 仁

陈　民

　　陈友仁,英文名 Eugene Chen,1878 年(清光绪四年)出生于中美洲英属西印度群岛的特立尼达,祖籍广东兴梅地区。父亲陈阿金[①]早年曾参加太平军,太平天国失败后流亡海外,辗转到英属西印度群岛,先是当剃头匠,后开杂货铺,成为小康之家。陈友仁从小在特立尼达受英国教育,毕业于西班牙港的圣玛丽学院。

　　1899 年,二十一岁的陈友仁开始从事律师工作,成为当地第一个华人律师。因得到华侨和印度侨民的信任,律师业务进展顺利,不久便自设律师事务所。由于收入丰厚,他曾投资于可可种植园和油田,但仍以律师工作为主。他业余多在家中读书、写文章,常向当地报纸投稿。平日颇为关心国际政治和中国局势,曾研读有关日俄战争史料。他虽然只受过西方教育,不懂中文,也不会说中国话,但民族意识强烈。辛亥革命发生时,他正在英国度假,激于爱国热情,毅然与马来亚华侨伍连德(1879—1960,著名防疫专家)等结伴回国。

　　1912 年春,陈友仁到达北京,被北京政府交通总长施肇基聘为交通部法律顾问。不久施卸任,由于赏识陈的英文水平,转介绍他担任新创办的英文《京报》(*Peking Gazette*)总编辑。1915 年,袁世凯图谋帝

---

　　① 据陈友仁之子陈丕士在其所著《中国召唤我》(*China Called Me：My Life Inside of Chinese Revolution*, by Percy Chen., Boston：Brown and Co., 1979)一书中说,其祖父阿金系移民时所用名,真名已不得而知。(见该书第 3—4 页)。

制,梁启超撰《异哉所谓国体问题者》一文,反对袁氏称帝。当时各报不敢登载,唯有《京报》独家刊登,轰动一时,陈友仁的胆识也为人们所称道。1917 年 5 月,他因撰写《出卖中国》一文,揭露段祺瑞与日本商议借款一亿元的密约,以"妨害公务"罪被捕下狱,判处徒刑 4 个月。虽不久便获释,但《京报》被封闭。陈友仁遂南下广东,参加孙中山领导的军政府,成为孙中山的一名亲密助手。1919 年,陈参加出席巴黎和会的南方政府代表团,并游历西欧各国。第二年夏天回国,根据孙中山的意见,在上海创办英文《上海时报》(*Shanghai Gazette*),继承《京报》敢于批评时政的传统。不久,为筹措办报经费,他出国到伦敦,嘱其夫人①专程回特立尼达变卖其全部产业,倾囊办报。

1922 年至 1923 年间,陈友仁任孙中山的外事顾问,并参加孙中山与苏俄特使越飞的会谈。会谈后发表的《孙文越飞宣言》,表明了孙中山开始放弃对帝国主义国家的幻想和寻求国际革命力量援助的愿望。这次会谈对陈的政治思想,也产生了积极的影响。

1924 年 11 月,孙中山接受冯玉祥等人的邀请北上共商国是,陈友仁作为孙中山的英文秘书随同北上。1925 年 3 月 11 日,孙中山逝世的前一天,陈在孙的病榻前,代为起草《致苏联遗书》,重申国民党反对西方帝国主义,争取世界被压迫民族的自由、解放以及中苏两国友好合作的政策;阐明实行三大政策的坚定信念,表示"希望不久即将破晓,斯时苏联以良友及盟国而欣迎强盛独立之中国,两国在争世界被压迫民族自由之大决战中,携手并进以取得胜利"②。

孙中山逝世后,陈友仁一度留在北京,担任冯玉祥创办的中英文对照的《民报》(*People Tribune*)主编。由于刊载了不利于张作霖的消

① 陈友仁之原配梁玛丽,祖籍广东宝安县,1926 年 5 月病故。1930 年,陈与张静江之女张荔英在巴黎结婚。

② 孙中山:《致苏俄遗书》(1925 年 3 月 1 日),《孙中山选集》,人民出版社 1966 年版,第 922 页。

息,陈于 1925 年 8 月又被捕解送天津监禁,至当年 12 月冯部进驻天津
时才获释。陈随即南下广东,参加新组成的国民政府。在 1926 年 1 月
召开的国民党第二次全国代表大会上,当选为中央执行委员会委员。
同年 2 月,他继胡汉民任国民政府外交部部长。年底,随着北伐战争的
胜利进展,国民政府迁移武汉,他与国民党左派人士一道,坚持联俄、联
共、扶助农工的三大政策,积极贯彻反帝反殖的外交方针,在大革命高
潮中,先后主持收回汉口与九江的英国租界,开国民外交的新纪元。陈
友仁以精通西方法典及坚持反帝革命立场而著称,被时人誉为革命外
交家,并称赞其铁腕外交。

　　1927 年 4 月,蒋介石发动反共政变,在南京成立国民政府。7 月,
武汉的汪精卫也分共、清共,宁汉趋于合流。在 14 日汪精卫召开的"分
共会议"上,陈友仁极力反对"分共",并代表宋庆龄发言,指出"抛弃三
大政策就必然要向帝国主义和蒋介石屈服"①。因反对无效,他便以赴
日内瓦出席国际联盟会议为名,离开武汉至上海,与宋庆龄等同乘苏联
轮船至海参崴,转乘苏联政府特派列车抵莫斯科。中国共产党发动"八
一"南昌起义时,陈友仁的名字同宋庆龄、邓演达一起,被列于革命委员
会名单。这年冬天,他和宋庆龄、邓演达在莫斯科联名发表宣言,揭露
蒋介石、汪精卫背叛孙中山三民主义的行径,倡议组织国民党临时行动
委员会,继续与新旧军阀作斗争。

　　1931 年 2 月,陈友仁游历欧洲后回到香港。5 月,汪精卫、孙科、唐
绍仪、陈济棠等人在广州召开"非常会议",并另组国民政府,反对蒋介
石。陈被委任为国民政府委员兼外交部长。"九一八"事变后,宁粤双
方议和于上海,陈友仁与汪精卫、孙科等作为粤方代表出席会议。同年
12 月,统一的国民政府成立,陈任外交部部长。但不到一个月,由于其
对日外交方针得不到南京国民党领导集团的支持,便辞职赴上海。

　　1933 年底,陈友仁支持陈铭枢、蒋光鼐、蔡廷锴等发动的联共反蒋

---

　　①　《吴玉章回忆录》,中国青年出版社 1978 年版,第 150 页。

的福建事变,并出任"中华共和国人民革命政府"委员兼外交部长。事变失败后,陈因被南京国民党政府通缉,流亡国外,定居法国。此后,他虽身居巴黎,仍继续为中国的民主、自由和独立而积极活动,通过他的儿子陈丕士同国内多方联系,坚持孙中山联俄、联共、扶助农工的三大政策,赞助建立统一战线,团结抗日。

1938年春天,陈友仁离开巴黎,准备回国参加抗战工作。同年10月,他在香港与宋庆龄、何香凝等联名致电国民政府,建议四项抗战方针:(一)加强中枢政治机构;(二)遵守总理所定外交政策;(三)发动全国民众力量;(四)迅速起用知兵宿将,保卫广东①。由于蒋介石的忌恨,陈终于未能回国直接参加抗日战争工作。

1941年底,太平洋战争爆发。日军侵占香港后,陈友仁被拘捕并转押至上海。日方曾多次劝诱他参加南京汪伪政权,都遭到他断然拒绝;他还严正地斥责汪精卫的"和平政策"为傀儡的和平。从此,他被软禁在上海。

1944年5月20日,陈友仁因心脏病在上海逝世。

新中国成立后,中央人民政府特将陈友仁遗骸移葬于北京八宝山革命烈士公墓,以示尊崇。

---

① 香港《大公报》1938年10月28日。

陈　裕　光

钱益民

　　陈裕光,1893年3月8日(清光绪十九年正月廿日)生于南京。父亲陈烈明,是浙江宁波迁到南京的移民,先后生有九个孩子,陈裕光是长子。陈烈明在南京开办了"陈明记营造厂",在社会上有良好的口碑,不少外国侨民、传教士都乐于将工程交给陈烈明建造,当时南京大多数外国人居住的楼房,包括著名的金陵大学北大楼,就是由陈烈明的营造厂建造的。

　　陈裕光天资聪慧,七岁即能流利背诵"三字经"、"百家姓"、"千字文"。1901年入蒙馆,师从陈省三,陈对陈裕光赞赏有加,有"清声而便体,秀外而惠中"的评语。1905年陈裕光入南京干河沿汇文书院成美馆(即附属中学),取别号"景唐"。成美馆俊彦云集,同学有谢家声、徐养秋、戚寿南、吕彦直、陶行知等,日后均成为各界英才。1911年陈裕光入金陵大学。在校期间,任《金陵光》首席经理员,挚友陶行知任中文主笔。

　　1915年陈裕光以优异成绩毕业,获文学士学位,同时获美国纽约大学毕业证书。在文怀恩(Dr. John Elias Williams)副校长的推荐下,陈裕光于1916年9月赴美留学。先入克司工业大学(Case School of Applied Science)修读化学工程。1917年9月,入哥伦比亚大学研究院深造。一年后获硕士学位。接下来四年,专修有机化学,于1922年6月毕业,获哥伦比亚大学研究院"有机化学荣誉学会奖状和自然科学学会奖状各一张",并获"金钥匙"奖,同时被吸收为美国化学会成员。留学期间,陈裕光曾出任哥伦比亚大学中国学生会会长、金陵大学留美同学会会长、全美中国留学生会刊《中国学生月刊》总干事、中国妇女救济会主席。

1922年8月,应哥伦比亚大学校友、北京高等师范学校校长李建勋邀请,陈裕光到该校任有机化学教授兼理化系主任。期间,主持中华教育改进社科学教育组,主持编译了柯尔威(Otis. W. Caldwell)和史罗荪(Edwin. E. Slosson)《科学与世界改造》一书。1924年1月,陈裕光任总务长,不久又被推举为学校评议会主席。9月,校长范源廉因政府欠薪辞职,北洋政府国务总理兼教育总长黄郛委任陈裕光为代理校长,恰好金陵大学来函商聘他,遂决定离开北京回母校金陵大学任教。

1925年秋,陈裕光出任金陵大学化学教授,同时兼任东南大学教授。1927年春,北伐军打到南京,发生"南京事件",金陵大学副校长文怀恩被流弹击中,不幸身亡。美籍教职员在惊恐中纷纷离开南京,校长包文(A. J. Bowen)也辞职回美国。校园被军队占领,学生离校,学校陷于停顿。陈裕光和农林科科长过探先、图书馆馆长刘国均、附中校长刘靖夫组成临时校务委员会,过探先为主席,陈裕光为副主席,负责处理乱局。

11月30日,金陵大学成立新的董事会,陈裕光因为出身金大,与金大渊源较深,且学识经验均受人钦佩,对教会情况也比较了解,被董事们推为校长。陈裕光因此成为金大历史上第一位华人校长,从1927年连任到1951年,时间长达25年之久。

担任校长后,陈裕光首先处理的棘手问题,是使金陵大学更加中国化。1928年到1936年,陈裕光花费大部分时间和精力整理校务,"使学校大步地或逐步地适应国情"①。南京国民政府明令各教会大学取消宗教系。而当时教会大学则规定宗教课是必修的,学生必须参加宗教礼拜。因此,这项政令受到教会方面的巨大阻力。陈裕光认为,"宗

① 陈裕光:《自传》,1958年,上海市轻工业研究所有限公司藏。

教的立足点是信仰自由"①,把宗教课程列为必修,强制参加礼拜,这都是"不合近代国家信仰自由原则的"②。因此他提出,不设宗教系,改设哲学系,"从哲学和历史的角度来研究宗教问题"③的解决办法,被董事会所接受。董事会决定,"停止宗教系的排课,将宗教方面的课程分到有关的系里去",宗教课由必修改为选修,宗教仪式也改为自由参加,使金大"在淡化其教会大学色彩的过程中迈出了关键一步"④。陈裕光在国内民族主义高涨的动荡时期,以高度理性的开明的态度,折冲樽俎,妥善地协调了国内外宗教势力与政府和民意的关系,使金陵大学成为把宗教课改为选修课的第一所教会大学⑤,为其他教会大学树立了榜样,使教会大学在办学中国化方向上前进了一大步,顺利地渡过了反基督教浪潮的考验。

　　教会大学由各海外传道团创办,经费、师资概由海外传道团提供,在国内教育界俨然是一个个独立王国,向来"不大关心国家的教育法令"⑥,游离于国家主权之外。陈裕光上任伊始,即着手向政府立案,改变此前教会大学藐视国家教育主权的状况,"确定教育主权是中国的"⑦。1928 年 9 月 20 日,大学院第 668 号训令,批准金大立案。金大成为第一所获得政府立案的教会大学⑧,也是继厦门大学后成功立案的第二所私立大学。此举标志着中国开始逐步收回教育主权,在中国近现代教育史上具有里程碑意义。

　　陈裕光对金大的人事进行了重要的调整,将原由外国人担任的各

　　①　陈裕光:《自传》,1958 年,上海市轻工业研究所有限公司藏。
　　②　陈裕光:《自传》,1958 年,上海市轻工业研究所有限公司藏。
　　③　陈裕光:《自传》,1958 年,上海市轻工业研究所有限公司藏。
　　④　王运来:《诚真勤仁　光裕金陵:金陵大学校长陈裕光》,山东教育出版社,2004 年,第 115—116 页。
　　⑤　陈裕光:《自传》,1958 年,上海市轻工业研究所有限公司藏。
　　⑥　陈裕光:《自传》,1958 年,上海市轻工业研究所有限公司藏。
　　⑦　陈裕光:《自传》,1958 年,上海市轻工业研究所有限公司藏。
　　⑧　陈裕光:《自传》,1958 年,上海市轻工业研究所有限公司藏。

系主任、院长改由中国人担任，但外籍教授仍可任教。柯象峰、李小缘、刘国钧、过探先、魏学仁、陈纳逊、胡小石、徐养秋、刘继宣、蔡乐生、王绳祖、李方训、戴安邦、沈宗瀚、章之汶、焦启源、戴芳澜、俞大绂等大批华人知名教授被陈裕光委以系主任、院长等重要职务，充分发挥了他们的作用，民主治校，校务蒸蒸日上。曾任国民政府教育部长、金陵大学董事长的杭立武曾说："中国职员中，人才济济，类多杰出之士，尤其几位院长中间，论能力，论学识，颇多可以脱颖而出、更上层楼者，但景唐先生（指陈裕光——笔者注）以其雍容之度，能够笼罩群雄，和睦相处，合力并进，就这一项而言，成功便非偶然。"①学校重要的职务中，只有会计主任仍由美国人担任，中国人仅担任副主任，因为学校经费的大部分来自美国的教会和私人资助。因此，学校的经济权仍然操纵在美国人手里。

1930年陈裕光按照教育部规章，把金陵大学文理科改为文学院、理学院，理学院设立电机、化工两个工科专业；改农林科为农学院，形成了"三院嵯峨"的局面。同年又成立以研究和弘扬中国文化，培养和造就研究中国文化专门人才为宗旨的中国文化研究所。这种以文、理为综合大学之基础，以农学为特色，理中有工的学科结构，不求全，"小而精"②，形成了金大鲜明的办学特色。1934年11月，美国纽约州大学院向金大颁发毕业学位永久认可公文，此后，可由金大直接授予国际认可的证书和学位。

陈裕光把教育视为"建国的工具"，民众应受完满的教育，主张"中华民国应以教育为第一大事"③，把教育摆到了至高的地位。在他的教育理想中，教育应学问、修养、服务三者并重，教导学识与陶养品格并

①　杭立武：《念校长陈裕光先生》，转引自王运来《诚真勤仁　光裕金陵：金陵大学校长陈裕光》，山东教育出版社，2004年，第124页。

②　冯致光：《前言》，张宪文主编《金陵大学史》，南京大学出版社，2002年。

③　陈裕光：《民国20年》，《金陵大学校刊》第12号，1931年1月16日。转引自南京大学高教研究所编《金陵大学史料集》，南京大学出版社，1989年，第46页。

重,不可或缺,教育还应培养、锻炼服务人才。"为学问而致力,为修养而淬砺,为服务而尽力。"①

　　在这种教育思想指导下,金大在更加"中国化"的道路上形成了"教学、科研、服务与推广"三位一体的基本办学模式②。其中值得一说的是推广。"推广是服务的一种特殊形态"③。服务与推广,成为金大办学极为鲜明的特色之一。服务与推广既表现在学科建设上,也表现在面向基层,直接服务社会中。这两方面,金大都有突出表现,尤其以金大农学院最为杰出。农学院组织师生参加农村社会调查,开展种子改良与技术推广,培育作物新品种,进行农业人员培训等系统的实际工作,使农学院师生成为中国农业发展史中的一支重要力量④。这种影响是深远的。例如台湾经济的起飞起步于农业,金大校友在其中起的作用常被人们称道⑤。除农学院外,文学院、理学院也在服务和推广工作中有不俗的表现。

　　陈裕光的办学思想以沟通中西为职志,他对中国固有文化极端重视。在他的不懈劝说下,1934年,金大首任校长福开森(John Calvin Ferguson)将生平所藏的千余件稀世珍品文物,悉数捐赠给金陵大学,以供研究之用。这些文物包括铜器168件,玉器37件,瓷器48件,陶器64件,书画140件,碑帖20件,金石及其他拓本五百余件,其中的周公鼎、宋人手札、王齐瀚掏耳图、宋拓王右军大观帖、欧阳询草书,均为

　　①　陈裕光:《在金大举行60周年庆祝大会上的讲话》(节录),《金陵大学60周年纪念专号》,转引自南京大学高教研究所编《金陵大学史料集》,南京大学出版社,1989年,第64页。
　　②　冯致光:《前言》,张宪文主编《金陵大学史》,南京大学出版社,2002年。
　　③　冯致光:《前言》,张宪文主编《金陵大学史》,南京大学出版社,2002年。
　　④　冯致光:《前言》,张宪文主编《金陵大学史》,南京大学出版社,2002年。
　　⑤　冯致光:《前言》,张宪文主编《金陵大学史》,南京大学出版社,2002年。

极品文物①。金陵大学中国文化研究所在福开森赠品基础上展开研究，取得了丰硕的研究成果。如商承祚整理和研究福开森赠品中的彝器、铭文和拓片，出版了《福氏所藏甲骨文考释》、《殷墟佚存考释》、《十二家吉金图录》、《浑源彝器图》等著作②。

1936 年夏，陈裕光担任校长已经十年，在校董会授权下，到美国、英国、法国、德国、意大利、印度考察高等教育，为金陵大学募集经费。期间，应邀出席了哈佛大学三百周年纪念大会。原拟回国时顺路考察苏联的集体制度和合作社制度，因故未能成行。1937 年 1 月回校。

"七七"事变爆发后，南京各学校纷纷解散或迁往他处，金陵大学和附属中学继续开学。直到南京即将沦陷的前夕，金陵大学各部分才开始西迁四川。1938 年春到 1946 年夏，金陵大学在四川办学达八年。1939 年 6 月 11 日，日机轰炸成都，在华西坝投下四枚炸弹，其中一枚落在陈裕光住宅附近，陈裕光夫妇和家人受轻伤。

1944 年 6 月，应美国教育委员会邀请，陈裕光与岭南大学校长陈序经、厦门大学校长萨本栋等六人赴美国讲学。从 1944 年 8 月到次年 3 月的半年时间里，陈裕光先后参观考察了东部的史密斯学院、马萨诸塞州学院、阿姆斯特学院、耶鲁大学、康乃尔大学、哥伦比亚大学、普林斯顿大学、哈佛大学、剑桥大学、波士顿大学等大学、中西部城市的学院、西部沿海的学院以及部分文化公司和机构，向美方宣传中国抗日战争期间的高等教育，尤其是私立学校艰苦维持办学的情况，争取美方在资金、图书资料等方面的支持，同时着力介绍"经整理后的中国文化遗产和西方文化配合之可能性"。1945 年 1 月，美国南加州大学盛赞陈为"中国最为杰出的教育家之一"，授予他名誉教育学博士学位。5 月，

① 《国民政府内政部关于收藏和保管福开森博士捐赠文物的指令（土字第 126 号）》，南京大学考古与艺术博物馆收藏，张宪文主编《金陵大学史》，南京大学出版社，2002 年，第 550 页。

② 张宪文主编《金陵大学史》，南京大学出版社，2002 年，第 163 页。

陈裕光在纽约出席中国基督教董事会联合会第13届年会,全面报告了金陵大学的办学情况。年会决定,在中国13所教会大学中选定2所成绩优秀的大学,重点资助其办好研究院,以提高中国教会大学的办学水平。结果,金陵大学和燕京大学以高票当选。金陵大学被中国基督教董事会联合会所高度认可,成为陈裕光平生最为得意的一件事。

1945年6月,陈裕光回到成都。不久抗战胜利,陈裕光为金陵大学复员穿梭于南京与成都之间。1946年4月,金陵大学开始迁回南京,9月在原址顺利复课。

作为教育界知名人士和代表,陈裕光在抗战期间和战后兼任了政府的职务。1938年7月7日,他作为南京市代表,在汉口参加了国民参政会(第五组文化教育组)。汉口沦陷后,国民参政会移到重庆开会。1946年春,陈裕光当选为南京市临时参议会议员兼议长。6月,蒋介石就南京大屠杀事件召见南京临时参议会陈裕光等人,要求多方协助调查。事后,陈裕光在参议会内设立"南京大屠杀敌人罪行调查委员会",并多次主持调查工作。12月1日,又被推举为南京市参议会议长。1947年8月,陈裕光当选联合国教育科学文化组织中国委员会首届委员。12月,当选国民大会当然代表。次年3月,国民大会召开,当选主席团成员。

1948年11月,金陵大学举行60周年庆典,各界人士对金陵大学的办学成就表示充分赞同,英美两国电台还开办了专题节目,李约瑟等发表了电台讲话。

1948年底,国民党军事上败局已定。南京国民政府各机关纷纷疏散,金陵大学接到准备搬迁的命令。学校内部迁校与反迁校的斗争十分激烈,而且三个学院的主要负责人相继离职,陈裕光经受了巨大的压力。陈裕光与王绳祖、高觉敷等人坚决反对迁校台湾,经过全体教职员会议和校务委员会的多次讨论,最终作出了"本校在任何情势之下,决不迁台"的决定。1949年春,金陵大学如期开学,陈裕光在进步师生的支持下,组成"金陵大学安全委员会",负责守护学校。

　　4月22日下午,教育部长杭立武(陈裕光胞妹陈越梅的丈夫)去飞机场之前,最后一次苦劝陈裕光一道赴台湾。陈裕光拒绝了妹婿的好意,留在了大陆,并出任"南京维持会"副会长,在鼎革之际,维持南京的秩序,稳定人心。23日,南京解放,陈裕光以议长身份,代表南京市民到下关与解放军联系,表示希望解放军尽早接收南京。金陵大学在次日便恢复上课。陈裕光仍任校长。

　　中华人民共和国成立后,陈裕光"从头学起"①。1950年9月,陈裕光申请到华东人民革命大学高级政治研究院学习。离校期间,金陵大学由李方训代理校务。1951年2月,学习结束。3月3日,陈裕光向校董会提出报告,请求辞去金陵大学校长职务,"在另一岗位上为人民服务"②,对人民政府领导金陵大学充满信心,在辞职报告中写道"现在华东教育部通知来请李(方训)先生继任校长,这是我衷诚赞同的,也是我原来就想这样向各位建议的。我谨请各位一致拥护这个指示。嗣后在教育部领导之下,本校改为公立,前途是很光明的"③。同日,私立金陵大学校董会常务委员会召开会议,专门讨论陈裕光辞职一案。会议决定,准予陈裕光辞职,拥护华东教育部关于金陵大学行政人员调整的指示;各校董对陈裕光"苦心孤诣服务"金陵大学二十多年作出高度评价,决议称"陈校长在本校苦心孤诣服务二十余年,曾经若干次之艰危局面,不但从未气馁,且竭力扩展,内部如文理工农若干学系之添设,使理论与实际得有结合。抗战军兴,迁校成都。胜利后,领导复员,节节困难,均能奋力克服。本校所以能有今日之发展,实陈校长领导有方之

---

　　①　陈裕光:《自传》,1958年,上海市轻工业研究所有限公司藏。

　　②　陈校长向校董会提出的报告,1951年3月3日,南京大学高教研究所编《金陵大学史料集》,南京大学出版社,1989年,第76页。

　　③　陈校长向校董会提出的报告,1951年3月3日,南京大学高教研究所编《金陵大学史料集》,第76页。

所致"①。

李方训任代理校长后,拥护政务院《关于处理接受美国津贴的文化教育救济机关及宗教团体的方针的决定》,积极向政府办理学校登记手续。1951年9月,私立金陵大学和私立金陵女子文理学院遵照政府决定合并,改为公立金陵大学,李方训、吴贻芳任校务委员会正副主任。一年后,全国高校院系大调整,公立金陵大学主体并入南京大学,相关系科分别并入南京、上海的高校,拥有64年办学历史的金陵大学宣告结束。

辞去校长职务后,陈裕光离开了服务时间长达四分之一世纪之久的金陵大学,脱离了心爱的教育岗位,开始"从头做起"②。1951年5月,陈裕光出任华东教育图书仪器清理处副处长。同年11月,又申请参加皖北凤台县古沟区胡集乡辛西村、老胡村、大郓村、孙岗村的土改工作。1952年3月,图书仪器清理工作结束。陈裕光开始考虑今后经常性的工作。由于早年研究高级有机化学,对塑胶化学和高分子化学的试验和应用有一定的研究③,他向领导上提出从事科技工作的愿望。4月,陈裕光被派往上海私营工商贸易行担任化学顾问,直到1956年2月。1956年3月,又被派往上海市轻工业研究所,担任塑料室化学顾问。同年,陈裕光当选徐汇区政协委员、常委(直到1960年)。

在上海市轻工业研究所期间,陈裕光参与了聚氯乙烯人造革及泡沫塑料的研制,获得成功并投产。不久,化工部提出由酒精制乙烯,力争人工合成聚氯乙烯、聚乙烯、聚苯乙烯三大树脂。上海市轻工业研究所承担了该项任务。陈裕光与同事一起积极讨论技术路径,收集和翻

---

① 私立金陵大学校董会常务委员会会议记录,1951年3月3日,南京大学高教研究所编《金陵大学史料集》,南京大学出版社,1989年,第75页。
② 陈裕光:《自传》,1958年,上海市轻工业研究所有限公司藏。
③ 陈裕光:《干部履历表》,1960年。

译国外相关资料,下厂调研,使研究工作得以顺利进行①。1972 年 12
月,陈裕光从轻工业研究所退休。

1980 年,87 岁的陈裕光开始担任上海市政协委员,发愿要在有生
之年为"促进四化建设和统一祖国"发挥最后的余热。为了动员海内外
金陵校友参加国家的统一和建设事业,他登高一呼,发起组织了金陵大
学校友会。1982 年 6 月,九十岁高龄的陈裕光只身赴美国,看望了散
布在华盛顿、纽约、旧金山等各城市的三百多位金陵校友。告诉校友
"祖国安定统一的局面前所未有,各行各业的发展异常迅猛",希望他们
回国观光和旅游。还将自己的照片写上 16 个字"金陵校友,携手前进。
振兴中华,造福人群",赠送校友。

两个月后,陈裕光回南京参加中国化学会成立五十周年庆祝大会,
学会向他颁发了荣誉奖章。同年,他又向亚洲基督教高等教育联合董
事会(United Board for Christian Higher Education in Asia)负责人
Dr. Paul Lauby 提出资助中国教育的愿望。

1986 年 5 月,政府将南京市汉口路 71 号宅第归还陈裕光。同月,
陈裕光由上海迁回南京旧宅定居。6 月,全国政协副主席吕正操代表
全国政协主席邓颖超看望陈裕光。11 月 16 日,民国元勋黄兴之女黄
德华与丈夫薛君度前来拜访,陈裕光嘱咐他们要为中华统一作出新贡
献。此间,他表示愿意身后捐献自己的住房,以供金陵大学培养人才之
用。1996 年 5 月,子女将该楼出售,将所得 500 万元人民币捐给"金陵
研究院"。

1987 年陈裕光出任南京大学校务委员会顾问,建议校务委员会设
立"常务委员会"并且加以制度化,确保决策民主化和运行高效率。
1988 年 5 月 27 日,陈裕光倡议、组织并主持的"纪念金陵大学建校百
周年大会"隆重召开,七百多位海内外校友及相关人士参加了庆典大

① 王运来:《诚真勤仁 光裕金陵:金陵大学校长陈裕光》,山东教育出版社,
2004 年,第 89 页。

会,中共中央统战部发来贺电。大会期间,还举行了一系列纪念活动,极大地凝聚了金陵大学校友的人心,在海内外产生了广泛影响。同年,陈裕光当选江苏省第六届政协委员。1989 年 3 月 14 日,各地校友代表以及江苏省、南京市、南京大学领导在鼓楼医院为陈裕光举行了 97 岁祝寿会。一个月后的 4 月 19 日,陈裕光在南京鼓楼医院安详辞世。临终前,惦念着要"亚洲基督教高等教育联合董事会拨款,继续支持中国办高等教育"。陈裕光去世后,埋葬于南京迈皋桥基督教公墓。

陈裕光是中国化学会的创始人之一,为学会的创立和初期建设作出了不可磨灭的贡献。早在 1920 年留学美国期间,就与吴承洛、侯德榜等留学生倡议过组织中国化学会。1932 年 8 月,中华化学会成立,陈裕光任首任会长,并连任第二、三、四届会长。中国化学会成立之初,经费短缺,开会、活动也没有固定的会所,陈裕光就把自己的住宅当做临时会所,他和吴承洛、侯德榜、任鸿隽密切合作,使学会"有高度的民主气味",为化学会将来的发展打下了良好的精神基础。1941 年陈裕光筹备了第九届年会,并为《化学通讯》第九届年会指南专号撰写了《中国化学会第九届年会在蓉举行之意义》,回顾学会和中华民族的文化史,提出了学会在抗战期间的历史任务[1]。担任校长后,繁重的行政工作使陈裕光不得不放弃化学教学和研究,对此他遗憾终身。陈裕光的译述有《化学与食物经济学》、《我们日用的食物与生活素》,著作有《中国饮食与卫生》、《硒的高级有机化学与研究》、《硒与现代的物质进化》等[2]。

主要参考文献

陈裕光:《自传》(手写稿),1958 年,上海市轻工业研究所有限公

---

[1]　《中国化学会第一任会长——陈裕光》,转引自《化学通报》,1982 年第 8 期,第 21 页。

[2]　陈裕光《干部履历表》,1960 年。

司藏。

陈裕光自填干部履历表,1960 年,上海市轻工业研究所有限公司藏。

王运来:《诚真勤仁　光裕金陵:金陵大学校长陈裕光》,山东教育出版社,2004 年。

南京大学高教研究所编:《金陵大学史料集》,南京大学出版社,1989 年。

张宪文主编:《金陵大学史》,南京大学出版社,2002 年。

陈　垣

陈智超

　　陈垣,字援庵,号励耘,1880年11月12日(清光绪六年十月初十)生于广东新会一个药材商人的家庭。五岁随父至广州,次年入私塾。十二岁时,读张之洞的《书目答问》,打开了眼界。越年进而反复阅读《四库全书总目提要》,掌握了比较丰富的目录学知识,学会按着目录选买自己需要的书看,对历史表现出浓厚的兴趣。1897年,到北京参加顺天乡试,因不愿受八股文程式的约束,放笔为文,没有考中。回到广东,以教蒙馆为生,同时继续自学。

　　1904年,陈垣参加了广州《时事画报》的筹办工作。画报有图有文,画者为高剑父等人,陈负责文字部分。他用"谦益"(与"满招损"相对)、"钱罂"(储钱罐"扑满"的别名)等含有反清意义的笔名发表了大量文章。许多文章运用元朝历史及清帝上谕等历史题材,影射现实。如《释奴才》一文,巧妙地引用乾隆帝的几份上谕,从他的自相矛盾中,尖锐指出"汉人求为奴才且不可得"。除了进行反清的文字宣传外,陈垣还参加了转运枪支等武装起义的准备工作。在此期间,他参加了同盟会。

　　1907年,陈垣的父亲患肾结石病,中医久治无效,后来经西医手术治疗得到痊愈,陈深受刺激,决心学习西医,乃考入美国教会办的博济医学堂。由于学校当局歧视中国员生,他愤而退学,与梁慎余等人发起创办广东光华医学专门学校。这是第一所私立的由中国人自己管理的西医学校,他也是该校的第一届毕业生。1910年毕业后,他留校任教并在课余义务行医。在《医学卫生报》、《光华医事卫生杂志》上,他发表了《孔子之卫生学》、《中国解剖学史料》等大量宣传医药卫生知识和医学史的文章。1911年,又主编《震旦日报》兼副刊《鸡鸣录》主笔,继续鼓吹革命。

辛亥革命后,陈垣当选为众议员,于1913年赴北京任职,参与政治活动,结识了旧交通系首领梁士诒。翌年,他先后在梁主持的全国税务处、国内公债局、毛革改良会等机构任职。1921年12月梁士诒任国务总理,陈垣担任教育次长并代理部务(总长黄炎培未到职)。他在北京结交文友,阅读图书,研究史学。承德避暑山庄藏的文津阁《四库全书》运到京师图书馆后,他在10年中,用相当多的时间研读了这部8亿多字的大丛书。

陈垣自1917年春开始从事中国基督教史的研究。在收集资料时,结识了两位爱国天主教徒马良(相伯)和英华(敛之)。当年5月,他写成《元也里可温考》。这是他的第一篇史学论文,引起学术界的重视。由此他开始了长达半个多世纪的史学研究生涯。

1922年,陈垣在脱离了政界之后,任北京大学研究所国学门导师和京师图书馆馆长;1924年任清室善后委员会委员,1925年任故宫博物院图书馆馆长,1926年任辅仁大学副校长、校长,1928年任燕京大学国学研究所所长,1929年任北平师范大学史学系主任,1931年任北京大学史学系名誉教授,专心致力于教育和治史。这一时期他的史学研究和教学主要集中在三个领域,即宗教史、元史和历史文献学。他是中国宗教史研究的开拓者之一,对在中国历史上流传的主要宗教,包括佛教、基督教、伊斯兰教、道教以及摩尼教、火祆教、犹太教等,都作了深入研究。他的《元西域人华化考》,论述元代色目人的汉化,日本学者称他为"现在中国史学者中,尤为有价值之学者也"[1]。他对历史文献学的

---

① 桑原骘藏:《读陈垣氏之〈元西域人华化考〉》,日本《史林》第9卷第4号(1924年)。

目录学、年代学、校勘学、避讳学等学科,作了总结性的研究,《二十史朔闰表》《中西回史日历》《元典章校补释例》(后改名《校勘学释例》)、《史讳举例》是这些领域的重要著作。

陈垣在历史学的教学中也有许多创新,其开设的"史学名著选读"和"史学名著评论"课,就是今天各大学历史系普遍开设的"历史文选"和"中国史学要籍介绍"课的前身。他的"史源学实习"课,由于采用实习的方法,让学生从史学名著中找出错处,调动了学生学习的主动性,使他们终生受益。陈垣这一时期的研究和教学工作,奠定了他在学术界的地位。1935年他当选为中研院评议员。

1937年"七七"事变后不久,北平沦陷。由于辅仁大学受德国教会提供经费,因此成了沦陷期间北平唯一不向日伪当局注册的学校。陈垣留在学校尽力引导广大青年学生保持民族气节。他坚决拒绝担任沦陷区最高文化团体"东亚文化协会"的会长。

陈垣在抗战八年中,除了教学之外,还满怀抗日爱国热忱写成专著七种,即《旧五代史辑本发覆》、《释氏疑年录》、《明季滇黔佛教考》、《清初僧诤记》、《南宋初河北新道教考》、《中国佛教史籍概论》、《通鉴胡注表微》,寓民族气节于著作中。他的这些著作在材料运用上有很大特色。《明季滇黔佛教考》发掘出在很多常见的书中未为人在意的佛教史料,充分运用了许多从未被人利用的材料。1939年初,他在故宫发现了一部《嘉兴藏》。藏书处所阴暗潮湿,蚊子很多,为了打开这座沉霾了300年的史料宝库,他带领助手,每次事先服用奎宁丸,在一年多时间里将全藏阅读一遍,搜集了许多清初僧人的语录,在《明季滇黔佛教考》中充分加以运用。他在该书重印后记中说:"以语录入史,尚是作者初次尝试,为前此所未有。"

陈垣在撰著这些史著期间,学术思想有重大变化。1943年11月,他在给友人方豪的信中说:"至于史学,此间风气亦变。从前专重考证,服膺嘉定钱氏;'九一八'事变后,颇趋重实用,推尊昆山顾氏;近又进一步,颇提倡有意义之史学。故前两年讲《日知录》,今年讲《鲒埼亭集》,

亦欲以正人心，端士习，不徒为精密之考证而已。"①他认为不仅仅要在学术上超过日本，还应当将自己的史学教学与研究直接参加到抗日斗争中，因此以提倡经世致用的顾炎武《日知录》作为教材。他认为史学的经世致用，最主要的就是要激发知识分子热爱祖国、反对民族压迫的民族气节。他这一时期的所有著作都围绕这个主题。

《通鉴胡注表微》是陈垣的最后一部专著，也是他许多学科研究成果的总结，在后记中称之为自己"学识的记里碑"。这部书的最后完成和出版已在抗战胜利之后。他对国民政府的所作所为大失所望，所以在《通鉴胡注表微》中补充了一些内容，指出"民心者人民心理之向背也。人民心理之向背，大抵以政治之善恶为依归"，"外战犹有民族意识为之防，内战则纯视民心之向背"等等。

陈垣追求真理，向往光明。北平解放前夕，南京国民政府几次派飞机接他及一些著名学者南下，都被他拒绝。1949 年 1 月底，北平和平解放，陈垣学习马克思主义和毛泽东著作，思想发生剧变。4 月底，他在给胡适写的公开信中表示，今后要"努力为人民大众服务"，并说："我也初步研究了辩证唯物论和历史唯物论，使我对历史有了新的见解，确定了今后治学的方法。"②

1950 年，由于教会停发经费，辅仁大学由教育部接办，陈垣继续担任校长。1952 年高等院校调整，他任北京师范大学校长。1954 年，任中国科学院历史研究所所长，1955 年当选为哲学社会科学部学部委员。他还是第一届至第三届全国人民代表大会代表和常务委员。1959 年，他加入了中国共产党。他在担任繁重的学术领导工作的同时，仍从事教学和写作，并将旧著陆续整理出版。

1971 年 6 月 21 日，陈垣病逝于北京。

---

① 陈智超编注：《陈垣来往书信集》，上海古籍出版社 1990 年版，第 302 页。
② 陈垣：《给胡适之一封公开信》，1949 年 5 月 11 日《人民日报》。

主要参考资料

陈乐素:《陈垣同志的史学研究》,《中国史研究》1980 年第 4 期。

刘乃和:《陈垣老师勤奋的一生》,《中国当代社会科学家》第 4 辑,国家图书馆《文献》丛刊编辑部编,1983 年版。

程 璧 光

郭　烙

程璧光,字恒启,号玉堂,1861年(清咸丰十一年)生,广东香山县(今中山市)人。父亲程培芳在美洲经商,1871年殁于檀香山,程璧光扶柩归里。营葬后,迫于生计,往福建依靠姐夫陆云山生活。陆时任靖远舰管带,命习航海术。程璧光十五岁入马江船政局的水师学堂学习。毕业后,被派扬武舰当见习生,后历任超武舰帮带,元凯舰管带、福建水师学堂教习、广甲舰帮带、广丙舰管带等职。

广甲、广乙、广丙三舰属广东水师。1894年,广东水师派程璧光为粤舰领队,率领三舰北上会操。会操毕,中日战争将爆发,粤舰被留作后备力量。程上书直隶总督兼北洋大臣李鸿章,请求率领粤舰赴前线作战。李鸿章许之,于是三舰编入北洋舰队参战。程璧光奉命率舰护陆军东行,在大东沟洋面与敌舰接仗。一次,立广丙舰上指挥作战,腹部受伤。

黄海大战后,李鸿章即采取"保船避战"的方针,命令北洋舰队退守威海卫港内,不准出海作战。1895年1月,日军进犯威海卫,月底,威海卫南北炮台均沦入敌手。日海军堵塞威海卫东西港口,由海陆发炮夹攻,北洋舰队腹背受敌,遂陷于绝境。提督丁汝昌下令各舰管带沉船殉国,或冒死突围,士兵哗噪抗命,各管带亦拒绝执行。丁汝昌不得已,2月11日服毒自杀。丁死后,海军副提督英人马格禄(Mclure),伙同美国顾问浩威(Howie)①,借丁汝昌名义作降书,派程璧光向日本舰队司令长官伊东佑亨投递。这是他一生对人讳言的事。

甲午战争后,程璧光被解除官职返里。

在这以前,孙中山在广州策划革命时,经常与陆皓东、郑士良等聚谈时事,程璧光与其弟奎光因与孙中山同乡关系,时常参加聚谈。1894年11月,孙中山在檀香山创立兴中会。次年春建立兴中会广州分会,程奎光(时任镇涛舰管带)入会为会员。程璧光解职返里后,孙中山着奎光约他见面,劝他入会。程璧光初表现犹豫,经其弟力劝,才答应入会。同年10月,兴中会起义的计划泄露,孙中山出走,程奎光与陆皓东等被捕牺牲。程璧光惧牵连,逃到南洋槟榔屿,久久不与革命党人发生关系。

1896年春,李鸿章出使赴欧,路过槟榔屿,程璧光请见。李问程何故南来,程答:"甲午之役全军覆没,朝廷方降罪矣。"李说:"此大事于一人何尤,且归,吾当为君电解之。"②于是程璧光回国,复职于海军衙门。

同年5月,李鸿章推荐程璧光为监造军舰专员赴英。1899年,程璧光率海天、海圻二舰回国,担任海容、海圻等舰管带。以后又调任北洋营务处会办。1907年,陆军部内设海军处,程被任为船政司司长。1909年,筹办海军事务处成立,南北洋海军统一分为巡洋、长江两舰队,程璧光统领巡洋舰队。1910年冬,清廷改筹办海军处为海军部,以载洵为海军大臣,程璧光任第二司司长。载洵对程相当倚重。

1911年6月,英皇乔治第五行加冕礼,清廷派贝子载振为大使,程璧光为副使聘英致贺。事毕,程又奉命率舰前往墨西哥、古巴慰问华侨,道经美国,曾入谒美总统。这时,清廷在英订造的肇和、应瑞两舰造

---

　　①　据《甲午中日战争纪要》(参谋总部第二厅第六处编,1935年印)说,浩威为英国人,而据《泰莱甲午中日海战见闻记》(张荫麟译,载中国史学会主编:《中国近代史资料丛刊·中日战争》(六),上海人民出版社1957年版)所载,浩威为美国人。

　　②　章炳麟:《程璧光》及附录《程璧光与革命党之关系》,黄季陆主编《革命人物志》第6集,台北"中央文物供应社"1969年版,第234页。

成,程奉命从古巴再到英国,率领两舰回国。

同年 10 月武昌起义爆发时,程璧光尚在英未回。南京临时政府成立,有使其主持海军之议。伍廷芳等电促他速回。但他延宕到 1912 年夏才回到上海,袁世凯早已任命刘冠雄为海军总长了。程见此情况,遂辞去一切职务,闲住在上海。但袁对他住在南方很不放心。1913 年春,派员邀他入京,聘为海军高等顾问。继又任他为陆海军大元帅统率办事处参议。其后,袁世凯复辟帝制的逆迹渐显露,程璧光内心很郁闷。1915 年秋,他曾给朋友写信说:"惟时势不佳,实足令人厌世,恨不得早死为快也。"①

1916 年 6 月袁世凯死后,黎元洪继任总统,段祺瑞为国务总理。黎元洪早年供职水师时,曾在广甲舰任管轮,为程璧光属下。此时,极力推荐程璧光为海军总长,得国会通过。程在以后的"府院相争"中,站在"府"的一边,成为黎元洪的支持者。

1917 年 4 月,在对德宣战问题上,黎、段之间的矛盾白热化。为了向总统和国会施加压力,段祺瑞电召各省督军入京,于 25 日举行军事会议。海军总长程璧光与陆军训练总监张绍曾也被邀出席。段宣布其对德宣战的主张后,把预先准备好的一张"赞成总理外交政策"的签名单塞给出席者,让大家签名。各省区督军或代表,皆仰承段的意旨,签署"赞成"。惟程璧光写:"如国会一致,当服从多数民意"②,使段很不高兴。其后,参战案经国务院提交众议院审查时,段祺瑞指使军警、流氓,演出"公民团"包围议会,殴辱议员的闹剧。一时群情激愤,舆论大哗。程璧光与外交总长伍廷芳、司法总长张耀曾、农商总长谷钟秀等向段建议内阁引咎总辞职,被段拒绝。于是当天晚上,程璧光等四人分别向总统提出辞呈,使原来就残缺不全的段内阁只剩下"总理"一人。到

① 莫汝非:《程璧光殉国记》,《近代中国史料丛刊》第 57 辑,台北文海出版社 1970 年版,第二章,第 2 页。

② 莫汝非:《程璧光殉国记》,第三章,第 1 页。

5月23日段祺瑞被黎元洪免去总理职务后,北洋系各省督军在段的唆使下,纷纷宣布独立,并准备以武力逐黎。程璧光见事机危迫,即电饬海军第一舰队司令林葆怿率舰驻扎大沽,表示对黎的支持。6月初,程曾请黎离京南下,愿率舰队护送,黎不同意。程不得已先行出京,9日抵沪。当日即召集各舰舰长开会,研究对付叛督办法。

自段祺瑞当国,挟督军团乱政以来,西南各省及孙中山为首的国民党人都站在同情黎的方面。程到沪后,与当时在沪的孙中山、唐绍仪、岑春煊三人有所接触,研究共同拥黎反段的办法。孙中山曾为海军筹措军费,鼓励程与北京政府脱离关系。

6月,张勋北上,国会被迫解散。7月1日,张勋复辟,黎元洪逃入日本使馆。程璧光在沪闻讯,派军舰三艘北上秦皇岛,想迎接黎元洪南下,未成功。3日,程与松沪护军使卢永祥联衔发表了声讨复辟、拥护共和的檄文。

当段祺瑞在北方布置圈套,引张勋上钩,又以讨逆英雄自居,拒绝恢复约法时,孙中山在南方酝酿的护法局面略有头绪。7月上旬,孙中山、章太炎等乘海军军舰先行赴粤。21日,程璧光与林葆怿率领第一舰队南下广州,翌日,海军自主宣言自沪发出。宣言否认国会解散后的非法政府,提出三项主张:(一)拥护约法,(二)恢复国会,(三)惩办祸首。这是程璧光在孙中山示意下发出护法的第一声。当时海军第一舰队拥有较大的巡洋舰,是海军主力。南下护法的第一舰队军舰先后有海琛、海圻、永丰等八舰,连同原驻广州的楚豫、永翔二舰共计十舰。舰队南下途中,段祺瑞着萨镇冰、刘冠雄来电劝诱北归,程、林未予理会。海军的这一行动,使护法声势加大,也使北洋军阀大为震惊。第一舰队抵粤后,受到各界的欢迎。同时国会议员即纷纷南下。9月1日,国会非常会议选举孙中山为大元帅。10日,军政府宣告成立,程璧光任海军总长。

广东当时是桂系军阀的势力范围,陆荣廷为两广巡阅使,陈炳焜为广东督军。但又有李耀汉、李福林、魏邦平等广东地方势力。桂系对军政府采取表面不干涉,实际不承认、不支持的态度。在这几种势力错综复杂的矛盾中,程璧光由于兼有广东人、国民党元老和桂系的朋友三种身份,受到各方面的拉拢,成为调和派。

先是,广东省长朱庆澜(当时倾向孙中山)有警卫军二十营,称"省长亲军",由陈炯明任"亲军"司令。8月中旬(海军抵粤不久),朱庆澜忿桂系排挤,邀请程璧光、李烈钧、陈炯明密谈,打算把"亲军"改编为由程指挥的海军陆战队,免为桂系吞并。8月26日,朱被排斥下台,"亲军"二十营被陈炳焜强行接收了去。与此同时,段祺瑞以中央政府名义派傅良佐代谭延闿为湖南督军。9月9日傅良佐到长沙,湖南形势日急。到这时,陆荣廷才感到北军南犯,有侵犯桂系地盘的危险,必须调整与孙中山军政府的关系。10月2日,陆邀请程璧光到南宁举行会谈。决定了两广当局联名讨段、援湘的计划。由程璧光、陈炳焜、谭浩明、李耀汉通电声讨段祺瑞的罪行,提出迎黎复职、恢复国会等主张,并任谭浩明为援湘联军总司令,出兵援湘。通过程璧光这条渠道,11月陆荣廷又邀军政府大元帅代表举行梧州军事会议。陆同意了把二十营省长亲军交由程璧光节制、陈炯明指挥,去福建开辟进攻北洋政府的第二战场。

两次会议后,桂系表面与军政府合作,暗中却玩弄联冯制段的花招,向北方伸手求和,并处处与孙中山为难。孙中山气极了,想用海军驱逐粤督陈炳焜。因程璧光不主张与桂系决裂而未实现。1918年1月3日,孙中山直接密令豫章、同安二舰舰长炮击观音山督军署。代理广东督军莫荣新电请程璧光调处。程急忙命令两舰停止炮击,并将两舰舰长撤职。

军政府与桂系之间的矛盾,虽到了几乎决裂的程度,但1月下旬,湖南方面的桂湘联军进攻北军,收复了岳州;同时在广东方面,桂军林虎、沈鸿英等部对受段祺瑞驱使的龙济光也展开了进攻,这是孙中山系国民党人所欢迎的,于是矛盾又暂时缓和。在此形势下,孙中山命陈炯明率粤军进驻汕头,方声涛率滇军进驻潮州,准备开辟福建战场,以与湖南战场相配合。程璧光原决定率各舰出发,协助征闽,及闻讨龙战争开始,遂调遣军舰游弋北海、闸坡、崖门等地,堵截龙军。海军的活动,使从琼崖登陆的龙军与其根据地失去联系而败退。

孙中山的军政府在法理上应是护法各省的最高权力机关,但事实上两广、滇、黔、湘皆是自主的独立王国,各省军阀自行其是,使军政府形同虚设。而程璧光虽名义上为军政府海军总长,但他更多地迁就地方军阀,与孙中山精神很不协调。1917年冬,唐继尧、岑春煊、李烈钧等有组织西南各省联合会以谋护法各省之统一的倡议。岑、唐以及陆荣廷是想以联合会取代军政府的职权,并准备与北京政府妥协谋和。1918年1月,公布了条例,并开了成立会。对此会的成立,程璧光起了积极的推动作用。但条例一经宣布,就遭到国民党人的反对和章太炎的痛骂,被称之为"李完用第二"。

联合会议搁浅,滇、桂军阀又与政学系议员、益友社员相勾结,策动以联合会与军政府合并,把军政府改组为合议制,以削弱大元帅的权力。程璧光为此向孙中山疏通,并于2月2日邀请孙中山、莫荣新等在海珠开会商讨,使孙中山不得不表示同意。

当军政府酝酿改组期间,广东军人李福林、魏邦平、翟汪等人,借口龙济光部尚未荡平,电请陆荣廷以莫荣新专任讨龙军总司令,而以程璧光兼任粤督。这是广东地方势力以"粤人治粤"的口号,排斥桂系势力的表示。正当酝酿改组军政府及呼吁广东易督之际,2月26日下午8时,程璧光被人刺杀于广州海珠(海军办事处所在地)对岸,弹中胸部,即时殒命。当时一般疑此案系桂系军阀所为,实则刺客肖觉民、李汉斌系朱执信所派遣①。军政府大元帅追念程璧光护法之功,在广州海珠公园建立铜像,以资纪念。遗体于1919年1月葬于江苏宝山。

---

① 据罗翼群所撰《有关中华革命党活动之回忆》(中国人民政治协商会议广东省委员会文史资料研究委员会编:《广东文史资料》第11辑,1964年版)中记载,中华革命党成立以后,有些同志仍主张在革命低潮时期采取暗杀手段。1918年1月3日,孙中山直接密令豫章、同安二舰舰长炮击观音山督军署后,程璧光曾将二舰长撤职查办。中华革命党同志对程此举极为不满,且怀疑程与陆荣廷已有默契,不久即将叛变护法政府,故朱执信派人将程暗杀。

程　德　全

朱宗震

　　程德全,字纯如,号雪楼,四川云阳人,生于 1860 年 7 月 22 日(清咸丰十年六月初五)。其父程大观为附贡生,靠教书为生。程幼年随父读书,1878 年完婚后,因家贫无以自给,出外教书。程本人为廪贡生出身,1890 年出川游历,至京入国子监肄业。

　　当时,东北边防形势紧张,程留心搜集有关东北的资料,并拜晤在京的黑龙江旗人寿山,询问东北情形,两人遂订交。1891 年,程一度入瑷珲黑龙江副都统文全幕。1894 年中日战起,黑龙江将军依克唐阿电召程德全由京到九连参与军幕。翌年,程由依克唐阿奏保,以知县分省补用,旋分发安徽。1898 年经黑龙江将军恩泽、副都统寿山奏调,程于 1899 年底到瑷珲入寿山幕。1900 年 2 月初,寿山赴齐齐哈尔署理黑龙江将军,任程为黑龙江银元局总董兼办将军文案。

　　1900 年 7 月沙俄军队借口义和团运动排外,准备入侵,程德全由寿山任为行营营务处总理,负责筹划防务,联络前敌各军。8 月 1 日夜,俄军在瑷珲一线发动进攻,清军节节抵抗。因军情紧急,程于 8 月 15 日从齐齐哈尔出发,赴前敌视察。8 月 17 日程行至博尔多(今讷河县),墨尔根(今嫩江县)已失守,发现清军"颓靡不可整顿"①。为此,程

---

①　《驻博尔多营次上眉帅书》,李逊编《程中丞庚子函牍钞略》,1910 年铅印本,第 5 页。

函致寿山,主张向俄军"请和"①,并镇压义和团。旋奉寿山命,与俄军洽谈议和。俄军不允。由于程以死相求,俄军同意不攻省城,不杀无辜,不掠财产。程遂回齐齐哈尔,撤出军队及军火粮饷,准备和平让城。8 月 28 日,俄军进抵齐齐哈尔郊外,疑程设计诱敌,拟即攻城。程急出城与俄军相见,以身挡炮口,恳求俄军停止进攻,俄军遂停止炮击。翌日,俄军大驱入城,将军寿山自尽。俄军欲强立程德全为黑龙江将军,程坚决拒绝,并投江自尽,为俄军救起。不久,程被挟赴赤塔,途经呼伦布雨尔(今海拉尔),因天寒患病,由俄国红十字会治疗后释回,于 11 月 7 日返抵齐齐哈尔。1901 年 2 月,程德全被清廷擢升以直隶州知州用,赏戴花翎加三品衔。1902 年 9 月,吉林将军长顺委程任三姓(今依兰县)办理善后交涉兼办筹饷缉捕事务。

程德全于 1900 年与俄军斡旋的行动,在朝野赢得了很高的声誉,黑龙江、吉林将军也一再要求清廷破格重用程德全。1903 年冬,沙俄拖延在东北撤兵,日俄战争正在酝酿中。1903 年 12 月 28 日慈禧在京召见程德全,垂询江省事,程奏对称旨,被擢道员,翌日又加副都统衔、署理齐齐哈尔副都统,并专任垦荒事务。按清制,东北实行旗制,用旗人,清廷对德全的任命,既是越级提拔,又打破了东北歧视汉人的惯例。程于 1904 年 1 月 22 日出京,克服了俄国人的阻挠,于 3 月 26 日抵达齐齐哈尔上任。

程德全在京时曾向清政府力陈治理江省政策:外交上,对领土主权"宜据理力争";内政上,认为"急须殖民实边","招户垦荒"②。

1905 年 5 月 15 日,清廷委程德全署理黑龙江将军,程遂全权处理黑龙江军政事务。在程赴任之前,黑龙江铁路交涉局总办周冕,就铁路

---

① 《驻博尔多营次上眉帅书》,李逊编《程中丞庚子函牍钞略》,1910 年铅印本,第 4 页。

② 《纪入觐及之齐齐哈尔署任概略》,宋小濂等辑:《赐福楼笔记》,光绪间印本,第 18 页。

用材和占地问题与东清铁路总公司签订合同,将黑龙江产木之区大半划给俄国人,并让铁路展地达二十万垧。程上任后,即以废约另订为对俄交涉目标,以求"争得一分便算一分"①。俄人拒绝废约另订,周冕又阻挠程德全派员接收交涉局,因而废约另订的谈判迟迟难于开议。直至日俄战后,程为周冕弥补了欠款,才得以接管交涉局事务,并于1906年9月初派宋小濂与俄人开议,至1907年8月结案,将伐木地段缩减十分之九,铁路展地减去七万余垧。

在内政方面,程德全从改革旗制入手,增设垦务总局、善后局,并增设地方官,让旗署各员专理旗务,为设立行省作准备。当时,黑龙江无兵无饷,"大似以江省为已弃之物",程不得不"以迂缓之荒政冀为救急之要图"②。他向官僚、士绅、商人卖荒获得四五百万两的收入,用来编练军队,增设官制,开办学校,并拨款"由官中为之提倡"③,以振兴实业。他先后开办了煤矿,设立了广信公司(银行),创设了瑞丰垦务公司,并购置磨面机和轮船等等。

但是,程德全的放荒政策,使相当多的商业资本转移为呆滞的封建地产,而放出的荒地,开垦的还不到十之二三。程的新政又把收入消耗殆尽。待放荒接近完成,不再有大宗荒价收入时,程德全面临着财政竭蹶的困难,市面银根紧张。1907年春夏间,"省城数百号铺商咸同涸辙之鱼,立可待毙","报关闭者已六十四家"④。为此,他一再向清廷呼吁拨发巨款,但都遭到冷遇。1907年初,清廷将东北改设行省,以徐世昌为东三省总督,程则于5月7日被任为署理黑龙江巡抚。程从此须事事听命于总督,职权削弱。于是,程德全被迫一再称病奏请开缺。1908

①　《致徐菊人督部论创办新政之困难》,徐鼐霖等编:《赐福楼启事》,卷3,1907年版,第63页。
②　《复李尧琴太史论筹边事宜》,同上,卷1,第22页。
③　《提用荒价遵行新政折》,程德全撰:《程中丞奏稿》,卷8,1910年版,第13页。
④　《致徐菊人督部筹维补救市面之法》,《赐福楼启事》卷4,第1页。

年3月初,夹袋中另有人物的徐世昌,以程"腿疾未痊",建议军机处"赏假数月,回籍就医"①。是月19日,清廷遂将程德全署理黑龙江巡抚一职开缺。

1908年11月,光绪、慈禧相继去世。1909年初,摄政王载沣将徐世昌内调,命锡良出任东三省总督。于是,程德全复被起用,于5月23日任为署理奉天巡抚,旋实授。但奉抚一职,因与总督同城,遂于翌年4月28日裁撤,程被调任江苏巡抚。

程德全抚苏,以革新自命,与立宪派人士如张謇等过从甚密。他一再支持立宪派的主张,与其他督抚一起,要求设立责任内阁,从速召开国会。但实际上这是他对清廷的统治已经丧失信心的表现。

武昌起义爆发后,程德全镇静如常。时张謇适由鄂返宁,程于是约张赴苏州。张于10月16日抵苏以后,即连夜为程代草挽救时局的奏疏。程经征求各省意见后,于10月22日入奏。这一奏折,要求清廷"解免亲贵内阁,钦简贤能另行组织,代君上确负责任……并请下诏罪己……然后定期告庙誓民,提前宣布宪法,与天下更始"②。清廷留中不发。11月4日,上海独立。苏属士绅纷纷劝程谋自保,得到程的同意,并与革命党人进行了联系。是夜,上海民军50人到苏州与驻枫桥新军汇合,翌日拂晓整队入城,宣布苏州独立,推程德全为苏军都督。

程德全以前清大吏宣布反正,开始是受到革命党人怀疑的。他不得不请张謇前来镇抚。同时,他致电各省都督,"拟联东南各军政府公电恳请孙中山先生迅速回国,组织临时政府,以一事权"③。11月20日,张謇再到苏州,时苏浙联军正会攻南京,程遂请张驻苏坐镇,自己于

---

① 《徐世昌致军机处电》,《程中丞奏稿》附录3,第20页。

② 扬州师范学院历史系编:《辛亥革命江苏地区史料》,江苏人民出版社1961年版,第47页。

③ 《江苏都督程德全浙江都督汤寿潜联名致沪军都督陈其美提议在上上海组织临时议事机关电》,载罗家伦主编:《革命文献》,台北"中央文物供应社"1984年重印本,第1辑,第4页。

11月23日亲至高资视师,发布誓师词,27日又随军进驻尧化门。程一向多病,扶病视师,赢得了革命党人的好感。12月1日,南京光复在即,程遂由前线回沪,会商军政。翌日,南京克复。上海方面的革命党人推程德全为江苏都督。12月6日,程至南京组织都督府,旋因各军纷争,组府未成而返沪。15日程偕汤寿潜、陈其美至宁,调和诸军,组织政府。18日,程复因南京秩序紊乱,愤愤离宁赴沪,称病不出。1912年1月1日,江苏省议会推庄蕴宽代理都督。孙中山在南京组织临时政府,于1月3日任命程德全为内务总长,程遂卸苏督职,但仍在上海租界卧病。不过,程并未停止政治活动,他正与章太炎一起筹组中华民国联合会,于1月3日宣布成立,旋改统一党。至5月间,统一党又与民社等合并为共和党,后程因与章太炎政见不合,遂宣布脱离共和党。

南京临时政府结束后,经苏属士绅推举,袁世凯于1912年4月13日令程德全复任江苏都督。程于4月下旬至苏扶病视事,通电表示"首宜以恢复秩序为唯一之方针"①。程视事三日后,因病告假赴宁疗养。5月间,南京留守黄兴受总统袁世凯和财政总长熊希龄的箝制,军饷无着,被迫提出辞职。袁电程商议接收留守府办法。时苏州军界自阊门兵变后风潮未靖,程德全被迫回苏坐镇,难以兼顾。但他恐黄兴过早离职,引起变故,遂密电袁世凯,请对黄表示抚慰赞助,这样,"一面可以促事实之进行(指解散留守府),一面可以释军心之猜虑"②。袁复电表示赞同。当时,同盟会的一些人,曾要求袁世凯任命黄兴为江苏都督;而沪军都督陈其美更支持柳承烈等在苏州组织"洗程会",准备武装暴动推倒程德全,拥陈其美为江苏都督。当时北京方面接到了陈其美暗中增兵的情报,电程严加防范。5月31日夜,在洗程会预定发动的前夕,程抢先出动军队弹压,并于翌日将洗程会骨干蒯佐同、蒯际同等捕获,

① 《致大总统及地方议会宣告就任书》,汪德轩编:《程雪楼先生书牍》,卷上,上海广益书局1912年编辑,第1页。
② 《程德全密电稿》(未刊)1912年5月22日电。

并将蒯氏兄弟枪杀。事后,他将各项证据焚毁,不事声张。随后,程又将洗程会控制的先锋营全部遣散。在苏州平静之后,程德全就于6月14日前往南京接收黄兴的南京留守府,江苏都督府也移驻南京。是年7月底,陈其美被迫撤销沪督一职,由程接收。

　　程德全在民初的政治激流中,一再表示拥护中央,袁世凯也在政治上、财政上予程以照顾,利用程在江苏士绅中的威信以维持对江苏的控制。但是江苏是革命党人力量较强的地区,程乃依违于袁世凯和革命党人之间,充当一个调和派的角色。1912年6月15日,内阁总理唐绍仪为袁世凯所迫,弃职离京,社会上谣言蜂起。为此,程发布通电,力主调和,以"精诚相孚,腹心相示,泯南北之畛域,捐新旧之猜嫌"相号召①。1913年3月20日,宋教仁被刺。程奉袁世凯的命令,亦应黄兴等人的请求,于3月25日赴上海处理宋案,与孙中山、黄兴等革命党人进行了会议。由于革命党人的要求和压力,程于4月间曾一再向袁世凯请求组织特别法庭以审理宋案,但未获允准。程德全与江苏民政长应德闳遂于4月25日夜12点公布了由革命党人参与整理的宋案证据,使宋案内幕大白。袁世凯政府的善后大借款成立后,革命党人和袁世凯之间已面临着决裂的局面。为此,程又一次呼吁调和,他拍着胸脯说:"政府固无谋叛之心,民党亦无造反之意,二者若有其一,德全愿受斧锧。"②但是,他一再强调的"维持地方秩序",实际上在起着抑止革命的作用。

　　1913年7月12日湖口起义,"二次革命"爆发。14日晚黄兴抵达南京,15日晨驻南京第八师包围都督府,黄兴偕驻南京高级将领谒见程德全,迫程宣布江苏独立。16日夜,程托病离宁赴沪。程至沪即发布模棱两可的通电说:"本月15日,驻宁第八师等各军官,要求宣布独

---

　　①　《民立报》1912年6月27日。
　　②　《民立报》1913年5月20日。

立,德全苦支两日,旧病剧发,刻难支持,本日来沪调治。"①推卸了对独立的责任。袁获电后,命令程德全、应德闳就近设立机关,"迅图恢复"②。旋二次革命战事失利,程德全看到大局已定,遂于苏州设立行署,并于 7 月 25 日通电宣布,南京独立时"一切文电,假用德全名义号召,亦非口舌所能抗争。因于 16 日夜冒死离宁赴沪,召集苏属水陆军警,议图恢复"③。翌日又致电黄兴,要求黄"取消讨袁名义,投戈释甲,痛自引咎,以谢天下"④。7 月 27 日,程电令南京卫队营营长张鹏翥捉拿黄兴,张向黄作了报告,黄兴遂于 28 日夜只身离宁出走,南京即宣布取消独立。此后,南京及苏属各界吁请程德全莅宁收拾残局,但他仅派杜淮川任江苏第一师师长,赴宁料理,本人则迟迟其行,并向袁世凯请求辞职。旋何海鸣在南京发动二次、三次独立,据城与袁军死战,至 9 月 1 日失守。9 月 3 日,袁世凯遂准许程德全辞职,任命首先攻进南京的张勋为江苏都督。

自此,程德全退出了政界,寓居上海、苏州,闭门诵佛。袁世凯死后,黎元洪继任总统,拟聘程德全为政治顾问,程以老病辞谢,不愿再入政治漩涡。他晚年在工商业方面的投资几乎完全失败,但仍拥有大量的房地产。1926 年,程德全受戒于常州天宁寺,法名寂照。1930 年 5 月 29 日病逝于上海。

---

① 《时报》1913 年 7 月 18 日。

② 《政府公报》1913 年 7 月 22 日。

③ 《时报》1913 年 7 月 26 日。

④ 锋镝余生编:《南北恶感新文牍》卷 3,1913 年版。

程 家 柽

潘 荣

程家柽,字韵荪,又作润生、润森或韵笙。1872年(清同治十一年)出生于安徽休宁县一个地主家庭。其父程牧园,系光绪初年举人,母早亡。程家柽少年时在家乡跟随徽州著名学者胡卓峰读书,1897年考入武昌两湖书院。他愤于清政府丧权辱国,屡与同学谈论"满汉种族之别"①,产生强烈的反清民族主义情绪。

1899年,程家柽被两湖书院选送去日本留学,考入日本帝国大学农科。他到东京后,即到处寻访孙中山。时孙中山主要在横滨华侨中秘密活动,行踪不定,程"百计求之,不克一见"②。后经侨居东京的广东香山人郑可平介绍,始得晤见。第一次见面,程家柽聆听了孙中山关于革命纲领和目标的讲述,深受鼓舞,表示要将孙中山的革命主张"树党全国,以传播之"③。以后,程家柽就经常带领留学生去见孙中山。钮永键、刘道仁、万廷献等都是经他引见,与孙中山相晤,参加了反清革命运动。

程家柽积极参加中国革命者在日本的各项革命活动。1901年,他协助秦力山、戢翼翚等在东京创办《国民报》,宣传推翻清王朝的革命思

---

① 宋教仁:《程家柽革命大事略》,陈旭麓主编《宋教仁集》下册,中华书局1981年版,第434页。

② 宋教仁:《程家柽革命大事略》,陈旭麓主编《宋教仁集》下册,第434页。

③ 宋教仁:《程家柽革命大事略》,陈旭麓主编《宋教仁集》下册,第435页。

想。次年,他赞助章太炎等在东京发起"支那亡国二百四十二年纪念会"。1903年4月,拒俄运动爆发,程家柽被留日学生推举为拒俄学生军(后改名"军国民教育会")归国运动员。清政府获悉程在日本的活动,将其从两湖书院除名。1905年宋教仁创办革命刊物《二十世纪之支那》,程任编辑长,专司事务工作。

革命运动的高涨,迫切要求组织统一的革命政党,程家柽为实现革命派的联合,作了许多有益的工作。他多次向宋教仁等阐述孙中山的革命主张,以促成其与孙中山合作。是年7月,孙中山由欧洲抵日本,程专程从东京赶往横滨迎接。随后,又将此消息遍告东京留学生。孙中山至东京后,程即邀集宋教仁、陈天华等到《二十世纪之支那》杂志社与孙中山晤见,商讨组织革命团体问题。孙中山向宋教仁、程家柽等指出"现今之主义,总以互相联络为要"①。30日,孙中山、黄兴召集在东京的各省革命人士共同协商,决定成立同盟会,程家柽应邀参加。当天,程在孙中山亲自主持下宣誓入盟,成为同盟会最早的会员。程并与孙中山、黄兴等七人被推举为同盟会章程起草人。8月13日,留日学生在东京开会欢迎孙中山。孙中山等演说之后,程家柽倡议设革命本部于东京,并设分部于国内各通商口岸,得到与会者的赞同。20日,同盟会成立后选举了领导机构,程家柽被推选为执行部外务科负责人。

留日学生的革命活动,引起中日反动当局的恐惧。11月日本文部省徇清政府要求,颁布《取缔清韩留日学生规则》,对留学生的活动进行限制。在如何对待《取缔规则》问题上,留学生一时分成两派:以胡瑛、宋教仁为首的一部分人,成立"联合会",号召全体留学生归国;以汪精卫、胡汉民为首的一部分人遵照孙中山的指示,主张忍辱负重、以求学为前提,另组"维持留学界同志会"。面对两派的对立,程家柽唯

①　湖南省哲学社会科学院古代近代史研究室校注:《宋教仁日记》,湖南人民出版社1980年版,第90页。

恐引起更大的分裂,力主调和,组织"学界调停会",终于使两派互相谅解。

程家柽加入同盟会后,积极准备回国开展活动,曾规划三策:一、运动清政府和军队大员,"一举推倒政府";二、在国内各地普遍发展革命党人,"以期一地发难,首尾相顾";三、在粤滇边境起义,震动腹地,振奋人心[1]。为此,1906年2月,他应京师大学堂之聘回国,任农科教授。程到北京后,利用担任肃亲王善耆家庭教师的机会,一面秘密进行革命宣传,一面多次掩护和营救革命党人。1907年,胡瑛在武汉被捕,经程说项,得免死刑;白逾桓在沈阳谋举事被徐世昌拘捕,程也大力营救。为避清政府迫害,不久,程再度赴日。

此时,正值同盟会经费告急,以至《民报》无法刊行。程家柽曾设法找清政府陆军部尚书铁良拿到一万两银子充作经费。但是,程的这一举动却为许多革命党人所误解。刘师培见有机可乘,通过日人北一辉等策动程家柽,许"以十万金鬻孙文之首"[2]。程未为所动,并即以此情报告刘揆一、宋教仁等,使刘师培的阴谋未能得逞,程家柽因此遭到刘师培所策动的日人殴打。

1909年程家柽复返北京活动。时熊成基、孙竹丹企图将所获日本秘密图籍售与俄国,以充革命经费,得到程家柽的支持。不幸事泄,程家柽冒险掩护孙竹丹走避[3]。次年,汪精卫、黄复生因谋杀摄政王载沣被捕,程又通过善耆向载沣进言,使汪、黄得免于死。

1911年武昌起义爆发后,吴禄贞、张绍曾与蓝天蔚秘密策划围攻北京,程家柽居中联络,并准备在北京城内接应。后因吴禄贞被暗杀,计划落空。嗣后,他协助白逾桓、汪精卫等人创京津同盟会于天津。他

① 宋教仁:《程家柽革命大事略》,陈旭麓主编《宋教仁集》下册,第438页。
② 白逾桓:《程家柽革命大事略记跋》,《革命人物志》第6集,台北"中央文物供社"1969年版,第225页。
③ 冯自由:《孙竹丹事略》,《革命逸史》第5集,中华书局1981年版,第176页。并参见《熊成基被捕案》(《录呈熊成基供词》),《历史档案》1982年第3期。

与白逾桓等人不顾经费匮乏和保皇党恐吓,坚持印行《国风日报》,大力鼓吹民主共和。程的革命党人身份公开后,善耆、铁良极为恼恨,曾派人行刺,但未得逞。

1912年1月南京临时政府成立后,孙中山任命程家柽为幽燕招讨使。程婉辞未就。后应安徽军政府之召,充该省高等顾问。由于程家柽长期在北京从事秘密革命活动,并经常出入于善耆门下,南京革命党人多对其表示怀疑,有人甚至视其为变节分子,不准他出席革命先烈追悼会。黄兴、宋教仁为其多方辩白,宋还特地撰写近万字长文,历述程家柽的革命活动。宋就任北京临时政府农林总长后,拟以程为次长,程婉言谢绝。

袁世凯任临时大总统后,程家柽一度返回家乡休宁,"欲效黄梨洲之隐南雷,收辑故人之遗迹,尽力表彰,以付后世"①。1913年3月,袁世凯谋杀宋教仁,程闻耗痛哭,发誓报仇。嗣后,他奉黄兴之命赴皖赣两省,协助柏文蔚、李烈钧布置讨袁军事。

"二次革命"失败后,革命党人纷纷亡命海外,但程家柽决心留在国内,与袁世凯进行斗争,并表示"不能屠彼,则为彼屠耳"②。为揭露袁世凯称帝阴谋,程撰写了《袁世凯黄粱梦》一文,公开揭诸报端,痛斥袁世凯的狼子野心。1914年初,程与熊世贞等人组织"铁血团",图谋暗杀袁世凯。不久熊世贞在津被捕,计划泄露,程也被捕。审讯时,程家柽大义凛然,历数袁世凯祸国殃民的种种罪行,致使"问官失色"③。9月23日,终被袁世凯政府以"逆谋"罪名,杀害于北京,终年四十二岁。

---

① 宋教仁:《程家柽革命大事略》,陈旭麓主编《宋教仁集》下册,第445页。
② 景定成:《程家柽革命事略书后》,《革命人物志》第6集,第221页。
③ 景定成:《程家柽革命事略书后》,《革命人物志》第6集,第221页。

主要参考资料

吴彩玉(程家柽儿媳)口述记录(1983 年 1 月)。

程　潜

沈荆唐

　　程潜,字颂云,湖南醴陵人,1882年3月31日(清光绪八年二月十三日)生。父亲程若凤,世代耕读。程潜九岁入塾,习读"四书"、"五经",曾从工诗词的塾师学得五言古诗,因此终生酷爱五古。他十六岁考取秀才,翌年进长沙城南书院学习,1900年考取岳麓书院正课生。他爱国救民心切,毅然弃文从武,1903年考入湖南武备学堂。翌年夏留学日本,进入振武学校。他在东京结识黄兴、宋教仁、李根源和李烈钧等人,接受民主革命思想熏陶,于12月加入革命同志会。翌年8月,加入同盟会,谒见孙中山,衷心服膺三民主义。1906年,程在振武学校结业后,分派在姬路野炮兵第十联队实习一年,于1907年转入陆军士官学校第六期炮兵科学习,与李烈钧、唐继尧等同席。

　　1909年2月,程潜学成回国,至四川成都任朱庆澜第三十三混成协参谋,参与编练新军工作。1910年冬,四川陆军第十七镇成立,朱庆澜任统制,程任正参谋官。

　　辛亥武昌首义,正请假回里奔父丧的程潜闻讯后即赴汉口,在黄兴统率下担任龟山炮兵阵地指挥,参加汉阳战役。后回湘,任湖南都督府参谋部长。1913年3月任湖南省军事厅长。7月,他响应孙中山号召宣布讨袁,组成讨袁军援鄂;后又接应江西李烈钧讨袁军入湘。二次革命失败后,他离湘去沪,10月潜往日本,入早稻田大学攻读政治经济学。他在东京与李烈钧、李根源等组织欧事研究会联络革命同志,任该会干事。1915年11月,他奉孙中山之命与李根源回国推动反袁斗争。

翌年1月至昆明,加入蔡锷护国运动,任护国军湖南招抚使,率一营部队经贵州至湖南讨袁、驱汤(芗铭——湖南督军),4月5日一举攻克靖县,建立护国政权,集合旧部,编成三旅队伍,任护国军湘军总司令,宣布湖南独立,誓师讨袁。5月初,他率部沿邵潭公路向长沙方向进军,22日抵邵阳。6月6日袁世凯死去,程率部征讨汤芗铭,于7月6日进入长沙。但北京段祺瑞政府任命谭延闿为湖南省长兼署督军,程愤而辞职,离湘赴沪,所部交谭改编。

1917年8月孙中山南下护法,程潜奉孙之命至湖南边境策动旧部响应护法,推动衡阳、永州于9月18日宣布独立,被推为湖南护法军总司令。他率实力单薄的护法军迎战段祺瑞派出的"援湘军",在萱州河激战八昼夜,挫败了北军的攻势,凭险相持;后得护法桂军支援,收复邵阳,并推进到湘潭、株洲一线,11月16日进占长沙,1918年1月27日又克复岳州。段祺瑞调集直皖两系兵马合力攻湘,程终因兵寡力弱,械弹匮乏,步步退却,直至郴州。1919年6月离郴州至韶关,次年赴沪。

1920年12月,孙中山在广州重组军政府,程潜被任命为陆军次长。程悉心协助孙中山组织北伐,于1921年10月在桂林任大本营陆军总长。翌年6月陈炯明叛变,程率千余人在沙基、韶关等地抗击叛军。不久,程任讨逆军总司令,同李烈钧等人指挥粤滇湘桂各军合力讨伐陈炯明。1923年2月,程任大本营军政部长,再为孙中山筹划北伐,并任东江讨逆总指挥,征讨陈炯明叛军。是年冬,在广州创办大本营陆军讲武学校,任校长。1924年11月,任建国攻鄂军总司令,翌年6月回师广州参与平定刘、杨叛乱;7月大本营改组成立国民政府,程为国民政府十六名委员之一。9月东征陈炯明,他任左路(第三)纵队长,指挥攻鄂军和樊钟秀建国豫军、李明扬赣军,由龙门向河源进击,克河源,占老隆,下兴宁,占梅县,11月9日至大埔,直追残敌入闽。

1926年1月,程潜在国民党第二次全国代表大会上当选为中央执行委员。不久,程所部编为国民革命军第六军,程任军长,林伯渠为党代表兼政治部主任,辖邓彦华第十七师、胡廉第十八师、杨源濬第十九师共九团及两个炮兵营。北伐开始后,第六军作为总预备队北上。9月初,程任中路总指挥,率第六军和第一军王柏龄第一师入赣,从通城出发,与孙传芳军主力谢鸿勋部血战八昼夜,力克修水、武宁;又与反攻的卢香亭部作战十余日。他获悉省城南昌守敌不多,防务空虚,工人、学生又愿起义内应,乃率部于19日进占南昌。孙传芳大惊失色,急命郑俊彦、邓如琢等部回师猛攻。程督战坚守,但腹背受敌,兵疲弹尽,援军朱培德部又未赶至,乃于23日下令撤退;但遭敌围攻甚紧,将士拼死突围,程化装易袍剃须泅水渡过赣江,抵达万寿宫。是役第六军牺牲过半,第一师几近全师覆没。程重整旧部,又攻建昌、修水,歼灭企图西犯的刘凤阁、毕化东两混成旅。11月初,程指挥所部参加总攻江西之役,亲自率领军部全体参谋、副官赴前线督战,向守敌猛攻,3日攻占芦坑车站,4日再夺乐化车站,5日占领军事要地涂家埠。8日,北伐军进占南昌,江西底定,第六军移驻高安、奉新一带休整。

1927年1月,程潜任江右军总指挥,率第六军及鲁涤平第二军、贺耀组独立第二师,由赣东北沿长江南岸东进直趋南京。江右军3月6日占芜湖,23日先头部队攻下雨花台,进入南京城,缴获枪械三万余。其时,直鲁军大刀队在溃退时沿途砍杀无辜市民;败兵逃至下关渡江未成,折回城内大肆抢劫,入城的江右军中某些违纪乱兵则于24日乘机抢劫外国领事馆、侨民住宅及外国教堂、商店等。24日下午3时许,泊于长江的英美兵舰炮轰南京,中国军民死三十余人,伤数十人,酿成南京事件。程潜24日入城后,兼管南京卫戍事宜,迅即平息骚乱,同时同英美领馆交涉,阻止事态扩大。27日,他赴沪参加蒋介石召集的会议,察知蒋将发难,急赴汉口报告。在蒋介石派员追踪下,程化装舍舟登陆,逃至湖口避险。但所部第六军被蒋遣散改编,后程在汉口重新编组第六军。

蒋介石和汪精卫先后“清党”反共和“分共”后,国民党宁、汉双方协商合作,程潜至九江参加会谈。宁、汉两方联合沪方西山会议派于9月16日组成中央特别委员会,程潜被汉方推为特别委员,并任军事委员会主席团成员。10月19日,李宗仁与程潜分任西征军第三、第四路总指挥,率师沿大江两岸并进,讨伐以"护党"之名反对中央特委会的唐生智。11月15日进占武汉后,程任湘鄂政务委员会主席。1928年1月又进兵湖南,剿抚兼施,下岳阳,占长沙,2月连克湘南各地,程任湖南省主席。3月,李宗仁至武汉任中央政治会议武汉分会主席,旋以程不尊其领导、不向其上缴税收,而于5月21日以"跋扈飞扬,把持湘政"的罪名加以拘禁,免除程之本兼各职,其第六军则被遣散。程被拘禁半年之久,于11月28日始被解除"监视"。之后他寓居上海,聊以诗词自娱。1931年12月,程重新出任国民政府委员、国民党中央执行委员。1935年12月任参谋总长、中央政治委员会委员。

"七七"事变后,日军在华北大举进攻,程潜奉命担任平汉线方面指挥,坐镇邢台。1938年1月,任第一战区司令长官,统辖三十余师兵力;2月又兼河南省主席。5月指挥兰封会战,部署薛岳、商震两部三面围攻土肥原第十四师团。6月6日敌陷开封,郑州危急,蒋介石下令花园口决堤,以黄河之水遏止敌军西进,程指挥所部乘势反击,相继收复豫北、豫东、鲁西许多失地。11月,程改任军事委员会委员长天水行营主任,统筹北方抗日事宜。1940年5月,调任副参谋总长,并任战地党政委员会副主任委员。

1945年12月,程潜任军事委员会委员长武汉行营主任,翌年7月改称国民政府主席武汉行辕主任。1948年春,程在部属劝说下参加竞选副总统,但是他不敌桂系首领李宗仁和得到蒋介石竭力支持的孙科,在第四轮投票时退出竞选。6月,回湖南任省主席,8月,兼长沙绥靖公署主任,同时还兼任省党部主任委员、省保安司令、省军管区司令。他在湘境竭力扩充军队,编练新兵,不数月即掌握有近十万兵员。此时国民党统治已濒临崩溃,程潜乃派人与中共秘密联系。他对中共提出的和平谈判八项条件,认为除"战犯"一条外,其他各条均可接受。此后他下令停止征兵,减少征粮,又相继分批释放监禁已久的"政治犯";但仍对列名于"战犯"心存疑虑。1949年3月,他在南京遇见章士钊。章转告了毛泽东对程的期望,程疑虑顿消。此后程与第一兵团司令陈明仁密议共谋和平,取得共识。5月,他签署《起义备忘录》,7月11日得到毛泽东亲笔复信。他拒绝去广州出任考试院长,也推辞了白崇禧请其去广西之邀约,而率绥署和警卫团队去邵阳,加紧筹备起义。8月4日,他与陈明仁领衔发表湖南和平起义通电,宣布正式脱离国民党政府,接受八条二十四款的"国内和平协定"。长沙和平解放,所部一个兵团和三个军共七万多人改编为人民解放军第二十一兵团。9月,程应毛泽东之邀赴北平,参加中国人民政治协商会议。

中华人民共和国成立后,程潜历任中央人民政府委员、人民革命军事委员会副主席、湖南省军政委员会主席、中南军政委员会副主席、湖南省长、第一届全国人大常委、第二、三届全国人大副委员长、第一、二、三届国防委员会副主席以及民革中央副主席等职。

1968年4月5日,程潜在北京逝世。

主要参考资料

程潜:《辛亥革命前后回忆片断》,中国人民政治协商会议全国委员会文史资料研究委员会编《辛亥革命回忆录》(一),中华书局1961年版。

李新等主编:《中华民国史》第一编、第二编第一、二、五卷,中华书局1981—1996年版。

谢慕韩:《关于"东征""西征"和第六军被消灭的片断回忆》,中国人民政治协商会议湖南省委员会文史资料研究委员会编《湖南文史资料选辑》第4辑,湖南人民出版社1981年重印版。

萧作霖:《追随程潜起义的前前后后》,中国人民政治协商会议全国委员会文史资料研究委员会编《文史资料选辑》第57辑,文史资料出版社1978年版。

程星龄:《参与程潜起义活动的回忆》,中国人民政治协商会议湖南省委员会文史资料研究委员会编《湖南文史资料选辑》第 12 辑,湖南人民出版社 1980 年版。

　　《程潜最近言论》,1948 年 3 月印行。

程 砚 秋

林　印

　　程砚秋,原名艳秋,字玉霜,满族。1904年12月20日(清光绪三十年十一月十四日)生于北京。他幼年丧父。六岁时,因家贫给京剧演员荣蝶仙立契为徒,学青衣,合同八年。学徒期间,程砚秋经常要为荣家做日常生活琐事,还挨打骂。十一岁开始登台演唱,十三岁倒嗓,声带音哑。这时荣蝶仙与上海戏院订立一个月的合同,要程去上海演出。先是,罗惇曧(字瘿公)曾看过程的演出,发现程很有培养前途;得知程在倒嗓期间将去上海演出,很着急,即向银行借七百元给荣蝶仙解除合同,让程提前出师。

　　程砚秋离开荣家后,十四岁到十六岁期间,由于罗的帮助,得到了扎实的基本功训练,为后来的艺术发展打下了基础。当时罗给程砚秋订下每日课程表:上午练声、练武功,下午学昆曲,夜间到王瑶卿家学京剧。每星期一、三、五罗还亲自陪程去看电影,让程学习电影艺术的表现手法。

　　京剧教育家王瑶卿教戏有个习惯,不到夜间十二点以后精神不来,王家客人又特别多,有时程砚秋接连几夜到王家去,也未必学到一点东西。但他仍然毕恭毕敬地等到天亮才回家。程这样兢兢业业,终于感动了王瑶卿,他看出程砚秋真心求学,从此每夜必教他一些东西。后来,罗又介绍程砚秋拜梅兰芳为师。梅每次演出都为程留座,程从梅兰芳的演唱中也学到不少有益的东西。

　　程砚秋十七岁那年,嗓音渐渐恢复,开始独立成班,成立鸣和剧社。

他聘请罗为他编剧,由王瑶卿导演配唱腔。程倒嗓期过后,嗓音未能全变,也没有全倒,出现了一种立音,即所谓"脑后音"。王瑶卿启发和鼓励他利用自己"脑后音"的条件,创出一种独特的唱腔。程在传统的青衣唱腔基础上,吸收了各种地方戏以及外国音乐中优美的唱腔,融会贯通地加以创造性的发展,形成广大听众欢迎的"程腔"。他的唱腔,能深刻表达剧中那些在封建社会里被压迫妇女的思想感情,于幽咽婉转、曲折低徊之中蕴涵着一种刚劲清新的力量。这是"程腔"最可贵的特色。

程砚秋幼年学艺受到的种种折磨,加上他生长的时代,对他的艺术观点产生了深刻的影响。他对黑暗势力深恶痛绝,对受压迫的妇女深为同情。罗根据程砚秋的艺术思想,创作出合乎程个性的剧目。他们共同创作排演了十个剧目,大部分是反映妇女在封建社会里所遭受的压迫和苦难。《鸳鸯冢》被誉为"伟大性爱的悲剧"。以除奸反霸为主题的《青霜剑》,后来成为程派重要剧目之一。

1925年秋,罗惇曧因病去世后,金仲荪为程砚秋创作剧本。程和金合作编写排演的《荒山泪》、《春闺梦》,表达了广大人民反对内战的愤激情绪和抵御外侮的迫切愿望,使程派京剧艺术达到新的高峰。《荒山泪》一剧,程砚秋通过女主角张慧珠发出正义的呼声:"我不如拼一死,向天乞请,愿国家从此永久和平。"反映了广大人民遭受战乱、掠夺、流离失所的苦难和渴望和平的愿望。《春闺梦》则是把杜甫的《新婚别》、《兵车行》和陈陶诗句"可怜无定河边骨,犹是春闺梦里人"的意境,再现于京剧舞台。

除了罗惇曧和金仲荪以外,和程砚秋合作编写剧本的还有翁偶虹。《亡蜀鉴》和《锁麟囊》是程和翁合作创演的代表作。

1930年后,程砚秋接触了较多的进步人士,对国民党政府统治有了一些初步的认识。1931年12月25日,程在中华戏曲专科学校的演讲中谈到自己的戏剧观时说:"一则从意义上去认识戏剧的可演不可演,二则从观众的感情上认识戏剧的宜演不宜演,守着这两个原则去演剧,演剧才不会倒坏。"程派二十多个保留剧目中,大多数是具有对封建社会的反抗精神的。陈叔通曾说,程砚秋为人刚正,观其剧如观其人。

程砚秋不仅在剧目、唱腔方面有优异成就,在创造人物形象上如表情、动作、身段、特别是水袖工夫等方面,都达到精确完美、炉火纯青的境界。程喜好太极拳,经过长时间的艺术实践,他把太极拳的进退转运运用在舞台动作上,使他的表演动作更加优美。

1932年1月,程砚秋去西欧考察德、法等国家的戏曲音乐艺术,于1933年回国。他回国后发表《赴欧考察戏曲音乐报告书》对改革我国的戏曲音乐提出一些建议。程还与焦菊隐、金仲荪合作,参照欧洲戏剧教育经验,开办了北平中国戏曲专科学校,培养了一批后起之秀。

程砚秋为人富于正义感,不满旧社会的种种黑暗,曾于1932年元旦改艳秋名为砚秋,改字玉霜为御霜,表明他的态度。北平沦陷后,有一次在北平车站碰见伪军"警务团"欺压同胞,他路见不平,立即挥拳向汉奸还击。以后他虽然多次受到日伪的威胁,但他仍拒绝为日伪演戏。他隐居到市郊青龙桥董四墓村务农,直到抗战胜利。

北平解放前夕,人民解放军兵临城下,程砚秋欣庆旧社会的丧钟已响,新时代即将降临,特画梅花一幅寄意,并题诗云:"料得喜神将莅止,毫端先放几分春。"

1949年初,周恩来去程家探访,未遇。程到怀仁堂演出时,周又到后台慰问,使程深为感动。是年4月,程参加第一届世界拥护和平大会。同年秋,他还作为特邀代表参加中国人民政治协商会议。1954年,他被选为第一届全国人民代表大会代表。

1950年以后,程砚秋曾到重庆、昆明、西安、兰州、乌鲁木齐、喀什等地作巡回演出。同时对民间戏曲艺术作调查研究。1951年4月他担任中国戏曲研究院副院长。

1957年10月,周恩来亲自介绍程砚秋加入了中国共产党。1958年3月9日程砚秋因心脏病医治无效,在北京逝世。

主要参考资料

中国戏曲研究院编:《程砚秋文集》,中国戏剧出版社 1959 年版。

田汉等著:《程砚秋舞台艺术》,中国戏剧出版社 1962 年版。

中国戏曲研究院编:《程砚秋演出剧本选集》,中国戏剧出版社 1958 年版。

成 舍 我

熊尚厚

成舍我,原名希箕,后改名平、汉勋,以笔名舍我行。祖籍湖南湘乡,1898年8月28日(清光绪二十四年七月十二日)生于南京。父亲成壁(字心白)为安徽候补道,在安徽舒城充典史,清末任凤台县警察局长。成舍我幼年随父读书识字,1910年入安庆湖南旅皖第四公学。不久学校因经费支绌停办,他便辍学在家,辛亥革命后入安庆青年军当兵。

成舍我十岁时,其父因所管囚犯越狱逃跑被撤职,后经上海《神州日报》记者协助调查,举证该案系县令反诬,使其父得以平反,此事使他对记者非常敬慕。1912年春,成舍我闲居在家,即为安庆《民岩报》撰稿。同年,他加入国民党,次年秋仟《民岩报》外勤记者。在二次革命反袁斗争中,他为了避祸前往奉天(今沈阳),任《健报》校对,不久任副刊编辑。1916年春,成舍我回到安庆办报反袁,被安武军倪嗣冲拘捕,后托人保释去上海。他以卖文为生,以笔名舍我写小说,并与陈独秀及《民国日报》社长兼总编辑叶楚伧结识,未几入《民国日报》工作,先后任校对、副刊助理编辑,还与王纯根等组织上海记者俱乐部。与此同时,他加入南社,后因南社发生唐宋诗词之争,柳亚子驱逐社员朱鸳雏,成对之大为不满,与柳大开笔战,也被逐出南社。成愤而离沪去北京。

1918年春,成舍我致书北京大学校长蔡元培要求入校学习,被准为国文系旁听生,一学期后升为正式生。他一面读书。一面任北京《益世报》编辑,后升采访主任、主笔。在北大学习期间,他曾组织新知编译社翻译西方名著,并成立新知书社,担任董事长兼总经理。1921年他在北大毕业,次年任《益世报》代理总编辑。1923年任北京联合通讯社编辑,不久接管社务。

成舍我主持北京联合通讯社时,结识了众议院议长吴景濂及议员陈策等人,曾挂名为众议院一等秘书、教育总长秘书,得干薪数百元,由此积累了办报的经费。1924年4月,他在北京创办《世界晚报》,集经理、编辑、主笔、采访于一身,日出四开一张。翌年2月,又得当时财政总长贺得霖资助,再办《世界日报》,自任社长,以龚德柏为总编辑,由张恨水主编副刊《明珠》。同年秋又增出《世界画报》。

成舍我以办《世界日报》成功而开始闻名于报界。初期因受段祺瑞政府的资助,在言论上有所祖段,但仍能时常刊登独家新闻,也敢于替民众说话,加上副刊连载张恨水的小说,日销上万份。1926年春,北京"三一八"惨案后,奉系张作霖入关占据北京。为了钳制舆论,于4月封闭《京报》,杀害邵飘萍;8月,又杀《社会日报》林白水。成舍我忍无可忍,敢冒杀身之祸,独家在《世界日报》就林白水被杀发出哀悼和抗议,也被张宗昌逮捕。后经其妻杨璠托人,向曾任过国务总理的孙宝琦求救。经孙出面说情获释,成遂离北京去沪。翌年4月,他在南京创办《民生报》,得国民党元老李石曾等支持,自任社长。时值"四·一二"政变之后,南京国民党市党部通令党员登记,他以办报不受任何党派约束而自动放弃党籍。1928年1月,成舍我兼任司法部秘书。为了照顾《世界日报》,他常往来于南京、北平两地。1930年4月,成舍我借赴欧美交流学术文化之机考察欧美各国新闻事业,回国后锐意改革《世界日报》的经营管理。他改进版面,自设短波电台,每日撰写特讯,对报社人员严格管理,奖惩分明。两年后,他聘张友渔任主笔,大张抗日言论,一时成为北方有影响的大报之一。

1932年,成舍我被聘为国难会议议员。翌年为了培养德智兼备、手脑并用的新闻人才,他在北平创办世界新闻专科学校,分设初高两级,自任校长,热心于新闻教育事业。

　　成舍我在南京主办的《民生报》为一小型报,内容充实生动,言论富有锐气,敢于揭露当政者的腐败现象,发行量超过南京《中央日报》。1934年5月,该报揭露行政院政训处长彭学沛贪污案,引发一场官司。彭向行政院长汪精卫求援,7月南京宪兵司令部竟以"泄露军事秘密"罪名将成逮捕。成坚持斗争,被汪精卫下令逐出南京。成乃前往上海,与萧同兹等筹办《立报》,以外抗强敌、内惩贪污相号召,于9月创刊。成舍我任社长,张友鸾、萨空了、恽逸群、张恨水、严谔声等先后任编辑,是一份具有独特风格的四开小型报纸,被称为"大报中的小报,小报中的大报",1936年下半年日销逾二十万份。《立报》的成功,使成舍我的声名大噪。

　　"七七"卢沟桥事变爆发后不久,北平沦陷,正在北平的成舍我被日本侵略者列名北平维持会成员。为了摆脱日军的魔掌,他于9月化装逃到上海。11月上海亦沦陷,《立报》被迫停刊,他撤至武汉,不久去了香港。1938年4月,陈诚等出资创办《香港立报》,他任陈诚的驻港代表,帮助主持《香港立报》的出版。是年7月国民党参政会成立,成为参政员。

　　香港在太平洋战争爆发后不久即沦陷,成舍我于1942年春撤至桂林,再办世界新闻专科学校,任校长。1944年夏,新闻专科学校遭日机轰炸,他乃迁居重庆。之后,他复得陈诚等人支持,在重庆组织中国新闻公司,任常务董事兼社长,于1945年5月创办重庆《世界日报》,其副刊《明珠》常刊一些进步作家的稿件;同时复刊《世界画报》。

　　抗日战争胜利后,成舍我到上海接收《立报》财产,将其出卖给陆京士等,然后回到北平复刊《世界日报》、《世界晚报》。他在《世界日报》上宣传"第三条道路",一面要求国民党还政于民,一面要求共产党还军于国,鼓吹"政治民主化"、"军队国家化"。他先后任立法委员、国民大会代表;北平市参议会议员。1948年9月,成在南京筹备复刊《民生报》。不久,蒋介石在三大战略决战中遭到惨败,南京政权摇摇欲坠,成南下至广州,于1949年末去香港。

成舍我到香港后，先是在一些报刊发表文章，1950 年冬与王云五等创办《自由人》三日刊，任副总编辑，后任社长兼总编辑。1952 年冬，他去台湾任政治大学新闻研究所教授。1956 年与王云五等开办世界新闻职业学校（后更名世界新闻专科学校），任董事长兼校长。此外还任台北市报业评议会委员、主任委员及世界书局董事长。1987 年成右眼失明，但仍从事新闻事业。次年 1 月台湾当局解除报禁，成于 7 月 12 日在台北出版《台湾立报》。

1991 年 4 月 11 日，成舍我病逝于台北。

主要参考资料

成舍我：《由小型报谈到立报的创立》，台北《报学》第 1 卷第 7 期。

关国煊：《锲而不舍的新闻老兵成舍我》，台北《传记文学》第 58 卷第 5 期。

叶明勋：《成舍我传》，台北《国史馆馆刊》第 13 期。

马之骕：《新闻界三老兵——曾虚白、成舍我、马星野奋斗历程》，台北经世书局 1986 年 10 月版。

褚　辅　成

王　娟

褚辅成,字慧僧,1873 年 5 月 27 日生于浙江省嘉兴南门梅湾盐井弄。父子仙,母殳氏。兄弟八人,排行居六①。五岁跟随兄长在家读书,十三岁跟曹焕章开笔,继从学于沈安甫。1894 年,与沈安甫次女结婚,同年,入邑庠,然志不在科第。

1904 年,褚辅成去日本求学,入东洋大学高等警政科,后转入法政大学②。1905 年 7 月,孙中山与黄兴等在东京创立同盟会,褚辅成是宣誓入盟的会员之一。同年,受命回国,任同盟会浙江支部长。

回国后,褚辅成在嘉兴设立了南湖学堂,一方面为了启发民智,一方面也以学校为掩护,宣传革命思想,广泛联络同志,积极谋划革命。不少革命志士都曾来此筹划磋商,秋瑾也几次前来。因美国压迫华工,1905 年—1906 年全国掀起了抵制美货运动,褚辅成在家乡奔走呼喊,劝告邑人不用美国货。1906 年,王琬青女士在梅湾街创立开明女校,并在道前街设立嘉秀女校,开嘉兴女学先河。褚辅成任两校校董。1907 年,褚辅成与陈连江、沈稚岩等组织了禁烟局,宣传鸦片的危害,

---

①　庄一拂:《褚辅成先生年谱(修订稿)》,嘉兴市文史委员会编《嘉兴文史资料》第三辑(褚辅成专辑),浙江人民出版社,1991 年 9 月第 1 版,第 162 页。

②　褚律元:《一位爱国的政治活动家——纪念祖父褚辅成先生》,《嘉兴文史资料》第三辑(褚辅成专辑),第 1 页。

开展禁烟工作。又组织了不吸烟会,褚辅成被推为会长①。秋瑾就义后,褚辅成赴杭参加秘密安葬秋瑾,并与前来送葬的同志商议革命策略,议定将注全力于军队方面。

1909年,光绪帝、慈禧太后先后去世,溥仪继位。浙江旅沪的同志以为有机可乘,邀请浙江各地选派代表到上海开会,谋划起义,褚辅成、蒋志新代表嘉兴赴沪开会,但因刘师培告密,会议被破坏。1909年,杭州开谘议研究会,成立浙江谘议局,褚辅成被嘉兴推为议员。11月,赴上海参加七省谘议局代表召开的预备立宪公会,上书朝廷,要求速开国会②。1910年,在西米棚下开设协源丝行。被推为嘉兴商会会长。8月,以商会会长名义,率领由吴兰圃、陈佑民等七十多人组成的嘉兴代表团,到江宁(南京)参观南洋劝业会。1911年秋,嘉兴大水,褚辅成与沈曾植等组织赈灾。

1911年10月10日,武昌起义爆发。12日,主持上海同盟会活动的陈其美来到杭州,约顾乃斌、褚辅成、吕公望等在白云庵秘密议事,因意见不一,决定分头准备,七日后再议。在城隍山举行的第二次会议上,陈其美派姚勇忱来杭参加,会议决定发动浙东同志组织敢死队到杭州做先锋,分派王金发、姚勇忱、吕公望等分别前往绍兴、宁波、台州、金华等地组织同志来杭。同月,褚辅成由朱瑞介绍加入光复会。10月下旬,陈其美派黄郛、蒋介石来杭催促,在城站召开会议,决定加紧准备,并公推褚辅成去上海与陈其美接洽军火、印信以及经费等革命事宜。陈其美让褚辅成先回去主持筹备事宜,所需各物随即送来。陈其美派庄之盘送来发难费3600元,吴文禧送来浙江都督印信,而革命同志数百人也已陆续抵杭,浙江革命党人商定11月5日发难。政治方面由褚

---

① 庄一拂:《褚辅成先生年谱(修订稿)》,《嘉兴文史资料》第三辑(褚辅成专辑),第167页。

② 关国煊:《褚辅成(1873—1948)》,《嘉兴文史资料》第三辑(褚辅成专辑),第148页。

辅成及陈时夏、沈钧儒等负责,成立机关部,褚任机关部长;军事方面由
童保暄、朱瑞、顾乃斌等负责。在商量都督人选时,褚辅成考虑到威望
和号召力,推荐了汤寿潜①。因上海于 11 月 3 日起义,浙江就提前一
天即 11 月 4 日采取行动,到 11 月 5 日,杭州光复,成立了浙江军政府,
汤寿潜被推为都督。在革命军各军官及参加光复杭州之各地领袖举行
的会议上,王金发提议改选都督,废除汤寿潜。不少人也随声附和,褚
辅成力排众议,力主汤为都督。于是议决都督暂不更动②。都督以下,
设政事和军事两部,褚辅成任政事部部长,总揽民政、财政、交通、外交、
教育、实业各部门;军事部由周承炎任浙江军总司令。沈钧儒任警察局
长。1912 年 1 月,孙中山在南京就任中华民国临时大总统,成立临时
政府,汤寿潜任交通部长,蒋百器继任浙江都督。褚辅成以政治部所管
事务过于繁重,提省议会对政治部进行改组,分设民政、财政、教育、提
法四司,褚辅成任民政长。

　　褚辅成在主浙江政事时期,非常重视新政权的政治建设,最引人注
目的举动,是组织了临时省议会和主持制定《浙江军政府临时约法》③。
拆除了杭州驻防旗营的城墙,使杭州城与西湖合而为一。拆除旗城的
同时,在菩提寺路建造了两百间平房,将旗人集中于此。将旗营土地,
全部改建为新兴市场。同时开辟马路,修建六个湖滨公园,种植花草,
修建座椅等④。他制定禁烟办法,彻底实施,勒令全省土膏点,一律停
闭,由沪运往赣、皖的烟土过境浙江,也予以扣留。英国驻杭总领事向
军政府提出抗议,遭到褚辅成的严词拒绝。面对恫吓之言,他表示:英

---

①　关国煊:《褚辅成(1873—1948)》,《嘉兴文史资料》第三辑(褚辅成专辑),第
149 页。

②　关国煊:《褚辅成(1873—1948)》,《嘉兴文史资料》第三辑(褚辅成专辑),第
152 页。

③　范展:《辛亥革命时期的褚辅成》,《嘉兴文史资料》第三辑(褚辅成专辑),第
33—35 页。

④　阮毅成:《记褚辅成先生》,《嘉兴文史资料》第三辑(褚辅成专辑),第 54 页。

舰虽开入钱塘江,浙江禁烟决心,绝不动摇。浙江的禁运禁售政策,得到很好的执行①。1913年,朱瑞任都督,不久,褚辅成被免职。免职背景,一是褚辅成主持省议会在中央政府尚无统一规定前,自定省议会法及选举法;二是褚辅成厉行禁止鸦片贸易②。

1912年8月,同盟会改组为国民党,褚辅成任参议。1913年春,被选为第一届国会众议院议员。4月8日,民国首届国会开会,而此前的3月20日,国民党重要领导人宋教仁遭暗杀,引起舆论大哗。褚辅成联合议会的同志,反对袁世凯大借款一案,还领衔提出弹劾袁世凯,成为袁的眼中钉。袁世凯下令将他逮捕,关押在安庆狱中。1916年6月,袁世凯去世,褚辅成获释。

褚辅成获释后,立刻到上海去谒见孙中山先生。黎元洪出任总统后,恢复了临时约法,继续召开国会,褚辅成又到北京。1917年,张勋复辟失败后,段祺瑞复任国务总理,破坏约法,另组临时参议院,不再恢复国会。孙中山先生南下广州护法,8月,褚辅成等部分国会议员南下护法,组成了非常国会,并继病故的陈国祥为非常国会众议院副议长③。9月10日,非常国会选举孙中山为护国军政府大元帅。1918年5月,孙中山辞大元帅职。褚辅成离穗回沪。

1921初,在上海发起组织全浙公会,致力于团结浙人,奖兴工业,倡导地方自治,并倡联省自治。任浙江省宪法起草委员会委员,后任省宪法会议副议长(议长王正廷)。曹锟以重贿当选总统时,褚辅成是拒贿议员之一。1924年8月,齐燮元、卢永祥发生战争,褚辅成在上海设立救济灾民会。10月,与吕公望等在宁波组织"浙江自治委员会",宣

---

① 庄一拂:《褚辅成先生年谱(修订稿)》,《嘉兴文史资料》第三辑(褚辅成专辑),第175页。
② 褚律元:《一位爱国的政治活动家——纪念祖父褚辅成先生》,《嘉兴文史资料》第三辑(褚辅成专辑),第5页。
③ 关国煊:《褚辅成(1873—1948)》,《嘉兴文史资料》第三辑(褚辅成专辑),第153页。

布独立,失败。1925年冬,发起"五省废督运动"。1926年,与蔡元培等在上海组织苏浙皖三省联合会,主张三省为民治区域,一切军政、民政均由人民推举委员会处理。

1927年2月19日,北伐军攻克杭州。根据中央政治会议在国民革命军攻克南昌后的决议,设立浙江省临时政治会议,张静江为主席,未到任前由蔡元培代理,下设政务委员会(临时省府)、财务委员会。政务委员会由张静江为主任委员,未到任前由褚辅成代理,并由褚兼任民治科长。4月12日,蒋介石在上海发动政变后,派张静江任浙江省政府主席,实行"清党",褚辅成和沈钧儒因被检举是"左派"、"共产党"而被捕。4月20日,二人被带到南京审问,一周后获释。但也因此被蒋介石视为异己分子而遭到排挤。

1926年夏,褚辅成与章太炎、王宠惠、蔡元培、马君武、于右任等在上海发起成立了上海法科大学,章太炎任校长,褚辅成为校董事长。后来董康、潘力山为正副校长。1927年,潘力山被特务暗杀,董康辞职。褚辅成以董事长兼任校长,沈钧儒任教务长。1928年1月,校董事会举行第十四次会议,决定褚辅成兼任校长为正式校长,选钱新之为董事长。褚辅成厘定章则,增设合作银行及实习法庭,供学生实习;改本校图书馆为"力山图书馆",以纪念潘力山副校长。自1930年起,上海法科大学后改名为上海法学院。褚辅成担任院长一职长达二十一年。上海法学院培养了不少法律人才,师生中有王造时、楚图南、史良、沙千里等著名人士。

1932年1月28日,日军发动对上海的进攻,蔡廷锴、蒋光鼐率十九路军奋起抵抗,史称"一二八"淞沪抗战。3月3日,日军攻占上海,战事结束。1932年4月29日,是日本天皇生日,日本驻沪部队在虹口公园举行大会庆祝"天长节",实际上是为了庆祝淞沪战争的胜利。朝鲜独立党员尹奉吉将炸弹投到会场,成功炸死侵沪日军最高司令白川义则、日本居留民团团长河端,重伤日军第三舰队司令野村吉三郎中将等人。朝鲜志士金九参与其事,被日军通缉,褚辅成设法护送金九到嘉兴避难。

1938年,国民参政会在武汉成立。国民参政会是国民政府在抗日战争时期成立的咨询性质的机构,参加者是全国各抗日党派领袖及无党派知名人士。褚辅成是国民参政会中代表浙江的参政员,浙江代表人数几经变动,褚辅成均连续当选,且连续九次被选为参政会休会期间的驻会委员。褚辅成在参政会的提案涉及征兵、严禁壮丁吸食鸦片、粮食、物价、救济等多个方面。

在此期间,褚辅成先后参加国民参政会川康建设期成会,并任万县办事处主任。1940年7月,褚辅成来到万县,9月,办事处正式成立。在万县,褚兼任川东禁烟督导团团长,任用一批督察员,分赴区乡进行禁烟。查处了陈昌儒(万县第四区长)、张伯仁(第六区长)、郑佐(第五区长)等人的烟毒贪污案。褚辅成关心民众生活,对地下党员进行保护。1942年还创办上海法学院万县分院。1943年,褚辅成被任命为参政会全国经济建设策进会滇黔区主任,离开万县,赴云南昆明。

由于国民党"六大"决定召开其一党包办的国民大会,中共的7名参政员拒不参加第四届参政会,褚辅成等参政员对此深表焦虑。1945年6月2日,褚辅成、黄炎培、冷遹、王云五、傅斯年、左舜生、章伯钧等七位国民参政员联名致电毛泽东、周恩来,提出访问延安,并"希望继续商谈,以使抗战胜利早日到来"。1945年7月1日,褚辅成等六参政员(王云五因病未能成行)访问延安,受到毛泽东、周恩来等中共领导人欢迎。六参政员与中共举行了会谈,并起草了《延安会谈纪要》。褚辅成年纪大,长途劳顿及会谈使其疲惫不堪,第二天就身体不适,除参加正式会谈外,没有什么个人活动。

1944年5月4日,与许德珩、税西恒等在重庆发起组织"民主科学座谈会"(九三学社前身),呼吁民主,要团结,要抗战到底,并与许德珩同被选为理事。1946年1月,以褚辅成、许德珩、梁希等为委员组成了九三学社筹备委员会。5月4日,九三学社成立大会在重庆召开。

公推褚辅成、许德珩、税西恒为主席团。褚辅成致开会词,许德珩报
告筹备过程,税西恒报告社费收支项目。褚辅成、许德珩等被选为常
务理事。1947年,在上海发起"对日问题座谈会",掀起反美扶日
运动。

　　1948年3月29日,褚辅成在上海病逝。

褚 民 谊

黄美真　张　云

褚民谊,原名明遗,字重行,浙江吴兴人。1884 年(清光绪十年)出生于一个士大夫家庭。其父褚吉田是当地名医,教子甚严,令其幼年时读"四书"、"五经",受儒家思想熏陶。1898 年,又让他到苏州天赐庄传习医院向美国人柏乐文学习英语。1900 年,褚回乡入浔经公学,开始阅读中西文学书籍,并接触数理化等科学知识通俗读物。

1903 年,褚民谊东渡日本求学。先入高中,后入大学,学习政治经济学,开阔了视野。当时在日本的中国留学生,大多数是热血青年,他们对清王朝的专制统治表示强烈不满,对帝国主义列强的侵略怀着极大的义愤。褚民谊受反清思潮影响,也参加过留学生的某些政治活动。

1906 年,褚民谊随同乡张静江去法国,途经新加坡时,由同盟会会员尤列、陈楚楠介绍,参加了同盟会。抵法国巴黎后,即与吴稚晖、李石曾、蔡元培等人一起创办中国印书局,发行《新世纪月刊》、《世界画报》等刊物,出版各种小册子,"鼓吹宗教革命、政治革命、社会革命,主张民族解放、教育平等、思想自由"①,宣传反清思想。

武昌起义爆发后,11 月初上海亦告光复,褚民谊回国到上海。经黄兴介绍,他结识了汪精卫、陈璧君,后由汪、陈两人做媒,与陈璧君母亲的养女陈舜贞结婚。

1912 年 1 月南京临时政府成立,褚民谊赴南京任职。仅三个月,

---

① 萧瑜:《褚民谊博士小传》(1929 年 7 月 20 日),《文华》1929 年第 5 期。

辛亥革命的胜利果实就落入袁世凯之手。已经十分松散的同盟会亟谋健全和扩大组织，以与一时纷起的党团争逐，于1912年4月24日在上海成立总机关部，5月4日改名"同盟会本部驻沪机关部"①，举姚勇忱、吕天民为正副部长，褚民谊为总务长。但是同盟会的组织继续涣散，8月又与四个小政党合并改组而为国民党。许多革命党人表示消沉，褚民谊也不例外。同年9月，他再次赴欧，求读于比京自由大学，重过学校生活。

　　第一次世界大战爆发后，褚民谊离开欧洲，经地中海抵达槟榔屿，"橐笔报界，致力于实际革命工作"②。这时，国内政局更加动荡，袁世凯复辟帝制的阴谋日益暴露，引起全国人民的愤懑。1915年春，褚民谊随张静江回国，在上海参与倒袁活动。9月褚第三次赴欧，在法国与蔡元培、汪精卫等组织"华法教育会"，办理华侨及留法学生诸公益事。期间褚信仰无政府主义，宣传蒲鲁东、巴枯宁、克鲁泡特金学说。1920年，与吴稚晖、李石曾等人创办里昂中法大学，任该校副校长。同年，进斯特拉斯堡大学学医，专攻组织学。1924年，以"兔阴期变论"毕业论文，得医学博士学位。

　　其时，孙中山改组国民党，实行国共合作，国民革命蓬勃发展。1924年底褚民谊回国从事教育工作，先后任广东大学教授、代理校长，并兼任广东医学院院长。

　　1926年1月，褚民谊在国民党第二次全国代表大会上当选为中央候补执行委员，嗣后递升为执行委员。同年7月，国民革命军出师北伐，褚民谊于10月辞去广东大学及广东医学院所兼各职，担任国民革命军总司令部后方军医处处长，留广州负责后方医务。11月，广东国民政府决定迁都武汉，在粤的中央执监委员和国民政府委员分两批北迁，先后取道湘、赣前往武汉。褚民谊随第二批出发，与国民政府代理

　　①　《民立报》1912年5月5日、6日。
　　②　萧瑜：《褚民谊博士小传》（1929年7月20日），《文华》1929年第5期。

主席谭延闿、国民党中常会代理主席张静江等人于 12 月底到达南昌。这时蒋介石欲以南昌为都，将他们截留在南昌。不久，褚民谊乘蒋介石派他前往北京苏俄大使馆交涉"驱逐鲍罗廷"的机会跑到上海，但他没有北上，直接前往武汉，参与"迎汪复职"活动。

　　1927 年 4 月初，汪精卫回国，经上海去武汉。不久，蒋介石发动"四一二"政变后在南京另立国民政府，宁汉公开分裂。褚民谊追随汪精卫，参加武汉南民政府的反蒋活动。同年 8 月蒋介石下野，促成宁汉合流。9 月，褚民谊出席在南京召开的国民党中央执监委员临时联席会议，被推为特别委员会候补委员。汪精卫因未能掌握到主要权力，出走九江，策动唐生智另组武汉政治分会；又南下赴粤联合张发奎与李济深、黄绍竑争夺广东地盘。汪精卫的这些活动遭到国民党内各方责难，处境孤立，不得不于年底出国赴欧。追随汪精卫的褚民谊则跑到上海，任上海中法工业专门学校校长。

　　褚民谊为了保持他在国民党内的地位，此后很少与汪精卫公开联系。1928 年 2 月，蒋介石召开国民党二届四中全会，改组国民党政府和中央党部，褚民谊仍列名为中央执行委员。同年被派往欧洲考察卫生事宜，先后访问了瑞士、德、法、比等国，在各大学讲演国民党历史及国民党政府之政策。归国后，历任国民政府卫生建设委员会常务委员会主席、教育部大学委员会委员。1929 年 3 月，褚民谊在国民党第三次全国代表大会上被选为中央候补监察委员，后任中比庚款委员会中国委员长、上海医师公会执行监察委员等职。在国民党内争的年代里，褚民谊表面上不偏不倚，声称"本党同志对于反共之主张已渐趋一致"，因此"在理宜互相团结，无复异议"，"虽政见各有不同，意志容有参差，要当顾全党德，遵守党纪，不宜各逞意志，互走极端，致失友谊，而分党力"[①]。但实际上，他与汪精卫、陈公博等人反对蒋介石"专制统治"和

---

　　①　褚民谊:《北伐以来之回顾与希望》(1928 年 11 月)，《褚民谊最近言论集》，大东书局 1929 年版。

"军阀主义"的主张相呼应,提出"政策统一、权限分明、分工合作、事实求是",要求"武装同志本佳兵不祥之遗训,而止戈为武,实行化兵为工政策"①,为汪精卫重新上台制造舆论。

"九一八"事变后,国民党内各派势力在"共赴国难"的幌子下实行暂时的"和平统一",形成所谓"蒋汪合作"的政治局面。1932年1月下旬蒋介石、汪精卫"联袂入京",汪任行政院院长、中央政治会议主席。褚民谊应汪精卫之邀,担任行政院秘书长,1934年又兼任国民党新疆建设计划委员会主任委员。此后,他曾以较多的精力从事所谓"国术"的研究,改组"中华国术协会",创办《大众健康杂志》,主张"国术"科学化、民众化,提倡踢毽子、放风筝,并改传统的太极拳为太极操。他指斥那些轻视踢毽子、放风筝,而注重于足球、游泳等活动的人实为"炎黄之胄,甘为臣仆,而不知耻",是"大背礼教"的②。1934年国民政府正式定8月27日为孔子诞辰的官方纪念日,褚民谊对此有极浓的兴趣,亲赴山东曲阜主持纪念活动。

1935年11月,汪精卫遇刺受伤,辞行政院长职出国治疗,褚民谊也同时辞职,后来在上海任中法国立工学院院长、中法技术学校医学研究部主任,主要从事文化教育。

1937年11月10日上海沦陷前夕,褚民谊由南京返上海,因中法国立工学院事,未随国民政府西撤。次年七八月间,曾两次赴汉、渝,对汪精卫通过高宗武与日本接洽"和平"事未曾与闻。12月汪精卫逃出重庆,于29日发表《艳电》。褚民谊为了表明"清白",于1939年春召集中法国立工学院师生举行"国民公约"宣誓,并于上海各大报刊登启事,"声明一切,盖犹亲戚归亲戚,政治归政治",表示对汪的"和平运动""绝

————————

　　① 褚民谊:《北伐以来之回顾与希望》(1928年11月),《褚民谊最近言论集》。
　　② 吴稚晖:《国术源流考序》(1936年5月),载褚民谊编《国术源流考》,正中书局1936年版。

无参加之意向"①。

1939 年 5 月上旬,汪精卫潜赴上海,即秘密召见褚民谊。经汪的
"启发"、"诱导",褚决定参加"和平运动"。由于褚民谊在国民党内原来
就享有较高的地位,同时又与汪精卫有亲戚关系,因而落水后,就成了
汪伪汉奸集团的核心人物之一。

同年 8 月底,汪精卫一伙在上海召开伪国民党第六次全国代表大
会,褚任大会主席团副主席,并被推为中央监察委员会常务委员、中央
党部秘书长。褚于 9 月 6 日发表对重庆国民党中央执监委员的劝降
电,对蒋介石改变十年内战期间所推行的"攘外必先安内"政策表示"痛
苦",鼓吹抗战不能持久,"长此相持,国不成国,民无噍类",因此"当和
则和"。他美化日本首相近卫的声明"无领土野心,不割地、不赔款,不
妨害吾之独立自由,是吾人抗战之目的已达"。要重庆国民党中央执监
委员"毅然决然,打开僵局,从速结束战事。依据近卫之所声明,以为直
接谈判之基础"。"推派代表来沪,共商国是"②。一派汉奸论调,不以
为耻。

此后,褚民谊追随汪精卫积极筹组傀儡政府。1940 年 1 月下旬,
汪精卫在上海组织还都筹备委员会,褚民谊任委员长,负"筹备还都"之
责,到南京"着手修葺府院会各部、各衙门"③。3 月 30 日,伪民政府
在南京成立,汪精卫任行政院院长,褚民谊副之,并兼任伪外交部部长。

褚民谊走马上任后所办的第一件事,即以外交部长的名义发表对
日广播,对日本帝国主义的"支持"表示"感谢",要中日两国"扫除过去

　　① 《褚民谊自述》(1945 年 11 月 11 日),南京市档案馆编:《审讯汪信汉奸笔
录》上册,江苏古籍出版社 1992 年版,第 276—290 页。
　　② 褚民谊:《致重庆中央执监委员电》(1939 年 9 月 5 日),建高编辑部编《褚民
谊先生最近言论集》,建设出版社 1939 年版。
　　③ 褚民谊:《对于苏高院检察官起诉书之答辩》,《审讯汪伪汉奸笔录》上册,第
301—317 页。

之误解与纠纷,确立将来之亲善关系","各出赤诚,共成其事"①,建设东亚新秩序。

同年 7 月,汪日"调整国交"谈判在南京举行,褚民谊自始至终参加了这次谈判。11 月 30 日,汪日双方签订了《中日基本关系条约》及《中日满共同宣言》,汪政权获得日本的公开承认,日本则从汪政权那里获得了在沦陷区内所想获得的一切。为了掩盖卖国罪行,12 月 10 日,汪伪召开"庆祝大会",褚民谊代表汪精卫发表演说,声称日汪条约的签订,"扫除过去纷扰之原因,确立将来亲善之关系"②。接着,褚民谊被派为"驻日大使",其"行政院"副院长职由周佛海兼任,"外交部长"则由徐良代替。褚赴日后不仅为实施"基本关系条约"谋取汪日间的"根本协调",还四出奔走联络,先后与德国、意大利、罗马尼亚等国签订条约,取得这些国家对伪政权的承认。

1941 年 10 月,褚民谊回国复任"外交部长",继续秉承汪精卫意旨,为日本侵略战争政策效劳。12 月 8 日日本发动珍珠港事件,挑起太平洋战争,伪外交部随即发表声明,宣布对于与日交战的各国外交官、领事官今后概不承认其职务之执行。翌年 5 月下旬褚任访日特使,将汪伪"与日本同甘共苦"、"争取最后胜利之决心,传达于日本皇室"③。1943 年初,汪伪政府发表对英美《宣战布告》,褚民谊声明"我们和友邦日本处于同生共死的同一命运之中,我们决定齐奋步伐,携手迈进,争取我们共同的胜利"④。同年 10 月,褚民谊又参与"中日同盟条约"的签订。期间,褚民谊还兼任伪中日文化协会理事长、中德文化协会名誉理事长等职,为日本和德国法西斯扩大侵略战争摇旗呐喊。褚的所作所为,深获日本军国主义欢心,日本天皇特赠褚民谊一等旭日

---

① 褚民谊:《对日广播》(1940 年 5 月 4 日)。
② 《中华日报》1940 年 12 月 11 日。
③ 《中华日报》1942 年 5 月 30 日。
④ 《中华日报》1943 年 1 月 12 日。

大绶章一枚。

褚民谊为汪伪政权中所谓"公馆派"老人,一切听命于汪精卫夫妇指挥。1944年11月汪死后,陈公博任代主席,褚民谊认为凡事不使之预闻,让他跑龙套,毫无意义,要求辞职。后经周佛海等人从中斡旋,才同意暂留南京。1945年7月,褚民谊秉承陈璧君意旨,辞去外交部长职,去广州任伪广东省省长兼保安司令和广州绥靖主任,企图加强对广东的控制,做垂死挣扎。

同年8月15日,日本宣布无条件投降。褚民谊梦想逃脱对他的惩处,立即向蒋介石大献殷勤,表示"负责治安",并积极组织"警备司令部",亲兼司令,"严令各师长、各县长,各守本位",等待蒋介石"派员接收"①。10月14日,褚民谊在广州被国民政府军统局诱捕。次年4月经江苏最高法院以"通谋敌国、图谋反抗本国"之罪行,判处褚民谊死刑,同年8月23日在苏州狮子口监狱刑场处决。

---

① 《褚民谊自述》(1945年11月11日),南京市档案馆编:《审讯汪伪汉奸笔录》上册,江苏古籍出版社1992年版,第276—290页。

褚 玉 璞

张学继

褚玉璞,字蕴山,山东汶上人。1887年(清光绪十三年)生。其曾祖曾任都司、守备等武职,其父游手好闲、不务正业,家道中落。褚玉璞早年两次投考保定军校均未被录取,一怒之下投身绿林,纠集一批赌徒、恶棍打家劫舍,在众多匪徒中以凶悍暴戾著称。有一年,褚玉璞率领一批匪众救出被清朝官府关押在监狱的刘姓土匪首领。该匪首因受刑太重,被救出后仅两个月死去,临死前将其子刘振邦托付给褚玉璞做义子,他手下的一百多名匪徒也悉归褚玉璞节制指挥。从此,褚玉璞声势更大,成为横行于山东、江苏边境一带的著名匪首。

1913年7月,"二次革命"爆发,在北洋军进攻徐州时,出身于胡匪的江苏讨袁军第三师骑兵团长张宗昌在部队被打散后,摇身一变投靠了北洋将领冯国璋。冯国璋随即命张宗昌重组队伍,他除收编残部外,还收编了二三百人的褚玉璞匪帮,编成一个团,随即率领这个团南下,担负攻打南京西门的任务。9月1日,北洋军攻克南京。12月,冯国璋出任江苏都督,次年被授予宣武上将军,督理江苏军务。冯国璋为了加强对江苏境内军队的控制,决定成立江苏军官教育团,任命张宗昌为江苏军官教育团监理。1916年5月,张宗昌根据冯国璋的旨意,主持暗杀原沪军都督、中华革命党总务部长陈其美,张宗昌令程国瑞与褚玉璞执行,但在暗杀行动当天,褚玉璞借故逃避,实际由程国瑞完成①。

　　1918 年春,代理大总统冯国璋将侍卫武官长张宗昌外放为江苏第六混成旅旅长。张宗昌随即前往南京编组部队,褚玉璞奉派到当年为匪首时经常活动的鲁、皖、苏边境招募新兵,将一批土匪招入了部队。江苏第六混成旅共三个团,约六千名官兵,褚玉璞任营长。改旅成军后未经训练即编入张怀芝统帅的北洋援湘军第二路军开入湖南与南方护法军作战。因战功突出,冯国璋下令将江苏第六混成旅扩编为暂编陆军第一师,张宗昌任师长,褚玉璞任该师第一旅第二团团长。1919 年12 月,冯国璋病故,张宗昌失去唯一靠山,所部孤悬南方,处境艰难。1921 年 3 月,张宗昌所部被直系江西督军陈光远约五个旅的重兵包围于宜春,张宗昌见大势已去,只身一人化装逃出重围跑到北京,褚玉璞按照事先的约定投降了陈光远,但不久还是被陈光远缴械。褚玉璞遂重返鲁、苏交界的丰县、沛县一带,继续土匪生涯。

　　1922 年春,褚玉璞听说张宗昌已投奔了奉系军阀首领张作霖,立即赶往东北面见张宗昌请罪,表示愿意继续追随。是年,第一次直奉战争爆发。张作霖任命张宗昌为苏鲁别动队总司令,指挥褚玉璞、程国瑞、王万金三个支队司令,他们召集了五六百人的队伍潜入山东,准备在原山东督军张树元的内应下,推翻山东督军田中玉。当他们潜入山东时,才发现田中玉已经为他们布下天罗地网,结果除褚玉璞、张宗昌等少数几个人逃回东北外,其余全部被歼灭。

　　当褚玉璞等逃回东北时,奉军也在直奉战争中战败,张作霖将其司令部撤退至山海关,自封为东三省保安司令,宣布东北“独立”。正当直奉两军在山海关对峙之际,张作霖后院起火,原吉林师长高士傧受吴佩孚的策动,自封为“奉吉黑三省讨逆军总司令”,在黑龙江五站一带拉起一支近两万人的队伍,准备颠覆张作霖的老巢。张作霖在腹背受敌之

---

　　①　张用宾等:《褚玉璞的发迹与殒命》,《山东文史集粹》(修订本)上册,中国文史出版社 1998 年版。

际,紧急起用张宗昌去平叛。张宗昌带着褚玉璞等亲信及张作霖拨给他的一营宪兵从沈阳北上,一路上招兵买马,到达哈尔滨后,又得到黑龙江督军吴俊陞的枪支弹药补给,张宗昌以少胜多,击败高士傧,张作霖喜出望外,立即任命张宗昌为吉林省防军第三混成旅旅长兼绥(芬河)(东)宁镇守使,所部第三混成旅下辖三个团又两个营四个连,褚玉璞任该旅第五十五团团长。

1924年第二次直奉战争,张作霖自任镇威军总司令,李景林、张宗昌任镇威军第二军正、副军长,李、张各率所部分两路自奉天进攻直系占领的热河,热河都统米振标指挥的毅军是北洋杂牌部队,战斗力低下,一触即溃,李景林很快进驻承德,抢到热河都统的宝座后,所部不再前进,以后的作战由张宗昌的第三混成旅来担任,在玉麟山一线先后与直军主力董政国、时全胜、阎绍堂等部接触,战斗中,褚玉璞发挥其凶悍作风,率领部队猛打猛冲,血战数日,击溃直军精锐时全胜部,击退董政国、阎绍堂等部,突破长城上的重要关隘冷口,然后经过二十四小时急行军,进抵直隶滦州车站,切断直军退路。当直军主力六七万人从山海关像潮水般溃退下来的时候,被张宗昌全部截住,并全部予以收编,张宗昌所部一下子拥有了十万上下的兵力,战后,论功行赏,张宗昌升任第一军军长,褚玉璞因为"功劳最大"[①],升任第一军副军长兼第三旅旅长,成为张宗昌手下的第一大将。

张宗昌、褚玉璞随即率领大军南下,赶走江苏军务督办齐燮元,唾手取得江苏(包括上海)地盘。1925年初,张作霖授意中华民国临时执政段祺瑞任命张宗昌为苏、皖、鲁三省剿匪总司令,4月24日改任山东军务督办。张宗昌到济南走马上任,又收编了前任督军郑士琦的部队,所部扩编为十余个军,褚玉璞任第六军军长。不久,著名匪首孙殿英投奔张宗昌,张宗昌将孙殿英的土匪武装全部编入第六军。从此,褚玉璞、孙殿英这两个土匪军阀惺惺相惜,朋比为奸。

---

① 　张用宾等:《褚玉璞的发迹与殒命》,《山东文史集粹》(修订本)上册。

1925年10月,浙江军务督办孙传芳起兵反奉,深入江苏、上海、安徽的奉军未做多大的抵抗即北撤,张宗昌为保住山东地盘,指挥所部与孙传芳部在徐州一带展开激战,结果张宗昌吃了败仗,不得不退到徐州以北。这一仗,张宗昌所部官兵折损一万余人,其中第四十七旅全军覆灭,旅长施从滨被孙传芳枪杀,孙宗先的第五师损失过半。

一直觊觎山东地盘的国民军第二军军长岳维峻见张宗昌在徐州吃了败仗,便于1925年11月兵分两路进攻山东:一路是岳维峻收编的原直系军阀吴佩孚的残部田维勤、王为蔚、陈文钊三个师,经由徐州进攻鲁南,后加派靳云鹗为前敌总司令;另一路是岳维峻的嫡系李纪才第九师,由河南兰封、归德进攻鲁西。战争首先在鲁南打响,战斗异常激烈。12月初,张宗昌向鲁南增兵三四万人,由褚玉璞任总指挥,经过艰苦作战,击败了靳云鹗指挥的南路,生俘靳云鹗等将领。解决南路后,张宗昌集中兵力反攻李纪才等部,将其赶回河南境内。

12月下旬,直隶军务督办李景林被冯玉祥国民军击败,李景林逃到济南向张宗昌求援并请求将其残部撤退至鲁北。经过商讨,决定李景林的直军与张宗昌的鲁军合组直鲁联军,张宗昌任联军总司令,李景林任联军副司令,褚玉璞任前敌总司令。从1926年3月中旬起,直鲁联军分三路向国民军发起反攻,褚玉璞率领的西路率先攻入天津,根据事先约定,北京政府于3月21日任命褚玉璞署理直隶军务督办,从此开始了褚玉璞对直隶近两年的黑暗统治,褚玉璞搜括钱财,滥杀无辜,其罪行令人发指,罄竹难书。直隶人民开展了反对褚玉璞反动统治的斗争,正定人民抗捐,玉田、遵化农民反抗"旗地变民",直隶南部红枪会的斗争等。

1926年8月,褚玉璞破坏了中共设在英租界里的天津地委机关,杀害了地委书记季达等人。1926年11月25日,褚玉璞通过天津英国租界工部局,包抄了设立在英租界义庆里四十号的国民党(国共合作的)天津市党部,以"组织党部,宣传赤化,阴谋暴动"的罪名,逮捕了江震寰等十五人,然后引渡到天津警察厅关押,并于1927年4月18日在天津南开广场将江震寰等四名中共党员及十一名国民党党员杀害。1927年1月,褚玉璞又破坏了设在法租界普爱里七十二号的中共领导机关,傅茂公(即彭真)等三十多名革命者被捕,后经中共天津地委营救出狱。

1926年5月10日,直鲁联军将领及已经下台的李景林联名发表通电,公推张宗昌为直鲁联军总司令,褚玉璞为副总司令。12月,张作霖在天津任安国军总司令,张宗昌任安国军副司令兼直鲁联军总司令。根据张作霖的统一指挥,张宗昌、褚玉璞再次率领军队南下,支援孙传芳与北伐的国民革命军在长江下游一带作战。

1927年春,蒋介石指挥国民革命军东路军、中路军从浙江、安徽分数路向南京、上海挺进,坐镇南京的孙传芳见形势危急,经与张宗昌协商后,将其五省联军总司令部撤退至扬州,褚玉璞指挥直鲁联军十余万人及白俄兵一团守卫南京。从3月20日起,国民革命军东路军与中路军的江右军向南京发起进攻,经过三天战斗,相继扫清南京外围据点,褚玉璞令直鲁联军收缩到南京城内。3月23日,程潜指挥江右军三个纵队对南京城发起攻击,第二纵队第四师进攻中山门、光华门;第三纵队向武定门、通济门进攻;第一纵队进攻中华门。龟缩在南京城内的褚玉璞,为避免全军覆灭的命运,决定主动放弃南京,23日中午,褚玉璞命令直鲁联军从卜关渡过长江,撤退到江北的浦口,旋即退往徐州。

直鲁联军全线败退,张宗昌沮丧万分,这时他又得到第八军军长兼渤海舰队司令、淞沪防守司令毕庶澄在上海驻扎期间与蒋介石有通款的嫌疑,不禁恼羞成怒,起了杀机。张宗昌将褚玉璞从徐州召到济南,让其执行处决毕庶澄的任务。褚玉璞与毕庶澄本是金兰兄弟,但迫于张宗昌之严命,又不得不执行,褚玉璞将毕庶澄召到济南,即将毕庶澄与随他来的旅长马文龙一起捆绑,褚即宣布毕庶澄通敌谋叛的罪状,并出示张宗昌的手令,将二人枪决后向张宗昌复命。

1927年6月16日,褚玉璞与孙传芳、张宗昌等发表通电拥戴张作霖为中华民国海陆军大元帅,组织安国军政府。所有部队统编为第一、

二、三、四、五、六、七方面军,张宗昌任第二方面军军团长兼第二军军长,褚玉璞任第七方面军军团长兼第十五军军长。第二、七方面军与孙传芳的第一方面军共同负责津浦铁路线作战。

7月上旬,第一、二、七方面军在津浦铁路线上对南京方面北伐军发起反攻,身为前敌总指挥的褚玉璞手持张宗昌密令,在前线督战,令官兵有进无退,凡敢后退者,一律立即正法。7月24日,第一、二、七方面军从北伐军手中夺回徐州。8月1日,蒋介石亲赴前线督师严令各路反攻徐州,结果中了张宗昌的诱敌深入之诡计,不仅没有能够夺回徐州,反而全线败退,从徐州向南溃退数百里一直退到长江以北才停下来。

8月21日,张宗昌到北京与张作霖会商后决定,津浦线作战完全交由孙传芳主持,第二、七方面军则专注于陇海线上对付冯玉祥的国民革命军第二集团军。从10月上旬开始,第二、七方面军与国民革命军第二集团军在以陇海线为中心的豫东进行了马牧集之役、兰封附近两次大战及徐州争夺战。马牧集之役,第二、七方面军小胜。随后的两次兰封大战,第二、七方面军均由褚玉璞担任前敌总指挥,这是两次大规模的会战,双方出动的兵力达万人以上,双方官兵往往白刃肉搏,战斗异常激烈。两次大战均以第二、七方面军失败告终,前后两次会战损失兵力在五万以上。其后展开的徐州争夺战,第二、七方面军虽然暂时守住了徐州,但很快有出现了国民革命军第一、二集团军从津浦、陇海两面夹击徐州的战略态势,12月15日,张宗昌下令放弃徐州,分路防守鲁南,各路统归褚玉璞指挥,张宗昌则坐镇济南①。

1928年1月24日,褚玉璞与张宗昌、孙传芳以庆贺春节为名到北京,与张作霖讨论政治军事形势,针对宁汉合流以后的南京国民政府积极准备再度北伐的局势,决定以张宗昌、褚玉璞为津浦线作战的正、副总指挥,褚玉璞并兼大名方面总指挥,孙传芳则调为鲁西总指挥。此时

的直鲁联军已经是强弩之末,在兵力占绝对优势的国民革命军第一、二集团军的打击下,接连败退。1928 年 4 月 30 日,张宗昌下令放弃济南。褚玉璞率残部困守天津,所部将领徐源泉、何绍南等相继投奔蒋介石,最后仅剩下卫队,已成光杆的褚玉璞只好逃出天津前往冀东滦州与张宗昌会合。张、褚一再要求张学良允许他们开往关外,但遭到严厉拒绝。走投无路的直鲁军残部官兵五万余人在滦州全部被缴械,张、褚化装后乘坐小船出滦河口经渤海湾逃往日本占领下的大连。

褚玉璞与张宗昌托庇于日本帝国主义,一直野心不死。1929 年 2 月,褚玉璞、张宗昌在日本人的支持下潜入胶东策动旧部准备赶走刘珍年夺取胶东地盘,结果遭到失败,张宗昌狼狈逃回大连。4 月 22 日,褚玉璞在福山县城被刘珍年活捉,刘珍年将褚玉璞软禁牟平县城,在逼迫褚之家属交出四十万元(也有说五十万、三十万元者,其说不一)赎身费后,于 1929 年 8 月 20 日在牟平将褚玉璞枪决。

慈　禧

周衍发

慈禧太后,叶赫那拉氏,又称"西太后",1835 年 11 月 29 日(清道光十五年十月初十)生于满族镶蓝旗贵族家庭,曾祖父吉朗阿任户部员外郎,祖父景瑞做过刑部员外郎,其父惠徵为安徽宁池太广道道员。

1851 年(咸丰元年),那拉氏以秀女入选进宫,次年被咸丰帝封为兰贵人,1854 年由贵人晋封为懿嫔。1856 年生皇长子载淳,封懿妃,次年晋封懿贵妃,从此在宫中地位仅次于皇后钮钴禄氏。她得到咸丰帝的宠信,时常批览奏章,开始干预朝廷政事。

1860 年 9 月,英法联军进犯北京,咸丰帝携带后妃、子女和一批官员逃往热河承德行宫,留下他的异母弟恭亲王奕䜣与英法侵略军进行谈判。

1861 年 8 月 21 日,咸丰帝在承德病危,遗诏载垣、端华、肃顺、景寿、穆荫、匡源、杜翰、焦佑瀛等八人为赞襄政务王大臣,辅佐载淳赞襄一切政务;与此同时,咸丰又赐给皇后和载淳各一颗印章作为权力的象征,发布谕旨均由赞襄政务王大臣草拟缮递后,请皇太后、皇上钤用"御赏"和"同道堂"两枚印章为符信。慈禧则以载淳生母的身份,代行皇帝的职权。次日咸丰帝病死,六岁的载淳继帝位,年号祺祥。尊皇后为母后皇太后,尊懿贵妃为圣母皇太后,不久又分别加上徽号,称慈安太后和慈禧太后,俗称东太后和西太后。

其时,载垣、端华、肃顺等人为了独揽朝政,凭借咸丰遗诏和清皇室祖宗家法紧握实权,规定赞襄政务王大臣管理政务,代表皇帝拟定上谕;章奏不呈内览。内外臣工呈递的折报只写"皇上",不准书写"皇太后"字样,不愿两位皇太后干预朝政,以限制她们的权力。慈禧对此非常不满,为了从载垣、肃顺等人手中夺取大权,慈禧在取得慈安的赞同下先利用恭亲王奕诉到热河叩谒咸丰的梓宫时给予召见,密谋策划政变的计划。随后,由山东道监察御史董元醇奏请皇太后权理朝政,更于亲王中简派一二人,同心辅弼一切事务。慈禧召载垣面谕照所请传旨,而载垣等则以祖宗旧制向无垂帘之礼为由予以拒绝,由于争执激烈,吓得小皇帝直哭。当10月30日咸丰的梓宫由热河运回北京时,慈禧趁机把八大臣的核心人物载垣、端华和肃顺分割开,由肃顺护送梓宫由大路回京,令载垣、端华随两宫从小路先回北京。当慈禧一行抵京时,又获得握有兵权督办直隶山东军务、兵部右侍郎胜保的支持,他奏请皇太后亲理朝政并另简近支亲王辅政。次日,大学士贾桢、周祖培,户部尚书沈兆霖,刑部尚书赵光等四人联名上疏,请皇太后亲操政权以维纪纲而防流弊。慈禧以皇帝的名义发布上谕,以不能尽心和议,阻挠咸丰回銮,反对太后垂帘等罪名将载垣、端华、肃顺革去爵职拿问,不久肃顺被斩首,载垣、端华赐令自尽,景寿、穆荫等五人均被革职,改年号为同治,以明年为同治元年。

　　1861年12月2日(咸丰十一年十一月初一),载淳奉两宫皇太后在养心殿垂帘听政。奕诉任议政王、军机大臣、管理总理各国事务衙门事务。慈禧登上了清政府最高统治者的宝座。1861年是农历的"辛酉"年,史称"辛酉政变",或"祺祥政变"。英国人卜鲁斯(Sir Frederick William Adolphus Bruce)当时评论这次政变说:"宣示太后听政,任恭亲王为首撰,桂良、文祥等人并有任命,总之大家认为其表现最可能和外国维持友好关系的那些政治家掌握政权了。"①

　　慈禧"垂帘"后采用奕诉提出的"借洋兵助剿"的政策,勾结英、美、法侵略者组织"洋枪队"、"常胜军"、"常捷军",并借用俄国的武器和士

　　①　《卜鲁斯致英外交大臣罗素的信》,《历史教学》1952年第4期。

兵来镇压太平天国和捻军起义,支持曾国藩、李鸿章组织湘军、淮军,先后镇压了太平天国起义、捻军起义,以及云南、贵州、陕西、甘肃的苗民、回民起义。

1875年1月12日,同治帝因染天花病死,慈禧选中醇亲王奕𫍽的儿子年仅四岁的载湉为帝,即光绪皇帝,仍由慈禧太后垂帘听政。

19世纪60至90年代,慈禧太后支持奕䜣、曾国藩、李鸿章等依赖外国的支持,开办了近代的新式军事工业和民用企业,编练新式陆海军,进行"自强"、"求富"的洋务运动。

在1884年至1885年的中法战争中,在中国胜利的形势下,以慈禧太后为首的清政府却决意乘胜求和,下令撤军,授权李鸿章与法国签订《中法新约》,使法国势力侵入我国云南省和广西省。

1886年9月2日,光绪帝年满十六岁,已到执政年龄,慈禧太后同意奕𫍽所奏,在皇帝亲政后请慈禧太后再行训政数年。1889年3月4日,慈禧虽然撤帘"归政",但仍牢牢控制着清廷的实权。

1894年,日本发动了侵略朝鲜和中国的战争。虽然中国人民及爱国将领左宝贵、邓世昌等进行了英勇抵抗,但是由于清政府的腐败,指挥无能,清军先后在平壤和中国东北、山东的作战中失败。日本侵略者强迫清政府签订了丧权辱国的《马关条约》,迫使清政府承认朝鲜完全"自主",中国割让台湾全岛及所属各岛屿、澎湖列岛和辽东半岛给日本,以及赔款、开商埠,同时允许日本在中国设厂等内容。中日甲午战争失败,加深了中国半殖地化和民族危机。

甲午战后,在民族危机空前严重的情况下,康有为、梁启超、谭嗣同、严复等为首的维新派人士,发动了资产阶级改良主义政治运动,主张实行君主立宪,发展资本主义,以挽救民族危机,使国家臻于富强。1898年(戊戌年)4月,光绪帝接受变法主张,引见维新人士,从6月至9月颁发了一系列维新变法诏书,推行新政,从而也触动统治阶级中的封建顽固守旧势力。

慈禧太后为了巩固自己的统治,反对变法,于是年6月15日将支

持变法的协办大学士户部尚书翁同龢罢职回籍,借以孤立光绪。同时又下令凡授任新职的二品以上官员,须到皇太后面前谢恩。慈禧已经归政,这一违反常例规定的目的,是仍把人事任命大权掌握在自己手中;同日,慈禧还任命她的亲信荣禄署直隶总督,不久荣禄便由署理而实授,并加文渊阁大学士衔,统率董福祥(甘军)、聂士成(武毅军)、袁世凯(新建陆军)所部北洋三军。9月21日凌晨,慈禧携带大批随从,自颐和园赶回紫禁城发动政变,先将光绪帝囚禁在中南海瀛台,重新临朝训政;同时大肆搜捕维新人士,谭嗣同、杨锐、康广仁、杨深秀、刘光第、林旭等六人被杀,康有为、梁启超遭通缉;维新派官员陈宝箴、江标、黄遵宪等数十人被罢斥,废除光绪帝颁布的新政诏令,使变法失败,史称"戊戌政变"。

1899年,慈禧太后立端郡王载漪之子溥儁为"大阿哥"(即皇储),准备废弃光绪帝由溥儁代之,这就是"己亥建储"。由于未获得英、日等国公使和一些地方督抚的支持,废立计划未能得逞。

1900年,在山东爆发了以农民为主的自发反帝的义和团运动,不久义和团发展到京津地区。为了镇压义和团运动和扩大对中国的侵略,是年6月英、俄、美、法、德、日、意、奥等八国组成联军进攻中国。慈禧为了维护自己的统治,发泄所传外国要她"归政"给光绪帝的愤恨,于6月21日向各国"宣战";但她又企图利用帝国主义的力量来消灭义和团。慈禧命令京津等地区的官员指使义和团在第一线进攻使馆、教堂;但没有几天她下令停止围攻使馆并派官员送蔬菜水果粮食冰块到使馆、教堂表示慰问;29日慈禧命令驻外使馆向各国说明"宣战"系被迫,"即不自量,亦何至与各国同时开衅,并何至恃乱民以与各国开衅",乞求谅解,并表示对义和团"设法相机,自行惩办"①。慈禧还默认东南地区的督抚大员们与各国驻沪领事商定《东南保护条款》,规定上海租界

---

① 《有关义和团上谕》,中国史学会主编《中国近代史资料丛刊·义和团》(四),神州国光社1951年版,第28页。

由各国共同保护,长江及苏杭内地归各督抚"保护",两不相扰,以阻止义和团向南方发展。

慈禧尽管采取对外妥协、对内屠杀义和团的方针,八国联军还是加紧向北京进犯。慈禧和光绪帝等于8月15日凌晨被迫逃离北京;同时命令李鸿章和庆亲王奕劻为议和大臣,与列强进行谈判。当慈禧一行逃抵山西崞县后,便正式颁旨对义和团要"严行查办,务净根株"。

1901年9月7日,奕劻、李鸿章与十一国代表在北京签订了丧权辱国的《辛丑条约》。主要内容:赔款四亿五千万海关两;将北京东交民巷划为各国使馆界,界内由各国驻兵管理,中国人不得在界内居住;外国有权在北京到山海关沿线十二个据点驻兵,拆毁大沽和京津沿线的炮台;惩办开罪外国的官员;禁止成立反帝组织等条款。这个条约使中国更加陷入半殖民地的深渊。但是慈禧却说:"今兹议约,不侵我主权,不割我土地。念列邦之见谅,疾愚暴之无知,事后追思,惭愤交集",并表示要"量中华之物力,结与国之欢心"①。

《辛丑条约》签订后,在帝国主义急切要求下,1901年10月,慈禧挟光绪帝,带"行李车"三千辆,离西安出潼关经河南、直隶,于1902年1月回到北京。慈禧在镇压了义和团运动后,为了讨好各国和缓和统治阶级内部矛盾,以及欺骗人民,抵制革命,她表示要参照"西法",改弦更张,切实整顿政事。在给各国的国书里,慈禧特意表白说:"敝国现议力行实政,正期图报各大国之惠于异日","将来中外必能益加修睦,与各大国永享无穷之利益。"②

1901年4月,谕令设立督办政务处,作为筹办新政的机关,以奕劻、李鸿章、昆冈、荣禄、王文韶、鹿传霖为督办政务大臣,刘坤一、张之

①　《有关义和团上谕》,中国史学会主编《中国近代史资料丛刊·义和团》(四),神州国光社1951年版,第88页。

②　中国第一历史档案馆编:《义和团档案史料续编》(上册),中华书局1990年版,第930页。

洞遥为参与,主持"新政"的施行。随后在新政的名义下,陆续颁布了一些目的在于稳定清朝统治的法令,如调整官制、整顿吏治、改定刑律、编练新军、奖励实业、废除科举、兴办学校以及准许满汉通婚等。

慈禧为了更有效地抵制革命,便拉拢资产阶级上层,欺骗广大民众;同时企图通过改革官制削弱地方督抚的权势,进一步加强中央集权。1905 年,慈禧表示:如果宪政能使"清朝基础永远巩固","民间革命之说自归消灭",经过考察"确无弊窦",便决议仿行立宪。同年,慈禧派载泽、端方等五大臣去欧美、日本各国考察宪政。1906 年 9 月,清政府正式宣布"预备仿行宪政",准备从改革官制着手,逐步厘定法律,广兴教育,清理财政,整顿武备,普设巡警,作为立宪的"预备"。

1906 年 11 月,慈禧公布中央官制,行政中枢军机处照旧不变,并增至 11 部。次年清政府又公布地方官制,将各省督抚的军权、财权分别收归陆军部和度支部。同时采用明升暗降的办法,把地方督抚中最有权势的大官僚袁世凯和张之洞内调为军机大臣。

1908 年 8 月,在革命势力迅速发展和立宪派请愿活动高涨的形势下,慈禧颁布《钦定宪法大纲》二十三条。这个大纲以保障"君上大权"为核心,保留君主专制特权,皇统永远世袭,皇权不可侵犯,法律议案须经皇帝核准施行,人民自由可由诏令限制,宣战、媾和由皇帝决定,用人司法由皇帝总揽,人民没有真正的权利。同时,还颁布了《议院选举法要领》、《逐年筹备宪政事宜清单》,明定是年至 1916 年共九年为预备立宪时期。

慈禧年事已高,但却"万机待理,心力俱殚"。当她度过七十四岁生日之后,病情加重。1908 年 11 月 14 日被囚禁的光绪在瀛台含恨死去,慈禧为了继续把持最高权力,将光绪的同父异母弟醇亲王载沣之子年仅三岁的溥仪立为皇位的继承人,年号宣统。慈禧被尊为太皇太后。授载沣为摄政王,一切军国政事,秉承慈禧的"训示","裁度施行"。就在第二天即 11 月 15 日,这个掌握同治、光绪两朝最高权力达四十七年之久的统治者在宫中病死。1909 年 11 月 16 日葬于定陵东菩陀峪,称定东陵。